読む事典

Dictionnaire critique ● du féminisme

女性学

ヘレナ・ヒラータ
フランソワーズ・ラボリ
エレーヌ・ル=ドアレ
ダニエル・スノティエ 編

志賀亮一・杉村和子 監訳

藤原書店

coordonné par
Helena HIRATA
Françoise LABORIE
Hélène LE DOARÉ
Danièle SENOTIER

DICTIONNAIRE CRITIQUE DU FEMINISME

This book is published in Japan by arrangement with
PRESSES UNIVERSITAIRES DE FRANCE
through le Bureau des Copyrights Français, Tokyo.

読む事典・女性学

目次

Dictionnaire critique du féminisme

読む事典・女性学

Dictionnaire critique du féminisme

凡例

一　本書の翻訳には、Helena Hirata, Françoise Laborie, Hélène Le Doaré, Danièle Senotier (sous la coord. de), *Dictionnaire critique du féminisme*, Paris, PUF, 2000 を用いた。

一　原書中、現代フランス語以外で表記してある箇所は、原則として、訳語にその言語による読みをルビで付した。ただし、必要と思われる箇所には原綴りを付すこととした。

一　原書中のイタリックによる強調（フランス語以外の言語の併記はのぞく）は傍点ないしルビで、大文字による強調、《 》で示されている箇所、論文名、研究機関名などは「 」で、書名は『 』で示した（研究機関名などは初出の場合、また書名はすべて原綴りを付してある）。

一　地名の日本語表記は、原則として現代の現地読みを使用している。

一　人名も同様に現代の現地読みとしたが、不明の場合はフランス語読みとした。また、巻末の参考文献を参照するときの便を考えて、各項目ごとに初出の場合原綴りを付してある。ただし、（ ）内の参考文献の著者・筆者名は日本語表記していない。なお、名と姓の区切りは・で、複数の単語からなる名および姓は、原綴りにハイフンがあるなしにかかわらず＝で繋いである。

一　地名・人名、日本でなじみのない事件、参考文献の邦訳など必要と思われる箇所には、短い補足説明を訳文に織りこむか、〔 〕で訳註を付してある。また長い訳註のみ、＊を付して段落の終わりに示した。

一　各項目末尾の参考文献、巻末の参考文献一覧では、判明したかぎり邦訳を〔 〕で示した。なお編・著者の原綴りは姓・名の順であるが、通例とは異なり、姓と名のあいだにコンマが打たれていない。

科学委員会委員*

エリカ・アプフェルバウム、ダニエル・シャボー＝リクテール
ピエール・クール＝サリー、ジャクリーヌ・クルトラ、サビーヌ・フォルティノ
ジャクリーヌ・エナン、ヘレナ・ヒラータ、ダニエル・ケルゴア
フランソワーズ・ラボリ、エレーヌ・ル＝ドアレ、ダニエル・スノティエ
ジョゼット・トラ、クロード・ゼドマン
マリー＝エレーヌ・ジルベルベール＝オカール

* 国立科学研究センター（ＣＮＲＳ）・労働の社会的＝性的分割研究グループ（ＧＥＤＩＳＳＴ）＋パリ第Ⅶ大学により組織。本事典編纂の中心となっている。

出版社告示

本書の女性共同編集者たちの求めにより、例外的なことではあるが、職業および職務の女性名詞に関しては、「国立科学研究センター Centre national de la recherche scientifique―ＣＮＲＳ」と「国立フランス語研究所 Institut national de la langue française―ＩＮａＬＦ」推薦の綴りを、一部で――序文と執筆者紹介――採用している*（該当箇所には、職業および職務名に女性を冠してある）。

* フランス語では通常、職業や身分を表す名詞には男性形と女性形がある（ex.「男優 acteur」、「女優 actrice」）が、古来男性にしか許されなかった職業や職務を指す名詞には、男性形しか存在しない（ex.「教授 professeur」）。近年フェミニズムの立場から、こうした現象が批判され、女性形をつくる（ex.「女性教授 professeure」）動きがある。

略称一覧（訳語対照一覧）

ANEF Association national des études féministes
▼フェミニズム研究全国協会

APE Allocation parentale d'éducation
▼育児手当

APRE Atelier production-reproduction
▼アトリエ・生産＝子孫再生産
〔「国立科学研究センター」内の研究グループ。女性の労働と健康の関係を研究テーマとする〕

AVFT Association européenne contre les violences faites au femmes au travail
▼対勤労女性暴力反対ヨーロッパ協会

BIT Bureau international du travail
▼国際労働機関事務局

BTP Bâtiment et travaux publics
▼建物・公共事業銀行

CDD Contrat à durée déterminée
▼有期雇用契約

CDI Contrat à durée indéterminée
▼無期雇用契約

CEA Commissariat à l'ènergie atomique
▼原子力庁

CEDREF Centre d'enseignement, de documentation et de recherche pour les études féministes
▼フェミニズム研究のための教育＝資料＝リサーチ・センター

CEREQ Centre d'études et de recherches sur les qualifications

▼熟練調査研究センター
〔教育省と社会＝連帯省の管轄下にある研究所。職業教育と雇用の関係が研究テーマ〕

CES Contrat emploi-solidarité
▼**連帯雇用契約**

CFDT Confédération française démocratique du travail
▼**フランス民主主義労働同盟**

CGT Confédération générale du travail
▼**労働総同盟**

CNRS Centre national de la recherche scientifique
▼**国立科学研究センター**

CSF Conseil du statut de la femme
▼**女性の地位評議会**

CSP Catégories socioprofessionnelles
▼**社会的職業区分**

FIV Fécondation *in vitro*
▼**試験管内人工受精**

GEDISST Groupe d'études sur la division sociale et sexuelle du travail
▼**労働の社会的＝性的分割研究グループ**

IFOP Institut français d'opinion publique
▼**フランス世論研究所**

INSEE Institut national de la statistique et des études économiques
▼**国立統計経済研究所**

INSERM Institut national de la santé et de la recherche médicale
▼**国立衛生・医学研究所**

IRESCO Institut de recherche sur les sociétés contemporaines
▼**現代社会調査研究所**

IVG Interruption volontaire de grossesse

▼妊娠中絶

MAGE Marché du travail et genre

▼労働市場とジェンダー

MFPF Mouvement français pour le planning familial

▼フランス家族計画運動

MLF Mouvement de libération des femmes

▼女性解放運動

NTR Nouvelles technologies de la reproduction humain

▼人間再生産の新しいテクノロジー

OCDE Organisation de coopération et de développement économique

▼経済協力開発機構

ONG Organisation non gouvernementale

▼非政府組織

ONU Organisation des Nations Unis

▼国際連合

OTAN Organisation du traité de l'Atlantique Nord

▼北大西洋条約機構

PACS Pacte civil de solidalité

▼連帯民事協約

PCS Professions et catégories sociales

▼職業と社会区分

RMI Revenu minimum d'insertion

▼社会復帰最低所得

SIMONE—SAGESSE Savoirs, genre et rapporta sociaux de sexe

▼知、ジェンダー、性別をめぐる社会的諸関係

TTP Travail à temps partiel

▼パートタイム労働

UE Union européenne

▼ヨーロッパ連合

UNEDIC Union nationale pour l'emploi dans l'industrie, le commerce et l'agriculture

▼全国農商工業雇用連合

UNESCO United Nation's Educational, Scietific and Cultural Organization

▼国連教育科学文化機構（ユネスコ）

序

よき事典がそなえなければならない特徴とは、
ありきたりの考え方を変えることである。

ディドロ

このすこし特殊な事典の目的は、以下のとおりである。じっさいこの著作は、フランスでは、この種のタイプとしては初めてのものだが、これまでに獲得された知識の総体や、かりに限界を定めた知の各項目を、五十音順に並べようとしているのではなく、ひとつの問題意識と、それを解くための方法のいくつかとに通じる道を開こうとしている。さまざまな用語が、個々の学問によって、あるいは、個々の研究分野において生産されている。だが本書は、そうした用語の網羅的な一覧ではなく、さまざまな概念の組み合わせを呈示している。これらの概念は、多様な学問の領域に属するものであるが、それらを組みあわせることを考えたのは、社会に関する別な見方が出現することを、あるいはその見方が定着することを可能にするためなのだ。そして、この見方が生まれるのは、男性と女性とのあいだの上下の階層関係を知覚し、性別に対する中立的立場を拒否することによってである。手短にいえば、新しい解読装置を伝達して、ありきたりの意味を、批判的な意味に変えるためである。ここから、本書のタイトル〔直訳すれば『批判的フェミニズム事典』〕が生まれた。この事典は、フェミニズムの立場に立っている。というのも、本書が中心に据えた問題意識が、男女両性間の支配関係と、その影響のかずかずだからである。またこの著作は、二つの意味で批判的である。まずそれは、フェミニズムの思想と運動とを貫く理論的=政治的論争のかずかずを呈示してみせ、さまざまな社会科学の古典的な考え方のいくつかを、脱構築しようとしている。社会的現実を、その原動力と複雑さにおいて正しく理解しようとすれば、男性たちと女性たちとのあいだの社会的諸関係の、構造化した結果を排除してはならない。本書はまた、このことを示すさまざまな分析を呈示している。

わたしたちは、この目的に達するために、三つのタイプの項目をとり上げた。

1 **最新の考え方**。それも、フェミニズムを理論化する際に直接導きだされた考え方のなかで、もっとも重要なもの(たとえば、「性別による労働の分割」、「ジェンダー」、「性別をめぐる社会的諸関係」、「家父長制」)。

2 フェミニズムの闘争の関係領域を指す項目。ひとつは、**身体**をめぐる闘争に関して(たとえば、「妊娠中絶と避妊」、「セクシャル・ハラスメント」、「母性」、「人間再生産のテクノロジー」、「売春」、「性行為」、「暴力」などなど)。つぎに、**労働**という領域(「家事労働」と、その職業労働との連関、「失業」、「流動性」などなど)ないし、**政治**という領域(「支配」、「数的対等」、「権力」、「公的なもの対私的なもの」などなど)において。

3 男性と女性とのあいだでは、さまざまな関係によって、いくつかの社会的分割が起こっている。そのために、一般的項目も、こうした分割を考慮に入れて、その内容は再構築され、定式化しなおされている。最後に、これらの項目を**複数カヴァーする概念**を、いくつかあげている。これらの項目は、その多数が社会学と労働経済学からきているが、一種のサンプルとしての機能をもっている。これらの項目によって、フェミニズムの問題意識が、社会現象をよりよく理解するのに適していることが示されるからである(「市民権」、「失業」、「平等」、「労働」など)。

この事典の特異性は、したがって、なにかを指すためのことばを呈示するのではなく、むしろ、わたしたちが主張することに意義を与えることにある。社会に性別がもち込まれ、そこからさまざまな影響が生じている。この事典は、こうした性別化とその影響を、体系的に眼にみえるものにしている。だから、この事典は、その本質自体からして、認識論的なねらいをもっている。この事典はじっさい、男性中心主義に関する問いかけの体系を、結果としてもたらそうとしている。男性中心主義が、事物を表象する際に、また、ことばや、観念や、思考体系を生産する際に、作用しているからである。この事典は、以下のような考え方を必然的なものたらしめようとしている。すなわち、経済の金融化*や、情報機器によるコミュニケーションの普及といった現象は、一見したところ、男性と女性との関係からははるかに離れているようにみえる。だが、こうした現象もふくめて、あらゆる現象がつくり上げられるとき、人々の精神が性別に関して中立だなどということは、もはや考えられないのである。

＊　資本の蓄積が進み、金融経済が実物経済より巨大化した状態。

また、それが可能なときにはいつでも、男女の執筆者たちは、複数の学問を対話させようとした（たとえば、人類学と心理学、歴史学と社会学を）。そして、国際的次元に大きな位置づけを与えた（「世界化」、「開発」、「人口移動」、「民族性と民族《ネイション》（国民）」などである）。たしかに、いくつかの項目はフランスを中心としている。だがそれは、社会的現実、アプローチの方法、慣習行動が、国ごとに異なっているため、そのテーマが複数の項目を必要とするのではないかと思われたからである。たとえば「労働組合」の項目が、そのケースにあたる。

論争と国際的な比較の導入の程度は、項目によってまちまちである。また、歴史という次元の導入についても、同様――「市民権」の項では、古代にまでさかのぼる必要があったが、「性別をめぐる社会的諸関係」は、ごく最近の概念である――になっている。さらには、おびただしい数の論争の紹介に、中心的な位置づけが与えられていることもある。そしてそのことは、当該の領域の活況ぶりと、そこでの既存の業績の重要性を反映している。そこでは、一九六〇年代末のフェミニズム運動の登場以来、多くの業績が蓄積されてきているのである。

いくつかの論争のなかから、二つに言及しておこう。ひとつは、理論のレヴェルにあり、もうひとつは、政治のレヴェルにある。第一の論争は、ジェンダーという概念の多様な意味についてである。この用語は、アングロ＝サクソン系のことばであるが、フランス語という背景のなかでは、「性別をめぐる社会的諸関係」と定式化されている。たしかにこの概念は、きっちりと構築されたかたちで直接現れるわけではない。だがそれは、かず多くのテクストの基底をなしている。じっさい、一部の男性や女性たちにとって、この概念は、男性と女性という二つの集団ないし階級間の、あい矛盾し、あい対立する関係を指している。そしてこの関係は、本質的に、当該社会の基礎をなす他の諸関係と結びついている。また、これとは別の男女にとっては、この概念が、両性間関係の不平等な形態を指すだけの場合がある。この場合、この概念は、性別による役割分担に関する交渉とか、調整などといった諸概念に統合されることになる。ところで、さまざまな社会的関係（階級・性別・「民族・人種」）は、たがいに連結しあっているが、この連結は相互に依存する関係なのか、それとも、上下関係であって、性別をめぐる社会的諸関係こそが、他のすべての関係の基盤にあるのか？　答えはさまざまである。

第二の論争は、売春をめぐってのものだが、今日の政治的、社会的状況と結びついている。売春は、労働として分析される場合もあれば、暴力として分析されることもある。売春は、そのどちらであるかに応じて、あい対立する権利要求に行きつく。すなわち、職業として認知せよという要求と、廃止せよという要求とにである。この二つの視点は、今日のフランスでは、まったくあい容れないものとなっている。わたしたちはそのため、この二つの視点を、二つのあい矛盾する項目として呈示している〔「売春Ⅰ」と「売春Ⅱ」〕。本書の他の項目、たとえば「手仕事、職業、アルバイト」、「性行為」、「暴力」、「女性性、男性性、男らしさ」も、いくつかの観点を提供しており、それらはいずれも、この論争に欠くことができない。

今日、これら論争の状況を明らかにすることができるのは、一九七〇年代初頭以来の、研究業績のゆっくりとした蓄積のおかげである。こうした観点からみて、この事典は、ひとつの歴史的プロセスに組みこまれており、学術研究体制の内外で進められてきた多様な業績のなかにあって、特定の時点でのサンプルとなっている。一九八二年の大規模なシンポジウム「女性たち、フェミニズム、探究」をきっかけとして、学術研究体制の内部で業績蓄積の動きが始まり、それは、いくつかの研究グループにおいて実現されてきた（「労働の社会的＝性的分割研究グループ Groupe d'études sur la division sociale et sexuelle du travail―ＧＥＤＩＳＳＴ」、一九八三年、「フェミニズム研究のための教育＝資料＝リサーチ・センター Centre d'enseignemet, de documentation et de recherche pour les études féministes―ＣＥＤＲＥＦ」、一九八五年、「チーム・シモーヌ équipe SIMONE」、一九八六年）。また、いくつかの大学で、フェミニズム研究の講座が確立されたことによって、実現されてきた（たとえば、トゥールーズ大学、パリ第Ⅶおよび第Ⅷ大学、レンヌ大学）。さらには、ネットワークが、全国的な、また国際的な情報交換の実り豊かなルートとなってきた（「グループ・家族の構造と生産システム専攻《アド・ホック》 Groupe *ad hoc* Structures familiales et systèmes productifs」、一九八二年。「アトリエ・生産＝子孫再生産 Atelier production-reproduction」、一九八四年。「性別をめぐる諸関係と国家 État et rapports sociaux de sexe」、一九八七年。「フェミニズム研究全国協会 Association nationale des études féministes―ＡＮＥＦ」、一九八九年。「労働市場とジェンダー Marché du travail et genre」、一九九五年）。くわえて、かずかずの雑誌が誕生し、そのうちのいくつかは、定期的に刊行されつづけており、研究業績を普及することをつうじて、これらの業績を人々の眼にみえるものとしている。フランスの例をあげれば、『クリオ *Clio*』、『フェミニズム研究のための教育＝資料＝リサーチ・センター研究紀要 *Cahiers du CEDREF*』、『フェミニズム研究紀要 *Cahiers du féminisme*』、『ジェンダー研究紀要 *Cahiers du Genre*』、『ＧＲＩＦ*研究紀要 *Cahiers du GRIF*』、『新＝フェミニズムの諸問題 *Nouvelles questions féministes*』、『フェミニズム・プロジェクト *Projets féministes*』、『労働、ジェンダー、社会 *Travail, Genre et Sociétés*』などである。

＊　「フェミニズム研究＝情報グループ Groupe de Recherches et d'Informations Féministes」。一九七三年にベルギーでつくられた研究グループ。ここにあげられたその機関誌は、フランス語で最初のフェミニズム研究誌である。本書の執筆者のひとりフランソワーズ・コラン Françoise Collin が、創刊・編集している（http://www.univ-dso2.fr/grace/historique.html）。

本書の各項目は、各概念の定義ひとつ――あるいは、複数――を含み、その歴史的展開の段階を跡づけ、さまざまな論争を紹介している。その概念が、これまでも論争を生みだしてきたし、いまも生みだしているからである。そして、その概念の社会的な、また学問研究上の現況を呈示している。各項目の分量は、大部分がほぼ同じであるが、わたしたちは、以下の三つについては相対的に多くの分量を割いている。それらが、基本的なアプローチの概念だからである。すなわち、「性差」、「性別による労働の分割と性別をめぐる社会的諸関係」、「自然的性別《セックス》と社会的＝文化的性別《ジェンダー》」の三項目である。これら三項目は、基礎となる理論的要素であり、それらによって、イデオロギーと実践上の対立の基盤を探しあてることが可能となる。性差は自然のものか、それとも構築されたものかをめぐって、対立があるからである。また、女という性に、たとえば母性や、社会的に認知されない労働として家事労働を割りあてることをめぐって、ないしはこの両方を割りあてることをめぐって、対立があるからである。

各項目の末尾には関連項目をあげており、これによって、この事典の多様な項目を参照することができる。各項目の概念は、他の項目でも言及されたり、使用されたりしているのである。さらに各項目には、五ないし六の参考文献が付されているが、それらは、問題を掘りさげるのに必要不可欠だと判断されたものである。巻末の全体の参考文献一覧には、これらの参考文献を再録するとともに、ほかにも各項目の記述で言及された文献を多数あげてある。また、項目別用語索引によって、本事典の各項目と、その関連項目を直接引くことができる。*いくつかの用語がくり返し登場するが、それは、男女両性をめぐる社会的諸関係を検討する際、それらが中心的な意義をもっているからである。「労働の概念」、「性別による労働の分割」、「支配」、「権力」、さらには「暴力」といった術語のことである。他方この用語索引によって、項目としてはとり上げられていない用語を参照することができる（たとえば、「身体」とか「抑圧」などなど）。

＊　原著では、この索引がかならずしも正確でないうえ、さらに訳語との関係で一致しない箇所も多いので、本訳書では省略している。

この事典は、「国立科学研究センターＣＮＲＳ」の「労働の社会的＝性的分割研究グループＧＥＤＩＳＳＴ」を起源としているが、まず第一に、学生、研究者、大学関係者、教員、ジャーナリスト、労働組合や各種団体の活動家たち、資料センターや図書館を対象としている。これらの人々や機関が、本書のなかに有効な作業ツールをみいだしてくれればと望んでいる。また本書は、分かりやすいことばで語り、幅広い読者を対象にしようと心がけている。各種メディアは、ときとしていくつかの概念をとり上げるが、その際には、そうした概念のもつ歴史や、それらがひき起こした論争は、かならずしも呈示されていないし、ましてや詳述などされていない。したがって読者は、そうしたことがらに疑問をもっているはずである。収録する項目の数を限定し、その内容を総合的なかたちにしたのは、本書を小さなサイズで実現できるようにするためである。価格を低く抑えれば、多くの人々の手に渡るからである。そのうえ、わたしたちは、「国立科学研究センターＣＮＲＳ」と「国立フランス語研究所ＩＮａＬＦ」の定めた規則にしたがって、職業および職務名の女性形を用いている。なお、その規則は、一九九九年に両研究機関から出版されている（『女性よ、わたしはおまえの名を書く *Femme j'écris ton nom*』, Paris, La Documentation française）。

英語で書かれた類似の事典（Sonya Andermahr *et al.*）* では、男女の筆者たちが、ひとつのたとえをもち出している。最後に、このたとえを借用しておこう。すなわち、さまざまな理論が、人から人へ、時代から時代へと伝えられながら、新たな使われ方をすることをつうじて、またときには、それが使用される学問領域によって、変化を遂げている。フェミニズムの理論も、こうした理論のひとつなのだ。本書は、そうした変化の跡を探究するうえで、ガイドブックとなっている。だが、探究の旅そのものにとって代わることはできない。

＊　ソニア・アンダマール、テリー・ロヴェル、キャロル・ウォルコウィッツ、『現代フェミニズム思想辞典』、奥田暁子監訳、明石書店、二〇〇〇年。該当箇所は、「現代のフェミニズムはエドワード・サイード（Said, 1983）が『旅する理論』travelling theory と名付けたものに大きく依拠しているからである。『批評家や批評の諸学派がそうであるように、思想や理論は人から人へ、状況から状況へ、ある時代から別の時代へ旅をする』。理論が旅をすると、それは『新しい使い方によって、新しい時代や場所に占める新しい位置によって変革される』（Said, 226-227）……わたしたちはできる限りわかりやすく、明確なものにしようと努めたが、旅する理論が学際的に気まぐれな旅をしているように、広範なフィールドにまたがって使われる複雑な概念を即座に透明で、痛みのないものにすることはできない。本書は旅をするときに使うもので、旅の代わりをするものではない」（同辞典「はじめに」(1)と(5)ページ」）。

開発

DÉVELOPPEMENT

［英］*Development*

●開発の概念――その歴史と苦い後口

●開発のジェンダー

　ある国や社会の「開発」という語は、一九五〇年代の終わりから使われている。意味深長なことに、「低開発」という用語が、これよりまえにあった。というのも、その用語は、当時の合衆国大統領トルーマン Truman の就任演説（1949）に登場しているからである。つまり、まずはじめに、植民地あるいは独立途上にある社会と、アメリカ合衆国やヨーロッパとのあいだの隔たりを確認し、それから、その隔たりを埋めるプロセスとして、開発を定義したというわけである。

「開発」が指しているのは、グローバルな社会的変化であり、それは経済によってもたらされ、国家によって推進され、多様なプロセス――経済、文化、社会、人口の――を包含している。そして、それらプロセスの連関は、起こるたびごとに特異なかたちをとる。また、関連する概念との境界も明確ではない。すなわち、「成長」という概念は、本質的に経済に関連し、「近代化」は、原則として社会関係と生活様式に関連していて、「開発」は、これらを結合している。世界には、なん千もの開発の専門家がいる。だがだれも、その明確かつ一般に認められた定義をもたらしてはいない。

開発の概念――その歴史と苦い後口

なん年かにわたって、以下のようなあれこれの局面が開発のヴィジョンを支配してきた。すなわち、農業の変革、工業化、都市化、そしてもっと最近では、貧困の減少と民主化である。このような変遷は、重要な意味をもっている。つまり、一〇年ほどまえから、だれも「遅れの回復」を語ることはなく、いまや「不良開発」の影響――貧困、低識字率、汚職――を抑えることだけが問題なのである。そして、工業と水力の巨大プロジェクトから、特定開発の様式であるミクロ＝プロジェクトへと移行している。

開発の思想の特徴は、両義性をその本質としていることである。すなわち、ある社会がどのように開発されるのかを分析するのか、それとも、その社会を開発する方法の準則を明らかにするのか、という両義性である。実際には、規範を語るヴィジョンのほうが、広く優位を占めている。それによると、開発するとは、ある種のタイプの生産を促進することである。しかしそれはまた、規範の総体――経済的調整という苦い薬――を課すことでもある。それらの規範は、開発中の諸国の利益のために処方されている。開発とはまず、開発に当たるものたちの事業――そして言語――なのだ。

だがこの歴史において、すべてが悲惨なわけではない。開発というプロセスは、多くの領域において現実のものだった。まず、都市化は、平均的にみて、生活条件に進歩をもたらした。たしかに、都市の困窮者のほうが農村の困窮者よりも多い。だが、都市の困窮者のほうが長命で、識字率も高く、より清潔な水を飲んでいるし、逆説的なことに、食料事情もいい。

つぎに、人口統計という領域では、平均余命が、一九五〇年代以降、あらゆる発展途上国において一五年以上、ときには二五年以上伸長した。また、ここ一五年来、保健衛生の体制が劣悪化しているにもかかわらず、罹病率——エイズを例外として——も、あらゆる領域で低下している。出生率も、いたるところで低下している。ただしサハラ以南のアフリカでは、その動きがこれから始まるところではあるが。

第三の領域は、基盤投資の領域である。たしかに、投資の流れは、ここ一五年来かなり減少してきたが、交通網や上下水道など経済・社会の基盤となる下部構造は、おおむねそのままである。ただし、それは急速に悪化している。

第四の重大な領域は食料である。戦争状態のときを除けば、大規模な飢饉はいまや世界にはない。一九七〇年代の「緑の革命」以降、農業生産性が向上したため、破局的予想も現実のものにはなっていない。もちろん、だからといって、飢餓で、あるいは栄養不良の間接的な影響で、死ぬものがいないということではない。けれども、栄養不足の理由は農学的なものではないのだ。ここで、メダルの裏側に、つまり不平等の問題に移ることにしよう。

一九八〇年代までは、さまざまな社会的不平等が認識されてはいたが、それらは過渡的なものとみられていた。都市化と有給専任化が、自動的に貧困と不平等とを減少させるとみなされ、そして事実減少させた。

一九八〇年代初頭の危機と、それにつづく調整が、唐突にこうしたプロセスを停止——東アジアを除く——させた。その理由は単純である。すなわち、公的雇用の低下、競争力を名目とした低賃金のさらなる圧縮、原料の相場の下降、負債の支払いである。そして、公共サーヴィスを無料で利用することが制限されたために、不平等はさらに拡大してしまった。

不平等増加の第一の原因は、経済政策——経済の金融化*、投機の拡大——という方面に求めなければならない。しかも、専任有給化が停滞し、雇用の不安定性が先行した結果、今日のヨーロッパのような事態に立ちいたっている。

＊　資本の蓄積が進み、金融経済が実物経済より巨大化した状態。

こうした変化の主な帰結は、インフォーマル経済の増殖＊である。あるものたちは、それを小企業「育成の場」とみており、また別のものたちは「雇用吸収の場」とみているが、そこでの雇用には失業保険はない。だが現在では、以下のように理解せざるをえない。こうした変化は、かつてそうだとされていたのとはちがって、独創的な近代性をもつものではないと考えざるをえない。なぜなら、この変化のせいで所得は下がり、技術革新や蓄積はきわめて脆弱で、労働条件は厳しく、暴力は――とくに女性と子どもたちに対して――甚大なものだからである。そのうえ、許容量がいっぱいになって、失業者だけでなく、フォーマル経済から締めだされた臨時労働者たちをも、吸収することができなくなっている。

＊　行政的な保護（社会保障など）や規制（税など）を受けない労働部門（「インフォーマル・セクター」）の労働に支えられた経済活動全般。

このように、インフォーマル経済の拡大によって問題が発生しているが、それはさらに進行している。つまり、困窮者たちが法を尊重しないのを都合よくアリバイにして、大企業でも労働権が遵守されず、腐敗や、麻薬密売業者たちとの結託も広がっている。その結果、「国家」が犯罪の巣となり、いくつかの首都の街区全体が麻薬密売業者たちによって管理され、内戦時には犯罪ネットワークから資金が調達されるにいたっている。これらの現象はまさに、インフォーマル経済の恐るべき付属物だとみなすことができる。

開発とは、歴史的主体――「国家」が体現している――によって、統一を生成し、集団的進歩をもたらすものだとされてきた。だが総じて、開発という理念は、すこしずつ、その根拠となっていたものを失っている。それを支配しているのは、格差である。すなわち、まず国土でいえば、一方にハイテクの拠点が点在すると思えば、他方には、荒廃した首都の暗黒社会がある。つぎに社会でいえば、所得の不平等と身分格差が拡大し、一部の人々は市場から排除されているのに対して、別の人々は、世界化に「接続されて」いる。最後に政治でいえば、民主主義や市民権について、まじないのような言説をいくら弄そうと、自身の安全保障権すら存在しない状態――殺人、リンチ、戦争――が拡大していることを隠すことなどできない。そして、顧客至上主義が支配し、社会的諸権利の後退を余儀なくされている。

開発のジェンダー

こうした問題は、実際には二つの問題を含んでいる。ひとつは、開発という概念それ自身が、さまざまな社会現象を男性の眼から構想することに繋がっているのかどうかを知ることである。そしてもうひとつは、女性たちが開発というプロセスの「眼にみえない当事者」であるかどうか知ることである。

まず、開発という概念それ自体が、男性の手になるものなのだろうか？　ここで最初に指摘することができるのは、これらのプロセスが、専制的に男性たちによって進められているということである。国家元首であれ、企業のトップであれ、あるいは発展途上国の政治家たちであれ、例外は希有――そして、インド、パキスタン、トルコといった、もっとも注目すべき政府の女性首長たちも、まずは有力な一族の後継者であったようである――なのだ。こうしたことから、わたしたちは、政治権力の機構から女性たちが排除されているとの考えにたち戻る。開発という概念は、そこまで国家権力の行使と結びついているのである。とはいえ、さまざまな国際組織の責任者たち、専門家やコンサルタント、開発と援助がまず市場であるようなすべてのものたちからも、女性たちが排除されているのは事実である。なるほど、非政府組織（ＮＧＯ）においては、状況はこれほどひどくないかもしれない。だが、細部にわたる研究は今後の課題として残されており、これがなされるなら、おそらく、女性たちが多数を占めるのは、「人道政策部門」のみであって、開発プロジェクトではないことが明らかになろう。

それでは、女性たちは開発の眼にみえない当事者だということができるだろうか？　たしかに現実には、「開発に関するフェミニズムの立場からの研究」については、語ることができない。だがそれでも、デンマークの経済学者エステル・ボセルップ Esther Boserup の先駆的著作（原著一九七〇年、フランス語版一九八三年）以来、他の著者たち——ほとんどすべて女性——による一連の出版物が存在している。それらは、「北」だけでなく「南」をも扱っているが、それは、両者がともに、これまで述べてきた方向に進んでいるからである。すなわち、第三世界の工業的「成功」（たとえば、モーリス衣料会社のあるメキシコのマキラドーラ・ゾーン*）も、女性たちの、あるいは少女たちの労働の搾取——インドでも同様である——から成り立っている。また、家内奉公人としての労働は、とりわけ眼にみえないものであるが、第三世界ではどこでも、工業労働よりも多くの女性を雇っている。この家内労働が研究され——非常におずおずとではあるが——始めている。そしてとりわけ、インフォーマル経済と家族農業に経済調整の影響を吸収する容量があるという神話が、うち破られている。すなわち女性たちは、多数の仕事に就かなければならず、各種「インフォーマル」職種を家事労働に追加しなければならない。だが、この家事労働自体が、出生率の低下にもかかわらず拡大している——飲用水や暖房用の薪も探さなければならず、買いものに当てる時間も延びているなどなど——のである。こうしたことすべてが、あの「奇跡」を大部分説明している。「開発者たち」はつねに、この「奇跡」に感嘆しているが、かれらもまた罪悪感をもっている。つまり、かれらはどうやって生き延びるのだろうか？　最近、女性の家長が、いくつかの研究の対象となっている（Bisilliat, 1996）。共同体の連帯機構における女性の役割も同様である。そして、あらゆる開発機構は、好むと好まざるとにかかわらず、その「女性」部門を創設しただけでなく、ジェンダー研究をもつくり出したのである。

＊　メキシコの加工業地帯。メキシコ政府は、一九六五年に、雇用の促進や外貨獲得を目的に、アメリカとの国境地帯に、保護関税下の輸出用加工業地帯を設置した。

開発の過程において、あるいはむしろ、開発がひき起こす危機への抵抗において、女性たちの役割を明らかにすると、そのような現象に関する理論と、その現象のさまざまな様態に対して、批判をうち立てることが可能になる。しかしながら、そのことによっても、いままでのところ、開発の別の選択肢が呈示されるにはいたっていない。女性たちは、政治の領域と、さまざまな権力機構とから排除されているが、その状態は、ほぼ全体に行き渡ったままである。女性労働を「高く評価する」といっても、それは、厳密に経済的な意味で理解されなければならず、しかも、大した資格の要らない低報酬の仕事に限定されている。これらの国々の社会では、近代化の極に達した部分と残り部分とのあいだで、不均等が拡大しており、それが女性たちを、ますます「サバイバル経済」へと追いやっている。そのうえ、このサバイバル経済に対しては、だれもが、いかなる指針ももたず、アノミー*と社会の急激な発展のあいだで、将来を考えずに行動するしかない。そして増加する都市暴力が、これらのプロセスすべてを強めることになる。

＊　デュルケムが、『自殺論』において展開した概念。社会解体期に、行為や欲求を律する規範が混乱してしまっている状態。デュルケムはこれを自殺の要因とした（デュルケーム、『自殺論』、宮島喬訳、中公文庫、一九八五年、第二編・第五章・「アノミー的自殺」、二九二〜三四四ページ）。

だが、だからといって、私的な領域においては大きな変化が起こらないということにはならない（たとえば、避妊が普及し、一夫多妻と家庭内暴力は減少している）。また、地域レベルでもそうである（相互扶助ネットワーク設立のために、女性たちの協会がつくられている）。しかしながら、こうしたことすべても、開発の別のヴィジョンを切り開いてくれるわけではない。そこではまさに、社会変革に関する男性的な見方が問題であるという、一種の確認がある。この見方によれば、社会変革は「トップ・ダウンで」指導されるが、その失敗の影響をまずこうむるのは、「低階層の」女性たちだということになる。このような結論ではとうてい、楽観論にいき着くわけにはいかない。たしかに「世界銀行」は、「ターゲットを定めた社会政策」をいくつか実施しており、その四分の三は女性に関するものである（高齢の女性や、女性の家長を対象としている）。だがそれは、かならずしもよい徴候ではない。それによって、問題が空洞化され、女性たちがますます家庭内に閉じこめられてしまう可能性があるからである。ジェンダーをめぐる社会的諸関係という問題は、開発に関する言説において、一種の付属事項にとどまりつづけるであろう。「政治的に妥当なもの」という名目で、やむをえず付け足されているのである。そのかぎりにおいて、これまで述べてきたような状況が、優勢でありつづけるであろう。

関連項目

家事労働　権力　社会＝家族政策　社会の不安定化　世界化　暴力

参考文献

▼Bisilliat Jeanne (dir.), *Face aux changements, les femmes du Sud*, Paris, L'Harmattan, 1997, 367 p.
▼Bisilliat Jeanne, Verschuur Christine, *Cahiers Genre et développement*, 2000, n°1, « Le genre : un outil nécessair », 264 p.
▼Choquet Catherine, Dollfus Olivier, Le Roy Étienne, Vernières Michel (dir.), *État des savoirs sur le développement*, Paris, Karthala, 1993, 229 p.
▼Fontaine Jean-Marc, *Mécanismes et politiques de développement économique. Du « big push » à l'ajustement structurel*, Paris, Cujas, 1994, 189 p.
▼Guichaoua André, Goussault Yves, *Sciences sociales et développement*, Paris, Armand Colin « Cursus », 1993, 190 p.
▼Jockes Susan, *Women in the World Economy : an INSTRAW Study*, New York-Oxford, Oxford University Press, 1987, 161 p.

（ブリュノー・ロティエ Bruno LAUTIER／宇野木めぐみ訳）

科学とジェンダー

SCIENCES ET GENRE

［英］*Sciences and Gender*

●認識に性別《ジェンダー》はあるのか？
●新しい科学的客観性構想のために
●科学的実践の新しい研究に向けて

さまざまな科学とジェンダーのあいだに緊密な関係があるという考えには、つぎのような意味が含まれている。科学的な知の進化をかたちづくったのは、まず、社会における基本的な二項対立の存在、つまり男性という特性と女性という特性の対立だった。つぎに、歴史の大部分において、科学的な探究は、男という性に属する個人たちによって、またかれらのためになされてきたという事実だった。この科学という分野での探究はまた、つぎのような前提に立っている。すなわち、科学の中立性、客観性、合理性、普遍性といった既存の定義には、実際にはしばしば、この科学を創造してきた個人たちの世界観が組みこまれている。つまり、西ヨーロッパの人間たち——もちろん男性のことである——であり、かれらは支配階級の一員だった。

認識に性別《ジェンダー》はあるのか？

さまざまな科学とジェンダーとの関係に関する考察は、一九七〇年代に始まったが、それは、フェミニズム運動と、科学の社会的＝文化的研究との飛躍的発展とに密接に結びついていた。とはいえ、ジェンダーがひとつの変数として科学的知の発展に介入するという主張には、いまだに多くの異論がある。「科学とジェンダー」というテーマは、科学における「方法論的相対主義」を標榜する研究者たちによって展開されてきた。このアプローチはけっして、人間の意思とは独立した自然現象の存在を否定するものではない。だが、その前提として、自然現象を理解することは社会的＝文化的活動のひとつであり、そうであるからこそ、この活動を生みだす時代と場所とに無関係ではいられないと考えている。だがこれとは別に、科学史や科学哲学の研究者の一部は、反対に、科学とはひとつの方法を活用すること、すなわち、さまざまな規則の体系を活用することだと主張している。かれらによれば、これらの規則は、科学の言表が他の配慮のいっさいから独立して受けいれられることを保障しているという。科学をこのようにとらえると、「ジェンダー」という変数を、科学的知の構成単位としてとり込むことが困難になる。自然の法則は、正確な科学的方法のおかげで明らかにされているのだから、普遍的に有効である。このように主張することは、同時に、これら法則を構築する際には、現象を研究する個人の特徴——性別などなど——が影響するはずなどないと仮定することになる。

こうした論法にはたしかに、しばしばニュアンスの変化がみられる。まず、生理学と医学は、科学的知の分野でいえば、性別のある身体を直接扱う分野である。したがって、この両学問は、性差についての社会的＝文化的とらえ方から影響を受けてきた可能性があると、広く認められている。科学的な議論として、女性は生まれつき知的に劣っているとされてきた。だがこの議論が長命を保ったことは、右のような影響によって説明がつく。つぎに認められるのは、科学的研究の基軸と優先順位を決定するうえで、社会的な選択が重きをなしているということである。たとえば、避妊に関する科学的研究は長いあいだ存在しなかったが、それは、こうした社会的選択のせいだったはずである。[*] 今日では認められているように、社会的なるものが、科学的な認識の発展に影響することがありうる。ただしそれは、探究テーマの選別（肯定的に選別する場合と、否定的に選別する場合がある）という意味でと、科学者の偏見による研究の堕落という意味においてのみである。これに対して、「優れた」科学――さまざまな社会＝文化的変数のもち込んだ色眼鏡からうまく逃れた科学――は、「不偏不党の視点」に立っている。それは、中立で、客観的で、相互に置き換え可能な観察者たちによる活動なのだ。こうした観察者たちが共同して、「文化全体のそとに、ひとつの文化」を構築する。そしてこれが、自然界に秩序を与える不変の法則の忠実な反映なのである。

＊　たとえば、帝国主義的競争の時代や、ファシズムの時期など、労働と軍事の人的資源が求められる時期には、多産が奨励され、避妊や避妊教育は――したがって、それらの研究も――犯罪とされた。

女性の研究者たち――サンドラ・ハーディング Sandra Harding (1996)、ルース・ブライアー Ruth Bleier (1988)、ルドミラ・ジョーダノヴァ Ludmilla Jordanova (1993)、イヴリン・フォックス＝ケラー Evelyn Fox Keller (1992)[*]、ヘレン・ロンジーノ Helen Longino (1990)、ドナ・ハラウェイ Donna Haraway (1988) など――は、ジェンダーと科学との関係を研究し、右のものとは違った科学観を展開してきた。かの女たちは、「自然の法則」の認識は、ごく限られた人間集団の、つまり科学研究者たちの業績から派生したものだという確認から出発する。ところで、いかなる人類の集団的労働といえども、それが生産された時代と場所から完全に切り離すことはできない。文化のそとに文化はないし、歴史のそとに自然史はない。これらの女性研究者たちは、社会や文化を考慮に入れて、諸科学の歴史についての考察を豊かにしてきたが、それは、男性／女性という分割が科学的知の構築において中心的役割を担っていたという考察によってである。この分割は、自然にもとづき、厳密で、相互に排除しあい、序列化された――オスの原理がメスの原理を支配する――

二項対立として構築されている。この分割は、あらゆる人間社会において基本的に重要であり、言語や文化に組みこまれている。となれば、以下のように考えるのは理にかなっていることになる。つまりこの二項対立は、自然界についての認識の構造に影響し、序列のある二項対立という視点の発展を促進してきたのである。そして、こうした視点が、世界の「真の構造」に照応するものとして呈示されているのだ。

＊ エヴリン・F・ケラー、「ジェンダーと科学——アップデイト版」、『生命とフェミニズム』、広井良典訳、勁草書房、一九九六年、第Ⅰ部・第一章（一九〜五一ページ）。

新しい科学的客観性構想のために

フェミニストの女性研究者たちはまた、科学の客観性、合理性、普遍性といった概念を根底的に批判するよう提案した。特定の時期——近代の初め以降——に、特定の場所（ヨーロッパと、のちに北アメリカ）で、特殊な社会的アイデンティティをもった個人（男性で、支配階級の一員）たちによって生産された認識を、客観的で普遍的な唯一の知として呈示し、他の観点（女性や貧者たち、「有色」人種の人々、西ヨーロッパ以外の国々の観点）をすべて排除することによって、支配者たちは、その物質的＝イデオロギー的支配権を確保することができた。科学の普遍性とか客観性という概念の使用を、明確な歴史的状況に位置づけて批判したからといって、普遍的に有効な認識を発展させたいとか、自然界に関して客観的な知を生産したいという願望を断念しなければならない、などということにはまったくならない。女性研究者たちは、科学とジェンダーの関係——それだけでなく、さまざまな科学と社会階級の関係、民族性や西ヨーロッパ以外の各文化との関係も——を研究してきた。そして、科学的な知の基盤が拡大すれば、諸科学は、より高度な客観性と、より高度な普遍性を展開することになろうと主張してきた。

こうしてサンドラ・ハーディングは、「高度客観性」という概念をつくり上げた(1996)。この客観性は、対話と交換のなかから生まれ、その力を汲みとるのは、明確に定義された活動に下ろした根からである。このような基盤をもつ知と実践は、それがつくられた時期も場所も、それを生産した個人の社会的地位も隠そうとはしない。同様に、ドナ・ハラウェイは、「身元証明つき認識」を展開するよう提起した(1988)。この認識には、その生産の時と場とが明記されている。科学の資料体《コーパス》は、多数の「任意の」視点間の相互作用をとおして、また多数の「翻訳」を仲介して形成される。ところでこの「翻訳」とは、さまざまな知と実践を読み替え、変形することである。これらの知と実践は、特定の科学者の共同体によって生産され、この共同体はまた、これらの知と実践を使用する――科学の内部であれ、外部であれ――人々によってもたらされる。「身元証明つき認識」は、科学に対して、反省的で、批判的で、懐疑的で、皮肉な視線を発展させる役に立つことができよう。それゆえ最終的には、科学――しばしば、組織的懐疑論として定義されている――をさらに科学的なものとするのに貢献できよう。またハラウェイによれば、この認識は、客観性と普遍性の定義をより豊かなものへと発展させるだろう。その結果、そこには、情熱、批判、異議申し立て、連帯、責任が含まれることになる。

科学的実践の新しい研究に向けて

最後に、一部の女性研究者たちは、その関心の焦点を、あのさまざまなからくり《メカニズム》に当ててきた。これらのからくりが、女性たちを科学研究の企てから排除することを許してきたからである。ここで問題となるのは、明確な障壁であり、もっと最近では、科学についての性別イメージ――男性のものというイメージ――の役割であり、若い女性たちの進路志向――文学研究を選びがちである――であり、権威あるポストに就けない女性研究者の遭遇する実際上の困難である(Le Dœuff, 1998)。また別の女性研究者たちは、女性で、科学的認識に重要な貢献をしたものたち――しばしば無名で、また無視されてきた――に関心をもってきた。またこれは、ここ数世紀以来のことだが、「献身的妻」、「巧みな専門家」、「熱心な蒐集家」といわれた女性たちに関心を示している。ほかに、「無名の協力者」とされた女性たちに関心を寄せている。かの女たちの名が、科学の公式な歴史から姿を消しているからである。これら眼にみえない女性協力者たちの貢献を見直し、科学に対する女性たちの関心が連続していたことを評価するために、努力がなされている。こうした努力は、諸科学の客観性、合理性、普遍性を問う女性たちの企てとは、まったく異なったものとみえるかもしれない。だがそれは、同一の問題の不可分な二つの面なのである。科学の業績は、それが技師や、実験助手や、アマチュア好事家たちによって成し遂げられると、一般に科学の周辺に位置するものとみなされてしまう。だが、スーザン＝リー・スターSusan Leigh Star（1992）とルドミラ・ジョーダノヴァ（1993）にとって、こうした業績を考慮の対象にすることが重要なのである。その業績を成し遂げた個人たちの具体的な貢献を、正当に評価するためだけでなく、わたしたちの科学観を変えるためにもである。科学史はふつう、重要な「発見」を成し遂げた「偉大な男性たち」――そして、若干名の選り抜きの女性たち――の業績の連続だとされてきた。このような科学史に、きわめて多数の個人の隠されてきた業績を含めることによって、科学という企ての本性に関して、わたしたちの捉え方を変えることができる。これら個人が、文字どおり「科学してきた」からである。また、科学的探究とは「純粋で」浮世離れした活動であり、現実世界の喧噪と無秩序の上空を滑空しているかのごときイメージがつくられてきたが、そうしたイメージを覆すこともできる。このことからして、このような科学史に促されて、科学的認識と実践とが発展し、さらにしっかりと社会に根づき、もっとよく「市民生活」に関わることができるようになる。

関連項目

科学の言語（の性別化）　技術とジェンダー　女性性、男性性、男らしさ
性差（の理論あれこれ）　普遍主義と個別主義

参考文献

▶Fox Keller Evelyn, Gender and Science : An Update, *in* Evelyn Fox Keller, *Secrets of Life, Secrets of Death. Essays on Language, Gender and Science*, New York and London, Routledge, 1992, p. 15-36.〔エヴリン・F・ケラー、「ジェンダーと科学――アップデイト版」、『生命とフェミニズム』広井良典訳、勁草書房、一九九六年、一九～五一ページ〕

▶Haraway Donna, Situated Knowledges : The Science Question in Feminism and the Privilege of Partial Perspective, *Feminists Studies*, 1988, 14 (3), p. 575-599.

▶Haraway Donna, Modest Witness : Feminist Diffractions in Science Studies, *in* Peter Galison, David J. Stump (eds), *The Disunity of Science : Boundaries, Contexts and Power*, Standford, Standford University Press, 1996, p. 428-526.

▶Harding Sandra, Rethinking Standpoint Epistemology : What is « Strong Objectivity », in Evelyn Fox Keller, Helen Longino (eds), *Feminism and Science*, Oxford University Press, 1996, p. 235-248.

▶Jordanova Ludmilla, Gender and the Historiography of Science, *British Journal of the History of Science*, 1993, n°26, p.469-483.

▶Kerr Anne, Faulkner Wendy, On Seeing Brockenspectres : Sex and Gender in Twentieth Century Science , *in* John Krige, Dominique Pestre, *Science in the Twentieth Century*, London, Harwood, 1997, p. 43-60.

（イラナ・ローウィ Ilana LÖWY／内藤義博訳）

科学の言語（の性別化）

LANGAGE SCIENTIFIQUE (SEXUATION DU)

［英］*Scientific Language (Sexualization of)*

●メタファーのかずかずとその影響
●ジェンダーと科学の活動

科学のさまざまな概念は、その大部分が、自然言語で表現されている。だが、この自然言語は、それが組みこまれている社会的文脈から切り離すことができない。科学には性別を帯びた暗喩《メタファー》がいくつかあるが、これらのメタファーがそのよい例となっている。これらのメタファーは、科学者たちの使用する言語に浸透し、かれらが自然現象を概念化したり、構築したりする方法に影響を与えている。科学の言語に性別を帯びさせることは、しばしば無意識になされるが、科学者たちの思考と活動の形式を決定し、自然現象に関するかれらの分析と記述に強い影響を及ぼす。また一般には、これらの分析は、自然界の中性的で客観的な記述だと考えられている。そのため、科学の言語に、性別を帯びた前提を眼にみえないように組みいれることによって、ひるがえって、このような前提を社会のなかで強化することがありうる。だがここでは、科学の言語からイメージとメタファーすべてを排除したり、それらを言語と文化から独立させようといっているわけではない。そのようなことは、明らかに不可能な夢にすぎない。むしろ、メタファーが、たとえ性別を帯びたものであっても、どのようにして、かず多くの、そしてしばしば実りある結果を、科学にもたらしうるのかを明らかにしたいのである。

メタファーのかずかずとその影響

フェミニストの女性たちが明らかにしたところによると、使用されている語彙は、ジェンダーをめぐる諸関係を刻印されている。かの女たちの言い分を明らかにするために、わたしは、いくつかの例から始めることにする。それらの例が、科学のテクストを読解する際に、相対的にはっきりとした影響を及ぼすからである。そしてつぎに、そこから、もっと間接的な影響力をもつ他の例へ移ることにする。これらの例すべてにおいて、ジェンダーをめぐるメタファーは二つの方向で機能する。それは、社会的イメージが、科学においてつねに果たしている機能と同様のものである。ジェンダーのメタファーは、自然に関するわたしたちの表象のなかに、いくつかの前提をもたらす。そして同時に、そうすることによって、文化的信条と実践を物象化する——あるいは馴染みやすいものにする——のに役立つ。この二つのプロセスの力学は、たがいに切り離すことができない。だが女性フェミニストたちの多くは、二つ目のプロセスに焦点を当て、女性たちに対するその影響力——通常は否定的な——を明らかにする。そこでわたしは、第一のプロセスと、科学研究の流れにおける性別を帯びたメタファーの影響とを、もっぱら扱うこととする。

女性たちと、自然的性別《セックス》と、社会的=文化的性別《ジェンダー》とが、あらゆる機会に交差しあう場がある。まずそうした場から始めよう。すなわち、子孫再生産と成長とをめぐる生物学に関しての、古くもあり今日的でもある分析のかずかずである。

これらの分析の大部分は、誤りの正体を明らかにしているが、それらの誤りは、提喩*に頼ること、つまり、部分を全体とみなす傾向に由来している。すなわち、（1）人体という世界は、男性と女性という二つのタイプに分割されて——性差のさまざまなしるしは、確かな指標として文化的に受容されているが、こうしたしるしに従ってのことである——いる。（2）補足的な（つまり、身体を超える）特性は、文化的に男女二つの身体のどちらかに帰属する（たとえば、「活動的」対「受動的」、「独立している」対「従属している」、「一次的」対「二次的」という二項対立は、別の言い方をすれば、ジェンダーの対立そのものである）。そして、（3）これらの同じ特性が、身体全体に結びつけられると、それらは、男女二つの身体の下位カテゴリーに帰属する。あるいは、それら下位概念に結びつけられるプロセスに帰属する。しばしば、ただし必然的にというわけではないが、これらの分析は、ひとつの場を出発点として入念につくり上げられるが、そうした場は、知によって今日的なものとされ、したがって暗に、より優れたものとして呈示されている。

* 部分によって全体（「パン」＝「食物」）を、あるいは全体によって部分を（「花」＝「サクラ」）表す比喩法。

もっとも明瞭な例は、間違いなく、生成理論の歴史によって呈示されている。たとえばナンシー・トゥアナ Nancy Tuana（1989）は、さまざまな子孫再生産理論に関する既存の文献に新たな意味を与えようとした。つまり、それらの文献はアリストテレス Aristote(les) から前成説*論者たちにまで及ぶが、テュアナは、女性たちに関する支配的な視点（女性たちが受動的である、虚弱である、全般的により劣っている、といった視点）が、どのようにして、子孫再生産における女性たちの役割に影響を及ぼすのかを示している。またトマス・ラカー Thomas Laqueur（1990*）は、より説得力のある著作によって、まったく同じ方向性を示している。さらに一部の筆者たちは、同様に、受精に関する今日の議論を分析しようと企てた。まず、スコット・ギルバート Scott Gilbert とその学生たち（Gender and Biology Study Group, 1989）は、宮廷風恋愛作法の言語を発見したが、それは、二十世紀の概論書のなかでである。これらの概論書は、受精に対する古典的な治療を記述したものである。つぎにエミリー・マーティン Emily Martin（1991, 五〇〇ページ）は、この勢いを継承して、女性の受動性と男性のヒロイズムといった観念がもちこまれている――ごく最近の技術的文献のなかに、である――ことを探りあてた。これらの観念は、「両性配偶子の人格」（同、五〇〇ページ）を喚起するために使われているのである。以下が、マーティンの論法である。まず、古典的には、精子は、「活動的な」、「力強い」、「自身によって移動する」もの、したがって、卵母細胞膜を貫いて、なかに「侵入する」ことができるものとして記述されている。精子は卵母細胞に、みずからの遺伝子を「伝達し」、「成長プログラムを促進させる」のである。反対に、卵母細胞は、精子の襲来を受けるまで、つまり「侵入され」て受精するまで、卵管にそって「運ばれ」、「流され」るか、たんに「滑る」だけである（同、四八九～四九〇ページ）。こうしたイメージを構築する技術的細部は、奇妙なことに、ここ数年間にいたるまで変化していない。化学や機械工学上の理由が呈示されて、精子の運動性と、精子が卵母細胞膜に密着し、その細胞膜を卵母細胞の細胞膜に融合させる能力を説明しようとする。卵母細胞の活動性は存在しないことが前提とされ、したがって、それには構造など必要ないということになる。

＊　十七世紀に始まる生物学の一説。生物の発生のとき、精子か卵、または受精卵のなかに、すでに微小な成体の原型があり、これが成長・肥大して発生にいたるとする説。

＊＊　トマス・ラカー、『セックスの発明――性差の観念史と解剖学のアポリア――』、高井宏子、細谷等訳、工作舎、一九九八年。

新たなイメージが、受精における分子力学に関して、わたしたちの理解を変化させる。じっさい、このテーマに関するアルバーツ Alberts らの研究（1989, 八六八ページ）は、一貫して、卵母細胞の活動性の存在を強調している。卵母細胞の活動が、精子による融合と侵入に必要とされるタンパク質と分子をつくり出すというのである。もっとも広く普及した概論書『細胞の分子生物学* *Molecular Biology of the Cell*』では、「受精」とは、卵と精子が「たがいに遭遇し、融合する」プロセスだと定義されている（Alberts *et al.*, 1989, 八六八ページ）。この例は、言語が科学者たちの思考と活動を形成する方法を完璧に示している。つまり、科学者たちの関心と知覚を枠にはめ込み、ついで、かれらが有用な実験を試みる領域を定義するのである。もちろん、すべてのメタファーが同じようにことがらをはっきりさせるわけではない。

だが、この個別ケースでは、メタファーは明らかに生産的なものだった。むろん、その効果は異なっていたが――一方のメタファーによって、精子の活動の分子構造が集中的に研究されるようになり、もうひとつのメタファーが促進した研究によって、いくつかのメカニズムを解明することができて、卵母細胞のうちに「活動的な」要素をみざるをえないようになった。

＊ ブルース・アルバーツほか、『細胞の分子生物学　第三版』、中村桂子、藤山秋佐夫、松原謙一監訳、ニュートンプレス、一九九五年。

ジェンダーと科学の活動

ここ二〇年のあいだに、生物科学においてジェンダーの影響が考慮されるようになった結果、文化的な変化が起こり、そのインパクトは次第に大きくなっている。すなわち、受精自体に関する研究という枠を越え、一連の展望が切り開かれ、「母性効果」という表現でくくられた幅広い現象が研究されるようになった。「母性効果」とは、子孫の生物学的運命に対する――そして、種の進化にさえ対する――、長期にわたる影響を指している。それらの影響は、母親の卵母細胞内のいくつかの遺伝的構成要素（ミトコンドリア）、母親の妊娠に関する生理学、あるいは、新生児が早期に受ける行動のすり込みなどの結果なのだ。またこれらの影響は、進化の生物学、生態学、さらには発達遺伝学においても現れている。人類の利益にもっとも近い学問分野において、ジェンダーの言語は、はっきりとしたひとつの役割を担っている。だが他の分野（たとえば発達遺伝学）では、それが、どちらかといえば隠れた存在になっている。さらにまた別の分野においては、この言語はいかなる役割も果たすことができない。だが、これは驚くべきことではない。いまから二〇年まえ、ジェンダー研究が科学に関心を示しはじめた結果、科学において、それまで語られることなく、隠されていた次元が切り開かれた。すなわち、さまざまな科学の歴史と哲学という次元のことである。それまで、ジェンダーが社会ないし科学の発展の第一要因となりうるなどと想定されることは、けっしてなかった。ただ、ジェンダーは諸科学の歴史と哲学によって非常になおざりにされた要因であったとだけ、想定されてきた。しかしながら、この要因の重要性は驚くべきものであるということが、しばしば明らかにされている。科学におけるジェンダーの象徴的機能を研究することは、科学の機能の仕方を理解するうえで、きわめて生産的であることが明らかにされてきた。というのも、それによって、科学が構築される際に、言語と文化とイデオロギーの役割が、はっきりと照らしだされるからである。

　科学の言説には、性別を帯びたメタファーがさまざまある。また言語は、科学者たちの日常活動を形成する際に機能する。これらのメタファーの分析は、このときの言語の機能の仕方の格好の例を提供した。これらの例が示すところでは、言語は、科学的生産において固有の文化的価値を媒介伝達する。そのかぎりにおいて、これらの例は、言語と科学に関心をいだくものならだれにとっても、重要な先例を確立する。だが、これらの例は、科学者たちの眼には的はずれなものと映じる可能性がある。かれらが、言語と文化から独立した科学という夢を大切にしつづけているからである。しかしながら、科学の歴史と哲学という領域では、いちじるしい数の研究によって、現在のところ、この夢はほとんど夢以上のものではなかったことが明らかされてきた。このような夢は、憧れとか欲望を表現することはありえても、もはや科学の記述とみなすことはできない。それは、わたしたちの知るところである。科学者たちのなかでもっとも実証主義的なものたちでさえ、新しいメタファーの生産性から利点をひき出すことが可能である。それらのメタファーが、わたしたちの関心と努力とを新しい方向へと導き、それによって、驚くべき、予期しないような発展を可能とする条件を創造することができるからである。

関連項目

科学とジェンダー　　技術とジェンダー　　自然的性別《セックス》と社会的＝文化的性別《ジェンダー》

参考文献

▶Alberts Bruce *et al.*, *Molecular Biology of the Cell*, New York, Garland Pub., 1989, 44 p.［初版、一九八三年〔ブルース・アルバーツほか『細胞の分子生物学　第三版』、中村桂子、藤山秋佐夫、松原健一監訳、ニュートンプレス、一九九五年〕］

▶Gender and Biology Study Group, The Importance of Feminist Critique for Contemporary Cell Biology, *in* Nancy Tuana, *Feminism and Science*, Bloomington, Indiana University Press, 1989, p. 172-187.

▶Fox Keller Evelyn, *Refiguring Life : Metaphors of Twentieth Century Biology*, Columbia University Press, 1995, 134 p.

▶Laqueur Thomas, *The Making of Sex : Body and Gender from the Greeks to Freud*, Harvard University Press, 1990, 313 p.〔トマス・ラカー、『セックスの発明――性差の観念史と解剖学のアポリアー』、高井宏子、細谷等訳、工作舎、一九九八年〕

▶Martin Emily, The Egg and th Sperm : How Science has constructed a Romance based on Stereotypical Male-Female Roles, *Signs*, 1991, n°16 (3), p. 485-501.

▶Tuana Nancy (ed.), *Feminism and Science*, Bloomington, Indiana University Press, 1989, 249 p.

（イヴリン・フォックス＝ケラー Evelyn FOX KELLER **／川口陽子訳）**

家事労働

TRAVAIL DOMESTIQUE

［英］*Domestic Work*

●家事労働の理論化
●家事労働に対する社会政策と、家事労働の社会化

家事労働、家内生産、家政、家事仕事、家事活動、家内活動、人の世話……、主婦、妻、母……、これらの用語はすべて、生活規律に関する概念的な含意をもっており、またそれらの含意ははっきりと区別することができる。そして、これらの含意は、「家事労働」という表現にどのような意味を与えるべきかについて、論争をひき起こしている。わたしたちは、家事労働を、家族の世話に結びついた務めの総体として定義している。これらの務めは、家庭——夫婦の家庭であれ、親の家であれ——でなされ、無償の労働で、大部分が女性たちによって担われている。

一九六〇年代末には、フランスだけでなく、西ヨーロッパ諸国のすべてで、女性解放運動が、女性たちの労働の一部

分〔もちろん、家事労働のこと〕が陽の目をみていないことを告発していた。この女性解放運動こそが、上記の告発を足がかりとして、家事労働の新たな科学的＝政治的解明を日程にのぼせたのである。このように家事労働が無視されていたのは、以下の二つの要因の産物である。まず、あらゆる思想の潮流にとって、一九六〇年代には、家庭は消費の場だと定義されていた。工業化とともに、家庭は、生産機能ないし生産という役割をすべて失ってしまったというわけである。つぎに第二の要因は、男女間の役割と活動の相違が、まずもって「自然な」ものと考えられていたことに由来している。だから、安易に家庭内での女性の責任について語り、それ以上問いかけをおし進めようとはしなかった。家庭の母親の活動の重要性を、ついで家庭内活動全体の重要性を示すことについていえば、時間の使い方に関する調査が、唯一の研究だった。そしてこれは、一九六五年以来、「国立統計経済研究所 Institut national de la statistique et des études économiques――ＩＮＳＥＥ」によって、定期的に実施されている。

家事労働の理論化

クリスティーヌ・デルフィー Christine Delphy は、家事労働に関して、フランスで、フェミニズムの立場からの初期の出版物のひとつを書き、そこで、家事労働がすべての女性の条件を決定していることを示した（Delphy, 1998〔ただし、問題の論文の初出は一九七〇年〕）。家庭内生産の様式は、家父長制の論理に支配されており、これが、性的関係、子どもの教育、家事サーヴィス、いくつかの商品の生産、すなわち小規模商品生産を組織している。商品生産と非商品生産との対置がしばしば唱えられているが、これと真っ向から対立して、女性の家事労働を経済という領域から排除することは、女性たちの生産の本性に起因するものではない。じっさい、同一の製品が家庭外で生産されるようになると、それを生産する労働は有償となるのに対して、女性たちの労働は無償のままである。にもかかわらず、女性たちの生産物も市場で交換されている。たとえば、農業や職人の工房における女性の労働、あるいは、夫が自由業を営む場合の女性の労働は、当時〔デルフィー論文初出の一九七〇年〕、右の事実の直接の事例だった。一九八〇年代以来、農民、職人、商人の妻たちは、かの女たちの強い要求の結果として、共同事業者という地位の恩恵を受けることができるようになった。かの女たちの家族経営での貢献が認知されたわけである。だが、クリスティーヌ・デルフィーにとって、家族は、依然として女性たちに対する経済的搾取の場である。デルフィーの結論によれば、女性たちの労働力は、男性によって物理的に横取りされているという。しかも、妻、母、娘、あるいは姉妹など、女性たちの家族内での身分がいかなるものであれ、そうなのである。

一九七〇年代をつうじて、この分析は、重大な論争をいくつか生みだした。この分析では、マルクス主義的な問題意識と対決の姿勢が突出していたからである。そしてこれらの論争は、生産関係を、ひいては変革を決定する社会的関係を、どこまで広げて考えるのかを知るためになされた。これらの論争に関して、記憶にとどめるべき重要な点は、男性に関しても女性に関しても、労働の非歴史的な分析、ないし表象が放棄されたことである。そのうえ、探究が歴史的、経済的であると同時に社会学的にもなると、そうした探究は以後、賃金労働社会が生産という領域だけに矮小化できないことを強調するようになる。これらの探究はこうして、賃金労働の発展と私的領域の強化が、たがいに相まって起こる二つのプロセスであり、ともに個人の自立というプロセスに資するものであることを示した。けれども、男性と女性がこれらの領域のそれぞれに組みこまれる際、その様態ははっきりと異なっており、しかもこの様態が、それぞれの性固有の個性実現を律している。私的領域が人の世話の主要な場として登場すると、これにともなって、女性たちが固有の労働に従事するようになる。これがすなわち家事労働である。経済という領域では、商品は他の商品と交換されるが、これと反対に、家事労働は、人間間の関係のなかで成し遂げられる。ダニエル・シャボー＝リクテール Danielle Chabaud-Rychter、ドミニック・フジェロラ＝シュヴェーベル Dominique Fougeyrollas-Schwebel、フランソワーズ・ソントナクス Françoise Sonthonnax は、それがどんなふうにしてなのかを分析し（1985）、女性たちの時間は、家族への奉仕のため永続的利用に供されているとした。この奉仕関係は両性間の社会的関係であり、家事労働というプロセスの特徴となっている。しかもそれは、夫婦という核にのみ限られるのではなく、親族全体のなかで研究されなければならない。家族と賃金労働社会全体との変化に結びついて、家事労働の内容は、家族とその他の再生産組織との多機能の連携を表している。だが、家事労働と賃金労働との類似は、どんなものであれ警戒しなくてはならない。家事労働には労働契約がない。またそれ以上に、家事労働とは、ひとつの身分規定であり、女性各人のアイデンティティの基盤であり、女性を社会に組みいれる基盤なのだ。家事労働を単なる行為に矮小化することに反対し、その知的・感情的次元を強調しなければならない。モニック・エコー Monique Haicault が精神的負担という概念を展開したのは、そのためである（1984）。

経済学者たちは、フェミニストたちの問題設定に刺激され、消費の定義を再考し、家事に対して新たなアプローチを導入して、これを、さまざまな時間――賃金労働の時間、家事労働の時間、自由時間など――のなかから、そのための時間を選択し、サーヴィスを生産するものとした（Becker, 1976）。またこのとき、家事という生産は、「家庭でなされる活動の総体で、第三者による代行が考慮できるもの」と定義された。つまり、男性たちの活動も、女性たちの活動も、同一の実体とみなされるようになったのである（Chadeau et Fouquet, 1981）。

「国立統計経済研究所ＩＮＳＥＥ」による各種調査、「時間の配分」（1975, 1986, 1999）と「家内生産」（1988）は、男性と女性の家事の役割が、どれほどはっきりと区別されているのかを明らかにしている（家庭用の布類〔下着、シーツ、ナプキンなど〕に関する活動は、ほとんどもっぱら女性たちによってなされている）。とはいえ、過去との関連でいえば、役割の分担は、いくらか不平等ではなくなっている。たしかに、家事に費やす時間の総量は変わっていない。けれども、どちらかといえば男性の活動（日曜大工、整理・整頓）が増加しているのに対して、女性のものとされる活動（料理、食器洗い、布類の管理）は減少している。「女性たちは、一三年まえよりも少ない時間しか、厳密な意味での家事の務めに費やしていない。就労していない女性で半時間、職業活動をしている女性で七分、家事の時間が減少――就労女性は、一九八六年には三時間一三分家事に費やしていたが、一九九九年には、それが三時間六分になっている。就労していない女性では、一九八六年に四時間二六分だったのが、一九九九年には三時間五九分になっている――している。……

男性たちについていうと、……かれらが家事活動に費やす時間は、一九八六年から同九九年までのあいだで変わっていない。職業に従事している男性で、およそ一時間、それ以外の男性で一時間半である」(Dumontier et Pan Ké Shon, 1999)。家族のサイズ、子どもの数と年齢、夫婦の年齢が、家事という生産のヴァリエーションの主要な要因となっている。また、社会と職業からくるヴァリエーションは、女性にとってよりも男性にとって、より顕著である。その社会的条件がなんであれ、家事を免れている女性はほとんどいない。

賃金労働はもっぱら男性のものであり、家事労働は女性のものであるという考え方がある。だが、この考え方が社会的慣習行動と一致するのは、歴史的にみて、きわめて限られた時期についてのみである。平等は、両性間の新たな契約を規制する要因であるが、それは今日、きわめて大きな規制力をもつ。そのため、とくに家庭内で、いくつかの不平等が永続している場合、社会学の大部分は、それは個人的な選択、女性側の選択であり、夫婦間の力関係に由来しているとみなしている (Kaufmann, 1992)。しかしながら、職業活動に就くようになっても、女性たちが従属的な関係にあることは問題視されていない。女性たちが、家事労働をひき受けているからである。ということはつまり、女性たちの側に、時間の使い方を決めるうえで、より大きな窮屈さがあるということになる。そのため、時間割をきちんとする必要があるという固定観念が生じる。また一方で女性たちは、女性として優れているという規範に応えようとする。これを期待されているだろうと信じているからである。すると、この固定観念が極限にまでいたり、破綻をきたすことになる。そういうわけで、職に就くという計画を順調に進めるために、女性たちは、間違いのない家事代行のネットワークを手に入れなければならなくなる。だから、夫の手助けを求めるよりも、家庭の管理については、外部の援助を当てにするようになる。

家事労働に対する社会政策と、家事労働の社会化

最近三〇年間の進歩を研究してみると、次第に多くの数の家事労働が、拡大する商品消費にとって替わられたり、公立、私立および協同組織の機関で実現されたりしていることが明らかになる。子どもたちの、とくにもっとも幼いものたちの世話や、高齢者の介護に、女性たちは、職業活動に当てている時間を、必然的に割かなければならない。だが、その他の務めの大きな部分は、週末にまとめて片づけるか、それに使うことのできる収入に応じてのことだが、有料の家事援助に任せることになる。

経済学者と社会学者は、以前から、対人の奉仕関係に関して、一致して総合的なアプローチをとるようになり、家事活動と近接地での雇用とを結びつけてきた。また、公共予算の減少に呼応して、一方では育児休暇をとる条件が、他方ではパートタイム労働が拡大されてきた。たとえばフランスでは、家庭内雇用を拡大する積極的な政策として、税金の減免措置がとられている。家政婦や、その他の家内雇用者に頼る率が明らかに低いことは、確認ずみのことなのだ。だから、これらの減免措置は、そのコストさえ下がれば、そうした雇用が拡大する潜在性があるという見込みのもとにとられている（Flipo et Hourriez, 1995）。

家庭内雇用の地位を向上しようとする政策は、多様な論理となって現れているが、それらの論理は、一致した方向にあるというより、たがいに矛盾している場合が多い。たとえば、一方で公共支出を削減しながら、かといって、以前からのいくつかの合意を根底から問題にしてはいない。これらの合意によれば、社会的公正という観点から、すべての女性に職業活動への道が保障されていたのである。これらの政策はまた、雇用の危機に対する回答であると同時に、対人介護の次第に増大する需要への回答でもある。しかも、この地位向上策では、雇用される女性たちに、新たな身分規定を提案している（たとえば、労働契約は廃止の方向にある）。また、その提起している報酬のレヴェルにも問題がある

（必要に応える最低限のコスト）。そのために、家庭内雇用に高い社会的認知度を期待しているものの、それがえられるどうかは事実上疑わしい。さらには、この労働部門には、移民労働力が高い比率を占めていることが確認されている。つまり、他人に任せてしまいたいような仕事であることが、証明されている。家庭内で賃金労働者を雇用することは、古くからの社会的事実である。だが、新しいことは、こうした雇用を再展開することによって、中産階級（「国立統計経済研究所ＩＮＳＥＥ」の用語では中間的カテゴリー）と民衆階級とのあいだに、雇用者＝被雇用者の関係が生じることになる。また、女性の雇用がいくつかの極に集中する現象を強化することになる。そして、このような視点が強調しているのは、分析が性別、階級そして「民族・人種」を相関させていると、それらの分析には大きな利点があるということなのである。

関連項目

家族　家父長制（の理論あれこれ）　技術とジェンダー　教育と社会への受け入れ　公的なもの対私的なもの　社会＝家族政策　性別による労働の分割と性別をめぐる社会的諸関係　フェミニズム運動　労働（の概念）

参考文献

▼Chabaud-Rychter Danielle, Fougeyrollas-Schwebel Dominique, Sonthonnax Françoise, *Espace et temps du travail domestique*, Paris, Librairie des Méridiens-Klincksieck « Réponses sociologiques », 1985, 156 p.

▼Chadeau Ann, Fouquet Annie, Peut-on mesurer le travail domestique ?, *Économie et statistique*, 1981, n°136, p. 29-42.

▼Delphy Christine, *L'ennemi principal. 1. Économie politique du patriarcat*, Paris Syllepse « Nouvelles questions

féministes », 1998, 293 p.［一九七〇年発表の論文の再刊］
▼Haicault Monique, La gestion ordinaire de la vie en deux, *Sociologie du travail*, 1984, n°3, p. 268-277.
▼Lemel Yannick, Les activités domestiques : qui en fait le plus ?, *L'Année sociologique*, 1993, 3e série, vol 43, p. 235-252.
▼Vandelac Louise, Bélisle Diane, Gauthier Anne, Pinard Yolande, *Du travail et de l'amour. Les dessous de la production domestique*, Montréal, Éditions Saint-Martin « Femmes », 1985, 418 p.

（ドミニック・フジェロラ＝シュヴェーベル Dominique FOUGEYROLLAS-SCHWEBEL／志賀亮一訳）

家族

FAMILLE

［英］*Family*

●唯一の家族モデルに抵抗して……

●……性別をめぐる社会的諸関係という視点のもたらすもの

●夫婦間折衝と、女性たちの抑圧の否定

●家族の定義と家族政策

●家族社会学か、それとも、性別をめぐる社会的諸関係の社会学か？

唯一の家族モデルに抵抗して……

フェミニスト社会学は、家族の概念化を批判しているが、その結果たどり着いたのは家族の定義ではなく、むしろ静的で唯一の家族モデルという観念への異議申し立てだった。家族とはひとつの領域、ひとつの社会的空間であって、その機能状態を理解するには、他の諸領域、とりわけ、職業労働の領域とのさまざまな関連をみてみるしかない。そしてその作業は、かず多くの社会学者たちによってなされてきた。しかしながら、ここでつぎのことを強調しておくほうがいい。すなわち、家族を批判的に検討するなかで、社会学は、フェミニズムの立場に立つ他の研究や、女性歴史家、民族学者、経済学者たちの研究、あるいはさらに、権利に関するフェミニズムからの批判的研究の成果に多くを負っているのである。

性別をめぐる社会的諸関係という問題意識が、家族と社会における他の領域との関連に関する研究に適用され、その結果、いろいろな解答をもたらすことが可能となった。そして、これらの解答によって、今日、「家族」という対象は、たしかに、性別をめぐる社会的諸関係の社会学の対象となった。だがまた、「家族」という対象はもはや、性別をめぐる社会的諸関係の社会学にとって、他の対象以上に特別視すべき対象ではなくなっている。

……性別をめぐる社会的諸関係という視点のもたらすもの

一九六〇年代および七〇年代に、アメリカの社会学者トールカット・パースンズ Talcott Parsons の呈示したモデル*が、フランスの社会学に多大な影響力を及ぼした。女性社会学者アンドレ・ミシェル Andrée Michel (1972) が、これに対して距離をとったにもかかわらずにである。パースンズは家族をひとつの制度とし、その機能は子孫再生産と社会への同化であるとした。この機能は、役割の分担をとおして組織されるが、この分担は、男性と女性の自然の本性にもとづくもののようである。また、婚姻家族、すなわち夫婦とその子どもたちからなる家族が、唯一「真の」家族を構成し、その他の様態は、機能不全か逸脱にすぎないとされているようである。

* タルコット・パーソンズ、ロバート＝F・ベールズ、『家族——核家族と子どもの社会化』、橋爪貞雄ほか訳、黎明書房、二〇〇一年、第一章・「アメリカの家族——パーソナリティおよび社会構造に対するその関連」(一六〜六一ページ)。

さて、女性たちは経済的生産に貢献し、労働の領域に存在しているが、このことはまさに、役割分担の規範との関係からいうと逸脱となっている。その規範によれば、男性すなわち父親の役割は「手段としての」役割であり、家族の収入を提供し、家族と社会との繋がりに責任をもつことであるし、女性すなわち妻＝母親の役割は「愛情表現にもとづく」役割であり、家内生活と家族構成員の世話にあたり、家族のなかで愛情にかかわる機能を果たすことだからである。だから、子孫再生産が妻＝母親の独占的な専門領域になれば、それ以降は、あらゆる経済的次元が、家族から排除されるはずなのだ。

一九七〇年代初めの論争において、唯物論に立つフェミニストたちは、経済的＝政治的な論点にねらいを定め、家内生産の重要性を強調した。この論点が、女性たちの社会的貢献の重要性を否定していたからである。たとえばクリスティーヌ・デルフィー Christine Delphy (1998) にとって、家内生産とは、男性たちによる女性たちの経済的搾取によって無償で確保されるものであり、結婚という制度を拠りどころとしている。結婚は、家内生産という様式の必要条件であり、家内生産こそが、家父長制の経済的基盤となっている。

女性研究者たちは再度、アンドレ・ミシェル (1974) の開いた道をとり、徐々にその数を増しながら、すこしずつネットワークを組織している。かの女たちが確認するところによれば、家族に関する分析の伝統的な枠組から出発したのでは、女性たちの現実の社会的状況を説明することができない。その結果、これらの女性研究者たちは、いくつかの研究対象を構築し、女性たちの日常生活においてだけでなく、女性たちが歩んだ道筋においても、女性たちの活動の家族的次元と職業的次元とを同時に考慮に入れようとした。社会の変化の力学を把握するためには、男性と女性とを比較し、実践と表象とをあわせて研究するのがよい (Collectif, 1984)。

親族関係への民族学的アプローチにおける構造主義、社会的再生産の諸理論、経済的生産と階級関係のマルクス主義的分析、上述したようなフェミニズムによる初期の脱構築、といったものの影響が交差している。そのもとで、ひとつの社会学の流れが、生産と子孫再生産を関連づけようとする企図を中心として、はっきりと浮かびあがってくる。「さまざまな家族構造」という概念が一時強固なものに思われたのは、まさにこのような文脈においてだった。この概念が対象として構築した家族は、階級と性別をめぐる社会的諸関係によって、通時と共時という二つの時間次元を考慮することによって、家族を世代間の諸関係にまで拡大する——もちろん、婚姻家族を越えて——ことによって、活性化されている。女性たちの経済生活へ貢献は、社会的には眼にみえていないし、性別による労働の分割は、女性たちを優先して子孫再生産という領域に配置している。問題は、この両方を同時に明らかにすることなのだ。

この「家族構造」という概念を継承するものとして、マリー＝アニエス・バレール＝モリソン Marie-Agnès Barrère-Maurisson（1992）のアプローチがある。それによると、家族は単位であって、この単位は労働の調整が可能である。そこでは、配偶者間で、職業労働と家内労働とを分担・共有することが不可避だからである。このとき、さまざまな形態の家族は、このような配置の具体的な様態となる（たとえば、就業者一名だけの家族と、二名の家族）。ベルナデット・バヴァン＝ルグロ Bernadette Bawin-Legros（1988）、フランソワーズ・バタグリオラ Françoise Battagliola（1988）、あるいは、アネット・ランジュヴァン Annette Langevin（1982）においては、経済構造と家族構造の関連というテーマが、とくに家族生活の時間配分という角度から、ふたたびとり上げられている。

夫婦間折衝と、女性たちの抑圧の否定

なるほど、「さまざまな家族モデル」は、家族の形状と慣習行動の多様性、および、それらの慣習行動の相対的な規則性を説明している。けれども、これらのモデルはまた、二つの理由によって批判されてもいる（*Cahiers de l'APRE*, n°5, 1986）。ひとつは、これら家族モデルが、パースンズの婚姻家族という「尺度」を、暗黙のうちに基準としているからである。もうひとつは、これら家族モデルが、家族計画に関する夫婦間合意の様態を類型分類の基準とすることによって、性別をめぐる社会的諸関係を隠蔽しているからである。さらには、これらの社会的諸関係に関する研究が、実践と表象とを同時に考慮に入れることが必要だと強調している一方で、いくつかの家族類型学にみられるように、当事

者たちの言説と、規範に関するかれらの解釈とが、もっぱら焦点となっている。

現実をいろいろに概念化する場合には、それらの概念が、社会的諸関係の総体のなかに置きなおされることになる。それらの関係のうちに、これらの概念が発生しているからである。そして、こうした概念化を検討してみることが、重要になっている。性別をめぐる社会的関係と夫婦関係のあいだには、科学的にみて、さまざまな混同が維持されてきたが、こうした混同を解きほぐさなければならないからである（Combes, 1989）。配偶者間での資産交換を軸として、夫婦間折衝がいろいろと理論化されている。だが、これらの理論化は、家族と社会の両方において、男女の財産は等価であるという、暗黙の原則から出発している（de Singly, 1987）。となると、家族内における両性間の関係は、権限に関する研究と同一視されることになる。だがそこでは、以下のようなことが起こる。まず女性たちは、家事に従事するに際して、その様態を選択する「権限」をもつ。一方男性たちのほうは、家事労働を女性たちに押しつける「権限」をもっている。そしてこの二つの権限が、本性においても重みにおいても、同等なものとなってしまうのだ。これらの理論化は、夫婦間の諸関係の契約的次元を強調し、家族を資産に関する自由折衝の場とすることで、性別をめぐる社会的諸関係や女性たちへの抑圧のもつ力を否定している。

家族という領域は、世代間のさまざまな関係、女性たちの系統のなかでの連帯の発見、慣習行動モデルの伝達に関する研究へと拡大してきた。この拡大に呼応して、「家族ネットワーク」という概念が、核家族の概念のもつ分析的欠陥を補うことになる。離婚や新しい結婚形態の比率の上昇という人口学的文脈においてこそ、家族ネットワークの概念はその意味をもつ。それはまさに、単親家庭という現象（Lefaucheur, 1988）のあとでは、家族再興*という現象（Meulders-Klein et Théry, 1993）が必定だからである。そして、結婚していない夫婦を軸とする家族を制度として認めるために、そのさまざまな形態に関する問題が、社会法学の場で潜在的に起こりつつあるからである（Théry, 1998）。フランス法のなかに「連帯民事協約 Pacte civil de solidarité――ＰＡＣＳ」**が加えられるにともなって、家族の定義それ自体――さまざまな絆の性質とパートナーの性別という面において――が、ふたたび問い直されているのだ。

＊　扶養すべき子どもをかかえて離婚したもの同士が、結婚することによって、両親と子どもからなる家族を再構成すること。
＊＊　一九九九年末の「連帯民事協約法」によって実現した協約。性別を問わず、結婚によらない共同生活を望む二人の成人のあいだで結ばれる。共同生活の条件を定め、二人の当事者が裁判所で契約する。これによって、同性愛カップルや、結婚によらない共同生活を営む異性間カップルが社会的に認知された。

家族の定義と家族政策

経済危機と失業という文脈が、同様に、連帯網としての家族を疑問視するようになる。「福祉国家」は、伝統的に家族と、女性たちがそこで保証している労働とに依拠し、みずからにかかる負担を限定してきた。だが家族はもはや、このように「福祉国家」の役割を一部肩代わりしつづけることができなくなっている。それどころか家族は、家族を構成する個人たちと同様に、雇用の不安定化の影響をこうむっている。この不安定化のために、家族集団構成の諸段階を遅らせる理由が、あるいは家族分裂の危機が、増大しているからである。

ヨーロッパ諸国の家族政策をあれこれ比較すると、家族における両性間関係の変化という問題を、いろいろな社会における民主化の問題に結びつけることになる（Commaille et Martin, 1998）。また、性別をめぐる社会的諸関係と、性別による労働の分割とは、国家によって管理されている。だとすれば、家族を定義するために採用された諸基準は、この国家管理のなかで、真の問題点をいくつか構成することになる（Gautier et Heinen, 1993）。たとえば、子どもの数を基準に用いて補助の上限を定めたり、女性たちの労働市場への参入の様態をもとに補助の権利を有する家族を選択したりすると、家族政策は、同時に雇用政策となって、生産という領域への女性たちの参加を調整するねらいをもつようになる。そうなると、育児手当て（Allocation parentale d'éducation――ＡＰＥ）*が、このような相互依存の新たな変形となる（J. Martin, 1998）。

＊　二人目以降の子ども（養子含む）の養育のため、未就労となったり、パートタイム労働に切り替えたりした場合に支給。支給期間の上

限は三年。

さらには二〇年まえから、家族法に関して、フェミニズムの立場から批判が展開されている（O. Dhavernas, 1978）。そして、この批判がすこしずつ明らかにしてきたのは、両性間の力関係の状態に、いくつもの矛盾が内在していることである。たとえば親権の共有が、子どもの利益と父母間の権利の平等とを口実として導入された。けれども結局のところ、それは、家族内で、性別による労働の分割を追認することになっている。両性それぞれの権利が、親であることからくる義務を日常的に平等に責任分担することと結びついていないからである（Combes et Devreux, 1994）。また、つぎのことも指摘しておこう。法律が、私的生活の領域において変化し、たとえば夫婦間レイプを認めるようになったのは、フェミニズム運動による圧力下においてだったのである。

家族社会学か、それとも、性別をめぐる社会的諸関係の社会学か？

学術的論争の現状というレヴェルでいえば、わたしたちは、ここ一五年のあいだ、家族社会学が制度化された学術の領域としてふたたび登場するのに、立ち会ってきたことになる。この現象はまず、権力の古典的な作用であって、学術という分野に付きものなのだと分析することができる。この分野では、ある学問の対象域をマーキングする際、なん人かの人物の名を、この場合は男性たちの名を使用して、象徴的な占有のしるしとしているからである。しかしまた、それは学術の世界での選択ではないかと考えることもできる。すなわち、学問をもう一度細分化しようという選択ではないかと（Devreux, 1995）。たとえば、共著『家族、さまざまな知の現状 *La famille, l'état des savoirs*』の結論（de Singly, 1991）は、結局のところ《イン・フィーネ》、この新しい社会学のための宣言のように思われる。そのなかで、フランソワ・ド・サングリー François de Singly が、「家族社会学の有効性を否定することによって、研究者たちに『全体的社会的事象』へのノスタルジーのあることが明らかになる」と主張しているからである。ところで、性別をめぐる社会的諸関係は、その力学と矛盾によって社会的空間全体を動かしているのだから、これを、全体的社会的事象とみることはできないのだろうか。もしそうだとすれば、『社会学年報 *L'Année sociologique*』家族特集号（1987）の序文ですでになされていたように、「家族という概念の認識論的有効性の問題」を立ててみることができるのだ。

関連項目

家事労働　家父長制（の理論あれこれ）　教育と社会への受け入れ　社会＝家族政策　性別による労働の分割と性別をめぐる社会的諸関係　人間再生産のテクノロジー　暴力　母性

参考文献

▶Bawin-Legros Bernadette, *Familles, mariage, divorce*, Liège et Bruxelles, Pierre Mardaga, 1988, 213 p.

▶Chabaud Danielle, Problématiques de sexes dans les recherches sur le travail et la famille, *Sociologie du travail*, 1984, n°3/84, p. 346-358.

▶Collectif, *Le sexe du travail. Structures familiales et système productif*, Grenoble, PUG, 1984, 320 p.

▶Commaille Jacques, *Les stratégies des femmes. Travail, famille et politique*, Paris, La Découverte « Textes à l'appui / série Sociologie », 1993, 188 p.

▶Tahon Marie-Blanche, *La famille désinstituée. Introduction à la sociologie de la famille*, Les Presses de l'Université d'Ottawa « Sciences sociales », 1995, 230 p.

（アンヌ＝マリー・ドゥヴルー Anne-Marie DEVREUX**／川口陽子訳）**

家父長制（の理論あれこれ）

PATRIARCAT (THÉORIES DU)

［英］*Patriarchy (Theories of)*

●意味の歴史
●家父長制とさまざまなフェミニズム理論
●家父長制、ジェンダー、性別をめぐる社会的諸関係

家父長制 patriarcat はたいへん古いことばであるが、十九世紀の末ころ、人間諸社会の進化の「諸段階」に関する初期の理論とともに、その意味を変えた。ついで二十世紀の末に、つまり一九七〇年代に、フェミニズム運動の「第二波」が西ヨーロッパに登場すると、それにともなってふたたび、その意味を変えた。

この新たなフェミニズム的意味において、家父長制とは、男性たちが権力を握っている社会の構成を、あるいはまた、もっと単純に、男性たちの権力を指している。だからこのことばは、「男性支配」、あるいは女性たちの抑圧と同義語になっている。これらの表現はみな、一九七〇年代当時のものだが、同一の対象を指示している。そしてその対象は、こ

れ以前の時期には、女性たちの「従属」とか「服従」、あるいはまた「女性の状況」といった表現で示されていた。十九世紀以前には、また、社会の包括的な組織と結びついた意味が出現する以前には、le patriarcat や les patriarches といった語は、教会の高位聖職ないし高位聖職者を指していた。* キリスト教の著述家たちの用法に従えば、les patriarches とは、「ノアの洪水」前後に生きていた初期の家長たちのことである。いまでも、ギリシア正教会では、「コンスタンティノープル総主教 le patriarche de Constantinople」という表現のなかに、この意味をみてとることができる。

＊ フランス語の patriarcat は、ギリシア正教の「総主教職」を、patriarche のほうは、同じく「総主教」を意味する。

意味の歴史

この宗教的意味は、フランス語の各辞書では最初にあげられており、「社会的」意味のほうは、二番目か三番目にしか登場しない。これに対して、英語の各辞書は、現代の意味、フェミニズムによる意味を、第一の意味としている。*

＊ たとえば、『プティ・ロベール仏語辞典 *Le Petit Robert*』の patriarche の項では、1. titre accordé, dans l'Église romaine, à certains évêques titulaires de sièges très improtant... （ローマ教会において、きわめて重要な司教区で一部の有資格司教に与えられた称号）、［……］3. Viellard qui mène une vie simple et paisible, entouré d'une nombreuse famille （質素で静かな生活を送り、大勢の家族にかこまれた高齢の男性）であるのに対して、『ロングマン現代英語辞典 *Longman Dictionary of Contemporary English*』の patriarch の項では、1. an old and much respected man…one who is the head of a family （高齢の、非常に尊敬されている男性……一家の長である男性）、2. a) a bishop of the early Christian church, b) a chief bishop of the Eastern churches （a古代キリスト教会の司教、b東方教会の総主教）。

「家父長制 patriarcat」は、ギリシア語の pater （「父」）と arché （「起源」および「命令」の意）の結合に由来している。arché という語根の二つの意味は、フランス語の *archaïque* （古代の）と mon*archie* （君主制）にもみられる。古代のギリシア人にとっては、権威と時間における優位とは、唯一にして同一のものなのである。

家父長制とはそれゆえ、文字どおりにとれば、父親の権威のことなのだ。父親とは、後続の各世代との関係からいえば、必然的に最初のものにして起源である。だから、pater に archie をつけ加えることによって、起源の権威は倍加する。archie という語は、はじめから「起源」の意味をもつ――この起源と権威との関係は、ギリシア語の archontes という語でも明らかである（この語には、「ある場所に住みついた最初の家族たちの末裔」という意味と、「共同体の指導者」という意味があるからである）――と考えられているからである。しかしながら、pater という語そのもの――サンスクリット語、ギリシア語、ラテン語において同一の語である――は、今日的な意味で父親を指してはいない。その役割は、genitor――「生みの親」――という語が担っていた。「pater という語は別の意味をもっていて……法律語では、いかなる他人にも従属せず、家族と屋敷とに対して権威をもつ、あらゆる男性に適用されていた」(Fustel de Coulanges, 1864)。[*] したがって、「家父長制 patriarcat」という語は、権威の概念を三重に含んではいるものの、いかなる生物学的親子関係の概念も含んではいない。

＊　フュステル・ド・クーランジュ、『古代都市』、田辺貞之助訳、白水社、一九六一年、新版一九九五年。ともに該当箇所は、一三八ページ。

モーガン Morgan とバハオーフェン Bachofen こそが、この語に第二の歴史的意味を与える。この語は、その意味を一九七〇年代まで保ちつづける。二人は、母権の実在を公準としたが、この母権は父権にとって替わられたはずのものである。そしてバハオーフェンが、これを明確に父権制（「家父長制」のもうひとつの訳語）と呼んだ。この点では、エンゲルス Engels と、ついでベーベル Bebel とが、バハオーフェンを踏襲している（一八九三年／一九六四年）。[*]

＊　L＝H・モルガン、『古代社会（上・下）』、青山道夫訳、岩波文庫、一九七九年。バッハオーフェン、『母権論（一〜三）』、岡道男、河上倫逸監訳、みすず書房、一九九一〜九五年（『母権制（上・下）』、吉田達也ほか訳、白水社、一九九二〜九三年もある）。エンゲルス、『家族・私有財産・国家の起源』、戸原四郎訳、岩波文庫、一九六五年。アウグスト・ベーベル、『婦人論（上・下）』、草間平作訳、岩波文庫、一九七一年改訳。なお、『古代社会』と『家族・私有財産・国家の起源』では「家父長制」が、『母権論』と『婦人論』では「父権（制）」が、それぞれ訳語として使われている。また本文中のエンゲルスとベーベルの著作の出版年は、おそらくフランス語版のもの。

社会主義の著作家たちの告発以前には、十九世紀の著作家たちの筆のもとで、patriarcal という形容詞が、称讃の意味で使われているのがみられる。たとえば、「vertus patriarcales 質素の美徳」といった表現は、質素な暮らし振り、倹約、田舎の生活のことを指す。その語は、小さな農業共同体を暗に示している。それは、家族という生産単位のいくつかからなり、各単位はその長老の指揮下にあり、共同体生活は長老たち——家長たち——の会合によって律せられている。これらの著作家たちにとって、それは黄金時代のイメージであり、かれらはそれを、都市生活と産業と賃金労働の惹起した腐敗と堕落とに対立させている。

家長《パーテルファミリアス》の権威下にある家族で構成された社会のイメージ、そして十八〜十九世紀の著作家たちにとって黄金時代を喚起する語、まさにこのイメージと語が、二十世紀のフェミニストたちとって非難の的となる。

家父長制の第三の意味——現代フェミニズムにおける意味——の創始者とされるのは、『性の政治学 *Sexual Politics*』* (1971) のアメリカの評論家ケイト・ミレット Kate Millet である。この第三の意味には、明らかに第二の意味と連続性がある。しかしながら、社会主義の著作家たち——エンゲルスは、一九七〇年代直前まで論議の対象だった——とはちがって、フェミニストたちは、シモーヌ・ド・ボーヴォワール Simone de Beauvoir** につづいて、原初の母権制が存在したとは考えていないし、またその大部分は、進化論的理論に執心してもいない。この理論が、現代のさまざまな社会科学によって、その信用を失墜してしまったからである。

* ケイト・ミレット、『性の政治学』、藤枝静子ほか訳、ドメス出版、一九八五年。

** 「……人類が子どもの誕生を最も熱心に望んでいた時期、母性が最も畏敬されていた時代でさえ、母性は女に第一位の座を獲得させることはできなかった*1」(シモーヌ・ド・ボーヴォワール、『[決定版] 第二の性I 事実と神話』、『第二の性』を原文で読み直す会」訳、新潮文庫、二〇〇一年、一三五ページ)。また上記引用の原註*1には、「社会学は現在ではバッハオーフェンの労作になんら信をおいていない」(同、五二九ページ)とある。

父親であれ、夫であれ、それは結局同じことだと、暗黙のうちにフェミニズムによる定義はいう。そしてじっさい、この語をつくったのは、古代社会においてと同様、わたしたちの社会おける実状なのだ。しかしながら、「父権制」という語を使用して、女性たちを抑圧する制度、あるいは諸制度を指すことに対しては、現今いくつかの反論がある。そして、その反論のひとつは、右の事実をその起源としている。この反論を唱える男性と女性たちは、正確な語とは「男権制 viriarcat」でなければなるまいという。じっさい、いくつかの社会では、夫と父親とは区別されている。つまりそこでは、母方の叔父こそが、家族のなかで子どもたちに対して「父」権を握っているのである。だがこの反論は、語源論的誤解にもとづいている。というのは、この反論は、父親を生みの親と同一視しており、pater という語を近代的な意味での「父親」として用いているからである。こうして、フェミニストたちによって与えられた意味が、優勢となった。そしてその語は、男性たち——その男性が生物学的な父親であれ、そうでないものであれ——による支配を指す、と理解されている。そしてこの語義は、現行の英語辞書の最新版にとり入れられている(Collins, *Thesaurus*, 1987 には、「男性が家族と家系の長である社会組織の形態」とある)。

家父長制とさまざまなフェミニズム理論

家父長制という語は、一九七〇年代に、戦略的フェミニズム運動の総体によって急速に、闘うべき制度全体を指す用語として採択された。これとほぼ同義語の「男性支配」、「女性たちの抑圧」との関係でいうと、家父長制は二つの特徴を呈示している。まず一方で家父長制は、この語を使用する女性たちの精神のなかでは、ひとつの制度を指しているのであって、さまざまな個人的関係、もしくは精神状態を指すものではない。また他方では、フェミニストたちは議論のなかで、「家父長制」を「資本主義」に対立させた。前者と後者は異なるものであり、一方が他方に還元されるものではない。そしてこのことは、フェミニズム再浮上の時期に大きな政治的重要性を帯びた。このときフェミニズムの女性活動家たちは、あれこれの政治組織の男女たちと対決することになる。これらの男女が、女性の従属は資本主義の一帰結にすぎないと考えていたからである。

家父長制か資本主義なのか、それとも、家父長制と資本主義なのか。これこそが、男女を問わず、自主独立のフェミニズム闘争の支持者たちと、反資本主義の政治組織に忠実なフェミニズム闘争の支持者たちとのあいだで、もっとも重要な論争のかずかずのキーワードなのである。これらの論争は、一九八〇年代になるとその熱気を失うが、それには二つの理由がある。つまり、極左の諸組織が、戦線の多様性を仕方なく受けいれたこと、そして主要な闘争と副次的な闘争との区別を放棄したことである。極左の諸組織はまた、「戦闘的姿勢の危機」とともに力を失ない、この姿勢は結局、一九八〇年代初頭に、フェミニズム運動にもまた悪影響を及ぼすにいたる。その結果、これらの論争はその辛辣さを失い、一九九〇年代には消失する。

家父長制に関して、フェミニズムの立場からの研究が、一九七〇年代末のフランスに出現したが、それらは、フェミニズム運動の力の表現であるように思われた。けれども、ただちに明らかになったことは、これらの研究は、実際には、運動の弱体化と符合していたのである。なるほど、これらの研究は、戦闘的な運動によって鍛えられた概念をうけ継いではいる。だが、正当な意思ではあるけれども、認識の現場でひとつの位置を占めようとしたために、しばしばその語彙を婉曲化し、戦闘的態度とは一線を画することになる。

これとはちがって、アメリカ合衆国とイギリスでは、フェミニズムの立場からの研究が、それほど臆病ではなかった。それほど攻撃にさらされなかったからである。だから、「家父長制」という語が、戦闘的な宣伝ビラにだけでなく、理論的なすべての著作にもまたみられる。とはいえ、どちらかといえば「社会主義的」な感性のフェミニストたちと、どちらかといえば自主独立の感性をもつフェミニストたちとのあいだで、同様の分割線があり、それは、「家父長制」という語を使用するのか、それともしないのかに現れている。一冊の有名な著作が、アメリカの女性政治学者ジーラ・アイゼンスタイン Zillah Eisenstein によって編集されているが、同書は、仲介役の立場をとって、二つの傾向を折りあわせようとしている。そしてそれは、同書のタイトル『資本主義的家父長制と、社会主義フェミニズムの擁護 *Capitalist*

Patriarchy and the Case for Socialist Feminism』(1979) が示しているとおりである。北アメリカのこれ以外の社会主義フェミニストたち、たとえばハイディ・ハートマン Heidi Hartmann は、ためらいなく「家父長制」という用語を使用し、それを資本主義とは区別される体制とみなしている。*

＊ ハイジ・ハートマン、『マルクス主義とフェミニズムの不幸な結婚』、田中かず子訳、勁草書房、一九八一年。

家父長制、ジェンダー、性別をめぐる社会的諸関係

フランスでも、家父長制という用語の使用をめぐる論争は、部分的には同じ理由によっている。ときとして「家父長制」という用語は、いくつかの反論をひき起こしているが、この反論した同じ人物たちが、のちに、ジェンダーという概念の採用に反対することになる。これらの躊躇の理由は、ときとして明白である。つまり、家父長制という語の使用を躊躇するケースでは、躊躇するものたちは資本主義を特権化する理論に賛同している。それに対して、ジェンダーという語の使用を躊躇するケースでは、躊躇するものたちは、「両性の自然的差異」を特権化する理論に賛同しているのである。けれどもまた、ときとしてこれらの躊躇は、「外国からの輸入」とみなされるものに対して、非合理な憎悪を示しているように思われる。フェミニストの社会学者たちは、たとえば「性別をめぐる社会的諸関係」といった用語をつくり出したが、それらの用語は、もっぱらフランスに限られたものであり、他の国の言語には翻訳することができない。この「性別をめぐる社会的諸関係」という用語は、いまや社会学においてもっとも頻繁に使用されているが、はじめは「家父長制」という用語にとって替わるものとして構想された。「家父長制」という用語では満足できないと判断されたからである。そしてもっとあとになると、「ジェンダー」という用語に替わるものとして構想されるようになった。「家父長制」という用語に対しては、もうひとつ別の異議があるが、それはこの用語の一般性に対してである。この

用語に対しては、男性支配の一形態にすぎず、特定の時代、あるいは特定の空間に位置するだけのものを普遍的なものにするると非難することができる。あるいは、逆方向の欠陥に陥る危険を冒すと、つまり、この用語が超歴史的かつ超地理的であると非難することができる。だから、いく人かの著作家たちは、家父長制という用語を使用する際、対象時期と地域とを明確にしている（Delphy, 1998）。とはいえ、時間性を無視した使用は、正当なものでもある。ただし、それが「家父長制」という用語に説明能力を与えることなく、記述的に使用されるかぎりにおいてである。だから、西ヨーロッパのものでないフェミニズムに関する共著のなかで、チャンドラ・モハンティ Chandra Mohanty、アン・ラッソ Ann Russo、ローズ・トーレス Lourdes Torres は、この用語を二〇回用いている（1991）。

「家父長制」という用語は、英語では頻繁に用いられつづけている。この用語は、近年の著作（Walby, 1986, 1990）のなかにも、またイギリスの家族社会学の教科書（D. Morgan, 1985）のなかにも豊富にみいだされる。フランス語では、ニコル・ジラール Nicole Girard によるデータベース「フランシス」にもとづく調査によれば、この用語は、一九八四年から同九六年までのあいだで、さまざまな雑誌四七（ほとんどすべてフランス語で、例外は三誌）で使用され、その領域も、社会学、文化研究、人類学、考古学にまで及んでいる。したがってこの用語は、一九八〇年から一九九〇年代にかけて広く受けいれられたように思われる。

しかしながら、英語圏の国々において、家父長制という概念は今日、フェミニズムの立場からの研究という領域で、ジェンダーの概念と競合している。ジェンダーという概念は多様な意味をもち、たとえば、しばしば、きわめて単純に「性という変数」を指示することもあれば、また、制度という意味をもつ場合もある（ジェンダーという制度《システム》）。文またはパラグラフの文脈によってのみ、これらの意味は区別される。社会科学の他の用語と同様、「家父長制」、「ジェンダー」、あるいは「ジェンダー・システム」、「性別をめぐる社会的諸関係」、あるいは「ジェンダーをめぐる社会的諸関係」といった語も、あるいは、それらの代わりに使用されうる他の用語すべてもまた、厳密には定義されていない。ないし、すくなくとも、万人が同意するようには定義されていない。

しかしながら、これら三つの用語——あるいは概念——は共通して、個人の態度や社会生活の明確な部門をではなく、ひとつの全体的な体制《システム》を記述しようとしている。そしてこのシステムが、集団および個人の人間的諸活動の総体に浸透し、これを規定しているのである。だから、これら三つの用語は同じように、その普遍性を主張し、いささかも偶然性によらずに組織化されていることを明示する。

フェミニズム——戦闘的なものであれ、科学的なものであれ——の語彙の全体のなかでは、これら三つの用語は、「性差別主義」や「男性優位主義」といった用語と対立するともに、それらを補完している。これらの用語が、どちらかといえば、個人相互間の態度と関係のレヴェルを明示しているからである。ないしは、そうした態度か、関係を明示しているからである。これら三つの用語はまた、「男性支配」あるいは「女性たちの抑圧」といった用語以上に概念的であり、理論的でもある。この二語が、ひとつの確認、もちろん方向づけられた確認をすることに満足しているのに対して、さきの三つの用語のほうは、隠れたレヴェルに、説明のレヴェルにねらいをつけている。たとえそれが、社会＝政治的なシステムの存在を前提とすることによってでしかないにしても。またこれら三つの用語は、あるときは対立し、またあるときは同義語となり、さらにまた相互補完的なものでもありうる。そのおのおのが、すべていっしょに使用されるときには、同一の現象に対して、やや異なった解明の光や強調点をもっているからである。

関連項目

家族　権力　支配　自然的性別《セックス》と社会的＝文化的性別《ジェンダー》　フェミニズム運動

参考文献

▼Bebel August, *La femme et le socialisme*, Paris, Éditions du Globe, 1964, 543 p.［ドイツ語原著、一八九三］〔アウグスト・ベーベル『婦人論（上・下）』、草間平作訳、岩波文庫、一九七一年改訳〕

▼Coulanges Fustel de, *La Cité antique*, Paris, Hachette, 1864, 525 p.〔フュステル・ド・クーランジュ『古代都市』、田辺貞之助訳、白水社、初版一九六一年、新版一九九五年〕

▼Delphy Christine, *L'ennemi principal*, 1. *Économie politique du patriarcat*, Paris, Syllepse « Nouvelles questions féministes »,1998, 293 p.

▼Hartmann Heidi, The Unhappy Marriage of Marxism and Feminism〔ハイジ・ハートマン、『マルクス主義とフェミニズムの不幸な結婚』、田中かず子、勁草書房、一九八一年〕, *in* Lydia Sargent (ed.), *Women and Revolution, a Discussion of the Unhappy Marriage of Marxism and Feminism*, Boston, South End Press, 1981, p. 1-41.

▼Mohanty Chandra, Russo Ann, Torres Lourdes, *Third World Women and the Politics of Feminism*, Bloomington, University of Indiana Press, 1991, 331 p.

▼Walby Sylvia, *Theorizing Patriarchy*, London, Blackwell, 1990, 229 p.

（クリスティーヌ・デルフィー Christine DELPHY**／鄭久信訳）**

技術とジェンダー

TECHNIQUE ET GENRE

［英］*Technique and Gender*

●労働における差異
●技術との関係、すなわち差別の根源
●技術とジェンダーの相互構築

各種技術とジェンダーとの関係は、以下の三点からなる。

1　技術は「社会的側面」をもたないが、その形成おいて社会的である。

2　女性という特性と男性という特性の定義は、所与のものではないが、それには歴史があり、それに関する社会学や人類学がある。

3　技術とジェンダーは構築されたものであり、しかもその構築は一体となってなされる。このようにみると、ジェンダーと技術については、両者がたがいに構築しあうということができる。

労働における差異

ジェンダーと技術に関して考察が始まったころ、労働という問題をめぐって一連の研究がなされた。一九七〇年から八〇年まで、労働の社会学と歴史学は、生産技術というかたちのもとで、そしてなによりも産業の機械化というかたちのもとで、技術に関心を示していた。したがって分析の目的は、これら技術とその変化の影響であった。この二つが、生産をめぐる社会的諸関係と、そしてとくに、労働の分割と職能に影響をもたらすからである (Braverman, 1976)*。当時フェミニストたちが指摘したところによれば、性別をめぐる諸関係はこのとき、生産をめぐる諸関係では考慮の対象になっていなかった。また、これもフェミニストたちの主張によれば、技術的な変化は、両性間での労働の分割と職能とに影響を及ぼすはずなのだ。女性たちは、さまざまな実践経験や能力をもっているが、それらは、そうしたものとして認められていない——女性たちがそれらを、家庭という領域で展開しつづけてきたからである。だが、これらの実践経験や能力は、生産過程において再利用することができる (Kergoat, 1982)。

＊ ハリー・ブレイヴァマン、『労働と独占資本』、富沢賢治訳、岩波書店、一九七八年、第二部・「科学と機械化」(一七一～二七四ページ)。

しかしこれら初期の著作では、技術の分析はいまだ周辺的なものにとどまっていた。技術は、巨視的な説明対象と理解されていたため、実際には分析の対象にはなっていなかったようである。

一九八〇年代をつうじて、フランスに、これほど決定論的でない分析が登場する。これらの分析は、具体的なケースの研究に依拠しており、それらの研究は、労働、技術、性別をめぐる社会的諸関係、組織間の関係のダイナミズムを、以前よりよく把握していた。たとえば、ヘレナ・ヒラータ Helena Hirata は、同一の技術についても、地理的、社会的形態が多様であることを確認している (1993)。また、ヘレン・ハーデン＝チェナット Helen Harden Chenut は、メリヤス産業の歴史に関して、男女労働力が、技術との関連で、複雑なプロセスをへて配置・再配置されたことを明らかにしている（1987）。かの女の結論によれば、職能は、男性という特性をその特徴としており、この職能が技術的決定に先だって存在したという。また、書籍の製造という職業では、真の技術とは、「古いスタイルの」印刷工の技術のことであり、情報機器や女性の手を借りて仕事を完成するのは、「立派な仕事」ではないため、価値の源泉にはなりえまいとされている（Maruani et Nicole, 1989）。高貴な男性労働者文化が、単純でわかりやすい「奥方たちの仕事」の対極にあるのだ。

一九九〇年代のあいだに、いくつかの業績が、以下の二点の成果をさらにいっそう定式化した。

1　さまざまな技術の変化は、男女の活動にインパクトを与えるが、そのインパクトは可変的である。

2　なるほど技術の変化は、「労働の性別による再編」をきわめて容易にする。けれども、女性の進出、機械化、プロレタリア化の関係を分析する際には、以下の事実を考慮にいれなければならない。すなわち、職能は社会的に構築されるものであるが、その構築にはつねに、ジェンダーの影がつきまとっている。

こうなると、いっそう興味深いことだが、たとえば速記タイプの場合のように、技術的実務経験と、職業と、新しい女性のアイデンティティが同時＝構築されると語ることができるようである（Gardey, 1999）。

労働の分析と並行して、かず多くの研究が、女子が男子にくらべて、技術系や自然科学系の専門課程に進まないことに関心を示している。共学ではあるものの、専門課程の分化と、男女学生の棲み分けとが、若い娘たちの可能性を条件づけている。労働市場においては、場合によって、女性たちに対して科学＝技術教育を現実のものとしなければならないことがあるが、右の事実がそれ以前の問題となっている（Imbert, Ferrand et Marry, 2000）。さまざまな問題の革新から恩恵を受けつつ、女性エンジニアたちに関する歴史学と社会学は、今日、人気の高い比較研究の領域となっている（Canel et Zachmann, 1997）。

技術との関係、すなわち差別の根源

パオラ・タベ Paola Tabet は、かず少ない女性研究者のひとりとして、男性／女性／技術の関係を研究している（1979）。かの女は、人類学からさまざまな要素を借り、女性たちが技術のそとに置かれているという命題を解明しようとしている。この業績は、社会にはびこっている考え方、あるいは、長くつづいた支配の象徴的＝物質的形態に関するものだが、これにつづくのは、なによりも、ミシェル・ペロー Michelle Perrot の論文「十九世紀における女性たちと機械化 Femmes et machinismes au XIXe siècle」（1983）*である。

* ミシェル・ペロー、『女性たち、あるいは「歴史」の沈黙』、持田明子訳、藤原書店、近刊。

パオラ・タベの大胆なところは、以下のような仮定を定式化しようとしたことにある。すなわち、さまざまな道具や武器の管理（つまり技術のこと）が、大部分の社会で、きわめて不平等に分担されているのではないかというわけである。かの女は、女性たちには工学知識が不足し、両性間に知識の「ギャップ」があるため、現実に対する支配力を拡大するうえで、両性間に能力の不平等が生じていると語っている。またかの女は、男性のものとされる務めをかず多く実現することが称揚され、英雄視されていると主張している。また、子孫再生産という機能によって、女性は、男性にとっての技術になっているという。つまり、道具であり、支配可能な対象になっているという。

フランス以外のフェミニストたちの表明した見解がいくつか、パオラ・タベの分析に呼応している。たとえば、スカンディナヴィア諸国で強い伝統となっているが、エコロジーとフェミニズムの立場からの批判のケースである。すなわち、二十世紀後半の強大な科学技術＝汚染体制は、男性優位の世界観によるものだというのである。批判は同様に、アメリカ合衆国にも向けられている。すなわちアメリカでは、技術が「ごく自然に」男性のものとされているというのだ。

あるいは、技術は、大人の男たち《ビッグ・ボーイズ》にとって大きなおもちゃ《ビッグ・トーイズ》だというのだ。ないしは、西ヨーロッパの白人の男性技術者や科学者たちが最近数十年していることに、つまり月の征服、橋の建造、航空機や武器の製造などなどに、批判が向けられている。現代技術に関する社会学と歴史学の一部も、この男性支配《メイル・ドミナンス》という観念をとりあげ、それは今日の人工製品製造技術の習得にもとづいているとしている（Lerman, Mohun et Oldenziel, 1997）。

技術とジェンダーの相互構築

コックバーン Cockburn、ウェイクマン Wajcman あるいはバーナー Berner といった社会学者たちは、技術を男性文化として分析している。男性文化は、多様な形態をとることができる。コックバーンは、職人仕事という下位文化を(1983)、バーナーは、技術者養成学校の文化を（1997）、タークル Turkle は、コンピューターのハッカーたちの文化を研究している（1986）。けれども、これらの業績を読むと、男性の技術文化には、いくつかの恒常的な構成要素があるようにみえる。自分自身に試練を課すこと、機械との対決をとおして物理的＝知的支配力を探求することなどである。そこでは、労働における男性同士の関係は、競争、技術力の相互評価、英雄的試練で技術力を披露することを基盤としている。技術文化はこうして、男性のアイデンティティの構成要素のひとつとなっている。女性たちは、男性たちによって、かれらが技術を「駆使する」職業、あるいはそういう場から排除されている。それはまた、そういった場こそが、男性という特性そのものだからでもある。そう考えると、いくつかのプロセスをよりよく理解できるようになる。そうしたプロセスをつうじて、女性たちが自動的に技術の実践から排除されていくのである。「女性たちに技術能力が欠けているということが、実際に女性というジェンダーのアイデンティティを構成し、その不可欠の部分となっている。また同時に、それはこのジェンダーの決まり文句でもある」（Wajcman, 1991）。とはいえ、女性に固有の技術というものがある。だが技術に関する男性文化は、それらを技術とは認めない。そして、この非＝認知は、女性たち自身によってもなされている。

これらフェミニズムの立場に立つ業績と並行して、技術に関する新しい社会学が展開されており、それは、科学に関する社会学からおおいにヒントをえている。そのなかで、代表的な、そしていわば主要構成要素となる傾向二つが、とくにフェミニストたちの関心をひいている。ひとつは「テクノロジーの社会的構築Social construction of technology—SCOT」プログラムであるが、これは、ウィーブ・ビイカー Wiebe Bijker とトレヴァー・ピンチ Trevor Pinch の提案によるものである(1989)。もうひとつは、行為者＝ネットワークの理論であり、ミシェル・キャロン Michel Callon、ジョン・ロー John Law(Callon, 1989 参照)、ブリュノー・ラトゥール Bruno Latour(1989)、あるいはマドレーヌ・アクリック Madeleine Akrich(1987)によって展開されている。この二派の業績は、さまざまな技術の構想と開発に集中している。

SCOTプログラムは、いくつかの概念を発展させているが、そのひとつは解釈の柔軟性という概念である。この概念は、「さまざまな社会集団は、同一の技術的対象に関して根本的に異なった解釈をもつ」という事実を指す。ひとつの技術革新が失敗するのか成功するのかは、それに関する解釈の収斂度による。つまり、革新のプロセスのなかでは、いくつかの議論や交渉が展開されるが、この議論や交渉にまき込まれた社会集団相互のあいだで、解釈が一点に収斂するかどうかにかかっている。だからこのアプローチは、技術革新のプロセスにおいて、それを利用する男女を考慮の対象とすることに道を開く。

行為者＝ネットワークの理論では、社会的要素と技術的要素とが同時に構築される。技術革新を行なうものたちは、その企てのなかで、関係するものたち——人間である場合もあれば、そうでない場合もある——のあいだに「利益配分」戦略を作動させる。それによって、これら関係するものたちを、社会＝技術ネットワークに参加させるのである。この混成ネットワークには、加工製品、自然産品、個人または集団の行為者たち、あるいはそのスポークスマンが参加している。こうしたネットワークを構築することによって、技術そのものと社会的関係とが、分離できないかたちで存在するようになり、変換され、確定されていく。

フェミニズムの立場に立つ女性研究者たちは、この理論と自分たちとのあいだに、かず多くの一致点と同時に、重要な相違点をもみいだしている。まず、根本的な批判のひとつは、この技術革新の社会学が、革新する側の視点を採用しており、革新の利用者、二次的な行為者、ネットワークから排除されたものたちについては、なにも語らないということである（Star, 1991）。そこで、これら研究者たちは、技術の社会学が無視している技術、たとえば家庭内での技術にまで、研究領域を拡大するよう提案している。また、革新だけでなく、技術そのもののたどる軌跡と、その利用構想全体を研究するよう提案している（Chabaud-Rychter, 1994）。

ほかにも、行為者＝ネットワーク理論における社会と技術の相互構築に関して、女性研究者たちは、さまざまな技術とジェンダーの相互構築を研究する可能性を確保してきた。技術の革新、生産、配分、利用のプロセスにおいて、こうした相互構築が起こるからである。技術だけでなく、ジェンダーも、ジェンダーをめぐる諸関係も、固定してはいない。それらは、人間の活動プロセスなかでたえず定義しなおされ、構築しなおされている。技術そのもの、技術を駆使した活動、人間男女が技術とのあいだに確立する関係は、いくたのジェンダー構築とその定義のし直しのなかで、重要な役割を果たしている（Cockburn et Ormrod, 1993, および Chabaud-Rychter, 1997）。

さまざまな技術と科学の境界線上で、医学や人間再生産のテクノロジーに関して、新たな探究が、技術と身体が混じりあっていくことを明らかにしている。ここでは技術が、性別のある身体構築の一翼を担っている。そして、（社会的な）ジェンダーと（生物学的な）性《セックス》とのあいだの区別を問題にしている（Oudshoorn, 1998 ; Akrich et Laborie, 1999 ; Gardey et Löwy, 2000）。

関連項目

科学とジェンダー　科学の言語（の性別化）　女性性、男性性、男らしさ

性別による労働の分割と性別をめぐる社会的諸関係　手仕事、職業、アルバイト労働（の概念）

参考文献

▶Akrich Madeleine, Laborie Françoise (coord.), De la contraception à l'enfantement. L'offre technologique en question, *Cahiers du Genre*, 1999, n°25, 204 p.

▶Chabaud-Rychter Danielle (coord.), Genre et techniques domestiques, *Cahiers du GEDISST*, 1997, n°20, 162 p.

▶Cockburn Cynthia, Ormrod Susan, *Gender and Technology in the Making*, London, Thousand Oaks, New Delhi, Sage, 1993, 185 p.

▶Gardey Delphine, Mécaniser l'écriture et photographier la parole. Utopie, monde du bureau et histoires de genre et de techniques, *Annales, Histoire, Sciences sociales*, mai-juin 1999, n°3, p. 587-614.

▶Tabet Paola, Les mains, les outils, les armes, *L'Homme*, juillet-décembre 1979, vol. 19, n°3-4, p. 5-61.

▶Wajcman Judy, *Feminism confronts Technology*, Cambridge, Polity Press, 1991, 184 p.

（ダニエル・シャボー＝リクテール＆デルフィーヌ・ガルデー
Danielle CHABAUD-RYCHTER et Delphine GARDEY／志賀亮一 訳）

教育と社会への受け入れ

ÉDUCATION ET SOCIALISATION

［英］*Education and Socialization*

●教育社会学と性別をめぐる社会的諸関係
●性別による社会への受け入れ方の違い
●ジェンダーの生産

教育とは、新しい構成員たちが、個人として、また集団の一員として社会に参入するのを可能にすることにある。この意味において、教育は、社会再生産のプロセスの一部をなしている。フランスにおける教育社会学の創始者デュルケム Durkeim (1922)* によって与えられた定義は、二つの概念を結びつけている。つまり、「教育とは、社会生活を送るには未成熟の世代に対して、いく世代かの成人によってなされる行為であり……」、つまりは、「若い世代を組織的に社会へ受けいれること」にある。そして、このような受け入れは、「わたしたち各人のうちに社会的存在を構築する」ことを狙いとしている。デュルケムによれば、重要なのは、なによりもまず、社会がそれ自体の存在条件をたえず刷新する方法なのである。

＊　デュルケム、『教育と社会学』、佐々木交賢訳、誠信書房、一九九〇年。

教育の意図的性格と社会への受け入れは、よく対立させられる。教育は、ひとつないし複数の計画を実行するが、その一方で、社会への受け入れはむしろ、相互浸透によって、つまり、さまざまな社会的相互作用の総体の働きによって、よりいっそう機能するだろうからである。そのとき提起される諸問題のひとつに、分担の様式がある。それは、社会への受け入れを可能にする諸機関、つまり、学校、家族、同僚グループ、メディア、職業上の環境などのあいだにおける、さまざまな関係のシステムにかかわる問題である。

教育社会学と性別をめぐる社会的諸関係

一九七〇年代には、フランスの教育社会学は、なによりもまず、学校、その構造、そして生徒たちの入学および卒業の流れに集中する。とくに問題となっているのは、学校での成果が社会で平等に認められないという点である。そして、基本的な論争が対象としているのは、社会的流動性の、あるいは再生産の要因としての学校の役割である。だが、このような視点において、性別にもとづく不平等は考慮されておらず（Kandel, 1975； Duru-Bellat, 1994）、そして、女子教育に関する研究のかずかずも、また別の次元での話とされている。

一九七〇年代には、男女共学が一般化したが、それは、教育における全市民の機会均等という原則を、性別に適用した――遅ればせではあったが――ものである。その結果、女子と男子をいっしょに教育し、男女の成績を直接比較することが可能となる。女子は、就学の遅れをとり戻したのち、教育年数の点からみれば、「よりよい学業成績」をおさめることになる。そして、このことが確認されたため、学校が不平等を再生産するという概念が揺らごうとしている。

しかしながら、最近のいくつかの研究は、性別をめぐる社会的諸関係という問題意識に依拠しているが、それらの研究によって、この楽観主義はその根拠を失いつつある。これらの研究が示すところによれば、クラス選択のメカニズムと、性別による選択のメカニズムとが、原則という点では異なっているとしても、学校は、性別による労働の分割を維持するうえで、依然として重要な環だからである。長期的視点をとることによって、学校課程において、もろもろの相違点を分析することが可能となる。多様な生徒たちは、日々の学校生活のなかで、またさまざまな進路決定段階において、さらには、卒業証書が職業生活に活かされ相応な報酬をえるプロセスで、多岐に別れた行動をとる。右のような分析は、これらの行動を観察することによってなされる。だがそのとき、つぎのことが確認される。たしかに女子は、初等教育や一般教育において男子以上の成績を上げ、その結果、大学入学資格試験《バカロレア》でも高等教育でも女子のほうが多数になる。けれども、女子生徒たちは、依然として少数の専門課程に追いやられており、しかも、それらの専門課程がつながっていく仕事《メティエ》といえば、たいていは、家庭のなかで伝統的に女性のものとされてきた役目が社会的に職業という形態をとったものにすぎない。すなわち、サーヴィス、販売、教育、医療関係の仕事である。その一方で、科学の知識や技術を要する専門職に就くうえでは、いろいろな不平等がいまだに維持されている。

このように女子生徒たちは、学校教育から十分な利益をえていないが、問題はここで、そうなってしまうプロセスのほうに移る。学力分析にもとづいた研究の結果、以下の点を明らかにすることできるようになった。すなわち、このように、性別による労働の分割が再生産されているが、そのメカニズムを理解するためには、「生まれながらの」適性のさまざまな違いよりも、むしろ、進路決定のメカニズムに注意を向けなければならないのである。一部の研究者たちがみるところでは、進路決定の際に女子の学歴が低くしか評価されないのは、社会への受け入れの初期段階で、男女間に違いがあるからだという。つまり教師たちが、生徒の性別に応じて異った態度をとるため、この違いが増幅されるのである。また別の研究者たちは、女子の学歴が低くしか評価されないのは、女子の側で「合理的」選択がなされるからだと解釈している。つまり、家庭生活と職業生活との「両立」が困難であるため、それに起因する問題をみこしての計算だというのである。両方の生活を両立させようとすれば、性別による労働の分割が維持されているために、女性のほうに重い負担がかかってくるのだ。

これにくわえて、家族の役割や、さらには各職業機構の役割との関係で、学校固有の役割に関して、論争が始まっている。学校は、解放の要因なのか、それとも支配関係維持の要因なのか、というわけである。

性別による社会への受け入れ方の違い

学校に固有の役割という問題を扱ううえで、もうひとつ別の方法として、社会への受け入れという概念を利用することができる。この概念は、かず多くの学問領域、たとえば社会人類学、社会心理学、さらに経済学で用いられている。社会学においては、この用語はまず、機能主義のアプローチによって採用されて、性別による役割分担教育を記述することになった。この第一の視点によれば、社会というものは、両性の基本的な二元性に関する社会的コンセンサスにもとづいて機能している。そしてこの二元性は、生まれながらの差異、つまり生物学的な次元での二元＝カテゴリー化を基盤としており、この二元＝カテゴリー化が、さまざまな社会的役割の相互補完性の前提となっているはずだというのである。だから、社会的均衡を維持するために、各個人は、新しく社会の成員となるとき、期待される行動の規範を内在化しなければならないということになる。

第二のアプローチは、このような視点を批判し、規範《モデル》伝達に際しての強制と抑圧という側面を強調する。フェミニズムの視点に立つ一連の研究は、教育によって性差に上下関係がつけられ、それが規範《モデル》化されていると告発している。とくに、幼少期から身体の性別が社会的に生産されているとして、その生産プロセスを告発している。すでに一九一四年、医師で参政権運動家だったマドレーヌ・ペルティエ Madeleine Pelletier が明らかにしたように、服従という資質形成のプロセスが、知的修得のなかで継続的になされていた。また、シモーヌ・ド・ボーヴォワール Simone de Beauvoir は、伝統的教育について記述し、それが娘たちの行動と自立を制限し、男子と同資格においてみずからを「主体」として認識することを妨げているとしている（1949）。[*]ついで、エレナ＝G・ベロッティ Elena G. Belotti が、子どもの性別に対応する両親や教師たちの態度の違いによって、性差がいかに構築されるのかを示している（1974）。

＊　シモーヌ・ド・ボーヴォワール、『［決定版］第二の性Ｉ・Ⅱ』、『第二の性』を原文で読み直す会」訳、新潮文庫、二〇〇一年。

女性解放運動という枠組みのなかでは、フェミニストたちのあいだで、女性のアイデンティティという概念に関して論争が始まっている（*Les Temps modernes*, 1976）。この論争は、平等を旨とするフェミニズムと差異を旨とするフェミニズムとのあいだの対立に含まれているが、この対立が、一九七〇年代を特徴づけることになる。女性フェミニストたちのなかには、じっさい、エレナ＝G・ベロッティのアプローチを非難するものたちがいる。かの女たちによれば、このアプローチは、人間的特質開花の唯一の普遍的モデルとして、「男性の」モデルを奨励しているという。つまり、かの女たちは、「女性の特性――それが、抑圧のなかで生まれたとしても――が、わたしたちにもたらすかもしれないものを、なぜ否定するのか?」といっている。

もっと最近では、支配をめぐる理論のいくつかが、性別をめぐる社会的諸関係にまつわって、新しい領域で、考察といくつかの論争をひき起こしている。社会への受け入れの各メカニズムのなかでは、性別を与えられた身体が構築されるが、この構築の重要性が、コレット・ギヨマン Colette Guillaumin によって理論化されている（1992）。支配への物質主義的アプローチで、かの女が明らかにしているところでは、「性別ある身体を修得すること」が、幼年期の遊びから就労にいたるまで、女性たちの指針となっている。現代フランスの社会学者ピエール・ブルデュー Pierre Bourdieu（1998）にとって、「ハビトゥス habitus」の生産プロセスとしての社会への受け入れは、まず、性別のある身体の社会的生産を通過し、この身体は、こうして男性「支配の覚え書」となる。かれの理論は、いくつかの広範な論争の火種となったが、「象徴的暴力」という概念にもとづいている。そして、かれによれば、この概念が、女性たちの既成秩序への服従と、支配されることへの同意を確たるものにするのである。*

＊ ピエール・ブルデュー、『男性支配』、加藤康子訳、藤原書店、近刊。なお、ハビトゥスとは、社会化をとおして無意識的に獲得される知覚、発想、行為などを規定する構造。

ジェンダーの生産

ここでアングロ＝サクソン系の社会心理学、人類学、相互作用主義の社会学といった研究に眼を向けると、活動的なプロセスとしての社会への受け入れに関して、新しいアプローチをみいだすことができる。ここで重要なのは、社会的相互作用のさまざまな状況を記述することである。それらの状況のなかで、性差、つまりジェンダーが社会的に生産され、また再生産されるからである。「成人社会は、すべての新しい世代の子どもたちを『受け入れ』るが、この受け入れは、各個人に直接作用する強化や抑圧の結果にとどまらず……、さまざまな素材の結果でもある。子どもたちは、そうした素材から出発して、性別というカテゴリーを構築し、ついでこのカテゴリーが、かれらの行動を導く役割を果たす」(Jacoby, 1990)。このような視点において強調されているのは、性別をめぐる社会的諸関係が現実化される状況である。たとえば、男女共学では、「社会に受け入れられる」若ものたちが、あれこれの状況のなかで期待されるジェンダーとしての行動を修得するとともに、かれら自身、適切と思われる反応を構築することができる。このようなアプローチから、一定の状況を構造化する、多様な社会的諸関係を考慮に入れることが可能となる。そのとき、ジェンダーをめぐる諸関係は、支配者グループと被支配者グループのあいだの諸関係を示す典型、あるいは単純な形象とみなされることになる。

したがって、学校では、性差別主義的な範疇化が、あるいは人種差別的な範疇化が生産されており、この生産が、大人と子どものあいだでも、そして子ども同士のあいだでも、その関係に複雑に介入してくる。それも、制度のなかにおいて、あるいは個人間の衝突において、日常の行動をとおして介入してくる。フランスでは、教育社会学の新たな探究が、学校体験、「かくれたカリキュラム」*、そして家族／学校の相互作用に関して、その出現以来次第に頻繁に、性差を変数として組みいれている。けれども、ジェンダーにかかわる問題意識を含む業績は、いまだあまりにも少ない。たとえば、知との関係、科学的知識を必要とする専門職への女性の就業、さまざまな段階の就学期間における共学の様態といった問題意識のことである。また、生徒たちの性別だけでなく、その他の社会的特性――両親の社会階級や国籍――との関係で、就学歴を展望に入れるといった問題意識のことである。

＊ 潜在的カリキュラムともいう。「目に見えない形で、子どもたちに影響を与え、その経験を形づくり、方向づけていくカリキュラム」（細谷俊夫ほか編、『新教育学大辞典』、第四巻、一九九〇年、第一法規出版、五〇一ページ）、あるいは、「必ずしも文化遺産として明確に意識されているわけではないものの、実質的にその社会の価値や規範となっている文化のある面を伝達する」教育の機能（同、第六巻、一七二ページ）。また、本書の記述に即していえば、「明示的なカリキュラム外でジェンダー・バイアス（ジェンダーに基づく偏見）を暗黙のうちに伝達する機能を果たすものの総称」（『知恵蔵二〇〇一』、朝日新聞社、二〇〇一年、〇四九四ページ）。

関連項目

家族　支配　性別による労働の分割と性別をめぐる社会的諸関係　世代間伝達
自然的性別《セックス》と社会的＝文化的性別《ジェンダー》　男女共同参画　手仕事、職業、アルバイト
平等

参考文献

■ ▼Baudelot Christian, Establet Roger, *Allez les filles!*, Seuil, 1992, 351 p.

▼Duru-Bellat Marie, La "découverte" de la variable sexe et ses implications théoriques dans la sociologie de l'éducation française contemporaine, *Nouvelles questions féministes*, 1994, vol.15, n°1, p. 35-68.
▼Duru-Bellat Marie, Note de synthèse : Filles et garçons à l'école, approches psychologiques et psychosociales, 1. Des scolarités sexuées, reflet de différences d'aptitudes ou de différences d'attitudes ?, *Revue française de pédagogie*, 1994, n°109, p. 111-143 ; 2. La construction sociale de la différence entre les sexes, *Revue française de pédagogie*, 1995, n°110, p. 75-111.
▼Manassein Michel de (dir.), *De l'égalité des sexes*, Paris, CNDP, 1995, 317 p.
▼Mosconi Nicole, *Femmes et rapport au savoir. La société, l'école et la division sexuelle des savoirs*, Paris, L'Harmattan, 1994, 362 p.
▼Zaidman Claude, *La mixité à l'école primaire*, Paris, L'Harmattan, 1996, 238 p.

(クロード・ゼドマン Claude ZAIDMAN／川口陽子訳)

# 権力
POUVOIR(S)

［英］*Power(s)*

●排他的な政治権力
●実行権力への障害
●女性たちには、発言する権力などありえない
●「わたし」と発言する権力
●フェミニズムの権力

古典的には、権力pouvoirとは統治あるいは指揮の行為だと考えられている。権力とは、力puissance――人間の能力、知性の現れであり、スピノザSpinozaはこれを、「自己の存在のなかで持続する」努力という一事によって定義している――とは違い、なにものかの権力であって、他者の自然権の境界に突きあたるまで展開することができる。

女性たちは、かの女たちを夫に縛りつけている隷属の原理によって、権力からも力からも排除されている。自由と自立こそが、権力を握るための条件なのだが、この二つは男性の特権となっている。そしてこのことが障害となって、人間の本質的な能力を当然のこととして享受する権利を、女性たちから遠ざけている。力が所有を前提としているため、

「夫の権力下にある」女性たちは、「男性の権利と同等の権利を当然のこととして」享受することができない（Spinoza, *L'Éthique*, *in* Duroux, 1992, 一〇五ページより）*。

＊ スピノザ、『国家論』、畠中尚志訳、岩波文庫、一九七六年改版、一九一ページ。、の誤認か

だが、革命の時代の到来とともに、女性たちを従属状態に置いておくことが困難になり、さまざまな権利宣言の諸原理と両立するように、男女間に平衡関係を構築せずにはいられなくなる。とくに十九世紀には、女性たちにもひとつの力が付与される。けれども、その力の意味合いは、それまでの意味とは異なっていた。それは、知性と密接に結びついた力ではなく、もっと神秘的で、曖昧な、さらには危険でさえある力のことである。たとえば、「女たち、なんという力だ！」とミシュレ Michelet は書いた。またバルザック Balzac によれば、「下層階級では、女は男よりも優れているだけではなく、つねに支配している」（Perrot, 1998, 二一四〜一五ページ）*というのだ。

＊ ミシェル・ペロー、「男たちは権力、女たちは力？――十九世紀の例 Pouvoir des hommes, puissance des femmes? L'exemple du XXe siècle」、『女たち、または「歴史」の沈黙』、持田明子訳、藤原書店、近刊。ミシュレ、バルザックの引用は出典不明。

つぎに近代になると、階層制をひっくり返すことなく、権力を再検討しなければならなくなる。もはや、「君主」あるいは「国家」という視点から、権力の行使振りを分析することだけが問題なのではない。むしろ、個人および集団の当事者間の関係をつうじて、権力のシステムを理解すること――ヘーゲル Hegel からフーコー Foucault まで――が、問題になってくる。権力は、ひとつの「行動様式」として定義され、社会の構成要素のひとつとなった。つまり、権力を考えるときには、それが生みだす抵抗をも考慮に入れなければならない。とはいえ、権力と抵抗との相互作用は、かならずしもつねに認識されるわけではない。というのも、支配的秩序が構築しなおされる際に、こうした異議申し立ての痕跡を消し去ってしまうからである。

「権力関係を規定するのは、ひとつの行動様式である。この様式は、他者に対して直接、仲介なしに働きかけるので

はなく、他者の行動そのものに働きかける。権力とは、行動に対する行動、潜在的な、あるいは現実の行動に対する、未来のまたは現在の行動に対する行動のことである」(Foucault, 1984, 三一二～三一三ページ*)。

* ヒューバート・ドレイファス、ポール・ラビノウ、『ミシェル・フーコー——構造主義と解釈学を超えて』、山形頼洋ほか訳、筑摩書房、一九九六年、二八五～三〇七ページ、ミシェル・フーコー、「付論I 主体と権力」。邦訳の該当箇所は、「……権力関係を事実上規定するのは、権力が他者に対して直接的・無媒介に働きかけることのない行動様式だということである。かわりに権力は他者の行動に働きかける。すなわち権力は、ある行動に対して、現実の諸行動に対して、現在ないし未来に起こりうる諸行動に対して働きかける作用なのである」(三〇〇ページ)。

排他的な政治権力

権力と、その征服あるいは保持は、ずっと以前から影響力を拡大してきており、すべての闘争の核心にある。そしてこれらの闘争は、あらゆる人間社会の危機を織りなしている。この意味では、近代も例外ではない(Riot-Sarcey, 1993, 九ページ)。各民主主義社会は、ある同一の問題に対処するために、主権代表制度の規則を更新しつづけてきた。すなわち女性たちは、民法によって法律上の未成年者とみなされ、決定の場から遠ざけられている。実際のところ、女性たちはかつて、社会的役割の配分のなかで下位に置かれた。そしてその後も、歴代の権力者たちが、政治権力の行使をもっぱら男性だけに割りあててきたからである。

権力は、自由主義の権力であれ、共和主義の権力であれ、あるいは社会主義の権力であれ、それぞれ排除の装置をつくり上げてきた。しかもこの装置は、いわゆる自然にもとづく差異というものを構築することよって、個人の諸権利と両立可能なものになっている。たとえばフランス革命期に、国民公会*は、男女両性の平等に反対であることをまことにはっきりと表明した。「(1) 女性たちは、政治的諸権利を行使したり、政府の公務に積極的に参加することができるだろうか？（2）女性たちは、政治結社や人民集会に参集して議論することができるだろうか？　この二つの疑問に関して、委員会は否定の決定を下した。……どちらの性も、それぞれにふさわしい種類の仕事を要請されている。それぞれの性の活動は、この仕事の枠のなかに限定されており、その枠を踏み越えることはできない。なぜなら自然が、こうした限界を人間に課し、断固として命令し、いかなる人間の法も受けつけないからである」（「Amar 報告」、一七九三年一〇月三〇日）。

＊　フランス革命期一七九二年九月から、同九五年一〇月までの議会の名称。

一八四九年にも、同様の動きがあった。ピエール＝ジョゼフ・プルードン Pierre Joseph Proudhon は、長いあいだ現代社会主義の創始者のひとりだとみなされてきたが、このプルードンが、まさに社会主義の利益の名において、当時でいう社会主義的フェミニスト、ジャンヌ・ドゥロワン Jeanne Deroin が国会議員選挙へ立候補するのを断念させた。「両性の政治的平等、すなわち公職において男性と女性を同等のものとみなすことは、詭弁のひとつである。それは、論理だけでなく、良心も、ものごとの本性も拒絶している」（*Le Peuple*, 1849.4.12）というわけである。結局のところ、一世紀半以上のあいだ、つまりフェミニストたちの名でいえば、一七九〇年のメアリー・ウルストンクラフト Mary Wollstonecraft から、一八四八〜四九年のジャンヌ・ドゥロワンまで、そして一八七九年のユベルティーヌ・オークレール Hubertine Auclert から、一九二〇年代のアレクサンドラ・コロンタイ Alexandra Kollontai まで、女性たちが現実の平等や真の普遍性のために論議してきたことは無駄だったのだ。この観点からみて、フランスもまったく例外ではない。

実行権力への障害

見識のある民主主義者すべてが正しくも見抜いたとおり、万人のためとのものといわれる権利でも、それらを行使する権力がなければ、それはまやかしにすぎない。この本質的な問題が女性のための提起されたのは、かの女たちが、やっとのことで市民権を獲得してからのことである。たとえばフランスでは、選挙が現実に普通選挙となったのは、一九四四年四月のことである。けれども、女性たちが多数国会議員の地位に就くことはできなかった。歴史的にみて、一方の性が自立するために他方の性が従属するように社会が構築されてきたため、女性たちは、隷属する集団だと理解され、政治的主体として行動する能力があるとは、けっして認められなかったからである。女性たちに「家庭を割りあてること」が民衆の自由の条件であり、男性市民が共通の権利を獲得するための手段だったのである。こうして、一方は権力をもち、他方は個人としての尊厳を制限されるというアンバランスが生じた。だがこのアンバランスは、権利の普遍性を自然の本性の普遍性にすり替えることで正当化された。つまり、女という性の本性が、そもそも公職に不適格なのだとされた。代議制民主主義の諸規則は、今日なお効力をもっているが、この排除の論理にたつ分割を基盤としてきた。女性たちが政治に参画したからといって、代議制のメカニズムはなんら変化しなかった。代議制は、権力を握る職業政治家のためのものであり、かれらがそのときどきに、若干の女性代議士を補佐役にしているにすぎない。

女性たちには、発言する権力などありえない

ルソー Rousseau からカント Kant まで、そしてカントからヘーゲルまで、近代思想は哲学の場で練りあげられてきたが、女性たちは、このプロセスとはずっと無縁のままだった。この近代思想こそが、現行各社会の社会的＝政治的機構をつかさどっているというのにである。つまり、この近代思想という理論的装置の核心部では、主体という地位が女性たちに付与されていない。「理論の支えとなるものが、女性たちのうちにはいっさいいない。とはいえ女性たちは、さまざまな思想と行為の運動全体の支えとなっている（つまり、全体の原因なのだ）。分析が、女性ぬきでは醸成されなかったという意味において」（Granoff, 1976, 二八七ページ）。この事実からみて、女性たちは、家族の中心に位置している

以上、社会秩序の存在条件なのだ。にもかかわらず、社会秩序の規則を形成する作業から、女性たちははずされている。だから、女性たちの発言のひとつひとつ、女性たちの言説の本質は、公的表現権の規範のフルイにかけられて、かの女たちを指揮する性の仲介を経ることになる。「女性的なるものを母性的なものと」混同することによって、「女性は、象徴体系の領域に介入する権利も可能性をも奪われてきた。そして、男性のなかで、時代遅れなものや、身体、受動性、ナンセンスといったものに関連するすべてが、『女性的なるもの』と名づけられてきた」(Marini, 1992, 二九五ページ*)。女性たちは個人として、自分たちは男性の同僚とは異なっているけれども、能力においては同じだといいたがっている。だが、女性たちのことばは、たいていの場合、女性を対象とする言説にがんじがらめにされていて、右のような要求を満たすことができないでいる。

＊ マルセル・マリーニ、「文化の生産における女性の位置」、三宅京子訳、ジョルジュ・デュビィ、ミシェル・ペロー監修、『女の歴史Ⅴ・二十世紀1』、杉村和子、志賀亮一監訳、藤原書店、一九九八年、五一三〜一四ページ（訳文は一部変更）。

ことばと概念は、民衆全体を形成するテクストのなかで、その意味をまとう。言語の権力が発揮されるのは、この意味作用の目指すものによってである。臆見《ドクサ》が世論となるのは、ことばを専有するプロセスの結果にほかならない。つまり、ことばの専有は、けっして共通の大義のためではなく、つねに個別利益のためになされるのである。二十世紀フランスの詩人ポール・ヴァレリー Paul Valéry の判定によれば、「自由」という語の宿命がそうなのだ。「この動きまわる語が、あらゆる役目を果たした」のである。

「わたし」と発言する権力

女性というカテゴリーは、普遍的なもの——男性的なもの——との関係では、これとは同化しえないものと考えられているが、個々の女性の個人としてのあり方を内包している。このように、ひとりひとりの個人は、集団のアイデンティティのなかに包摂されている。

「このような形態の権力は、直接的な日常生活に作用する。日常生活は、個人ひとりひとりをいくつかのカテゴリーに分類し、その人物自身の個性によって名指し、それぞれのアイデンティティに結びつけ、個人ひとりひとりに真理の法則を押しつける。個々人は、この真理の法則を認識しなければならず、また他者は、個々人のなかにこの法則を認めなければならない」(Foucault, 1984, 三〇二ページ)*。この場合個人である女性は、定義上強制的な集団の規範を侵犯しなければ、自立に達することができない。ぎゃくに、個人である女性が他者との自己同一化をはかろうとすれば、否応なしに支配的モデルを、すなわち価値をみずから支配できない状態を通過することになる。「こうだといわれる」個人と、「自分をこうだという責任ある主体」(Ricœur, 1987, 五五〜五六ページ) のあいだには、自由への道が開かれており、この道が、「わたし」と発言する権力をつうじて主体の実存を可能にする。各個人には権力が作用しているが、従属的主体から自由な主体へと移行するには、この権力のさまざまな形態を問題にすることが前提となる。「わたし」と発言する権力は、また、さまざまな形態の隷属に対する——主体性を服従させようとする動きに対する——闘いであり、そして女性たちはとくに、この隷属の犠牲者なのである。自由な主体という地位を獲得することは、自己と他者を尊敬しつつ権力を習得することから生じる。

* 該当箇所は、前掲『ミシェル・フーコー——構造主義と解釈学を超えて』、二九一ページ。

フェミニズムの権力

「自由な女」は、長いあいだ公娼と同一視され、それゆえにスキャンダルの対象だった。たとえば、一八三〇年代には、イギリスのアンナ・ウィーラー Anna Wheeler とフランスのクレール・デマール Claire Démar や、さらに多くの他の女性たちが、また一九四九年のシモーヌ・ド・ボーヴォワール Simone de Beauvoir にいたるまで、嘲弄と拒否反応をひき起こした。* これらの女性たちが、性の序列をあえて問題視したからである。この序列を、支配者たちが執拗に唱え、つくり上げてきたからである。「哲学者、神学者、法律家、医師、道学者、教育学者たち」は……、なん世紀にもわたって、「うむことなくいい立てている」。すなわち女性たちが、「その女性という地位と義務によって」、定められた空間内で、どのようにあるべきかを（Duby et Perrot, 1991, t. 1, 三ページ）。** フェミニズムは、平等のための闘いだと定義することができるが、右のような理由で、女性たちにとって、言論の権力と行動の権力を獲得するための手段なのである。しかしながら、代議制民主主義のなかには序列システムが構築されており、このシステムの枠のなかでは、決定権力の戦略的要所は、あい変わらず男性エリートの手にある。だからフェミニズムは、その闘いが成就したと考えることはできない。いわゆる民主主義国家の大多数においても、平等とは口先だけのことで、同時に社会的な不平等が存在している。そして、この社会的不平等の基盤のひとつが、性の不平等なのである。こうした不平等を存続させている政治的装置が、いまだ問題にされていないからである。

＊ アイルランド生まれのフェミニスト、ウィーラーは、一八二五年に盟友のウイリアム・トンプスンとともに、『人類の半分を占める女性を政治と市民と家庭の奴隷にしておくことを主張する人類の半分を占める男性に抗議する女性の訴え *Appeal of One-Half the Human Race, Women Against the pretensions of the Other Half, Men, to Retain Them in Political, and Thence in Civil and Domestic Slavery*』を書いているが、三〇年代の行動は不明。フランスのサン＝シモン主義のフェミニスト、デマールは、一八三三年に『女性解放のアピール *Appel au peuple sur l'affranchissement de la femme*』を執筆するが、過激な主張が仲間たちにさえ入れられず、同年自殺した。ボーヴォワールの一九四九年とは、もちろん『第二の性』の出版を指す。

＊＊ ジョルジュ・デュビイ、ミシェル・ペロー、「女性史を書く」（『女の歴史』全巻の序文）、杉村和子、志賀亮一訳、デュビイ、ペロー監修、『女の歴史Ⅰ・古代1』、藤原書店、二〇〇〇年、六ページ。

関連項目

支配　市民権　平等　フェミニズム運動　普遍主義と個別主義

参考文献

▶Duby Georges, Perrot Michelle (dir.), *Histoire des femmes en Occident. De l'Antiquité à nos jours*, 5 vol., Paris, Plon, 1990-1992.〔ジョルジュ・デュビイ、ミシェル・ペロー監修『女の歴史』全五巻、杉村和子、志賀亮一監訳、藤原書店、一九九四〜二〇〇一年〕[巻末の参考文献一覧参照]

▶Duroux Françoise, Des Passions et de la compétence politique, *Les Cahiers du GRIF*, 1992, n°46, « Provenances de la pensée, Femmes / Philosophie », p. 103-124.

▶Foucault Michel, Deux essais sur le sujet et le pouvoir, *in* Hubert Dreyfus, Paul Rabinow, *Michel Foucault, un parcours philosophique*, Paris, Gallimard, 1984, 366 p.〔ヒューバート・ドレイファス、ポール・ラビノウ『ミシェル・フーコー――構造主義と解釈学を超えて』、山形頼洋ほか訳、筑摩書房、一九九六年〕

▶Granoff Wladimir, *La pensée et le féminin*, Paris, Minuit, 1976, 470 p.

▶Marini Marcelle, La place des femmes dans la production culturelle, *in* Georges Duby, Michelle Perrot, *Histoire des femmes en Occident*, 1992, t.5, p. 275-296.〔マルセル・マリーニ、「文化の生産における女性の位置」、三宅京子訳、デュビイ、ペロー監修『女の歴史V・二十世紀1』、藤原書店、一九九八年、四七七〜五一五ページ〕

▶Riot-Sarcey Michèle (dir.), *Femmes / pouvoirs*, Paris, Kimé, 1993, 154 p. [Actes du Colloque d'Albi, 19-20 mars 1992, Centre culturel de l'Albigeois].

（ミシェル・リオ＝サルセ Michèle RIOT-SARCEY／内藤義博訳）

公的なもの対私的なもの

PUBLIC / PRIVÉ

［英］*Public/Private*

●私的なものと公的なものの根源に
●用語の現代的再定義
●「私的なものは政治的である」＝フェミニズムのスローガン

公的領域と私的領域の区分は、政治思想において、きわめて基本的なことであると同時に、非常に古くからのものでもある。たしかに、私的なものと公的なものとの輪郭は、時代によって変化してきた。だがそれでもやはり、不変のものをあげることができる。たとえば、政府はつねに公的なものに属しており、他方、家庭内のことは一貫して私的なものの一部をなしている。

私的なものと公的なものの根源に

わたしたちの政治的伝統のほかの要素の多くと同様に、私的領域と公的領域の区分は、古代ギリシア人、とくにアリストテレス Aristote (les) に由来している。またアリストテレスにあっては、この区分は、別の二つの二項対立と符合している。第一のものは必然と自由とを対立させ、第二のものは、政治的関係を自然的関係に対立させている。

古代ギリシアにおいては、市民の主要な「資本」は時間だった。事実、同胞市民とともに生活し、かれらとの合意にもとづいて行動するには、日常生活の必然から解放されて、自由を獲得していることが暗に求められていた。私的な存在とは、物的生産をつうじて同輩と関係を結ぶ人物のことであり、それに対して公的存在とは、無償の刻印を打たれた関係を結ぶ人物のことだった。必然の特徴となっている人間関係は、人間存在の身体的再生産と物質的維持とともに、ものの生産——経済と技術——を中心としていた。これらの人間関係は、一方では、ある種の自然性のしるしのもとで展開されていたが、また他方では、剥奪のしるしのもとに展開されてもいた。要するに、再生産と維持に生活の主要部分を捧げるものたちは、男性であれ女性であれ、社会的には眼にみえない存在だった。このような文脈のもとでは、自由であるということは、まず、そしてなによりも、生活の必然から解放されて、それら必然を自分以外の他者、すなわち女性や奴隷たちに負わせることができるということだった。そういうわけで、自由な人間とは家長のことであった。とはいえ、かれが自由であるのは、自身の家庭からそとに出て、同輩の市民たちとたち混じる——広場《アゴラ》で、格闘技場で、あるいは議会で——ことができるかぎりにおいてだった。こうしてかれは、ことばを発するもの《エックホン・ロゴン》によって構成される世界をつくり出す。そこでは、ものではなく、ことば《パロール》が社会的関係を仲介するのである。アリストテレスにとって、政治的関係とは、人類の「本性からくる」最終目的である。というのもかれは、人間は政治的動物《ゾーン・ポリティコン》だと定義しているからである。けれども、「都市国家《ポリス》」は、異性夫婦、家族、親族集団といった純粋に自然の人間集団から区別されている。というのも、これらの集団は、夫婦は出産をつうじて、家族は物的生産をつうじて、親族集団は労働の分割と戦争をつうじて、生命維持の必要に応えることを共通点としているからである。けれども、人間というもの――男性というものの意である――が地上にいるのは、たんに生きるためにではなく、よく生きるため、繁栄《エウダイモニア》に達するためである。だから、なんらかの関係が、この善き人生に達することを可能にする場合、それこそが「ポリス」という関係なのだ。ポリスがほかのタイプの関係と区別されるのは、このポリスという関係が抽象的に構築された平等にもとづいている、という事実によってだからである。

用語の現代的再定義

こんなふうに公的領域と私的領域の関係をとらえると、そのことが、この二つの用語のあいだの境界に深刻な影響を及ぼすことになる。そもそもこの境界は、のちに近代人たちがもち込んだものだからである。近代の諸革命が始まったころ、市民権（参加）／主権（公権力）という二重の論理をもとに、公的空間は定義しなおされていた。たとえばルソー Rousseau にとって、近代的市民が自然人から区別されるのは、市民権が第二の自然だからである。しかもこの自然は、いわば第一の自然よりも真のものだからである。というのも、第二の自然は、人間理性とその創造能力に全面的に属しているからである。かくして、市民権を獲得することは、自然対文化という論争と一致することになる。

したがって、ペイトマン Pateman（1988）が指摘するように、社会契約に関する近代の諸理論は公的領域の定義と直結している。この定義は個人を中核としているが、この個人はまた、独立、責任、理性をその本質的特徴としている。これに対して私的領域はといえば、それは次第しだいに、内輪の世界と家庭とに縮小されていく。というのも、近代の経済は家内領域をとび出し、労働の社会的分割と市場という二重のメカニズムをとおして社会的なものとなるからである。

公的領域と私的領域という分割の定式化のうち、もっとも念入りなのはルソーによるものであり、それは、性別による社会的な役割分担とかなり厳密に一致している。そのためにルソーは、女性たちを完全に自然に属するものとした。また、「女性」と「母親」とを同一視するという迂回路をつうじて、女性たちを従属するものとし、社会的にはみえない存在とした。ルソーにとって、母親が社会契約には関与することはありえない。なぜなら母親は、一般意思を形成するのに必要な不偏不党性に達することができないからである。

この足どりをたどって、十八世紀と十九世紀の思想家たち（ヘーゲル Hegel、ヒューム Hume、カント Kant、ニーチェ Nietzsche、プルードン Proudhon、ショーペンハウアー Schopenhauer たち）は、「分離された領域」という概念を発展させた。そして、この分離の本質的な機能は、女性たちが政治の世界に関わることを禁じることと、これとは別の公的領域、つまり労働市場に性別による「二重の基準《ダブル・スタンダード》」を導入することとにあった。

しかし、この二領域が分離されたとはいえ、その分離面は完璧なものではない。男性たちは、家長の名において二領域を行き来することを許されていた。だが女性たちのほうはといえば、私的空間を指定され、そこから出ると、一連の攻撃にさらされて無傷ではいられなかった。女性労働者と売春婦の区別がしばしば曖昧だったのは、こうした理由による。分離された領域に関する言説が育まれ、両性間の「自然的」差異に関する言説を育成する。すると今度は、こちらの言説が、どちらの性に属するかに応じて、社会的役割を配分する。男性が公的な場にいれば、そのことで敬意を受けることになるが、女性のほうは男性のつまみ食いの対象となった。

十九世紀以降、フェミニストたちの仕事の大部分は、まさに、私的領域への女性たちの囲い込みを打破し、かの女たちがまったく安全に公的空間に入るのを可能にすることにあった。そしてそのために、あれほど多様な分野にわたって、法的平等、教育と賃金労働の機会、選挙権、さらには妊娠中絶の権利などを表明したのである。

「私的なものは政治的である」=フェミニズムのスローガン

大きな尺度でみれば、つぎのようにいうことができる。すなわち、フェミニズムは、一九六〇年代末以来再編されてきたが、右の表現を、もっとも意味を限定したかたちで使用してきた。たしかに、アメリカとイタリアのフェミニズムの良心的なグループと、フランス女性たちの「女性解放運動」とのあいだには溝がある。アメリカやイタリアのグループはもっぱら、「体験」を検討しようとしているのに対して、フランスの「女性解放運動」は、個人的な経験だけでなく、もっとイデオロギー的な実践をも踏まえて、社会的なるものを理解しようとしているからである。とはいえ、世界のほぼいたるところで、フェミニズムのグループは、この表現のなかに自己を認識し、それを自分たちの先進性の主要な要素とみなしていた。

まず、「すべてが政治的だ」と主張することは、意思の問題であり、なにもフェミニズムに固有のことではない。この表現の使用振りをふり返ってみると、わたしたちには、この表現がなんのために使われてきたのかを確認することができる。つまりそれは、権力、支配、抑圧といった関係はすべて、政治的関係であることをいい表すためだったのである。同じように、つぎのようなことも明らかにすることができる。まず近代世界においては、「自然」という概念も、手を加えずに放置されていたわけではない。また私的領域は、とくに「福祉国家」と社会的なるものの出現との時代には、政治によって大きくひき回された（Arendt, 1958）[*]。このころ、国家が本質的に「国民」を管理するものとなったからである。

＊ ハンナ・アレント、『人間の条件』、志水速雄訳、ちくま学芸文庫、一九九四年、〇五九〜〇七四ページ。

つぎに、このような主張によって、政治という領域で女性たちの権利要求を正当化することが可能になった。たとえば、妊娠中絶は政治の問題となり、権利というかたちで表明することができるようになる。まず、中絶によって、望まない出産に終止符を打つことができるからである。また、それだけでなく、人格の安全保障と保全の権利が、近代個人主義の基礎となっているが、この保障と保全の権利が、女性たちに関しては、出産調節が可能かどうかにかかっているからである。そのうえ、女性たちの自己決定能力を主張することによって、かの女たちの精神的自立が眼にみえるものとなる。そしてこの自立こそ、近代個人主義の、もうひとつの中心的特徴なのだ。

最後に、抽象的個人というモデルが、市民権に関する近代の諸理論の基礎にあるが、このスローガンによって、右のモデルを批判することが可能になる。わたしたちは、まちがいなく具体的な個人であって、そうした状況から出発しなければ、公的空間に出現することはできない。とくに現在では、このことを念頭に置くことが重要である。現在、数的対等をめぐる論争が、個別主義者と普遍主義者の対立というかたちをとり、あたかも、女性という特性だけが特殊なものであるかのように考えられているからである。もう一度強調しておくが、わたしたちは、具体的な個人としてしか公的領域に出現することができない。だがそれは、私的領域と公的領域のあいだの仲介などもはや必要ないという意味ではない。この仲介はまったく別に機能しているのである。

この点に関して有益なのは、「わたしたちには……の権利がある」という言い方と、「わたしたちは……を望む」という言い方との相違を、強調しておくことである。前者の場合は、公共の理性に訴えかけているのであるが、後者の場合は、その定義からして特殊な要求を、利害対立の場へ投げかけているにすぎない。前者の場合には、政治によって包摂される空間が拡大される——さまざまな権利をもつ権利というかたちで——のに対して、後者の場合はたんに、国家の管理する領域に新たな役者が登場するだけのことにすぎない。国家はこうして、多様な利益集団のあいだにあって裁定役の位置を占めることになる。

男性にも女性にも平等な市民権という背景のもとで、私的領域と公的領域との関係にどのような意味を与えるべきかということに関しては、たしかにフェミニストたちのあいだでも完全な一致がない。女性たちは、私的分野の熱気のなかで、新しい価値を発展させることができた。一部のフェミニストたちが選んだのは、これらの価値を政治の分野にも吹きこむことである（Gilligan, 1982；Irigaray, 1989；Ruddick, 1989）。だが別のものたちは、公の視線から逃れている私生活という領域の重要性と、私的なものと公的なものをともに包摂する、新しい定義の必要性を同時に主張している（F. Collin, 1986a；Jones, 1993；Young, 1990）。

以上述べてきたことから、わたしたちにとって、つぎのようなことが明らかになる。なるほど女性たちは、二十世紀の前半において市民権を獲得した。けれども、だからといって、性差と二つの分離された領域とに関する言説は色あせることがなかった。人間の生活をただひとつの領域に還元することは、いくたの全体主義体制がやってきたことであって、その結果、行動のための公的空間が消滅し、社会がアトム化したことはよく知られている。したがって、そのようなことを望まないのであれば、残された課題は、新しい生活様式と社会組織のあり方とを考えだし、すべての女性とすべての男性が、公的領域にも私的領域にも十全に参加できるようにすることである。

関連項目

家族　市民権　社会＝家族政策　平等　フェミニズム運動　普遍主義と個別主義　母性　労働（の概念）

参考文献

▼Arendt Hannah, *The Human Condition*, Unversity of Chicago Press, 1958, 333 p.［trad. franc., *Condition de l'homme moderne*, Paris, Calmann-Lévy, 1961］〔ハンナ・アレント『人間の条件』志水速雄訳、ちくま学芸文庫、一九九四年〕
▼Butler Judith, Scott Joan W. (eds), *Feminists theorize the Political*, New York, Routledge, 1992, 485 p.

▼Collin Françoise, Du privé et du public, *Cahiers du GRIF*, 1986*a*, n°33, p. 47-67.
▼Jones Kathleen, *Compassionate Authority*, New York, Routledge, 1993, 265 p.
▼Pateman Carole, *The Sexual Contract*, Stanford University Press, 1988, 264 p.
▼Young Iris, *Justice and the Politics of Difference*, Princeton University Press, 1990, 286 p.

（ディアーヌ・ラムルー Diane LAMOUREUX／内藤義博訳）

失業
CHÔMAGE

［英］*Unemployment*

●失業の発明と変化のかずかず
●女性たちのほうに失業が多い
●社会政策、雇用政策——修正と逆効果のかずかず

失業を定義するには、その歴史的起源と、時間のなかでの変化とを関連づけることが前提となる。しかも、労働界における両性の差異を考慮に入れると、失業の概念と、それに付随するさまざまな現象を、もっと深く分析することができる。すなわち、周縁性、不安定化、および排除などのことであるが、そのいずれの用語も論争に値する。まず指摘しておくが、二〇年以上まえから、女性たちは求職者のなかで多数を占めている。それもとくに長期の職を求め、またとりわけ若年者のあいだで多数を占めている。

失業の発明と変化のかずかず

十九世紀末に、失業者の定義がなされるが、それは、賃金雇用制という枠のなかで、「不本意の失業」というカテゴリーが出現したことを告げていた。この制度が、近代的な形態としてはまだ形成途上で、不安定だったからである。これに対して、二十世紀末になって、「女性失業者」が定義されるようになると、今度は、新しい形態のもとで、貧者と失業者とが錯綜する事態が出現する（Salais *et al.*, 1986）。

このカテゴリーは、十九世紀における多様な雇用の経験からつくり出された。雇用形態が、地域や産業、労働者集団や性別によって異なっていたのである。しかもこのカテゴリーは、時の流れとともに変化して、フランスにおいては、一八八〇年から一九一〇年のあいだに形成された（Topalov, 1994）。一八九一年の国勢調査では、「分類されない人々」、という カテゴリーがある。それは、就労者でも非就労者でもないのだが、そこには、名指されてはいない（「娼婦たち」を除く）ものの、働く女性たちが入れられている。かの女たちは、工場でも働いていたが、賃金雇用制度の周縁部にいたからである。このことは、生まれつつある賃金社会が、構造的に二つの次元をもっていたことのあかしとなっている。すなわち、賃金労働と家事労働のことである。ついで「失業者」という概念が、すこしずつ明確になったが、それは、雇用主と労働者、あるいは従業員とのあいだで、労働契約が結ばれるようになったことに対応していた。だが女性たちはといえば、おおむね、家族の世話をするものとみなされたままだった。失業者という概念が社会的に認知されたのは、実際には、労働力管理の法的かつ行政的手続き（生活扶助、各種手当てなどなど）が、実施されるようになったからだった。生産システムの変調、すなわち、労働者の意思とは関わりのない偶発事と結びつけて失業の概念を定式化したのは、イギリスの経済学者ウィリアム・ベヴァリッジ William Beveridge（1904）である。失業者の地位がどのようなものでありうるのかを定義することは、同時に、賃金労働者の身分がどのようなものでありうるかを明確にすることにつながる。これに対しては、さまざまな解答が、二十世紀をつうじて出されることになる。そして、失業のリスクに対する保障という問題によって、労働者に対する保障が、いろいろと開発されることになる。だが、それら保障の恩恵にあずかったのは、労働契約によって安定し、企業と結びついたりしていた、労働者たちだった。また、これら保障の創設期にあっては、それは、女性たちよりもむしろ、男性たちを対象としていた。

失業者へのこうしたアプローチは、賃金雇用制が非常に不安定な状況だったにもかかわらず、一九三六年までほとんど同様なままだった。一九三三年、[*] 失業に関する最初の社会学的研究、『マリエンタールの失業者たち *Les chômeurs de Marienthal*』(Lazarsfeld *et al.*, 1981〔フランス語版〕) が出版される。

＊ 原著では、一九三二年となっているが、一九三三年が正しいようである。

失業者の原型は、最終的には、第二次大戦後になってようやく具体性を帯びる。フランスでは、一九五八年の義務的失業保障制度(「全国商工業雇用連合 Union nationale interprofesssionnelle pour l'emploi dans l'industrie et le commerce――UNEDIC」による) の創設と、一九五〇年の「国立統計経済研究所INSEE」の「第一回雇用調査」が、さまざまな失業の定義を統一する。ただしこの統一は、「相対的完全雇用」というモデルとの関連でなされている。このモデルは、永続的なものと想定されていて、「近代化」の一時的な影響(たとえば、「摩擦的失業」[*]) をも含んでいる。しかしながら、一九七〇年代をつうじて社会の不安定性が増大すると、失業者の概念も曖昧になる。失業と関連づける必要があるのは、もはや、この「失業者」という概念だけでなく、「不完全雇用」という概念もまたそうなってくる。しかも女性たちに対しては、このことがいっそうよく当てはまる。というのも、一般の理解によれば、雇用という概念は、正常だと思われるもの、すなわち、期間を定めないフルタイムの契約を指しているが、これは、女性たちよりも、むしろ男性たちのものだからである (Maruani, 1993)。

＊ 産業間や地域間で、労働力の移動が迅速になされないために起こる、多くは一時的な失業状態。たとえば、ある産業で労働力の需要が

減少した場合に、失職した労働者が、訓練機関などを経て他産業に就業するまでの期間。

女性たちのほうに失業が多い

「流動性」と社会の不安定化が、現代の労働再編のかたちをつくり出している。そこで、「失業者とはなにか?」という疑問が、提起されることになる。だが、修正から定義のしなおしを経て、ひとつのカテゴリーを成立させるにいたったものの、そのカテゴリーでは、実際に体験された状況の大部分が無視されている。たとえば両性間の区分も、せいぜいのところ、かなり複雑な背景のなかで、補完的な変数にとどまっている。

たしかにフランスでは、ここ数十年のあいだに、労働市場への女性の流入が絶えず拡大してきた。けれども、そうした変化を説明しうるのは、労働市場だけではない。事実、女性の雇用は、二〇年以上まえから、それと相関する失業以上に研究対象となってきた。そして、こうした研究が明らかにしたところでは、女性の労働の合法性は、つねに現代社会に問題を提起している。男女間にはさまざまな不平等があり、また女性たち自身のあいだにも、いろいろな格差がある。その意味で、女性の失業研究は、これら不平等と格差が深刻化していることを明らかにしている。これら女性間の格差は、個々に程度の差こそあれ、男女の不平等から生じたものなのである。

今日、女性失業者と男性失業者とを、どのように区別しているのだろうか? 失業の多様性と変化する性質とを根拠とするかぎり、傾向という観点からのアプローチを採用することになろう。フランスにおける失業にはさまざまな特性があるが、これらの特性によって、経済学者たちは、女性たちのほうが失業率が高いと論証することができる。女性の失業は、男性の失業よりも構造的なものだと認められている。経済回復の時期においてさえ、失業率が高いままだからである (Fouquet et Rack, 1999)。つまり、女性たちは、長期の職を求める求職者たちのなかで多数を占めているのである。さらに、若年層のなかでも、女子のほうが、学業成績がより優秀であるにもかかわらず、雇用条件がずっと不利になっている。女性たちは、臨時雇用を渡り歩くという悪循環をくり返して——だから、失業が女性においてより顕著なのである（Gauvin, 1998）——いる。たとえば、「国立統計経済研究所ＩＮＳＥＥ」の年次調査（一九九一年から九七年まで）はすべて、臨時雇用から安定雇用への移行について問題を提起している。それによると、一九九〇年代には、このような移行の可能性が、三〇歳から四九歳までの女性についていえば、一四ポイント減少している。そして、こうしたプロセスが、「貧困への罠」と呼ばれたこともあった。

　一般に認められていることだが、一九八〇年代以降、成人女性の失業率は、男性の失業率をほぼ四ポイント上回っている。また、一九九九年末の数ヵ月でみると、失業率は労働人口の一〇・八パーセントであるが、そのうち男性は九・二パーセントなのに対して、女性は、一二・八パーセントに上っている。男性は、一〇人にひとりが失業中であるのに対して、女性は、七人にひとりが失業しているのである。

　しかしながら、ここ二〇年来、失業の境界線が論争の対象となっている。計算と区分の仕方が変化したため、ことが面倒になっているのである（Maruani, 2000）。たとえば、一九八四年には、就職活動の免除制度が創設され、五五歳以上の失業者をもはや勘定に入れないことになった。そしてその後も、一九九五年の再編成によって、「カテゴリー6」が別扱いとなったが、このカテゴリーでくくられているのは、求職者として登録されているが、前月にパートタイムで働いていた人物である（八〇パーセントのケースが、女性である！）。かの女たちは、この修正以前には「失業者」に数えられていたが、以後はそうではない。しかも、その数は絶えず膨張している（一九九五年の二八万人から、一九九八年末には五〇万八一〇〇人になっている）。失業者は八つのカテゴリーに分けられているが[*]、「カテゴリー1」（失業中で、すぐに働くことができ、期間を定めないフルタイムの職を探している人物）の変化だけが唯一強調されている。だがこのカテゴリーでの変化では、明らかに、パートタイム労働の重大な動向はわからない。しかもパートタイム労働は、有期雇用契約（contrat à durée déterminée——ＣＤＤ）がそうであるように、大部分が女性によってなされているのである。

＊「カテゴリー1」以外では、たとえば、「カテゴリー2」＝すぐに働くことができ、期間を定めないパートタイムの職を探している求職者。「カテゴリー3」＝すぐに働くことができ、期間を定めたパートタイムの職を探している求職者。……「カテゴリー7」＝すぐには働けないが、期間を定めないパートタイムの職を探している求職者。「カテゴリー8」＝すぐには働けないが、期間を定めた、一時的、もしくは季節的な職を探している求職者。

このように、わたしたちは、ここ数十年間主流だったアプローチから出発したが、このアプローチは、女性の失業者と男性の失業者とを区別してはいなかった。そして、もっと正確な認識の必要性へたどりついた。こうした認識は、長い期間を対象としており、男女の失業者たちの体験に関する個別研究から出発している。こうした認識によってこそ、これら失業者たちの求職戦略と、失業にいたる個人の軌跡とが明らかにされることになろう（Rogerat et Senotier, 1994）。

これらの研究が示しているように、女性の失業とはおおむね、ほとんど、ないしはあまり資格をもたない女性たちの失業なのだ。かの女たちは、低い賃金しか手に入れることができず、貧乏であるか、次第に貧乏になりつつあり、ときおり仕事をみつけても、非常に不安定な条件なので、定期的に賃金雇用制から撤退させられたり、排除されたりしている。だが、だからといって、そのことが必然的に労働界からの排除を意味しているわけではない。このタイプの失業は、さまざまな社会的不平等拡大の指標となっている。しかも他方では、女性たちが大挙して労働市場に参入したことを、否定することはできない。この意味で、もっとも的を射た研究すべき点のひとつは、最低の社会福祉と最低賃金との関係の問題なのだ。そうすれば、非就業と労働とのあいだの移行の形態が、とくに女性たちに関して、もっと数えあげやすくなるであろう。

社会政策、雇用政策——修正と逆効果のかずかず

実際のところ、失業を正確に把握するには、失業者の状況を検討しないわけにはいかない。労働力は、性別で区別し

て管理されているが、それがもっとも明白にみえてくるのは、以下のようなことを検討した場合である。まず、どんな雇用について語っているのかであり、ついで、どのようにして失業者たちが再度雇用されるのかであり、最後に、就労可能でありながら「雇用を奪われたものたち」の運命である。

よく知られているように、「社会復帰最低所得 Revenu minimum d'insertion―RMI」は、職のないものたちにとって、補償の特別な形態、つまり「慢性的な」貧困層に対する一種の援助となっている（一九九八年の「雇用連帯省」の研究による）。そして慢性的な貧困は、きわめて性別を反映した現実なのだ。当事者の八〇パーセントが女性だからである。

ここで、テレサ・トーンズ Teresa Torns (1997) のいう「社会的寛容」の現象が発生する。女性たちの失業は、社会的＝政治的重みをもっておらず、そのために明るみに出ることがないのである。さまざまな失業者運動が活動を展開しても、女性失業者と男性失業者とで異なる体験はうやむやにされている。

二つの例によって、進行中のプロセスを例証することができよう。一方では、一九九五年以降、「育児手当APE」〔五七ページ訳註参照〕創設の効果として、子どもが三歳になるまで、職業活動を短縮したり、中断したりできるようになった。この手当によって、もっとも低い資格しかもたない女性たちは、労働市場から身を引くことになる (Concialdi et Ponthieux, 1997)。だが他方では、女性賃金労働者たちの退職後の動向を、予見することができる (Langevin et Cattanéo, 1999)。つまり、女性労働力の集中する雇用部門は、労働期間が不連続であることを基盤としており、また大部分の女性賃金労働者は、「消耗品」として短期間で締めだされる。そのため、非常に多くの退職後の女性たちが、貧困の入り口に近い状況に追いやられる危険があるのだ。

近年、失業への社会学的アプローチが展開されてきたが、このアプローチに関しては、以下のような利点を強調することができる。つまり、機械化やOA化にともなって従業員を低資格の職種に配置換えすることと、低賃金、貧困、雇用からの排除との相関関係を、確立することができる。雇用においては、当該の女性および若い女性たちは、依然として「脇に置かれ」、別扱いのままであるが、だからといって、労働界から離れているというわけではないのである。

関連項目

社会＝家族政策　社会の不安定化　性別による労働の分割と性別をめぐる社会的諸関係　流動性　労働（の概念）

参考文献

▶Kergoat Dniėle, Hirata Helena, La division sexuelle du travail revisitée, *in* Margaret Maruani (dir.), *Les nouvelles frontières de l'inégalité. Hommes et femmes sur le marché du travail*, Paris, La Découverte, 1998, p. 93-104.

▶Lazarsfeld Paul, Jahoda Marie, Zeisel Heinz, *Les chômeurs de Marienthal*, Paris, Minuit, 1981, 146 p.[1re éd. 1933].

▶Maruani Margaret, *Travail et emploi des femmes*, Paris, Mage/La Découverte « Repères », 2000, 125 p.

▶Rogerat Chantal, Senotier Danièle, L'enchaînement des emplois précaires et du chômage. La construction du leurre, *in* Béatrice Appay, Annie Thébaud-Mony, *Précarisation sociale, travail et santé*, Paris, IRESCO/CNRS, « Actions scientifiques fédératives de l'IRESCO », 1997, p. 341-355.

▶Topalov Christian, *Naissance du chômeur*, Paris, Albin Michel, 1994, 626 p.

▶Torns Teresa, Chômage et tolérance sociale à l'exclusion, *Les Cahiers du Mage*, 1997, n°3-4, p. 47-57.

（シャンタル・ロジュラ Chantal ROGERAT／宇野木めぐみ訳）

支配

DOMINATION

［英］*Domination*

●歴史的展望
●ジェンダー支配とその認識論的射程
●支配と同意

個人からなる二つの集団あるいは階級間では、あらゆる支配関係が、強制、従属、奉仕を、支配を受ける男性個人——あるいは女性個人——に課す。この支配関係は、構造的な非対称をもたらすが、それは支配の結果であると同時に、その保証にもなっている。すなわち、一方のものは、全体を代表するもの、社会的価値と規範を唯一委託されたものとされる。しかもこれら価値と規範は、普遍的なものとされる。なぜなら、もう一方の価値と規範は、明らかに個別的なものとされているからである。もう一方のものの個別性を口実として、支配的集団は、このもう一方のものに対して恒常的な統制を行使し、その権利の限界を定めて、それら権利をわがものとする。また、このもう一方のものから、契約に定める権力すべてを奪いとり、そうした地位に、このもう一方のものを固定する（Apfelbaum, 初出 1979, 1999 再掲）。支配関係から形成される非対称は、社会的慣習行動においてのみならず、意識の面においても、またさらには、アイデンティティを求める戦略においてまでも現れる。

「権力関係 relations de pouvoir」という表現が、「支配関係 relations de domination」という表現にかわって頻繁に、それも濫用に近いほど使用されている。だがこの使用は、支配をひとつの力関係に矮小化して、それが、一定の条件のもとでは転覆可能であるかのようにみせている。また、支配には、無視することのできない固有の影響力があるが、これらの影響を過小評価している。

歴史的展望

支配が、右で述べたような意味内容で社会科学の言説の領域に登場したのは、遅い時期のことだった。たとえば、マックス・ヴェーバー Max Weber（1921）は、社会の組織様式と階層分化との社会学的分析という枠組で支配の問題に手を染めたが、かれにとって支配は、権力の本質的な様態のひとつだった。ヴェーバーによれば、支配の合法性は、それぞれの場合に応じて、以下のとおりに生ずる。（1）慣習と伝統から（伝統的支配）。（2）たとえば民主的な手続きによって確立された、憲法のような法から（合法的支配）。（3）首長の個人的価値、あるいは抜きんでた才能から（カリスマ的支配）*。新＝古典主義の理論によれば、あらゆる経済関係が、対立なく交渉し契約する同等の人物間で展開されているという。だが、この理論に対して、一部の経済学者たち、またより特殊にはマルクス主義経済学者たちは、これとはちがって、関係の当事者同士のあいだに非対称な関係が存在するのだと認識している。

＊ マックス・ウェーバー、『支配の諸類型』、世良晃志郎訳、創文社、一九七〇年、第三章・第一節・二「正当的支配の三つの純粋型」（一〇〜一二ページ）。

さまざまな支配関係が識別され、告発されたのは、まず、いくつかの解放運動のただなかにおいてであり、一九六〇年代のことだった。個別の抑圧は、それぞれの形態で作動するが、そうした形態の多様性を越えて、構造的に共通した類似点が認められる。すなわち、さまざまな支配関係と、地位の不平等とが、あらゆる社会関係の中心に位置している。歴史的には、植民地の抑圧の分析が、こうした考察の端緒となった（たとえば、マルティニック島出身の作家で政治家のエーメ・セゼール Aimé Césaire、同じくマルティニック出身の精神科医で革命理論家のフランツ・ファノン Franz Fanon[*]、あるいは、チュニジア生まれのユダヤ人作家でパリ第X大学教授を務めたアルベール・メンミ Albert Memmi を参照のこと）。メンミ（1968, 1973）は、それらのメカニズムを、支配されたものたちの多様な形象をとおして描いている。すなわち、ユダヤ人、黒人、女性、植民地人、労働者、家内使用人である。また、ミシェル・フーコー Michel Foucault (1976)[**] は、権力に関する分析を続けて、とりわけ性の領域において、その影響のさまざまを暴いている。だが他方では、支配に関する問題提起が一九七〇年代半ばに文字どおり爆発したのは、フェミニズムからの問いかけが、さまざまに展開されたためだった。これらの問いかけが、ジェンダー支配や、男性という階級による女性という階級の権利占有の具体的状況を告発していたからである。さらには、これとほとんど同時期に、文化人類学（Mathieu, 1978, 1985*b*; Tabet, 1979）、社会学（Guillaumin, 1978, 1992）、社会心理学（Apfelbaum, 1979, 1999）、あるいは心理学（Weinstein, 1968, 1997）において、同一方向に収斂する分析が出現する。そしてそれらは、性別をめぐる社会的諸関係や、支配者による被支配者統制の、多様な相を明るみに出している。

* エーメ・セゼール、『帰郷ノート／植民地主義論』、砂野幸稔訳、平凡社、一九九七年。フランツ・ファノン、『地に呪われたる者』、鈴木道彦、浦野衣子訳、みすず書房、一九九六年新装版。

** ミシェル・フーコー、『性の歴史Ⅰ　知への意志』、渡辺守章訳、新潮社、一九八六年。

ジェンダー支配とその認識論的射程

これらの分析が突破口を開いて、理論的、認識論的領域への批判がもたらされ、それまで自明とされてきた社会科学の基礎のいくつかが、根本的に再検討されることになる。ジェンダー支配の歴史的、社会的、イデオロギー的構築振りを分析することによって、性別自然起源説の前提のかずかずが、根源的に覆されることになる。これらの前提は当時、社会科学のさまざまな理論構築において優位を占め、男女間の「いろいろな差異」を自然なものとする傾向をもっていた。また、このジェンダー支配の分析は、ある方法論の基盤を疑問に付している。この方法論が、二つのカテゴリー、すなわち男性と女性とを社会的に均質なものとして扱っているからである。そして、それ以来、いくつかの理論的、認識論的、方法論的選択は、それら自体がジェンダー支配の結果であるとみなされるようになっている。

わたしたちとかれら、あるいは、わたしたちとかの女らとのあいだに、還元できない分割、ないしはひとつの区別を設定すること。いくつかの表象や規範が「自然で」普遍的な真実とされているが、これら表象と規範全体の名のもとに、支配されるものたちに烙印を押して、より強く特殊化すること。そしてとりわけ、社会契約に関する決定がなされる社会的空間から、支配されるものたちを排除すること。こうしたことが、支配の装置一式の一部となっている。他者を眼にみえない存在にしなければならない。支配されるものたちは、単なる特殊ケース以外のなにものでもなく、したがってその事実からして、正当な交渉相手としてはみなしえない。こういう観念を正しいものと認めれば、それとの連鎖で、支配者が合法的に普遍なるものの代表の位置を占めることが保障される。支配の実態、剥奪、他者の統制、女性の身体の占有は、このことの裏面なのである。

男性と女性の位置は、またより広くは、支配するものと支配されるものたちの位置は、構造的にはっきりと区別されているが、この位置の違いはさらに、状況の認識や把握において根源的な非対称をもたらす。その結果、男性の支配に関心をもったとしても、だからといって、それは、女性の抑圧に関わることを意味しない（Mathieu, 1999）。男性たちも女性たちも、みずからを表現し、相互に関係を、より広くは社会的、公的、私的空間における関係を構築して、それを維持・管理する。右の構造的位置は、そのやり方をも決定する。主体は、支配関係とジェンダー関係の具体的な動きのなかで、特別な位置を占めている。そして、個人のアイデンティティと主体性も、より一般的には個体化の心理的諸形態もまた、同様にこの位置の結果なのである（Mathieu, 1985b；1991a, 一四〇〜四一ページ）。

支配と同意

モーリス・ゴドリエ Maurice Godelier（1978）によれば、支配の決定的な要因は、支配される女性たちが男性から被る暴力であるよりは、むしろ、かの女たちが両性間関係の男性からみた見方に同意していることにあるという。このような立場は、ひとつの論争をひき起こした。この立場が、平等な人物間の対称的な関係を前提としているからである。この対称的な関係においては、おのおのが、契約の用語について十全な認識と意識を、また完全な自由選択権をもっている――別の言い方をすれば、このような見方からすれば、抑圧されている女性は、行為を及ぼされる主体というよりはむしろ、完全なる主体、つまり社会的行為者とされている――はずである。しかるに、抑圧するものと抑圧されたものは、平等な者同士の契約という枠組のなかにいるわけではない。支配するものたちが定めた条件に、支配されるものたちが同意することもありうると主張するのは、したがってことばの矛盾なのだ（Mathieu, 1985*b*; 1991*a*, 二一三ページ以下）。

ピエール・ブルデュー Pierre Bourdieu もまた、共謀、賛同を強調している。「支配されるものは、支配するものに（したがって支配に）同意しないではいられない」（1998*, 四一ページ）というのである。「支配されるものは、支配するものと共有する思考の図式以外の図式を手にしていない」からである。この思考の図式は、支配関係のさまざまな様態を「同化」することによってつくられる。こうして、象徴作用の暴力が確立される。そして、その効果と、有効性の条件とが、資質として継続的に身体に刻みこまれる（同、四五ページ）。その結果、さまざまな社会的禁令が自然なものとされ、意識されにくくなる（ブルデューはこれを、意識の管理外の「魔法にかけられた服従」だといっている）。

＊　ピエール・ブルデュー、『男性支配』、加藤康子訳、藤原書店、近刊。

ブルデューが強調しているところでは、象徴作用の暴力は、不透明で、不活性であることを特徴としている。だがかれは、男性という階級と学問的権威との代表として、男性支配の再生産と永続化に力を貸している。そのうえ、そうしたやり方についてはけっして、反省的に疑問を呈することはない。その点において、ゴドリエ（1978）とまったく同様に、ブルデューは、「西ヨーロッパの男性の知的伝統」を代表している。そしてこの伝統は、「支配するものの地位に付随する特権を理論づけることに、嫌悪を示す。そんなことをすれば、その現状《スタトゥ・クオ》が危機に瀕することになりかねないからである」（Hurtado, 1996）。

「性別をめぐる諸関係という領域では、問題の争点や利害が、男女双方で同じではないため、認識も話者の位置によって異なる」（Mathieu, 1985b；1991a, 一四〇ページ）。したがって認識は、社会を横断する支配関係の表現であり、支配に奉仕する道具となる。このことを言明するために発言し、ことばをみつけることは、抑圧されたものたちにとって、支配への抵抗の、また支配との闘いの様態のひとつである（Apfelbaum, 1979, 1999）。だから、女性たちが発言権をとり戻すことが、さまざまな社会科学のただなかで、まっさきに要求されることのひとつであったのは、偶然ではない。この発言権の回復はまた、いろいろな質的な方法（対話、自分史など）をとり戻すうえで、その媒体のひとつでもあった。支配された男女が参入したことによって、学問の虚構性は大きく揺らいだ。学問が問題にしていた主体は、抽象的、非歴史的で、人類全体の代表であった。だから、全員が同じだと認められており、その結果、対称的な関係しか分析されていなかったからである。さまざまな支配のメカニズムは、社会科学の領域において、認識論的に規定されなければならない。だが学問という共同体は、こうした規定を認知することを、頑強に、また故意に怠ってきた。右のような事情こそ、この怠慢を説明している。

関連項目

教育と社会への受け入れ　権力　女性性、男性性、男らしさ
性差（の理論あれこれ）　自然的性別《セックス》と社会的＝文化的性別《ジェンダー》　平等　暴力

参考文献

▶Apfelbaum Erika, Relations of Domination and Movements for Liberation : An Analysis of Power between Groups, *in* Stephen Worchel, William G. Austin (eds), *The Social Psychology of Intergroup Relations*, Monterey, Cole, 1979, p. 188-204. Reproduit in *Feminism and Psychology*, 1999, n°3, p. 267-273.
▶Foucault Michel, *Histoire de la Sexualité 1, La volonté de savoir*, Paris, Gallimard, 1976, 211 p.〔ミシェル・フーコー『性の歴史Ⅰ　知への意志』渡辺守章訳、新潮社、一九八六年〕
▶Guillaumin Colette, Pratique du pouvoir et idée de Nature, *Questions féministes*, 1978, nos 2 et 3. Reproduit *in* C. Guillaumin, *Sexe, race et pratique du pouvoir. L'idée de Nature*, Paris, Côté-femmes, 1992, p. 13-82.
▶Hurtado Aida, *The Color of Privilege. Three Blasphemies on Race and Feminism*, Ann Arbor, University of Michigan Press, 1996, 203 p.
▶Mathieu Nicole-Claude, Quand céder n'est pas consentir. Des déterminants matériels et psychiques de la conscience dominée des femmes, et de quelques-unes de leurs interprétations en ethnologie, *in* N.-C. Mathieu (éd.), *L'arraisonnement des femmes. Essai en anthropologie des sexes*, Paris, Éd. de l'EHESS, 1985*b*, p. 169-245. Reproduit *in* N.-C. Mathieu, *L'anatomie politique*, Paris, Côté-femmes, 1991*a*, p. 131-225.
▶Mathieu Nicole-Claude, Bourdieu ou le pouvoir hypnotique, *Les Temps modernes*, mai-juillet 1999, n°604, p. 286-324.

（エリカ・アプフェルバウム Erika APFELBAUM／宇野木めぐみ訳）

市民権
CITOYENNETÉ

［英］*Citizenship*

●長期にわたる政治からの排除
●平等と差異のジレンマをこえて
●市民権を定義しなおす

「アメリカ独立革命」（1776）と「フランス大革命」（1789）とは、市民権の表象という見地からみて、政治的近代の転換点となる機会だった。まず独立革命は、自由主義の視点を表しており、この視点によって、法のもとでの個人の自由と万人の平等とが、きわめて重要なものとなった。またそれは、選挙権と自治《セルフ＝ガヴァメント》への参加を権利として要求している。つぎに大革命は、自由、平等、友愛を普遍性の名のもとに主張している。

「フランス大革命」時の学者・政治家コンドルセ Condorcet は、革命の際に、はじめて「市民権の女性への認可」を要求した。かれにとって、女性たちの政治的諸権利を否認することは非合理そのものだった。というのも、コンドルセによれば、個人というものの特徴は、人類への帰属と、理性の行使だったからである。また同時代に、女性劇作家オランプ・ド・グージュ Olympe de Gouges は、このコンドルセの観点をこえて、性別を考慮して、女性たちの政治的進出をとくに明らかにすることが必要だと判断している。その『女性と女性市民の権利宣言 *Déclaration des droits de la femme et de la citoyenne*』*（1791）においてのことである。これとはちがって、イギリスの女性解放論者メアリー・ウルストンクラフト Mary Wollstonecraft はむしろ、コンドルセのアプローチに接近している。かの女は、その『女性の権利の擁護 *Défense des droits de la femme*』**〔原タイトル *A Vindication of the Rights of Woman*〕において、人類の一方から、他方に認めている権利を剥奪することは、専制的で非論理的だと唱えている。

＊　名高い『人権宣言』（正確には『人間と市民の権利宣言 *Déclaration des droits de l'homme et du citoyen*』。ただし読み方によっては『男性と男性市民の権利宣言』ともなる）に範をとり、またこれに対抗して書かれた。オリヴィエ・ブラン、『女の人権宣言――フランス革命とオランプ・ドゥ・グージュの生涯』、辻村みよ子訳、岩波書店、一九九五年、二六八〜七四ページに所収。

＊＊　メアリ・ウルストンクラーフト、『女性の権利の擁護』、白井堯子訳、未来社、一九八〇年。

長期にわたる政治からの排除

「フランス大革命」は、長いあいだにわたって、女性たちの政治的排除を確固たるものにしてきた。フェミニストたちは、長期にわたって、政治的平等を求めてたびたび結集したが、多くの場合、それらは、ずっとあとになってしか影響力を発揮しなかった。フィンランドを最初の国とし（1906）、スイスを最後の国として（1971）、国政レヴェルで女性たちに選挙権が認められたが、フランスの女性たちは、一九四四年を待ってようやく、政治的な行為能力を獲得した。このような遅延は、『ナポレオン法典 *le Code Napoléon*』（1804）に関連している。この法典が、結婚している女性たちの法的無能力を是認していたからである。これについて指摘しておくが、結婚している女性の民事上の行為能力と労働の権利とは、しばしば選挙権に先だって獲得された。こうしたことは、とりわけフランス（1938）とスイス（1912）の場合がそうだった。

市民権は、二つの偉大な伝統に結びついている。すなわち、自由主義の伝統（たとえば、モンテスキュー Montesquieu）と共和的市民意識の伝統（たとえば、ルソー Rousseau）である。前者は、民事上の諸権利と政治的諸権利を強調している。これら権利＝自由は、個人が「国家」の介入にあい対して所有するものであり、個人の自律性の保障となっている。これに対して二つ目の伝統は、一般利益の形成を主張している。この利益は、市民全体が政治的利益の共同体に関与することで可能となるという。つまり、その自律性よりも、むしろ相互関係において、市民は必要なものを確保するというのである。

今日では、市民権という概念は、通常三つの意味を包含している。すなわち、市民権とは法的資格（権利と義務の総体）であるが、それはまたアイデンティティ（国籍と領土によって規定された政治的共同体への帰属意識）でもあり、最後に、代議制をつうじて政治に参加することをとおして実行される実践でもある。この代議制による政治への参加は、公的空間に影響を及ぼす個人の能力を表している。すなわち個人は、社会の選択への批判的判断を表明し、法をもつ権利を要求するのである。

一九八〇年代末まで、社会学者と政治学者たちは、市民権を、性別をめぐる社会的諸関係という問題意識の枠組においては考察してこなかった。それに、フェミニズムの立場に立つ研究も、市民権を研究のテーマとはしていなかった。ただし、一部のフェミニストたちが、説得力ある貢献をしたことは別としてである。ところで今日、フェミニズムの第二波は、さまざまな差別との闘いだと解釈することができる。女性たちが、民事上の諸権利、政治的諸権利、社会的諸権利の領域で差別の標的となっているからである。同時にそれは、市民としての諸権利を、子孫再生産の自由――このテーマは、すでに十九世紀のフェミニストたちにおいてみられる――にまで拡張するための闘いでもある。けれども、女性たちの法的＝社会的身分規定という問題は、妊娠の意図的中断の権利と避妊の権利の要求とならんで、当初は抑圧と搾取という角度から考察されていた。それも、生産と子孫再生産、日常の社会的諸関係の民主化、正義と自律性、家父長制国家の再検討といった領域において。

平等と差異のジレンマをこえて

しかしながら、二つの注目すべき先駆的理論を指摘しなければならない。すなわち、ジーン・エルシュタイン Jean Elshtain とキャロル・ペイトマン Carole Pateman が、政治理論を疑問に付し、市民権の中性的性質と、私的なものと公的なものの分離とを問題にしている。この分離が、政治を定義するとみなされているからである。まずエルシュタインは、母権主義のテーゼを展開し、それによって介護倫理《エシックス・オヴ・ケアー》という理念を称揚している。この倫理によって、市民権に関する参加型の共和主義的ヴィジョンから、その男性優位主義的側面を抜き去り、いわゆる母性的な諸価値によって、市民権を豊かなものにすることができるかもしれない。つまり、人間の生命と環境の保存・保護、同情と非暴力といった諸価値によってである。この論理は、まさしく女性的なものであって、本来的に男性的な権利の論理に対置されることになろう。こうした視点からの、もっとも徹底的な批判のひとつは、メアリー・ディエッツ Mary Dietz の批判である。ディエッツは、市民権がどれほどまで母子関係を規定する前提に属していないかを、指摘している。母子関係が、親密さ、権威、排除の領域で機能するのに対し、市民間の関係は、平等、距離、包含に訴えている。

キャロル・ペイトマンのほうはといえば、かの女の展開するテーゼによれば、家父長制の市民権は抽象的な普遍性に依拠しているが、この普遍性は実際のところ、男性という特性を基準となる規範にしているという。かの女が明らかにしたところでは、社会契約の背後に、性別を基準とした契約が浮かびあがってくる。キャロル・ペイトマンの功績はおそらく、かの女が「ウルストンクラフトのディレンマ」[*]と名づけたものを明らかにしたことにある。事実、男性中心主義の諸制度においては、女性たちはせいぜい、第二領域の市民権に追いやられるのがおちである。つまり女性たちは、個人として市民権に統合されると、かの女たちの平等によって男性と同一視されはするが、そのためにかえって、女性としての経験と生活を否定し、否認することになる。また、女性として市民権に包含されると、性差が公私の分離を確かなものにすることになる。

＊ ウルストンクラフトは、『女性の権利の擁護』(1792) の序論で、「男女の差と同一性」を論じている(前掲、『女性の権利の擁護』、二四〜二五ページ)。

一九九〇年代をつうじて、いく人かの筆者たちが、市民権と性別をめぐる社会諸関係の観念を理解し、政治理論の領域に身を置いて、平等と差異のディレンマをのり越えようと、多様性と多元性を認める民主的な市民権の理念を称揚している (Scott, 1998)。しかしながら、ひとつの疑問が未解決のままとなっている。すなわち、集団ごとに代表を設定すべきか否か、という疑問である。この疑問は、割当て制《クオータ》＊という問題意識に繋がっている。指摘しておくが、このクオータ制という問題意識は、数的対等の問題意識とは異なっている。アイリス・ヤング Iris Young が性によって分化した市民権を説き、シャンタル・ムフ Chantal Mouffe は、性別を基準としない多元主義の市民権を説いている。だがその一方では、アンヌ・フィリップス Anne Phillips が、多元主義的でありながら、性別によって分化した市民権を選択している。

＊ マイノリティなどの代表を確保するため、あらかじめ一定の議席数などを割りあてておく制度。

フィリップスは、集団ごとの代表制には好意的ではないが、「参加政策」としてのクオータ制の妥当性は認めている。だが実際には、多元主義のもととなる多様な社会集団が、固有の関心と個別利益とにのみ関わっている場合には、アンヌ・フィリップスにとって、さまざまなクオータ制は、そうした多元主義の表現ではありえない。これに対して、アイリス・ヤングが提唱するように、集団ごとの代表制をしいた場合は、多様なアイデンティティが固定化される危険があろう。なぜなら、各個人は、複数のアイデンティティを保有し、それらはつねに流動的で、ときにはたがいに矛盾しあうからである。アイリス・ヤングにとっては、さまざまな政治的プロセスにおいて、抑圧された多様な社会集団の視点を代表することは、固有の利益にもとづく政策を唱える権利を前提としている。また、一般的政策が固有の利益に不利に作用しかねないときには、拒否権さえも前提としている。アンヌ・フイリップスは、シャンタル・ムフとまったく同様に、本質主義的偏向の危険性を理由として、こうした立場を斥けている。そして、多様な集団間の政治的な妥協と交渉を、現実の多元主義を構築するうえで必要なものとみなしている。しかしながら、シャンタル・ムフの眼からみれば、差異を認識することは、なによりもまず、代議制民主主義の結果ではない。たしかに、本当のところ、各集団のアイデンティティは政治的プロセスをつうじて構築され、各集団の利益も、先験的《ア・プリオリ》には存在せず、したがって代表もされえない。けれども同様に、政策はまず力関係の作用であるというのも事実だからである。つまり、ある種の差異や、ある種のアイデンティティを排除して、他者を犠牲にすることを意味しているからである。しかも、シャンタル・ムフにとって、クオータ制にはつねに、男女の平等を犠牲にして両者の差異を制度化する危険性がある。

市民権を定義しなおす

市民権と、性別をめぐる社会的諸関係とに関する論争の現状は、「福祉国家」と社会政策について政治学者と社会学者たちが行なった研究に、やはり恩義をこうむっている。ジェイン・ジェンスン Jane Jenson、ビルテ・シィム Birte Siim、アリサ・デル＝レー Alisa Del Re あるいはジャクリーヌ・エナン Jacqueline Heinen はしばしば、イギリスの社会学者トマス＝ハンフリー・マーシャル Thomas Humphrey Marshall の有名な試論『シティズンシップと社会階級 *Citizenship and Social Class*』を、出発点として使用している。もちろん、その一本調子であると同時に男性中心的な角度を批判しながら。

＊ トマス＝ハンフリー・マーシャル、『シティズンシップと社会的階級』、岩崎信彦、中村健吾訳、法律文化社、一九九三年。

マーシャルによれば、市民権の十分な表現は、民事的＝政治的次元に限定することができず、民主的で自由主義的な付与する。そしてこの地位によって、各構成員は、自分が完全なる市民であるという感情をもつ。すなわち、社会生活に参加でき、社会に統合されうるという感情をもつ。「国民国家」という共同体のなかの個人の権利として、市民権にともなう権利と義務は、国家によって保障されている。一方では、こうした権利は、その恩恵をこうむるあらゆる人物にとって、義務を含んでいる（社会保険料や税金の支払など）。また他方では、国家にある強制を課している。すなわち、まず民事上および政治上の諸権利が自由権であり、個人は国家に対してそれらを享受し、国家のほうは、その主権者としての権威を制限されることになるとしよう。すると、社会的権利は、国家に対する個人の債権となる。つまり、社会政策の実現によって保障されるかぎり、それらは金銭あるいは現物での給付であって、個人がこれを消費する。

アプローチの相違を越えて、性別をめぐる社会的諸関係を中心課題とする研究と、社会政策を中心課題とする研究は、ともに、市民権のもつディレンマを克服しようとしている。普遍主義と個別主義、平等と差異とのあいだに、ディレンマがあるとされているからである。その焦点はやはり、市民権の社会的次元と政治的次元とを関連づけることにある。社会的次元を含む市民権の定義を認めさせる能力が、女性たちにあることを認めなければならない。女性たちは、政治の主体として、闘いや交渉の領域として社会的権利を獲得している。すなわち、かの女たちは、公的＝政治的空間に影響を及ぼすことができる。間接民主制の各段階や、直接民主制の組織に参加しているからである。そして、そのことによって、かの女たちは「福祉国家」の当事者となり、ただのお客さまではなくなっている。こうした観点からすれば、市民権は、闘争をともなう実践だと理解することができる。それは、当事者たちを正当な権利要求の主役と認めさせる力と、そのための闘争に結びついている。市民権はまた、参加、代表、ならびに公共政策の作成に関しては、合意を目指す実践にも結びついている。

関連項目

公的なもの対私的なもの　社会＝家族政策　数的対等　平等　普遍主義と個別主義

参考文献

▶Del Re Alisa, Heinen Jacqueline (éd.), *Quelle citoyenneté pour les femmes ? La crise des États-providence et de la représentation politique en Europe*, Paris, L'Harmattan, 1996, 320 p.

▶Lister Ruth, *Citizenship, Feminist Perspectives*, London, Macmillan, 1997, 284 p.

▶Marques-Pereira Bérengère (éd.), Citoyenneté, numéro spécial de *Sextant*, 1997, n°7, 206 p.

▶Phillips Anne (ed.), *Feminism and Politics*, Oxford, Oxford University Press, 1998, 471 p.

▶Scott Joan, *La citoyenne paradoxale*, Paris, Albin Michel, 1998, 287 p.

▶Voet Rian, *Feminism and Citizenship*, London, Sage, 1998, 182 p.

（ベランジェール・マルク＝ペレイラ Bérengère MARQUES-PEREIRA／宇野木めぐみ訳）

社会運動

MOUVEMENTS SOCIAUX

［英］*Social Movements*

●性別なき概念の長期にわたる歴史
●フェミニズム運動はひとつの社会運動である
●性別のある社会運動、動員の力学を考えるための手段

社会運動とは、「ひとつの目的を目指してなされる集団行動であり、その結果は、成功の場合でも失敗の場合でも、社会のさまざまな価値と制度を変化させる」（Castells, 1999）。だがこの表現は、いくつかの明確に異なった現実を指し示している。一九三六年六月の自然発生的ストライキ、一九六八年五月、一九九五年一一月から一二月にかけてのストライキとデモ、あるいはまた、一九八六年の鉄道員たちの、一九八八年の看護婦たちのあいだで*出現した、非組合員のストライキ参加者たちの代表者組織などをである。また、労働「運動」、失業者たちの「運動」、同性愛者たちの「運動」、あるいはフェミニズム「運動」についても、語ることができる。だからこの定義は、あれこれの政治的「危機」の時期

とともに、一定期間持続する動員のプロセスをもカヴァーしている。このプロセスをつうじて、（政党とは別の）団体、ネットワーク、組織が生みだされる。つまり、「重要かつ持続的で、対立をはらんだ権利要求を担っている社会集団固有のダイナミズム」（Béroud *et al*, 1998）のことである。これらの運動はたいてい、社会の被支配的部門に出現する。だが、だからといって、これらの運動がすべて、平等主義的価値を標榜することを意味しない。研究の面で確認されていることだが、さまざまな社会運動は、男性支配のもとでは、つねに中性の運動として把握されている。こうした見方を再検討しながら、ダニエル・ケルゴア Danièle Kergoat は、「性差のある社会運動」という表現を用いて、以下のような考え方を強調した。すなわち、「性別をめぐる社会的諸関係は、恒常的にすべての運動に浸透しており、しかもこのような考え方は、運動を分析するとき、つねに存在していなくてはならない」というわけである（1992）。

＊　一九三六年には、左翼の人民戦線が総選挙に勝利し、組閣したのに刺激されて、大規模なストライキが自然発生し、多くの工場が占拠された。一九六八年五月には、大学改革を要求する学生たちのストライキに労働者が連帯し、全国的なゼネストとなり、ド・ゴール政権を失脚させた。一九九五年には、財政赤字を理由とした社会福祉制度改悪の「ジュペ・プラン」に反対して、公務員を中心に大規模なストライキが行なわれた。一九八六年には、保守内閣の成立にともなって、フランス国鉄の給与制度改革案が提案され、これに反対するストライキを誘発した。一九八八年には、看護婦養成制度改革案に反対して、看護婦たちの大規模なデモとストライキが行なわれた。それまでは、養成学校に入学するのに大学入学資格が必要だったが、この資格を不要とする改革が——つまり、看護婦という職業の格下げを意味する改革が——提案されたからである。

性別なき概念の長期にわたる歴史

フランソワ・シャゼル François Chazel（1992）によれば、オーストリアの政治学者ローレンツ・フォン・シュタイン Lorenz von Stein が、社会運動の社会学のパイオニアだった。かれが、一八四二年から同五〇年にかけて、フランスのプロレタリア階級について研究しているからである。ついで十九世紀後半になって、カール・マルクス Karl Marx が、階級闘争に関する著作によって、この分析に多大な貢献をもたらした。さらに二十世紀には、さまざまな著作が、とりわけアングロ＝サクソン系の著作が、考察を鮮明にする。たとえば、アメリカの経済学者マンカー・オルスン Mancur Olson の呈示したモデルは（1966, 1978）*、計算――コストと利益に関しての、である――に強調点を置いている。すなわち、各個人は、起こりうる行動すべてをまえにして計算をするというのである。だがそうすることで、オルスンは、いろいろな集団行動のアイデンティティの、象徴作用の、そして政治の次元をなおざりにしている。これとは反対に、アンソニー・オーバーシャル Anthony Oberschall（1973）、ついで歴史社会学者チャールズ・ティリー Charles Tilly（1978）は、政治的要因と社会的諸条件を強調している。そうしたものが、さまざまな抗議行動噴出の底に潜んでいるというのである。かれらは、歴史上の、あるいは今日の社会運動を研究しているが、それらの研究は、「人的資源」の動員における社会的人間関係と連帯のネットワークの比重を際立たせている。

＊　ローレンツ・シュタイン、『社会の概念と運動法則』、森田勉訳、ミネルヴァ書房、一九九一年。カール・マルクス、『フランスにおける階級闘争』、中原稔生訳、一九六〇年、大月書店・国民文庫（原著は一八五〇年）。マンサー・オルソン、『集合行為論――公共財と集団理論』、依田博、森脇俊雄訳、ミネルヴァ書房、一九八三年。

フランスではおもに、労働運動の、そしてより広くは民衆運動の歴史家たちが、男女を問わず、さまざまな社会運動に関して、わたしたちの知識を育んできた。社会学と、いろいろな政治学は、この研究対象にほとんど興味を示してこなかった。あまりにも破壊的だと判断していたからである。これらの学問は、それよりも、選挙の社会学、ないし政党の社会学を選んだ。政治の制度的定義に、より馴染みやすいからである。しかしながら、アラン・トゥレーヌ Alain Touraine 率いる研究グループ*や、フランソワ・シャゼルのような研究者たちは、社会運動の研究を栄えあるものとするのに貢献した。一九九〇年代初頭以来、この分野での研究は重要な発展を遂げ、いくつもの問題について新たな論争をまき起こした。

＊ アラン・トゥレーヌ、『声とまなざし――社会運動の社会学』、梶田孝道訳、新泉社、一九八三年、第I部「社会運動」（四五～一九八ページ）。

第一の問題は、社会運動の定義に関わっている。まずエリック・ヌヴー Erik Neveu にとって、社会運動とは、「ある大義のための、合議にもとづく集団行動の諸形態」である（1996）。この定義は、アラン・トゥレーヌとそのチームの規範的定式化とは一線を画している。アラン・トゥレーヌとそのチームにとって、唯一「社会運動」と呼びうるのは、その行為者が明確に同定され、敵対者が正確に示され、争点がはっきりと「歴史性の社会的方向づけ」であり、社会のための全体計画（Touraine, 1978）であるような運動なのだ。[＊] したがってトゥレーヌの眼からみれば、一九六八年以来、いかなる運動もこの役割を果たしえていない。だから、社会運動をひとつの「プロセス」として定義することのほうが、より実り多いように思われる（Chazel, 1992）。じっさい、個々の社会運動は、それが展開するあいだに進化する。社会運動は、不均質な現実であって、社会的かつ政治的に多様な潮流と企図によって貫かれている。たとえば、失業に対するさまざまな運動において、賃金労働者と失業者との連帯は、男女間の連帯と同様、自明なことがらではない。労働界における連帯関係はどれも、さまざまな政治的活動の争点を構成している（Aguitton et Corcuff, 1999）。

＊ 「社会運動は、周辺に位置する人々による秩序の拒否などではない。それは、社会自身による社会の生産をめぐって相互に闘争し合う中心的諸勢力であり、歴史性の方向づけをめぐる階級の行為である」（前掲書、四六～四七ページ）。

第二の問題は、社会運動を始動させるバネに関係している。たとえば、政治学者ルネ・ムリオー René Mouriaux にとって、現代資本主義の進展がいかなるものであれ、また、賃金労働者や失業者たちの闘争がいかに困難なものであれ、いかなる理由からも、現代の各社会運動の分析において、研究者たちが搾取と階級闘争の問題を相対化することは許されない。この問題が、「現代の各資本主義社会において、資本対労働の対立の中核」（Béroud *et al.*, 1998）だからである。かくしてルネ・ムリオーは敢然と、アラン・トゥレーヌによって展開された説とは逆のことを主張する。アラン・トゥレーヌにとっては、「有意義な闘争は、社会的権利の領域から文化的権利の領野へと移行した」(1999) からである。おそらく、理論面でより刺激的なのは、社会運動のこれらさまざまな次元を関連づけて考えることのほうであって、それらを対立させて考えることではない。

多様性をどのように考えるのか？　ここに、新たなアプローチが出現する。資本対労働の抗争を考慮しながらも、この新たなアプローチはまた、社会運動の「多様性」と、これら社会運動を貫く社会文化的差異化の重要性を認識する。このような観点は、その議論の果てまでいくと、男女の研究者たちの一部の考察を同化するようになるはずなのだ。これら研究者たちが、性別をめぐる社会的諸関係という問題〔これこそ、おそらく最大の「差異化」である〕を、自分たちの分析にとり入れているからである。ところが、たいていの場合に確認されるように、ひとつの根源的な断絶がある。すなわち一方では、男性の支配下にある運動についての研究があるが、これらの研究は、中性という極に、ということはほとんどの場合、男性という極に傾くからである。そして他方には、フェミニズム運動、女性たちの闘争、あるいは、女性たちの進出が顕著な部門における闘争に関して、あれこれの業績があるが、それらはおもに、女性研究者たちによってなされている。しかも、こうした研究の分裂は、国際的な次元にまで及んでいる (Taylor et Wittier, 1998)。

フェミニズム運動はひとつの社会運動である

フェミニズム運動を、とくに社会運動として性格づけることを可能にするものは、その持続である。人的動員の断絶がどれほどあろうと、女性たちは、フランス革命以来集団で闘うことをやめはしなかった。そのうえ、この運動は、社会の基本的矛盾のかずかずに根ざしている。これらの矛盾は、資本主義の発展と、今日まで執拗につづく男性支配とが相まって生じたものであり、また男性支配は、性別による労働の社会的分割のなかに表れている。女性たちは、あるときは平等の名のもとに、そしてあるときは自分たちの差異の名のもとに、自分たちが犠牲となった「不公平」に抗して、いつも行動を起こした。そして、労働と教育に対する権利、選挙権、そしてまた二十世紀初め以降は「自由な母性」に対する権利を、同時に要求してきた。女性たちはつねに、完全な人間存在としてのアイデンティティと自由を要求してきた。

今日の時代には、この運動の主役たちは、性差別主義からくる差別のかずかずに対して闘争を集中してきた。この敵は、さまざまな形態をまとうことがありうる。（生物学的集団として理解された）男性たち、「家父長制」、「女性蔑視」、あるいはまた、「性別による労働の社会的分割」といった形態のことであるが、それらは、社会の全領域に及んでいる。一部の女性たちにとっては、これらの闘争の争点は「性差」の認知であり、また別の女性たちにとっては、両性間の差異の社会的構築振りを問題に付することにある。後者の女性たちの多くが考えているところでは、平等とは、現状の社会で男性と権力を共有することではなく、社会的関係の包括的な変革を前提としている。

フランスでは、フェミニズム運動に関する女性研究者たちの仕事が、社会的行為者としての女性の役割を明らかにするのに貢献してきた（Picq, 1993）。と同時に、資本主義の発展が、さまざまな社会的変化と、先鋭化した新たなテーマとを生みだしたが、これらの変化とテーマについての考察を刺戟するのにも貢献してきた。だが、男女を問わず、社会学者たちのほとんどが、この「新たな」社会運動が内外から、どのように旧来の労働運動に呼びかけたかについて関心を示してこなかった。関心を示した最初の女性研究者のひとりが、フランスではマーガレット・マルアーニ Margaret Maruani（1999）であった。

性別のある社会運動、動員の力学を考えるための手段

性別をめぐる社会的諸関係という観点で考えるとは、社会を構造化している基本的な社会的諸関係（とくに、階級、ジェンダー、「人種」といった諸関係）の多様性を考慮することである。それはまた同様に、すべての社会運動には「性別がある」とみなすことでもある。しかもそれは、たんに社会運動の男女の参加者たちの生物学的性との関連において

だけではない。まずなによりも、すべての社会運動が、性別による労働の社会的分割と、社会における男女間の権力関係を反映し、そしてときには問題にするからである。たとえば、一九八八〜八九年の看護婦たちの代表者組織に関する集団的研究の枠組のなかで、ダニエル・ケルゴアが明らかにしている（Kergoat *et al.*, 1992）。すなわち、当時看護婦たちは、自分たちの職業が認知されることを求めたが、そのことは、この新しい、資格を要する、女性賃金労働の規定が、性別による労働の社会的分割のなかで、従属的なもののまま据え置かれていたことを明らかにしている〔一二七ページの訳註参照〕。ケルゴアはまた、「女性主導下の男女共同参画の運動」の諸要求の組織と性質に対する、特別なインパクトをもを明らかにした。つまり、看護婦たちの職業認知の要求は、二重の次元をもっているのである。すなわち、看護婦たちの技術的能力と人間関係に関する能力を、同時に認知させなければならないわけだが、これらの能力は、賃金額による認知というかたちをとらなければならない。そしてこの力学は、注目すべき相違をともなっていたとはいえ、一九九一年に女性ソーシャル・ワーカーの代表者組織によって、もう一度例示された*（Trat, 1994）。

＊　フランスのソーシャル・ワーカー養成制度は、一九九一年八月一六日の政令によって定められている（http://www. snapei. asso. fr/Document/Doc 161. pdf）。

女性たちは、女性だけの、あるいは女性主導下の男女共同参画の、さまざまな社会運動で集団的主体として役割を果たしている。だが、男女共同参画の社会運動のなかでは、女性たちの姿がみえにくい。この役割とみえにくさとのあいだには、ズレが観察されるわけだが、もうひとつの問題はこのズレに関係している。以上が、フランスで開始された考察の道筋のいくつかである（Heinen et Trat, 1997）。アングロ＝サクソン社会は、さまざまなマイノリティーの女性たちが強力に動員されることを特徴としている。こうした自分たち自身の社会を分析するために、アングロ＝サクソン系の女性研究者たちは、ずっと以前から、ジェンダー、階級、「人種」という多様な社会関係を交差させることを学んできた（Taylor et Wittier, 1998, 1999）。最近の三〇年間に、世界規模で、いろいろと深刻な変動——とくに、女性たちが賃金労働に進出したこと――が起こっている。性別をめぐる社会的諸関係という観点からアプローチがなされると、そこには、こうした変動を考慮の対象とし、これら変動を社会的諸関係の総体のなかに置きなおしてみるという利点がある。そしてそれは、マカダム McAdam とタロウ Tarrow とティリーによって推進されている国際的研究プログラム（1996）に呼応している。このプログラムが、さまざまな学問分野の断片化を超克し、多様な次元で各社会運動を比較することを目指しているからである。

関連項目

性別による労働の分割と性別をめぐる社会的諸関係　フェミニズム運動　労働組合

参考文献

▼Béroud Sophie, Mouriaux René, Vakaloulis Michel. *Le mouvement social en France*, Paris, La Dispute, 1998, 223 p.
▼Heinen Jacqueline, Trat Josette (coord.), Hommes et femmes dans le mouvement social, *Cahiers du GEDISST*, 1997, n°18, 187 p.
▼Kergoat Danièle, Imbert Françoise, Le Doaré Hélène, Senotier Danièle, *Les infirmières et leur coordination (1988-1989)*, Paris, Lamarre, 1992, 192 p.
▼Neveu Érik, *Sociologie des mouvements sociaux*, Paris, La Découverte « Repères », 1996, 123 p.
▼Picq Françoise, *Libération des femmes, les années-mouvement*, Paris, Seuil, 1993, 380 p.
▼Trat Josette, La lutte des assistantes sociales : un mouvement de femmes salariées conjugué au masculin, in *Les coordinations de travailleurs dans la confrontation sociale*, Paris. L'Harmattan « Futur antérieur », 1994, p. 103-140.

（ジョゼット・トラ Josette TRAT／鄭久信訳）

社会＝家族政策

POLITIQUES SOCIALES ET FAMILIALES

［英］*Social and Familial Politics*

●分化した理論的アプローチ
●福祉《ウェルフェアー》の危機と不平等な待遇のかずかず

さまざまな社会＝家族政策は、きわめて幅広い国家の活動分野をカヴァーしており、人口統計から、保健衛生、教育あるいは居住を含んで雇用にまでいたる。またこの政策は、個人の領域に公権力が介入することを前提にしている。いくつかの社会＝家族政策は、性別をめぐる社会的諸関係に対して、ほかよりも特別なインパクトをもたらす。なかでも、人間の再生産という領域（妊娠中絶、避妊、妊娠検査、子孫再生産の新技術）で採用された措置が、このケースにあたる。また、経済と社会においての、個人、それもとくに女性の存在規定にかかわるすべての措置（青少年の教育、給与、退職金、被扶養者にかかわる各種手当や援助）も、このケースにあたる。

十九世紀以来、家族、人口統計、保健衛生、あるいは教育といった領域で、社会的保護の措置がいくつかとられてきたが、社会＝家族政策は、歴史的にはこれらの措置に関係づけられ、工業諸国では、とりわけ第二次世界大戦以降、「福祉 welfare 国家」の本質的な次元を構成している。これらの政策がとくに飛躍的に発展したのは、女性たちの継続的な職業活動が一般化し、また、人間再生産の労働が社会化——託児所、幼稚園、老人ホーム、身体障害者のための特別施設などの増加——するのと軌を一にしていた。

この過程は、国によって不均等なリズムで具体化されたし、施行された政策の内容そのものも、対象となる国民ごとに、きわめて多様な影響を及ぼしている。たとえば、スカンディナヴィア諸国では、普遍主義的＝平等主義的タイプの制度が優勢であり、イギリスは、社会扶助の概念を基軸とする制度を特徴としている。この両制度のあいだに、多数の福祉《ウェルフェアー》モデルが存在し、いちじるしい隔たりによってたがいに区別されている。これらの隔たりは、市場の比重と営利サーヴィス拡張の程度だけでなく、人間再生産に関するすべてに、どの程度家族が関わるのかによっている。とはいえ、どこでも、家族という領域にかかわる活動では、女性たちの労働——公的あるいは私的部門のさまざまな施設での専門職や賃金労働であれ、あるいは配偶者や母親としての活動であれ——の占める部分が決定的になっている。また、同じ理由で、非公式のネットワークが、この分野では、もっとも重要な役割を果たしつづけている。

分化した理論的アプローチ

福祉《ウェルフェアー》における男女の不平等な立場は、長いあいだ、「福祉国家」の諸理論のなかで隠蔽されてきた。なぜなら、それらの大部分——もっとも著名なものだけを引用すれば、マーシャル Marshall (1992)* とエスピング＝アンデルセン Esping-Andersen (1996) の理論——が、ジェンダーの概念を問題にしていないからであり、また同時に、フェミニズムに立つ探求が、「国家」というテーマにさほど興味を示していないからである。だが、一九八〇年代の末になると事情は変化する。まず、スカンディナヴィア諸国とアングロ＝サクソン諸国で、いくつかの著作が、私生活の管理と性のアイデンティティ構築における「国家」の役割を明らかにしたからである（Sainsbury, 1994；Zancarini-Fournel, 1995, 1999）。

＊ T・M・マーシャル、トム・ボットモア、『シティズンシップと社会的階級——近現代を総括するマニフェスト』、岩崎信彦、中村健吾訳、法律文化社、一九九三年

このときフェミニストたちと、そしてとくに女性歴史家たちの寄与があったが、それは、女性たちが各「福祉国家」の創出と、ついでその拡大の中核にいたこと（Gordon, 1990；Lefaucheur, 1992）[＊]、そして社会政策が市民権の定義において決定的な役割を演じたこと（Del Re et Heinen, 1996）を示したことにある。またジェンスン Jenson（1986）およびジェンスンとシノー Sineau（1998）の研究のように、国際的視野でも、いくつかの研究がなされたが、その役割は以下の点を明らかにしたことにある。すなわち、一九三〇〜四〇年代以来、さまざまなタイプの制度が設立されたが、それら制度の発展と形態に関していうと、経済的諸要因以上に、政治的要因が決定的な役割を果たしたのである。そこでは、ヨーロッパ型の福祉《ウェルフェアー》とアメリカ流の政策とを対照することによって、多くのことが明らかになった。理論家たちはそれまで、ジェンダーという次元にほとんど関心を示していなかったが、これらの著作は、こうした理論家たちが「国家」を理解するうえで、確実な影響を及ぼした（Rosanvallon, 1998；とくに Esping-Andersen, 1996）。これらの著作はまた、新しい概念の形成にも貢献した。たとえば、「ケア care」という概念であるが、これは、被扶養者の世話に関するものである（Knijn et Ungerson, 1997）。

＊ ナディーヌ・ルフォシュール、「母性、家族、国家」、伊藤はるひ訳、G・デュビイ、M・ペロー、『女の歴史V・二十世紀2』、藤原書店、一九九八年、六六二〜九〇ページ。

以上のことから、いくつかの重要な相違点が、理論的観点から、この領域で、フェミニズムの立場からのアプローチを区別している。まず、一九七〇〜八〇年代のマルクス主義、およびネオ＝マルクス主義の理論（Barrett, 1980；Brenner,

1984；McIntosh, 1978；Wilson, 1977）についていうと、それらはとくに、資本主義の手先としての「国家」の役割を強調していた。そして家族は、女性たちを抑圧する場と理解されていた。この潮流から生まれた分析のいくつか（Burstyn, 1983；Eisenstein, 1979）はさらに、家父長制の概念――および、資本主義と家父長制との関連――に焦点を合わせていた。だが、アングロ＝サクソン諸国の「ラディカル・フェミニスト」たちのほうはむしろ、「国家」を理論化することを回避した。あるいは、かの女たちが「国家」を理論化する場合、たとえばマッキノン MacKinnon（1989）のように、それは以下のような考えを展開するためだった。すなわち、問題なのは、男性たちの視点を反映した男性本位の体制であり、男性たちが依拠しているのは、男性側の規範であって、かれらはそれらを普遍的なものとして創りだしているというのである。さらには、ポスト＝モダンの潮流の分析は、フーコー Foucault が展開した視点に呼応して、「国家」の中心的性格という考えに異論を唱えている。こうした分析者たちの眼からすれば、権力とは、多数の当事者たちの手のうちに、また多数の場にあるものなのだ（「国家」は、これら多くの場のひとつにすぎない）。したがって、特別な存在としての「国家」に対してよりも、権力のさまざまなメカニズムに注意を向けなければならないというのである。

近年、あれこれの理論的潮流に同意したり、包括的モデルを産出しようと試みたりするというよりはむしろ、フェミニズムに立つアプローチは、福祉《ウェルフェアー》の出現をその国家的文脈のなかに置きなおす必要性を強調し、当該国家における国家政策の特殊性を把握しようとしてきた。そしてそこで、以下の二つの点を強調している。まず一方には、不安定な力関係と、あれこれの政党もしくは政治的潮流からのインパクトとの関連で、同一時期にとられた措置のしばしば矛盾する性格を把握しようという関心である。また他方では、多くの政治的な、また制度的な作用因が実践と表象に影響を及ぼしているが、これら作用因のなかにあって、女性たちのさまざまな運動の果たす役割を認識することが重要だとされている。これらの運動は、あるケースではいくつかの活動を促し、社会政策という領域で、いくつかの根本的変化を獲得した。また別のケースでは、女性たちが分裂してしまい、自分たちの声を聴いてもらえないこともあった。これら二種類のケースを対比することは、国ごとの、あるいは時期ごとの、制度の多様な進展振りを理解するうえで、もっとも示唆に富むものである（Gautier et Heinen, 1993）。

結局これらの分析は、きわめて対照的な構図を垣間みさせてくれる。そこから明らかになってくるのは、福祉《ウェルフェアー》の発展が、社会のなかでの女性たちの権力を増大させるのに貢献したということである。ただしそれは、かの女たちが、自分たちにきわめて直接的にかかわる問題について、自分たちの意思を表明する機会をつかんだという意味においての話である。シイム Siim が示しているように（1996）、福祉国家の発展は、女性たちが社会＝家族政策の形態と内容に影響を及ぼすことを可能にした。しかしまた――ルイス Lewis あるいはレイラ Leira の分析が強調していることなのだが――、「国家」はしばしば、女性たちにとって差別的な措置のあれこれ――たとえば、育児休暇はじめ、母親のものと規定されており、のちに「両親の」ものとされたし、一部のパートタイム労働は、女性労働力「専用」とされている――に介入することによって、あるいは介入しないことによって、性差による不平等を維持したり、強化したりしてきたようにも思われる。

福祉《ウェルフェアー》の危機と不平等な待遇のかずかず

性別をめぐる社会的諸関係の視角から、社会＝家族政策の問題にとり組むことは、「福祉国家」の危機と、この危機があらゆるレヴェルでもたらす予算の削減――失業の増加と年金制度の行き詰まりとに関連している――に照らしあわせてみると、きわめて重要なことのように思われる。じっさい、これらの後退は、おのおのの性に対して不均衡な影響を及ぼしている。女性たちは、賃金および年金ランクのなかで低い位置を占めている。それにまた、家庭内では、日常的な仕事を背負っている。これらの事実から、女性たち――集団としての話である――は、福祉《ウェルフェアー》の給付低下をまえにして大きな代価を払っている。

とはいえ、強調しておかなければならないが、女性たちが、平等にその打撃をこうむっているわけではない。社会的出自と教育水準に応じて、打撃の程度が異なるからである。一部の女性たち、すなわち被雇用者ないし幹部たちは、「国家」や民間部門の組織に組みこまれており、困難を経験するといっても、昇進に関してであるとか、公共施設の利用者としてでしかない。ところが別の女性たちは、ほとんど資格をもたないか、あるいはまったくもっていないため、たいていの場合職を失い、生活保護事務所の利用者として、まったく別の次元の困難に直面する。こうした女性たちにとって、そして、かの女たちが扶養するものたちにとって、給付金の低下は、公共サーヴィスの崩壊あるいは民営化とまったく同様に、もっとも多くの場合生存の問題をひき起こしている。

いくつかの近年の著作（Williams, 1998）は、また、民族的帰属との関連で幅広い差別があることを明らかにしている。すなわち、流入移民の女性たちと、「有色人種の」女性たちとは、特有のハンディキャップに苦しんでいる（夫に対する依存、家内奉仕やもぐりの労働における過度の搾取）。また他のいくつかの著作は、社会的な格差と利害の不一致が女性たちを分断している――とくに、大卒資格をもつ女性たちが、給与生活を続けることを望み、もっとも不遇なカテゴリー出身の他の女性たちの家内労働に援助を求める場合――ことを明らかにしている。この後者の現象は大幅に増大している。「国家」が公共サーヴィス政策を転換し（なおざりにするか、相対的に比重を減らす）、部分的に「個人に対する援助」によって代替させるようになったからである。これらの現象に対する関心は、さまざまな不平等に対する対策に関して、とくにはっきりと浮き彫りになった。このときはじめて、社会＝家族政策というテーマが、「ヨーロッパ連合」の政治日程に加えられたからである。

関連項目

家事労働　家族　公的なもの対私的なもの　失業　市民権　妊娠中絶と避妊
フェミニズム運動

参考文献

▶Gautier Arlette, Heinen Jacqueline (éd.), *Le sexe des politiques sociales*, Paris, Côté- femmes, 1993, 188 p.

▶Gordon Linda (ed.), *Women, the State and Welfare*, Madison, The University of Wisconsin Press, 1990, 312 p.

▶Jenson Jane, Sineau Mariette (éd.), *Qui doit garder le jeune enfant ? Modes d'accueil et travail des mères dans l'Europe en crise,* Paris, LGDJ, 1998, 303 p.

▶Knijn Trudie, Ungerson Clare (eds), Gender and Care Work in Welfare States, numéro spécial de *Social Politics. International Studies in Gender, State and Society*, 1997, vol. 4, n°3, 124 p.

▶Sainsbury Diane (ed.), *Gendering the Welfare States,* London, Sage, 1994, 288p.

▶Williams Fiona, Genre, ethnicité, race et migrations, ou les défis de la citoyenneté en Europe, *Cahiers du GEDSST*, 1998, n°23, p. 29-42.

（ジャクリーヌ・エナン Jacqueline HEINEN／鄭久信訳）

社会的職業区分《カテゴリー》

CATÉGORIES SOCIOPROFESSIONNELLES

［英］*Socio-professional Categories*

●さまざまな困難と論争
●いくつかの利用法と改善

共通の性質にしたがって類似する個人を分類するときに、わたしたちは、ひとつの知的活動に直面するが、この活動はつねに、あれこれの標本化をなかなか避けることができなかった。その活動がめざしているのが、社会学のレヴェルでの相似と差異の説明である場合にもである。日常語では、しかも、「区分《カテゴリー》」という語が、同一の性質の対象の分類を意味している。

そのうえ、さまざまな社会的職業区分（catégorie socioprofessionnelle――ＣＳＰ）の存在は、どのような定型表現を用いてそれら区分を指してきたにしろ、きわめて古くにさかのぼる。解読できた原初のアルファベットや、原初の計算法と同じほど昔に（古代ミケーネ文明の線形B文字、古代シリア、中国、インカ、エジプトなど）。それは、数値化された情報であって、政治権力と結びついた当局によって集計され、呈示された。したがって、「統計」という概念は、政治家にとって役に立つ知識――面積、人口、資源――の国勢調査を意味していた。孤立したデータは、全体のなかに位置づけられたものより、つねに知られないままとなっている。全体は、できるかぎり総一覧として呈示されなければならない。そしてこの一覧のなかには、個々の現実の正しい呼称、ないしは分類項目――現実という領域の多様性を理解させる、知性による整理――がある。

もっと根本的には、こうした分類活動は、市民たちの運動をひき起こすだけに、政治哲学全体を検証する。たとえば、古代ギリシアのソフィストたちとアリストテレス Aristote (les) の、奴隷、女性、貴族に関する論争を考えてみるだけでいい。[*] また、フランス革命のころの市民権についての議論も想起しよう。そこには、選挙権をもつべきものと、もたぬものとの分類をめぐる論争がある。そして後者には、すべての女性たちが含まれていた。さらに、近代の政治的諸権利を基礎づけた論争を、例としてあげておこう。これらの権利は、イギリスの第一次革命時代には、税金を払うに足るだけの財産所有者に限定された（1646）（MacPherson, 1971）。

＊ たとえば奴隷について、「従って、以上論ずるところから、自然によって或る人々は自由人であり、或る人々は奴隷であるということ、そして後者にとっては奴隷であることが有益なことであり、正しいことでもあるということは明らかである。……しかし私と反対のことを主張する人々も、或る点では正しく言っている」とある（アリストテレス、『政治学』、山本光雄訳、『アリストテレス全集一五』、岩波書店、一九六九年、一五ページ）。

現代において、社会的職業区分に対決しようとすれば、中立的なデータを記録するにとどまっているわけにはいかない。そこには「客観的な」記述などないのである。一覧表を使用するということは、「さまざまな同類」という単位を体系的に構想することなのだ。つまり、そういった区分を正当化する分析は、具体的な差異にたどりつくが、これらの差異は程度の差こそあれ分類原理と一致している。そしてその厳密な例は、マックス・ヴェーバー Max Weber のテクストにみることができる（1971，第四章、三〇九～一五ページ）。

「国立統計経済研究所ＩＮＳＥＥ」の社会的職業区分は、フランスでは一九五一年以来使われつづけている。それは、いくつかの調整——一九八二年には、略号がＣＳＰ（社会的職業区分）からＰＣＳ（職業と社会的区分 professions et catégories sociales）に移行した。類別を区別するためである——を経ているが、それらは、職業の変化とだけではなく、より優れた雇用の分析（たとえば、「実用職業総覧」や、「熟練調査研究センター Centre d'études et de recherches sur les qualifications—ＣＥＲＥＱ」の「フランス雇用総覧」）とも結びついている。経営部門と賃金労働者の組合との照合という努力も、一九八二年の総覧作成に大きく貢献した。

さまざまな困難と論争

社会的職業区分を利用するには、三つの留意点がある。まずは、総覧の歴史、その変化と修正のかずかずを理解するよう努めなければならない。そしてこの理解は、要《かなめ》となる時期（たとえば、一九三六年および一九四五～四六年）や、文化的＝経済的変化と切り離すことができない。アラン・デロズィエール Alain Desrosières とローラン・テヴノ Laurent Thévenot（1988）は、その点で大きな貢献をもたらした。つぎに、国による差異に留意しなければならない（Duriez *et al.*, 1991）。そして最後に、いくつかの現実に関しては、社会的な逆効果のかずかずを明らかにしなければならない。統計史の批判的研究が、こうした逆効果の問題点を強調している（Affichard, 1987；Desrosières, 1993）。

クリスティーヌ・デルフィー Christine Delphy は、一九七〇年代のフランスで、フランスの階層研究における性差別主義的前提の批判を開始した（Delphy, 1977, 1998）。かの女は、方法論のレヴェルでのいくつかの矛盾から、その意味をひき出している。すなわち、「国立統計経済研究所ＩＮＳＥＥ」の区分では、国勢調査の指示と同様に、「女性が独身の場合には職業で分類するが、結婚した日から、その基準を放棄する」ということがままあるのである。かの女は、「社会的階層理論とまったく無縁な基準、とくに結婚による結びつきという基準を……女性たちの分類に適用すること」を再考するよう、全力でとり組んでいる（同、一六一ページ）。

こうした連続のなかで、いくつかの貢献を指摘しておこう。まずミシェル・ヴェレ Michel Verret が、一九九〇年の国勢調査についてコメントしながら明らかにしている。それによると、社会的職業区分に性別がもち込まれていることが、調査の行政的＝実践的規則によって隠されている。そして、この性別が、すくなくとも二つの相互補完的な影響を及ぼしている。ひとつには、生産手段の所有者と、労働力を売ることに依存するものたち――大多数の賃金労働者――とのあいだには、資本主義的構造関係があるが、労働者階級という概念をこの構造から遠ざけている。二つには、さまざまな集団は、その地位と、程度の差こそあれ異なった日常的労働条件とに応じて区分されるが、労働者階級の概念をこうした区分の単純な差異に還元している。と同時に、さまざまな地位の女性賃金労働者たち――その大多数は、男性労働者と近い状況にある――という現実が、隠蔽されている（Verret, 1994）。つぎに、ヘレナ・ヒラータ Helena Hirata とダニエル・ケルゴア Danièle Kergoat（1993, 1994；Kergoat, 1998）の指摘によれば、階級関係に関する分析と、性別をめぐる社会的諸関係に関する分析とを連結することが、可能であり、また必要でもある。性別による労働の分割が、支配、疎外、搾取といった諸関係の再生産に、大きな位置を占めているからである。さらには、ドミニック・フジェロラ＝シュヴェーベル Dominique Fougeyrollas-Schwebel とマリーズ・ジャスパール Maryse Jaspard（1990）は、「フェミニズムからの統計批判」を提唱し、ヨーロッパ諸国間を対照する布石を打っている。また、マリー・デュリュ＝ベラ Marie Duru-Bellat（1994）は、現代の教育社会学において、性という変数が理論的に含意するところのものを強調した。最後に、カトリーヌ・デュテイユ Catherine Dutheil とドミニック・ロワゾー Dominique Loiseau（1997）は、「国立統計経済研究所ＩＮＳＥＥ」の非難されるべき沈黙と、教育の領域における社会学的偏見とを統合することを提唱している。

このほかの批判的指摘によれば、社会的職業区分は、機能主義タイプの階層化として機能しており、「地位」と「職業の上下関係」とを交差させている（Boudon et Bourricaud, 1982, 五一八～二三ページ）。また、一部のものたちは、市場論理によって説明のつく区分法を推奨している。これらの論争は、最近になって新たな展開をみせてきた。すなわち一方には、アングロ＝サクソン諸国のモデルにならって、区分法の変更を提案するものたちがいる。だが別のものたちは、社会的職業区分が発見をもたらすとして、その価値に執着している。この区分が、コンピューターにプログラミングされた職業名と、社会的地位と、フランスで慣行になっている職業別労使協約に結びついた職業分類とを連結し、それらを完全なものにすることもあるというのである（Héran, *in* Dupoirier, 1997）。

いくつかの利用法と改善

そこで、大きく異なった二つの問題が残ることになる。

どちらかといえば方法論レヴェルの観点からみた場合、社会的職業区分には性差別主義が含まれているのだから、もはや、どのようにして、この性差別主義という問題を回避しないでいられるのか？ それが、女性たちをこれらの区分法に追いこみ、性別による労働の分割と性別をめぐる社会的諸関係を再生産しているからである。そのためには、なによりもまず、統計学という装置を無批判に利用することから、社会の人々の統計学的区分法に関する社会学へと移行しなければならない。この社会学は、一九八二年の社会的職業区分の定式見直しに、その痕跡をとどめている。だがこの社会学も、性別による労働の分割の分析を可能にするために、なお修正を必要としている（Chenu, 1997）。この分野でいえば、さまざまな議論も、一九九九年の国勢調査に関しては、実際に影響を及ぼすことがなかった。しかしながら、それらの議論は前進している。その証拠に、ひとつの報告が、一覧表の信頼性と、この表にいくつか改善を加えることによって「活性化する」必要性とを明らかにしている（Faucheux et Neyret, 1999）。たとえば、「極端に不安定な状況にあり、既存の職業身分に当てはまらない人物たちのために、固有の社会的職業区分を想定する余地」があるとされている。また、よりよい区別法として、「被雇用者を、二つの職能レヴェル」に分けることも指摘されている。同様に、高度な知的労働に属さない、農業ではない非給与生活者たちを、グループ分けしなおすこと……などもあげられる。性別化された実態を考慮に入れるためには、社会的職業区分そのものを再検討に付すのではなく、これを改善するのである。とくに、以下のような予防策を講じる必要がある。すなわち、ひとりの女性を配偶者の社会的職業区分と同一視することによって、その個人的状況を消去しないようにしなければならない。社会的職業区分の一覧表は、すでに引用した報告が望んでいる補完的な手段によって、補強されうるであろう。すなわち、世帯の一覧表であるが、それは、世帯のタイプ（配偶者がいるか、そうでないか）、夫と妻の職業の社会的地位（正式な就業者か、パートタイム労働か、など）、子どもの数、現在被扶養者がいるかどうか……などなどを、同時に考慮の対象とするのである。

つぎに、もっと理論的な面では、わたしたちは、ひとつの問題を明確に提起しなおさなければならない。その問題が、あまりにも回避されやすいからである。その問題とは、生産関係、および、この関係と性別をめぐる社会的諸関係との関係という問題である。そして、この問題をつうじて、わたしたちは、階級関係の分析をやり直すことになる。たしかに、わたしたちは、「保護階層」(Schumpeter, 1984)*が、資本を所有するものたちと、他のものたちとのあいだで、両者の衝突を覆い隠したり、弱めたりしていることを認めることができる。けれども、このことは、なにも目新しいことではない。マルクス Marx を読みなおすと、かれは、『資本論』第三巻の主要部分を、これらの現象に割いていることがわかる。** とはいえ、このような労働プログラムのなかに、フローラ・トリスタン Flora Tristan が推し進めたテーゼを組みこまなければなるまい。かの女の定義によれば、プロレタリア階級に含まれる男女は、すべて、生きるためにみずからの労働力しかもっていない。すなわち、組合をもたず、すべての人間に対して雇用される権利を認めさせることができなければ、市場に依存するものたちは、一八四三年のフローラの呼びかけによれば、市民ではありえないのである (Flora Tristan, 1843, 新版 1986)。しかしながら、わたしたちはいま、もうひとつの問題に着手すべきであろう。すなわち、階級関係の問題であるが、現在のところは、それは、あまりにもしばしば誤って「社会的職業区分」の概念と混同されているからだ！

＊　ヨゼフ＝アロイス・シュンペーター、『帝国主義と社会階級』、都留重人訳、岩波書店、一九五六年（該当箇所不明）。
＊＊　カール・マルクス、『資本論』、向坂逸郎訳、岩波文庫、一九八六年。

関連項目

権力　社会の不安定化　性別による労働の分割と性別をめぐる社会的諸関係
手仕事、職業、アルバイト　労働（の概念）　労働組合

参考文献

▶Chenu Alain, La descriptibilité statistique des professions, *Sociétés contemporaines,* 1997, n°26, p. 109-134.
▶Delphy Cristine, Les femmes dans les études de stratifications [1977]. Réédité *in* Cristine Delphy, *L'ennemi principal*, t. 1 : *Économie politique du patriarcat*, Paris, Syllepse « Nouvelles questions féministes », 1998, 293 p.
▶Desrosières Alain, *La politique des grands nombres. Histoire de la raison statistique*, Paris, La Découverte, 1993, 437 p.
▶Dupoirier Élisabeth, Parodi Jean-Luc (dir.), *Les indicateurs sociopolitiques aujourd'hui*, Paris, L'Harmattan « Logiques politiques », 1997, 364 p.
▶Duriez Bruno, Ion Jacques, Pinçon Michel, Pinçon-Charlot Monique, Institutions statistiques et nomenclatures socioprofessionnelles. Essai comparatif : Royaume-Uni, Espagne, France, *Revue française de sociologie*, janv.-mars 1991, XXXII-1, p. 29-56.
▶Faucheux Hedda, Neyret Guy, *Évolution de la pertinence des catégories socioprofessionnelles* (*CSP*), Rapport de l'Inspection générale de l'INSEE, mars 1999, 142 p.

（ピエール・クール＝サリー Pierre COURS-SALIES ／宇野木めぐみ訳）

社会の不安定化

PRÉCARISATION SOCIALE

［英］*Social Precarization*

●社会の不安定化と法
●「社会破滅」のイデオロギー
●新自由主義にもとづく正当性
●労働の不安定化と国際的分業

「社会の不安定化」という語は、不安定性が制度化されていくプロセスを意味する。そしてこのプロセスは、さまざまの形態の不安定性や排除の増加を特徴としている。またこのプロセスは、さまざまな次元にわたっているが、経済の面では、生産コスト引き下げの追求に相当し、労働力の流動性をその基盤としている。労働の流動性は、非常に多くの場合、今日の産業再編の不可避な結果であり、国際競争の新しいルールに対応するためのものだと考えられている(Appay et Thébaud-Mony, 1997)。社会の不安定化そのものの原因は、雇用の不安定化（失業と臨時雇用が、そのもっとも明白な次元である）と労働そのものの不安定化にある。つまり安定した企業においてさえ、労働における職能と評価が問題視されているのである。

社会の不安定化と法

とくに社会学と労働法の分野では、さまざまな研究業績によって、一九八〇年代初頭以降、勤労者の個人および集団としての権利の風化していることが明らかにされている。そしてこの風化は、下請けと不安定雇用への依存の拡大に連動している (Linhart et Maruani, 1982 ; Vacarie, 1982)。たしかに労働組合は、しばしば進退きわまって、社会的プランを交渉の対象としたり (鉄工業や繊維業の場合)、勤労者の身分規定破棄に抵抗していた (「原子力庁 Commissariat à l'énergie atomique──CEA」の場合)。だが企業のほうは、これら新しい形態で労働力を組織することによって、リストラを確実なものにしていたのである。

ローラン・ヴォジェル Laurent Vogel (*in* Appay et Thébaud-Mony, 1997) は二つの大きな傾向を明らかにしている。まず一方で、かつては認められていなかった労働形態が合法化されている。たとえばフランスでは、一九七二年の臨時労働の合法化と、一九七五年の下請けの合法化によって、一世紀におよぶ労働力商品化の禁止が再検討されることになった。また他方では、「相対的な平等化、つまり、これまでとは違ったかたちの無数の身分規定と、典型的雇用との接近」(同、一二二ページ) が進行する傾向にあり、そのために、すでに認知されている諸権利が行使できなくなっている。このように不安定化によって、一群の法的手段全体がほとんど無効になっている。そしてそれらは、女性差別と闘うためのものとみなされている手段なのである。

「社会破滅」のイデオロギー

一九七〇年代と八〇年代において、政治の言説は、経済と社会との分離を是認していた。それも、両者が完全に分離した現実であるかのように。経済の側では、経済学者や社会学者の研究は、ウナギ登りの生産上昇という日本型のモデルを美化する傾向にあったが、その際にも、理解の鍵となるものは呈示されていなかった。流動性という表現は、ウナギ登りの生産上昇の要素であり、企業経営の言語において肯定的な意味合いを与えられていた。だがこの表現は、抽象的なものであって、それがよって立つ現実の物質的現象を覆い隠していた。すなわち、労働の強化、人員整理、構造的失業の固定化、臨時労働や下請けへの依存などをである。この産業社会の動揺は、歴史的=社会的に構築されたものだが、現代フランスの社会学者ロベール・カステル Robert Castel が、その構築振りを跡づけ、二〇年来この「賃金労働条件の風化」の基礎となっているプロセスを分析している（1995）。それによれば、高齢者が排除されたことと、若ものの就職が不安定化したことによって、「企業の統合的機能」にかげりが生じ、「労働市場の二極化」、「安定層の不安定化」が生じているという。

しかしながら、不安定性を扱う政治的言説や科学的な問題提起のなかでは、この不安定性は、現代の「社会的災厄」として現れる傾向がある。つまりそれは、弱者とみなされている人々を襲う。そのため視線は、不安定性と排除との犠牲となった人々と、かれらの特徴に注がれることになる。その政治的対応となったのが、一九八九年の「社会復帰最低所得 Revunu minimum d'insertion—ＲＭＩ」*の採用である。さまざまな調査と研究は、失業、不安定性、健康の悪化、とくに心理的な健康の悪化との関連を強調している。こうした分析の結果、衛生面の援助と社会的援助だけでなく、同化のための教育などの政策へ道が開かれることになった。これではまるで、生産システムから排除されるのは、個人であれ集団であれ、その「弱さ」や「欠陥」のせいであり、排除された側に責任があるかのようではないか（Paugam, 1996；

Haut Comité à la santé publique, 1998; Michel Joubert, 2000)。

＊ 若年層に対する一種の生活保護。二五歳以下で子どもを抱えているか、子どもが誕生間近なもので、法に定める額以下の収入しかないものに支給される。支給によって、よりよい職をえるための技術習得などを保証するのがねらい。一九八八年に創設。

この二つの現象――生産構造の再編と不安定性――のあいだで分離し、消滅するもの、それは、この両者が分かちがたく結びついている場、すなわち労働の社会的な組織である。一方で、流動化によって生産システムは「近代化」され、他方では、ますます多くの産業社会が構造的な不安定性のなかに閉じこめられている。この二つの現象の接点に、恒常的なプロセスとして、社会の不安定化が生じる。そしてこのプロセスによって、男性も女性も、とくに女性は就労しているか否かを問わず、各企業の生産性向上と競争力強化の要請に、たえずますます強く従属させられることになる。

新自由主義にもとづく正当性

社会の不安定化が政治的に正当性をもったのは、貨幣の増大を社会発展の究極目標とするイデオロギーが勝利したからである。また、その社会的＝文化的正当性のほうは、支配の社会的諸関係、とくに性別をめぐる社会的諸関係にもとづいている。男女間では、労働が社会的に分割されている（つまり、生産における労働と、家庭、社会、政治それぞれの生活における労働に）。社会の不安定化は、生産の再構築の流れに関しても、労働における健康管理の領域でも、その正当性を、この分割の制度化された形態のなかにみいだしている。「現代社会調査研究所 Institut de recherche sur les sociétés contemporaines――ＩＲＥＳＣＯ」では、「国立科学研究センターＣＮＲＳ」チームと「国立衛生・医学研究所 Institut national de la santé et de la recherche médicale――ＩＮＳＥＲＭ」チームの主導によって、科学的な集団研究が進められた。生産の再編成と、労働における健康管理に関する社会的権利の後退とは、たがいに結合したプロセスをなしているが、この研究によって、このプロセスを批判的に分析することが可能となり、右で述べたような形態の正当性も疑問に付されることになった。これらの正当性こそが、社会の不安定化の各プロセスの出現と、その拡大を可能にしてきたものなのだ（Appay et Thébaud-Mony, 1997）。

たしかにパートタイム労働は、労働時間の流動化と不規則化の最初の手段のひとつだった。それは、オーブリ法[*]（1998, 1999）に先だつこと二〇年まえに、女性たちの労働時間の短縮を代表していたが、それには給与の減少も伴っていた。パートタイム労働の女性たちはことさら、この給与減少の打撃を受けている。かの女たちが、現在では単親家庭の八五パーセントを占めているからである（Lefaucheur, 1999）。パートタイム労働が正当だとされるのは、家庭生活と職業生活を両立させる必要があるという前提があるからである。だがこの前提は、もっぱら女性たちのみを対象としている。そして、この前提が女性たちに押しつけられたため、かの女たちは、給与に関していかなる交渉もすることができなくなっている。

＊「週三五時間労働法」のこと。労働者一人あたりの労働時間を短縮することによって、雇用を拡大する目的で制定された。原則を定める第一法（1998）と細部を定める第二法（同99）がある。ときの雇用連帯相の名をとってオーブリ法とも呼ばれる。

フランスでは、雇用の不安定化が、一方では「さまざまな特殊形態の雇用」の増大となって現れている。たとえば一九九八年では、一一人中一人の賃金労働者が、有期雇用契約（ＣＤＤ）、代行労働、研修、支援契約〔国が給料の一部を補助する制度〕で雇用されている（INSEE, 1998, 一二三ページ）。とくに、有期契約がおびただしい数にのぼり、五〇人以上の賃金労働者をかかえる会社では、採用の七〇パーセント以上を占めている。またこの不安定化は、他方では、パートタイム労働の増大となって現れてもいる。同じく一九九八年には、民間部門で、一七パーセント以上の賃金労働者がパートタイム労働（travail à temps partiel—ＴＴＰ）で雇用されており、そのうちの四〇パーセント以上が、不完全雇用——有期のパートタイム雇用——の状態におかれていた（*ibid.*, 一六ページ）。パートタイム労働は女性が多く（八五パーセント)、臨時雇用は男性(七五パーセント)と工場労働者(八〇パーセント)が多い。現時点では、一時的雇用(臨時雇用と有期雇用契約)が、採用の八〇パーセント以上を占めている。

以上のような労働と雇用の不安定化プロセスの結果として、労働法や社会保障法が見直され、代議制や市民権のさまざまな形態も変質することになる。すると、その影響をこうむった人々はすべて、社会の不安定化によって、政治の言説でいう「排除」の状況に陥ることになる。健康に関していえば、これらさまざまな形態の労働と雇用の不安定化は、病理的な影響を及ぼしている。そしてそれらの影響は、労務事故、職業病、労務災害、過酷かつ危険な労働の諸条件などに関して、公的統計のなかで実証済みとなっている(「賃金勤労者国民健康保険公庫 Caisse nationale d'assurance maladie des travailleurs salariés—CNAM-TS」、労働省)。にもかかわらず、これら現代の「疫病」に対して、いかなる大規模な社会運動も、これを告発していない。すなわち、職業に起因するガンや、数百万の労務事故の後遺症による回復不能な障害に対してである。また、数百万の賃金労働者が、騒音、強度な時間的拘束下での単純労働、製造品の毒性、電離放射線、心理的=性的ハラスメントなどなどにさらされ、早い時期から、また長期にわたって、健康に変調をきたしているが、これについてもいっさい告発はない。このように、労働には危険がかずかず伴っているにもかかわらず、その影響は眼にみえないままになっており、しかもそれが、まったく正当なことだとされている。病気と死が、プライベートな問題だとされているからである。そして、このプライベートな問題については、女性たちが、それも女性たちだけが、家のなかの家族という空間で、夫、息子、兄弟、父親、舅、そしてかの女たち自身のために、日常の管理をひき受けるものとされているからである。

労働の不安定化と国際的分業

「統一的思考」を象徴することば――「世界化」〔項目「世界化」参照〕、「グローバリゼーション」――があるために、いわゆる「北」の諸国と「南」の諸国のあいだでは、社会の不安定化の形態が異なっていることがみえにくくなっている。だが、まさにこの世界化ないしグローバリゼーションが基盤となって、「第一世界」諸国と第三世界諸国の勤労者たちが競争状態に——国際的な下請け関係をとおして——投げこまれている。まず第一世界の諸国では、社会の不安定化は、さまざまな臨時的雇用形態の採用と、パートタイム労働の急速な増大を基盤としている。にもかかわらず、これらの諸国では、社会保障の基盤はそのまま残っている。ところが「南」の諸国では、不安定化の特徴は、なによりも労使関係のインフォーマルな性格にある（ブラジルでは、今日でも、雇用の六〇パーセントが契約にのっとっていない）。競争力レースに参入した企業にとって、経営上理想的な賃金労働者とは、東南アジアの女性勤労者のことなのだ。これこそが作業組織のモデルであり、かの女たちは、完全に服従し、低賃金に甘んじ、経済保証や社会保障もいらず、労働や環境に関する法的規制も受けず、集団的な組織化に対しては、容赦なく弾圧することができる。こうした国際的な労働分業は、女性たちの労働が社会的に眼にみえないものとなっているため、その大部分が隠されたままである。女性たちの労働は、その本質からして臨時労働であり、国際的下請けの最底辺となっている。つまり、「インフォーマル」・セクターの生産や、家内生産なのだ。

関連項目

失業　世界化　流動性　労働（の概念）　労働組合　労働における健康

参考文献

▶Appay Béatrice, Thébaud-Mony Annie (dir.), *Précarisation sociale, travail et santé*, Paris, IRESCO-CNRS « Actions scientifiques fédératives de l'IRESCO », 1997, 580 p.

▶Castel Robert, *Les métamorphoses de la question sociale : une chronique du salariat*, Paris, Fayard, 1995, 490 p.
▶Haut Comité à la Santé publique, *Precarité, santé*, Paris, La Documentation française, 1998, 349 p.
▶Joubert Michel (dir.), *Precarisation, risques et santé*, Paris, INSERM « Questions en santé publique », 2000.
▶Linhart Danièle, Maruani Margaret, Precarisation et déstabilisation des emplois ouvriers, quelques hypothèses, *Travail et emploi*, 1982, n°11, p.21-40.
▶Paugam Serge (dir.), *L'exclusion : l'état des savoirs*, Paris, La Découverte, 1996, 579 p.

（ベアトリス・アペ＆アニー・テボー＝モニ Béatrice APPAY et Annie THÉBAUD-MONY／内藤義博訳）

宗教
RELIGION

［英］*Religion*

●宗教労働の分割
●さまざまな宗教の二面性
●新しい研究への道

社会科学からみれば、宗教は社会的に構成されている。宗教的な実践は、たしかに信仰の表明ではある。だが、こうした行動や、象徴による表象、言説は、社会的諸関係を明るみに出すものなのだ。したがって、どの階級、どの「人種」、どちらの性に属するかによって、もっとも内面的なものと感じられる実践も含めて、宗教的な実践は決定され、限定される。それに、宗教上の信仰、実践、表象は、現実に作用し、社会構造を強化したり、変質させるたりする。さまざまな宗教は、それぞれが、複雑で矛盾をはらんだ空間、社会的諸関係の生産と、再生産と、変質との空間なのだ。礼拝、象徴、知の分野だけでなく、組織の分野などすべての分野で、このようなものとして宗教を理解することが、理論的な争点となっている。したがって、性と「人種」と階級をめぐる社会的諸関係の枠のなかでこそ、女性たちの各宗教に対する関係と、各宗教の女性たちに対する関係とが、分析されなければならない。宗教の女性たちに対する関係は、部分的には宗教的信条と実践によって形成される。これに対して、女性たちの宗教に対する関係のほうは、これまた部分的には社会的諸関係によって形成される。このような理論的かつ方法論的な立場をとるためには、各宗教と、それらに対する女性たちの関係とに関して、ダイナミックなアプローチが前提となる。一方、経験にもとづく観察が示すところによれば、それぞれの宗教は、かならずしもつねに、またすべての社会で、保守的な勢力として作用し、女性たちの従属を強化するよう機能しているわけではない。一定の状況のもとでは、さまざまな宗教が革新勢力として、社会的＝政治的変化の引き金として機能する場合もある。たしかに女性たちは、信者として、宗教の統制力に従うこともある。だがまた、その行動によって、各宗教の変化に貢献することもある。たとえば宗教改革に関して、ナンシー・ロルカーNancy Roelker は、ユグノーの女性たちを、決然たる性格の、すでにしっかりと自立した妻や寡婦だとみている。かの女たちは、宗教改革の大義に、自分たちの活動分野拡大の機会をみいだしていたのである（cf. Zemon Davis, 1979）[*]。これらさまざまな相貌のケースは、具体的な歴史的状況のなかに組みこまれているため、実地調査をとおしてでなければ理解することができない。

＊　ナタリー・ゼーモン＝デーヴィス、『愚者の王国、異端の都市――近代初期フランスの民衆文化』、成瀬駒男ほか訳、平凡社、一九八七年、「Ⅲ　女ユグノー」、九五〜一三一ページ。

宗教労働の分割

女性たちと各宗教との関係に関する研究は、一般的なフェミニズム研究と並行して発展してきた。初期には、宗教批判は政治的＝軍事的次元でなされ、このときフェミニストたちは、宗教に対して徹底的な非難を投げつけた。各宗教は、もっとも有効な道具のひとつとして、女性たちを統制し、その従属を維持しているというわけである。だが、このあと探究はもっと分析的になり、経験を基盤とするようになる。フェミニストの研究者たちが発展させた概念や方法を、この分野に適用したのである。これら女性研究者たちは、あらゆる社会制度と同じように、宗教組織と女性たちとのあいだには、矛盾した二面的な繋がりあることを暴きだす。西ヨーロッパの白人女性キリスト教神学者たちがまず、ユダヤ教とキリスト教に対する批判を提唱し、東洋の諸宗教――ヒンドゥー教、仏教、イスラム教――とアフリカ諸宗教の女性たちがこれに続いた。かの女たちはまず、教義の内容に、すなわち単一神信仰、神格のもつ男性的イメージ、従順な処女というマリアのイメージに対して、批判を展開した。また、聖典とされている文書、すなわち聖書、コーラン、タルムード、仏典の解釈に対しても批判を展開した。さらには、さまざまな宗教体制の男性中心的で階層制の組織に対しても批判を展開した。かの女たちは、唯一の宗教的「真理」が、贖罪を許し、救済を可能にする唯一の宗教のなかに存在するという考えに疑義を呈した。そして、こうした批判の結果、自分たち自身の信仰箇条の変更を検討したり、新しい宗教集団を創設することになる。これらの集団は、古代信仰を基盤として、女神や魔女といった女性像や、異教とみなされてきた儀式を復活させている。

フェミニストの女性研究者たちはまた、宗教社会学という分野にも疑義をさしはさみ、古典的アプローチの女性差別を明るみに出した。それによると、『宗教生活の原初形態 *Les formes élémentaires de la vie religieuse*』(1912) のなかで、デュルケム Durkheim は、聖と俗の厳密な分割を提案し、それぞれを宗教と社会の構成要因とした。かれの考えによれば、男性たちだけが聖の担い手であり、信仰と祭祀の主人公であって、この信仰と祭祀とによって新しい関係と社会そのものが創造される。女性たちはといえば、かの女たちは、俗の側に、くり返される日常の側に追いやられており、したがって創造力をもつことはできない。祭祀と信仰は、男性たちの理想世界を維持するのに貢献するはずだが、この世界は、世俗化した近代社会においてさえ、女性たちの世界とは切り離されている。* つぎにマックス・ヴェーバー Max Weber

(1920) は二種のタイプの宗教を区別している。一方の宗教は、禁欲主義と合理主義を基盤として、社会内での行動を推奨し、英雄とかカリスマ的指導者とか預言者の地位に達することを可能にする。これらの宗教は、男性と結びつけられている。ところが、もう一方の宗教のほうは、魔術的で法悦的な性格を呈し、エロティスムを具現化する。こちらの宗教は、愛を指向し、行動から遠ざけられ、女性と結びつけられている。**

* エミール・デュルケム、『宗教生活の原初形態（上・下）』、古野清人訳、岩波文庫、一九七五年改訳。聖と俗の区別については、同書（上）七二～七九ページ。

** おそらく、「さらになお、われわれの意味での預言者の二つの類型が残っている。その一方は仏陀によってもっとも明瞭に代表され、他方はゾロアスターとマホメットによってとくにはっきりと代表されているものである。すなわち一方では預言者は、後者の場合のように、神の委託を受けてその神の意志を――具体的な命令であれ、抽象的な規範であれ――告知する道具となり、そしてこの委託にもとづく倫理的義務として、服従を要求する（倫理的預言）。いま一つの場合には、預言者は模範的な人間であって、仏陀のごとくみずからの範例を通じて他の人々に宗教的な救いへの道を指し示す。彼の説教は、神の委託によるものでもなければ倫理的な服従の義務を課すものでもなく、ただ彼自身と同じ救済の道を歩まんと希求する人々自身の関心にのみ向けられる（模範的預言）」（マックス・ウェーバー、『宗教社会学』、武藤一雄ほか訳、創文社、一九七六年、七七ページ）にもとづく分類のことか？

フェミニストの社会学者たちは、宗教権力の本性と機能を分析して、つぎのようなことを明らかにした。すなわち、さまざまなカテゴリーが、性別をめぐる諸関係に関しては中性的だと仮定され、使用されているが、これらのカテゴリーを抽象的に扱うことが、さまざまな宗教体制の現実の基本要素を理解するうえで、どれほど妨げになっているのかをである。つまりかの女たちは、宗教権力を支えているのが社会的労働の性別による分割であることを明らかにしたのである。たとえばローマ・カトリックでは、聖職者／一般信徒という分割が、男性／女性という分割を指し示している。つまり、なるほど女性たちだけが唯一の一般信徒ではないとしても、権力は男性によって独占されている。ローマ・カトリックにおいては、聖職を務めるために、男性たちには独身の義務が課されているが、このことは、女性たちに、聖なるものを汚染するものという規定を与えることに繋がる。司祭は、儀式という職能を果たすことによって、聖なるものと信者共同体の結びつけるうえで、女性に触れてはならないのである。宗教という分野では、女性たちは従属的地位にある。だが、そのことが明らかになるのは、女性たちが、教会本部や、その他の宗教組織において指導的地位につくことが客観的に不可能であるということからだけではない。それは、もっと広範に、宗教的空間全体や、それを構成するものおのおのにおいて、つまり言説、表象、実践において、探知され分析されるはずである。なぜなら、それらは社会関係の表現であって、一般的には社会のなかで、特殊には宗教という分野で機能しているからである。とはいえ、さまざまな体制の宗教は、一方では女性たちを排除し、他方ではとり込もうとしている。そして、この作用から複雑さと二面性が生じるために、さまざまな矛盾と抗争が出現し、それらが、女性たちに有利な配置換えを可能にしている。

さまざまな宗教の二面性

この分野におけるもっとも激しい議論のひとつは、宗教という領域で、女性に有利な変化の可能性が現実に存在するかどうかをめぐってなされたが、そこに、二つの異なったアプローチを区別することができる。まず、メアリー・デイリー Mary Daly（1973）をはじめとして、いく人かの専門家にとっては、現存する各宗教は純粋に女性を支配する場であって、女性たちはそのなかで、宗教集団と教会本部の支配を甘受している。また、歴史的な宗教に固有の男性中心主義は、その宗教に内在するものであり、したがって変わることはない。だから、宗教が女性信者を多く入信させていれば、それは、この宗教の保守主義の証拠となるにちがいない。またこれとは別のものたち、たとえば神学者エリザベス・シュスラー＝フィオレンザ Elizabeth Schüssler Fiorenza（1986）にとっては、教会として制度化された宗教の問題は、それら宗教が男性によって私物化されているという問題だった。研究の目的は、したがって、それら宗教に固有の伝統と基盤とを逆手にとって、そこに女性たちが、みずからの位置を発見することとなる。もうひとつのアプローチは、むしろ、まず制度的な権力に、そして女性たちが宗教に関わった場合、どんな社会的＝政治的影響があるのかに関心を示している。この線上には、いくつかの経験的な研究がある。たとえば、キャロル・ドロガス Carol Drogus（1997）やマリア＝ホセ＝F・ロザード＝ヌネス Maria José F. Rosado Nunes（2000）による、ブラジルのカトリックについての研究である。これらの研究が示しているのは、各宗教が複雑で二面性をもつ社会的現実だということである。なるほど、さまざまな象徴的行為——信仰、儀式、言説——は、一見すると性別をめぐる社会的諸関係とは無縁にみえる。だが、それら行為と宗教権力の組織は、実際にはこの関係によって枠をはめられている。だから問題は、どんなふうに枠にはめられているのかを理解することなのだ。

新しい研究への道

近代社会が世俗化のプロセスを経て形成されてきたにもかかわらず、各種宗教は、女性たちに対して強力な吸引力を保持している。そしてそれは、もっとも都市化した社会であれ、近代化には縁のない社会であれ、同じことなのだ。世界のさまざまな宗教のなかで、そしてもっと最近では新興宗教のなかで、女性たちはもっとも重要な信者大衆となっている。したがって、女性たちの入信がどんな影響をもつのかを検討することは、つねに今日的課題なのだ。女性たちの宗教現象に対する関係とか、歴史上の宗教における女性たちの位置とかを理解し、説明するうえで、フェミニズムからの研究にはいくつかの分野が開かれている。女性たちの生活への、またこれと連動して、男性たちの生活への影響や、宗教的なるものという分野での現代の変化の影響とは、どんなものなのか？　それも、西洋において、また東洋において？　原理主義グループの増殖はなにを意味しているのか？　これらのグループは、男性によって指導され、女性たちの生命と身体とを日に日に脅かすようになっている。性と出産とに関する権利要求の流れのなかで、どのようにして宗教は、女性たちの身体を占有し、その出産能力や性行為を統制しようとしているのか？　さらには、女性による新たな宗教的実践、言説、象徴の生産の条件はなにか、またそれらが各宗教や男女を含む信者全体にどんな影響を及ぼしているのかを、分析しなければならない。最後に、実地の調査を行なって、新しい道筋を切り開かなければならない。それが、二千年紀の各社会における各派宗教の現実を理解することに繋がるからである。

関連項目

権力　支配　性行為

参考文献

▼Caron Anita (éd.), *Femmes et pouvoir dans l'Église*, Montréal, VLB, 1991, 254 p.
▼Erickson Victoria Lee, *Where Silence speaks. Feminism, Social Theory and Religion*, Minneapolis, Fortress Press, 1993, 219 p.
▼Gross Rita, *Feminism and Religion. An Introduction*, Boston, Beacon Press, 1996, 279 p.
▼Rosado Nunes Maria José F., Women, Family and Catholicism in Brazil :The Issue of Power, *in* Sharon K. Houseknecht, Jerry G. Pankhurst, *Family, Religion and Social Change in Diverse Societies*, New York-Oxford, Oxford University Press, 2000, p.347-362.
▼Schüssler Fiorenza Élisabeth, *En mémoire d'Elle. Essai de reconstruction des origines chrétiennes selon la théologie féministe*, Paris, Cerf, 1986, 482 p.
▼Sharma Arvind (ed.), *Women in World Religions*, Albany, State University of New York Press, 1987, 302 p.

（マリア＝ホセ＝F・ロザード＝ヌネス Maria José F.　ROSADO-NUNES **／内藤義博訳）**

女性性、男性性、男らしさ

FÉMINITÉ, MASCULINITÉ, VIRILITÉ

［英］*Feminity, Masculinity, Virility*

●男らしさ、同性愛嫌悪、そして女性に対する支配
●男らしさ、女らしさ、性別による労働の分割
●性のアイデンティティと社会的決定要因

性別に関する社会学と人類学において、男性性と女性性は、社会的かつ文化的に男女それぞれの属性とされた特徴と資質を指している。男性性と女性性は、男女間の関係のなかで、その関係によって、存在し、定義される。性別をめぐる社会的諸関係は、男性による支配を特徴としているが、まさにこれらの関係こそが、女性たちと男性たちにとって、それぞれ「正常なもの」とされる——またしばしば、「自然なもの」と解釈される——ものを決定している。

男らしさのほうは、二重の意味を帯びている。（1）男性たちと男性という特性とに結びつけられた社会的属性。たとえば、力、勇気、戦闘能力、支配に結びついた暴力と特権に対する「権利」である。ここで支配の対象となるのは、

女性だけでなく、男性でも男らしくないものたち、男らしくはありえないものたちをも含む。つまり、女性たちや子どもたちなどなど……である。（2）男性の性行為《セクシュアリテ》の勃起と挿入という形態。男らしさは、その用語の上記二つの語義において、少年たちが社会へ受け入れられる際に、男性集団によって教えこまれ、押しつけられる。こうして少年たちは、自分たちを、階層として女性たちから区別するようになる。つまり男らしさとは、男性支配の集団的かつ個人的な表現なのである。

男らしさ、同性愛嫌悪、そして女性に対する支配

一九七〇年代には、フェミニズムの立場に立つ社会学者たち（Mathieu, 1973, 1991*a* に所収；Guillaumin, 1978）が以下のように指摘した。たとえば、身体的、社会的、文化的資質や、各社会がそれぞれの性《セックス》に振りあてる社会的役割は、子孫再生産に関する生理学に結びついた差異と混同されている。また、男性たち、男性という特性について語り、そうすることで人類全体、一般的なもの、普遍的なもの、「正常なもの」を指したことにして、女性たちと女性という特性には、特定のものという地位を付与している。

フェミニズムの立場に立つ研究は、まず、男性による女性性の定義を再検討した。その結果、これに付随して、男性性もまた問題となった。最近の諸研究では、いかにして男らしさが男子教育によって強制されるのかが指摘されている。その強制の場を、ダニエル・ヴェルツァー＝ラング Daniel Welzer-Lang（1994）は、人類学者モーリス・ゴドリエ Maurice Godelier の諸研究（1982）にならって、「男たちの家」と呼んでいる。この空間では、少年たちが、同性のものたちによって、暴力に訴えるようにしつけられる。たとえば、校庭、スポーツクラブ、軍隊、カフェ……などのことである。男らしさは、男女間の諸関係の階層化されたイメージにならって、男性同士のさまざまな関係を構成する。「真の」男たちは、いたるところで、また、なにごとに対しても、男らしいとされるイメージや態度を示す。こういう男性たちに

は、名誉と権力といった特権、女性たちを家事遂行者として、また性の対象として自由に利用する特権……といったものが割りあてられる。だが男性でも、男らしい姿勢をとるにいたらなかったり、他の男性たちから男らしさを認められなかったりすると、これらの男性たち（弱者たち、同性愛者と名指された男性たち、もっとも幼いものたち……）は、女性たちを支配しているとはいえ、他の男性たちから攻撃と暴力を受ける。そしてそこには、性的な暴力のかずかずも含まれている。

同性愛嫌悪は、「もうひとつのジェンダーに割りあてられた資質（あるいは欠陥）のいくつかを呈する人物、あるいは、それら資質があるとされた人物たちに対する差別」と定義することができる。同性愛嫌悪は、社会的統制の一形態であって、すべての男性に作用している。そしてその作用は、男子教育の初期段階から始まっている。同性愛嫌悪と女性たちに対する支配とが、男らしさの構成要素なのである（Welzer-Lang *et al.*, 1994）。

女性たちに関しては、同性愛嫌悪はそれほど研究されていない。しかしながら、女性たちに対しても、同性愛嫌悪は同様の機能を果たす。つまり、ジェンダーの境界線を生産し、再生産する。そしてこれらの境界線が、男性支配と、男女二つのカテゴリーを前提とする見方とを固定化する。女性たちは、女性性という口実のもとに、ひとつの外見を選ばなければならないが、この外見は、女性たちが美の規範《コード》を内面化しているしるしなのだ。だがこれらの規範は、男性たちによって考案されたものなのだ。またかの女たちは、男性たちのまえでは、権力に対して従順で、けっしてそれに対抗しない姿勢をとらなければならない。「レスビアン嫌悪 lesbophobie」は、女性同士の性行為に対する公然たる非難を意味している。それらの行為が、男性の統制からはずれているからである。

男らしさ、女らしさ、性別による労働の分割

もうひとつ別のアプローチ、すなわち労働の心理力学のアプローチでも、男らしさは、男性支配の原動力とみなされ

ている。ただしここでは、いかにして、またどのような条件で、男女両性は性別をめぐる社会的諸関係を受けいれるのか、あるいは、そこから解放されるのかを知ろうとしている。その出発点となる原則は、男性たちも女性たちもジェンダーを機械的に内面化するのではないこと、むしろ、両性の欲望や期待が、性差の社会的決定要因と衝突していることである（Dejours, 1988）。このような衝突の分析は、労働に対する主観的関係の探究に集中している。

この観点からみると、男性性も女性性も、性のアイデンティティを示している。すなわち、自分の身体に「宿り」、その身体を愛する能力、そして、官能的関係において身体を「用いる」能力のことである。一方、男らしさと女らしさ mulierité は、その性にふさわしいとされた行動への順応主義を指している。そういう行動が、性別と社会による労働の分割によって要求されているのである。男性たちは、男らしさのさまざまな基準を信奉するが、それは、なによりも、労働において生みだされる苦痛と恐怖に対する防衛だと解釈されている。

さまざまな職業が男性固有のものとされているが、そこでは、男性たちが、労働の組織化からの強制が生みだす苦痛を隠している。そしてそれは、いくつかの行動と表象からなるシステムの象徴作用の効力のおかげなのだ。これらの行動と表象が、男らしさを核として、男性たちの集団に所属していれば間違いなく現実を支配できると思わせるからである。苦痛の表明（恐怖、疑念、心的葛藤、同情……）は、女性たちのものとされている。それは、女性たちの「生来の」劣等性のしるしなのだ。男性たちの性のアイデンティティの一部は、したがって、社会という領域では、女性たちを犠性にして構成されている。

男らしさという防衛イデオロギーを信奉することによって、男性たちは、自分たちの独自性（男性性）を護ろうとすることによってよりも、さらに多くの社会的に成功する機会に恵まれる。しかしながら、逆説的にいうと、男らしくなった男性は脆い。その「自我」は、心的な厚みや柔軟性を欠いている。そうした男性は、苦痛を耐えるすべも、苦痛を消化するすべも知らず、自分の社会的地位の変更（失業、定年退職、自分の仕事への女性の進出）にはもちろんのこと、愛するものとの出会いにも、あまり上手に抵抗することができない。男らしさは、このように、「男性という特性に達するための、必要不可欠な移行」であり、また同時に、「性のアイデンティティの展開に道を閉ざすという、重大な危険」でもあるようにみえる（Dejours, 1988）。

ところで、女性たちに関していえば、女性性の構築と労働界への進出とのあいだに、強烈な矛盾が存在する。まず一方では、女性たちは、評価の高い専門職に就きたいと思うならば、男らしさという防衛システムを受けいれると同時に、自分たちに固有の自然的性《セックス》を軽蔑しなければならない。また他方では、かの女たちは、男性たちとは異なり、自分たちの能力を構築したりせず、女性に固有の天賦の才や資質（手先の器用さ、細心、忍耐、感情移入など）という、生まれもった基盤を自由に用いるのではないかとされている。このように、女性たちの知性の大部分は、認知されておらず、「女生来のもの」を供出することが、ひとりの女性として正常なことだとされている。

女らしさは新語であって、それは、服従という規定のうちに女性の主体性を疎外することを指している。女らしさは、ニコル＝クロード・マティユ Nicole-Claude Mathieu（1991*a*）が、「被支配者意識」という表現で示したものを包含している。マティユは、この表現に心理的内容を付与して、それは、女性労働の認知が慢性的に欠如していたことに対して、防衛しているのだとしている。主婦たちや看護助手たちには、強迫観念のように清潔さを求める姿勢がある。また看護婦たちは、献身を理想化する。女性研究者たちは、「対象域」を理論的には拡大しないでおきながら、そこに過重に労力を注ぎこむ……といったことである。したがって女らしさは、男らしさとは対称をなさない。男らしさは、仮のアイデンティティとして役立つ。高い評価を約束するからである。だが女らしさのほうは、低い価値や自己消滅にしか繋がらない。

看護婦団体における臨床研究（Molinier, 1997）によって、女性性と労働の関係の、つまり男らしさという世界と真正面から対置された世界との関係の、実際の姿を示すことが可能となった。女性性は、服従や自己犠牲という規定に要約されることはない。だがそれは、同情という認識のおかげなのだ。つまり看護婦たちにとって、同情とは、看護活動によってもたらされる苦悩であり、また道徳的価値であって、それによって自分たちの労働を導き、判断するのである。

女性のものとされるささやかな能力（微笑、忍耐など）は、実際には、経験、器用さ、抜け目のない知性、看護婦同士の協力といったものの総体を前提としている。

性のアイデンティティと社会的決定要因

今日、男性支配が存在することに関して、いかなる社会科学も、もはやそれに異議を唱えることはない。そうなると、これまでにもまして鋭く必要とされるのは、行動と思考のさまざまなカテゴリーを脱構築することである。これらのカテゴリーは、女性性と男性性、女性に対する支配と男性の疎外、男らしさと男性による暴力、公的領域と私的領域を関連づけている。フェミニズムの立場に立つ研究の発展と比較して、「親フェミニズム」と定義され、本書のような批判的研究に参加するような男性たちの数は、まだ多くない。そのため、論争や対決に必要とされる男女の共同参画は容易ではない。現在の諸研究は、女性たちに対する支配と、男性たちに課せられた男らしさへの束縛とを、関連づける傾向にある。そして、女性たちに対する男性の暴力の位置と、男性たち自身がこうむる男性の暴力の位置とを確定しようとする傾向にある。男性たちもまた、社会へ受けいれられる際に、こうした暴力をこうむっているのである。さらには、女性たちに対する男性の支配と、異性愛至上主義の表現とを結びつける傾向にある。こうした表現が、ゲイ、レスビアン、バイセクシャル（もちろん、男女の）、トランスジェンダー……といった人々に向けられている。これらの男性や女性たちが、異性愛を基準とする考え方を受けいれていないからである（Welzer-Lang, 2000）。

最後に、異性愛が、独特な《スイ・ゲネリス》抑圧の形態――女性へのセクシャル・ハラスメントは、労働の場において、「異性愛基準説」の尖鋭化した形態となっている――となることがあるかもしれない。けれども、異性愛は、社会にはびこる男らしさ信仰の専売特許だなどと矮小化して考えることになれば、少なからぬ損害をこうむることになろう。社会科学も精神分析も、今日までのところ、性のアイデンティティとその社会的決定要因とに関して、両者のさまざまな関係によって構成された理論をもっていない（Molinier, 2000）。精神分析に関していえば、ジェンダーはいまだ、エロスの体系のなかに移植されたままである。もう一方の社会科学についていえば、例外をのぞいて（Hirata et Kergoat, 1988）、さまざまな社会理論は、性のアイデンティティとはジェンダーによって強制された態度にすぎないとし、欲望の問題も主体性の問題もあえて棚上げする傾向にある。このことは、二つの盲目状態が同一の危険にいきつくことを示している。つまり、さまざまな社会的形成プロセスにおける欲望の疎外を、個別例での成就と混同するのである。性別をめぐる防衛的イデオロギーを脱構築することによって、新しい空間を開き、異性愛を違ったふうに考えることができるようになる。それはまるで、危険な格闘の謎めいた空間であり、その固有の運命は、幸福になるにせよ不幸になるにせよ、わたしたちの集団的能力に結びついている。わたしたちこそが、性別をめぐる社会的諸関係を変化させることができるからである。

関連項目

技術とジェンダー　支配　性差（の理論あれこれ）
自然的性別《セックス》と社会的＝文化的性別《ジェンダー》　暴力

参考文献

▼Dejours Christophe, Adolescence : le masculin entre sexualité et société, *Adolescence*, 1988, n°6, p. 89-116.
▼Guillaumin Colette, *Sexe, race et pratique du pouvoir. L'idée de Nature*, Paris, Côté-femmes « Recherches », 1992, 241 p.
▼Hirata Helena, Kergoat Danièle, Rapports sociaux de sexe et psychopathologie du travail, *in* Christophe Dejours (dir.), *Plaisir et souffrance dans le travail*, Editions de l'AOCIP, 1988, t. 2, p. 131-163.
▼Mathieu Nicole-Claude, Homme-culture et femme-nature, *L'Homme*, 1973, XIII/3, p. 101-113. Rééd. *in* N-

C. Mathieu, *L'anatomie politique. Catégorisations et idéologies du sexe*, Paris, Côté-femmes « Recherches », 1991*a*, p. 43-61.

▶Molinier Pascale, Autonomie morale subjective et construction de l'identité sexuelle : l'apport de la psychodynamique du travail, *Revue internationale de psychosociologie*, 1997, vol. III, n°5, p. 53-62.

▶Welzer-Lang Daniel, Dutey Pierre, Dorais Michel (dir.), L'homophobie, la face cachée du masculin, in *La peur de l'autre en soi, du sexisme à l'homophobie*, Montréal-Paris, VLB/Le Jour, 1994, p. 13-91.

（パスカル・モリニエ&ダニエル・ヴェルツァー＝ラング
Pascale MOLINIER et Daniel WELZER-LANG／川口陽子訳）

人口移動

MIGRATIONS

［英］*Migrations*

●人口移動現象に関する研究
●……女性移民労働者を発見せよ
●移民女性たち——抵抗をつうじての出現

人口移動はひとつの状態ではなくプロセスであり、同様に、男性ないし女性の移住者であるということは、しばしば一過性の特徴にすぎず、ある地域から別の地域へ、あるいは、ある国家から別の国家へと移動することを、つまり国家を超えた移住、あるいは国際的移住を指している。移住の原因は多種多様である。つまり個人、家族、社会、経済、政治からくる原因がいくつもある。また大部分のケースでは、いくつもの要因が移住に関与している。たとえば、独身女性たちの人口移動は、自分たちの資格にふさわしい雇用をみつけたいという思い、もといた社会で押しつけられる身分規定の拒否、いくつかの政治的理由が、絡みあってその動機となっている。そのうえ、移民の社会学者アブデルマレク・セイヤッド Abdelmalek Sayad が強調したように（1984）、すべての移入者はまた、もとの居住地からの移出者であり、わたしたちが、その過去と現在の歴史を無視することなどできまい。それゆえ、「移民《イミグレ》」という用語はことを単純化している。最後に、移入者《イミグレ》＝移出者《エミグレ》と外国人を混同してはならない。フランスで生まれた外国人もいれば、フランス人となった移入者もいる。一定期間の滞在ののち、フランス国籍を取得したからである。人口移動の原因をなすのは流動性なのだ。

フランスでは、最初の移民の大波が十九世紀末にあったが、それ以来、大なり小なり激しいトラブルと衝突が、外国人労働力をめぐって発生した。このことは、反外国人感情の存在していたことと、この感情が簡単に火をつけられ、操られるものだったことを示している。この種の暴力沙汰に関しては、いくつかの例をあげることができる。たとえば、フランス北部でのベルギー人労働者に対する暴動。かれらは、「cloutjet」（木靴の意）あるいは（豚のはらわたのように）「赤いはらわた」と呼ばれた（一八九二年にリエヴァンとドロクールで、一八九三年にトゥルクワンで）。また、イタリア人の「流れもの」、「マカロニ」あるいは「クリストス」に対する執拗な敵愾心。それは一八八一年から同九三年までのあいだに、三〇人以上のイタリア人移民を死にいたらしめた。なかでも、一八九三年の南仏のエーグ＝モルトの虐殺は、もっともよく知られた悲惨な事件である。*

＊ 当時「南フランス製塩会社」では、労働コスト切り下げのため、フランス人労働者だけでなく、イタリア人の移民労働者を雇用していた。一八九三年の夏、この両者のあいだに抗争が生じ、イタリア人労働者のあいだに多くの死傷者を出した。

経済的にも社会的にも、あるいは政治的にも危機の時代には、くり返しこの種の暴力沙汰が知られている。旧植民地出身の移民労働者の流入が増加するにともなって、反外国人感情に人種差別が加わる。国家による人種差別もある。たとえば、一九六〇年代のアラブ人迫害である。また、一九六一年一〇月一日のアルジェリア人男女のデモに対しては、弾圧で死者も出た。この事件は多数の死者を出し、しかもその死体がセーヌ河に投げこまれている。*　そして、「国民戦線」[**]の基本原理にある人種差別主義である。一世紀以上まえから、移入民に関する差別的論争、実践、法律が、フランスの政治的、社会的情勢のなかで重要な位置をしめている。

＊　当時フランスの植民地だったアルジェリアの独立問題が先鋭化したため、パリ警視総監がアルジェリア人に対して、夜間外出禁止令を出した。アルジェリア人たちは、これに抗議して一九六一年一〇月一七日、大規模なデモを行なったが、警官隊がこれを弾圧し、多数の死傷者を出し、しかも本書にもあるように、死体がセーヌ河に投棄された。今日までの調査で、死者はおよそ二〇〇名に上ったとされている。

＊＊　一九七〇年代に台頭してきた、フランスの極右政党。

人口移動現象に関する研究

研究という領域においては、事情は同様ではない。法律家、人口統計学者、地理学者たちが、それぞれ異なった理由からではあるが、一九六〇年代末から知られていたこの現象を、各資本主義社会の構造的現象として、はじめて考慮の対象とした。ただし、かれらの関心は多様なものであった。たとえば、出生率の低下と闘うためとか、外国人の身分規定と条件を法律化するためとか、外国人の数を明らかにし、分類して、識別して——ベルティヨン式人体測定法（あるいは、刑法で定める人体測定法）による。この呼称は、その発明者ベルティヨン Bertillon の名にちなんでいる。かれは、「移民流入」という用語とともに、近代的な人間識別法を発明した（Noiriel, 1988）——、民族とそのアイデンティティを定義しなおすためであったりした。

社会学と歴史学は、部分的にはデュルケム Durkheim の影響下にあったため、移民流入に関心を示すのはのちになってからのことにすぎない。デュルケムが、フランス社会の同化能力をいささかも疑っていなかったからである。当時社会学と歴史学は、移民流入をマイナーな対象とみなしていた。社会学と歴史学が出稼ぎ労働者たちに関心を示すのは、さらにのちのことにすぎない。出稼ぎ労働者たちの出自は、フランスという国家に溶けこんでいくほかなかったからである。

アングロ=サクソン諸国では、フランスで生じた事態とは異なって、社会学は移民流入の研究に重要な地位を与えた。とりわけアメリカ合衆国では、それが「人種の坩堝《メルティング・ポット》」神話――この神話によれば、アメリカ国家は巨大な坩堝《るつぼ》にたとえられ、そのなかでは、歴史的な融合が起こって、多様で連続する流入移民の波が、アメリカ式生活様式の同化力によって、ただひとつの国民になるという――に密接に結びついていた。そしてシカゴ学派*が、重要な概念的、方法論的準拠を設定している。二十世紀の初頭(1915)から、社会学者たち、つまりロバート・パーク Robert Park とアーネスト・バージェス Ernest Burgess とロデリック・マッケンジー Roderick McKenzie らが『都市 *The City*』(1925)によって、ウィリアム=アイザック・トマス William Isaac Thomas とフロリアン・ズナニエツキ Florian Znaniecki が『ヨーロッパとアメリカにおけるポーランド農民 *The Polish Peasant in Europe and America*』(初版 1927, フランス語版 1998)によって、ウィリアム=フート・ホワイト William Foote White が『街角社会 *Street Corner Society*』(1943)によって、以下の諸問題にとり組むようになった。すなわち、都市域における適応の諸様態、人種隔離現象と異文化への適応という現象、各移民共同体における内的構造化と役割分割の問題である。なお移民共同体は「少数民族」と形容されているが、それは、その表現の社会学的な意味においてである。つまり、出自と文化にしたがって支配され、分類され、差異化された集団的まとまりのことであって、相対的に少数からなる集団的まとまりではない。

* 一時期、シカゴ大学が、経済学、社会思想、政治学、社会学、人類学の分野で、世界的な影響力をもっていたことがあり、当時同大学で、上記の分野で研究を進めていた人々をこう呼ぶようになった。

フランスでは、一九六〇年代を待たなければ、移民流入に関する社会学的な、あるいは歴史的な研究は発展しない。流入移民の支配的イメージは、その当時、若い独身の男性で、安価で、ほとんど特別の資格もなく、流動性の高い労働力を体現しており、どちらかといえば、旧植民地出身の単純労働者というものだった。その証拠には、「移民労働者」という表現は、非常にしばしば、一九六〇年代にやって来た移民全体を無差別に指しており、勤労者であるかどうかは問題になっていない。当時とり組まれたテーマは、かれらに対する搾取とその生活条件だった。流入移民たちと健康、移民たちと学校、移民たちと司法、移民たちと住居などなどである。ここでは、個人たちという個別カテゴリーと、一連の社会的問題とが組みあわされている。そしてこのことは、移民流入を社会学の対象として構築するのが困難であることを証明している。またこの組み合わせは、しばしば知らぬうちに、当該の移民たちに対して、より大規模な公然たる非難を招くことになる。こうした組み合わせによって、国家次元の諸問題が移民流入のせいにされることがあるからである（Sayad, 1984）。

……女性移民労働者を発見せよ

女性名詞の流入移民は、これ以上に理解されていない。なぜならば、移民流入は、フランスに居住する資格を有している人口の流入ではなく、労働移民、一時的移民とみなされているからである。女性の賃金労働者という資質にくわえて、流動性という「資質」は、研究者たちでさえ、これを女性に対して認めるのに苦労している。とはいえ、移民女性たちが「眼にみえて」いなかったとしても、かの女たちがフランスという国土にいなかったわけではない。移民女性たちは、一九三一年には外国人人口の三〇パーセントを占めており、そのうち三〇万六〇〇〇人の女性が就業していた（「国立統計経済研究所ＩＮＳＥＥ」）。これらの数字は、家族経営の企業で雇用されている多数の女性たちを考慮していないし、非公式の家内労働の部分をもまた勘定に入れていない。移民女性は、一九六二年には外国人人口の三八・二パーセントを占めている。だが、かの女たちを視野に入れた研究は例外的なものだった。アンドレ・ミシェル Andrée Michel の著作（1955）は、その例外に属していた。

移民女性に関する研究が相対的に発展するのは、一九七〇年代の末ないし同八〇年代初頭である。これらの研究が関心を示しているのは、移民をめぐるさまざまな現象の性別にかかわる次元や、女性たちがそこに存在するのかしないのかを明らかにすることである（Taboada, 1978）。また、これら研究の大部分は統合化、同化という現在の政治的懸案のなかに含まれる。このうえない統合の制度——学校——が危機に瀕しているため、家族のほうに、より個別的には母親、妻、娘たちのほうへと研究は向かっている。流入移民女性のイメージとは、ひとりで閉じこもって、その役割として家事をひき受け、古風と判断される伝統を伝えるものというイメージである。そしてこのイメージが、労働界におけるかの女たちの位置だけでなく、単独でやって来た女性たちの存在をも隠蔽している。

はじめて外国人女性たちの雇用に関する統計の分析を呈示したのは、おそらく社会学者ジャンヌ・サンジェ Jeanne Singer である（1985）。また、はじめて外国人女性たちの人生の行程を方向づける力学を分析したのは、ミルジャナ・モロクヴァジック Mirjana Morokvasic である（1976）。

性別をめぐる社会的諸関係の問題は、移民という状況においては提起されておらず、いかなる研究の対象にもなっていない。ところが、異文化への適応のプロセス、つまり個人間あるいは個人の集団間での文化的交換のプロセスは、間違いなく、男性／女性の支配関係に意味深長な影響をもたらしている。両性はそれぞれ、受け入れ社会が自己に割りあてる位置づけとの関連で、そして自己の文化の再解釈との関連で、自己の位置を規定しなおす。異文化への適応のプロセスは、堅固な伝統を不安定化させるものであるが、また前代未聞の現実を創りだすものでもある。

今日、流入移民の支配的表象は、いくぶん変化している。これらの表象は、若いアラブ人二世か黒人で、失業しており、郊外にたむろする軽犯罪者というイメージと、暗黒街の一味のイメージとのあいだで揺れ動いている。またこれらの表象は、依然として、まったく男性のものであるが、他方では、女性たちが外国人人口の四五パーセントを占めているのである。

移民女性たち――抵抗をつうじての出現

しかしながら、さまざまな要因によって、流入移民の女性たちの姿が、これまでよりもよく眼にみえるようになってきた。一方で、家族を呼び寄せること、家族単位で暮らす権利、イスラム教徒の娘のかぶるチャドル〔ヴェールのこと〕をめぐって（Gaspard, 1995）、また一夫多妻制や、女子の割礼をめぐって論争があり、他方では、流入移民たちのさまざまな闘争――平等を求める行進、住居のための闘争、不法入国者たちの運動――のなかで、活発な女性たちの存在が確認されているからである。これらの女性たちの一部はフランスで生まれている。だから、「流入移民女性」という呼称は、頻繁に使用されてはいるが不当なものであり、世代から世代へと受け継がれてゆく烙印となる。

まだその数はたいして多くはないが、大部分は女性たちの手になる研究が、陽の目をみはじめている。これらの女性は、フランス人であったり外国人であったりするが、しばしば移民の娘たちである。研究されているのは、家族内でのさまざまな関係、移民の特徴である断絶と流動性という状況における女性たちの位置と役割と身分規定、女性たちが置かれたり構築したりする民族間の関係、支配的集団とその諸制度との相互作用のなかで、女性たちがその主たる当事者となっているもの、すなわち学校、社会保障、低所得者向け住宅局などである（*Cahiers du CEDREF*, 2000）。女性たちの役割は、出身文化を再構築するうえで重要ではあるが、いくつかの人類学的研究はまた、かの女たちの「伝統を創出する」能力を明らかにしている。つまりかの女たちは、その現在の要求との関係で、自分たちのために、あるいは娘たちのために、出身文化を操作するのである。これらの人類学的研究は、こうして流入移民女性のイメージをもう一度疑問に付している。そのイメージとは、旧植民地出身で、伝統的価値の担い手であるが、これらの価値は現代の価値とはあい容れぬものだという イメージのことである。

アメリカ、イギリス、カナダの女性研究者たちは、そのいくつかの著作のなかで、ジェンダーと民族性を対比している。ただしここでもまた、これら研究者は、しばしば外国出身のことが多い。

興味深いことに、アメリカ合衆国では、一方でフェミニストたちによる研究が、他方で移民流入に関する研究が、フランスにおけるより数が多く、過小評価されてもいない。ところが移民の女性たちは、それに値する注意をひきつけてはこなかった。じっさい、かの女たちは、二つの意味で少数派——「少数派」とはここでも、支配される集団的まとまりに関連する概念として理解されている——の状況にある。女性であり、そして外国人共同体の成員だからである。そしてこうした状況は、性別をめぐる社会的諸関係を考慮に入れた研究にとって、とくにダイナミックな領域となっている。こうした状況はまた、夫、諸社会集団、さらには国家による女性支配のプロセスとだけでなく、女性たちが実践する抵抗の諸形態、ときとしてではあるが女性たちがかちとる自立空間のかずかずを把握することを可能にする(Quimiral, 1998)。とはいえ、これらの研究は、理論的かつ認識論的な困難をかかえている。つまり、民族と性によるさまざまな差別の諸形態をみつけ出さなければならないのだが、これらの差別がたがいに交錯し、重なりあい、たがいに強化しあっているからである。

関連項目

開発　家族　教育と社会への受け入れ　支配　世代間伝達　暴力
民族性と民族《ネイション》(国民)

参考文献

▼Buijs Gina, *Migrant Women, Crossing Boundaries and Changing Identities*, Center for Cross-Cultural Research on Women, Queen Elizabeth House, University of Oxford, 1998, 225 p.

▼Morokvasic Mirjana, Roads to Independence. Self-Employed Immigrants and Minority Women in Five European States, *International Migration*, 1991, vol. XXIX, n°3, p. 407-420.
▼Noiriel Gérard, *Le creuset français*, Paris, Seuil, 1988, 425 p.
▼Simon Gildas, *Géodynamique des migrations internationales dans le monde*, Paris, PUF, 1995, 429 p.
▼Taravella Louis, *Bibliographie analytique sur les femmes immigrées. 1965-1979*, Paris, CIEMM, 1980, 63 p.
▼Witte Philippe (de) (dir.), *Immigration et intégration, l'état des savoirs*, Paris, La Découverte, 1999, 438 p.

（カトリーヌ・キミナル Catherine QUIMINAL ／鄭久信訳）

数的対等

PARITÉ

［英］*Parity*

●フェミニズムの異議を唱えられたスローガンから政治的多数派へ
●内的論争から公的論争へ

「数的対等《パリテ》」という用語は、フランス共和国の選挙制度のなかで、男女平等の代表制を指している。この用語は、もうひとつ別の観念と結びつけられている。この観念は、政治という分野において、この用語だけがもつ意味内容をいっそう明確にする。すなわち、男女同数の代表からなる民主主義という観念のことである。代表制における両性の不平等は、代議制民主主義の基礎に疑問を付してきた。数的対等は、数というかたちでの、平等の独特な在り方だと考えられているが、明らかに欠陥のある民主主義制度を建てなおすことに貢献するはずのものである。なぜなら、民主主義制度はこれまで、市民の半数を組みこむことができていなかったからである。そのため多くの国々では、女性たちのさまざまな運動が、権利要求として、女性代表に一定の席数を割りあてることを掲げている。だがフランスでは、この闘争が、右のような権利要求とは一線を画すことを望み、ようやくその法的解決をえたところなのだ。

数的対等の観念は、政治的にはヨーロッパ・レヴェルで生まれた。じっさい、フランスで女性たちの動員が始まったのは、ヨーロッパ・レヴェルでの率先的行動に助長されてのことだった。「男女同数の代表からなる民主主義」という表現は、一九八九年、ストラスブールで、「ヨーロッパ評議会」によって組織されたシンポジウムで世に出た。男女間の平等という問題が、政治的前提条件として提起されたのである。これまでも、なん人かの女性たちが、高度な政治責任を体験してきた。たとえば、シモーヌ・ヴェイユ Simone Veil やエディット・クレソン Edith Cresson* である。こうした女性たちが、この二人も含めて、一九九二年一一月三日、「ヨーロッパ共同体委員会」の招聘でアテネに集まった〔「女性と権力 Femmes et pouvoir」サミット〕。そして、民主主義の欠陥を確認したうえで、かの女たちは宣言する。すなわち、「女性たちが人口の半分以上を占めている。平等は、各国の代議制と行政機関のなかで、数的対等を求めている」と。結局のところ、一九九二年は、フランスで「数的対等」ということばが普及した年となった。フランソワーズ・ガスパール Françoise Gaspard、クロード・セルヴァン＝シュレーベル Claude Servan-Schreiber、アンヌ・ル＝ガル Anne Le Gall の著作**が出版されたからである。

＊　ともにフランスの政治家。ヴェイユは、一九七〇年代と九〇年代に厚生相などを、クレソンは一九八〇年代に農相ほかを務め、一九九一〜九二年には首相も務めた。

＊＊『女性市民たちよ、権力を握れ　自由、平等、数的対等 *Au pouvoir citoyennes. Liberté, égalité, parité*』。もちろん、「自由、平等、数的対等」は、フランス革命のスローガン「自由、平等、博愛 Liberté, égalité, fraternité」のパロディ。

フェミニズムの異議を唱えられたスローガンから政治的多数派へ

数的対等の権利要求の歴史は比較的短い。というのは、政治の場での制度の実現という段階は、一九九九年六月二八日にヴェルサイユで、「上下両院合同会議」の投票をもって終結したからである。けれどもその適用は、二〇〇一年の市町村議会選挙*からだが、おそらく、もっとずっと手間どり、まったく別の歴史を構成することになろう。数的対等の要求ははじめ、分裂したフェミニズム運動という環境のなかで展開された。たしかにこの権利要求は、それを支持する現実の社会的動員をひき起こしはしなかった。とはいえ、この要求は、多様な形態の協力をひとつの流れに収斂させることに成功した。つまり、ひとつの団体、ひとつのネットワークを創出し、いくつものシンポジウムやセミナーを組織し、眼にみえる行動をいくつかつくり出した。たとえば、一九九三年一一月一〇日の『ル・モンド *Le Monde*』紙に発表された「五七七人宣言」であり、同宣言は、数的対等の法文化を要求した。

＊ 具体的な法律は、二〇〇〇年五月に成立（「公職選挙候補者男女同数法 Loi sur la parité hommes/femmes sur les listes des candidats à toutes les élections」）。それによると、対象となる選挙は、比例代表制の市町村議会、地域圏議会、元老院（日本の参議院にあたる）の一部、ヨーロッパ議会と、小選挙区制の国民議会（日本の衆議院にあたる）。元老院とヨーロッパ議会の選挙では、比例代表名簿に男女を交互に記載し、地方選挙選では順位六人ごとに男女三人を記載する。県議会と、人口が三五〇〇人未満の町村議会は適用除外。二〇〇一年三月の市町村議会選挙ではじめて実施され、それまで二一・七パーセントだった女性議員比率が、四七・五パーセントに急上昇した。

いかなる用語で、数的対等を求める運動は、その企図を擁護したのだろうか？　数的対等の権利要求は、その企図にしたがえば、ひとつの原則とひとつの賭けとを含んでいる。

原則とは、以下のようなことである。「……女性たちは、その性別ゆえ、民主主義の起源において政治団体から排除された。……この排除は、ひとつの原則として確立されていた。［だから］、女性たちは、女性として、絶対的平等の関係において、選挙議会のなかに存在しなければならない」(Gaspard, in *Nouvelles questions féministes*, 1994, Vol. 15, n°4, 三一ページ)。女性たちは、ひとつのカテゴリーや少数派ではなく、社会体の二つの構成要素のひとつなのだ。だから、一定の席数を割りあてるだけでは、平等の原則と食い違うことになる。

また、賭けは、象徴作用のレヴェルと、具体性のレヴェルとにある。「……すべての女性たちは、自分たち自身について、そして政治的責任をひき受ける自分たちの能力について、ひとつのイメージをいだいている。だが、明らかなことに、男女同数の議会を創設すると、このイメージが覆えることになろう。明白なことに、このような変動のかずかずは、すくなくとも、法で認められない時代遅れの反応にまではならないにしろ、差別を執拗なものにするであろう。そして、跳ね返って、これら変動の象徴的な力だけで、別の変化をもたらすことになろう」(Viennot, in *Nouvelles questions féministes*, 1994, Vol. 15, n°4, 七九ページ)。

またそれは、女性たちに対する賭けでもある。すなわちそこでは、女性たちが新たな少数派に開放的な態度をとることと、左翼との頭から《ア・プリオリ》の同盟を放棄することとが、前提となっている。つまりこの政治的戦略は、既存の諸制度の内部に位置しており、女性たちにとって政治生活の変化を可能にする。

これと並行して、断続的に先行的な行動があり、それらは、数的対等がすこしずつ、政治的論争と行動の段階に入ってきたことを示している。たとえば一九九五年九月には、当時の首相アラン・ジュペ Alain Juppé が、「男女間の数的対等監視委員会 Observatoire de la parité entre les femmes et les hommes」を創設した。ついで一九九六年六月には、週刊誌『レクスプレス *L'Express*』に「数的対等を求める十人宣言」が掲載される。同宣言では、さまざまな党派出身の女性政治家たちが、権力と民主主義の実践を一新するために、七つの措置を提案している。結局のところ、またとりわけ、「公職と公務への就任における男女平等」は、政党内部で争点となっており、各政党は、これを諸制度の「現代化」の基礎としている。すでに、一九九四年のヨーロッパ議会選挙において、六つの候補者名簿が男女同数か、あるいはほとんど同数になっている。また、指摘しておかなければならないが、その過激さにもかかわらず、「世論」は、この要望に同意を示しているようである。さまざまな調査が明らかにしているところでは、およそ三分の二のフランス人男女が、憲法を改正して、男女の数的対等を一般原則として導入することに賛成しているようである。このような多数の賛同は、どちらかといえば驚くべきことなのだが、政治生活のさまざまな機構を再生したいという希望によって、説明することができる。そして、リオネル・ジョスパン Lionel Jospin の内閣が女性の進出を進めたことによって[*]、この希望はさらに力づけられている。

＊ 一九九七年六月に成立した、社会党を中心とするジョスパン内閣では、閣僚一七名中六名が女性となり、しかも、法相など重要ポストを占めている。

数的対等要求の歴史は、一九九八年の終わりには第二段階に入ったが、それが始まったのは、まず国民議会において、ついで元老院において、閣議が六月に採択した法案が審議されたことによってである。国民議会のほうは、ほぼ全員一致で賛成に投票したが、元老院のほうは及び腰であり、法案は両院のあいだを往来したのち、一九九九三月四日、両院間で妥協が成立し、第三条に以下の文言が組みこまれることになる。すなわち、「法律は、選挙による公職と、公選による公務に、男性と女性が平等に就任することを促進する」というわけである。また第四条にも、「政党は男女の数的対等実現に努力する」という文言が追加されることになる。

こうした制度改革の討議に、予期せぬ広がりでジャーナリズムが先行していたが、ついで討議が始まると、これと歩調を合わせることになった。そこでは、いく人かの女性たち——そして、いく人かの男性たちも——が、長々と、そして熱心に自分の考えを述べ、それぞれの理論的立場を守って、憲法第三条に数的対等を盛りこむことを正当なものとしたり、無効としたりした。

内的論争から公的論争へ

「数的対等」のスローガンは、それ自体首尾一貫した政治路線であるが、そこには根拠がありうるのだろうか？「この男女間での共有という概念は、わたしにとって、哲学的には根拠のないものだが、それは実践的には真実であり、つまり有効なのだ」と、一九九六年二月一三日、フランス共産党の機関紙『リュマニテ *L'Humanité*』で、ジュヌヴエーヴ・フレス Geneviève Fraisse が論評している。この論評は、二つのレヴェルが存在することを明らかにしつつ、明確に二層に別れるという論争の性質を説明している。すなわちこの論評は、曖昧なかたちで転移している。ひとつの戦略から哲学的な基礎づけへと、つまり、市民権を分有して行使したいという要求から、単一の性からなる人類に帰属するのか、それとも二つの性からなる人類に帰属するのかという二者択一へと。

フェミニズム運動の内部でいうと、この論争は、政治という領域への女性の参画に関して、たがいに対立しあう立場の表明になっているというよりは、フェミニズムの闘争に二つのヴィジョンがあることを示している。数的対等の運動は、多様な女性たちを結集したが、かの女たちにとって、権力への参画は現実的な争点でもあれば、潜在的な争点でもある。もしある女性たちが、すでに権力の場にいるか、もしくは、そこに参入することを目指しているのなら、それは現実の争点となる。だが、もしも、政治権力の共有とは、女性たちの最後の大きな戦いのひとつだ考えるのならば、潜在的な争点となる。数的対等の運動は、ひとつの限定的な戦略を含んでおり、この戦略は、いかなる全体的な政治プログラムにももとづいていない。この闘争に反対を表明する女性たち――数的対等に反対する潮流に言及することは困難なのだが――は、実際のところ、この新しい形態の異議申し立てにほとんど関心をいだいていない。かの女たちは、フェミニズムの闘争の連続性のうちに身を置いている。かの女たちにとって、フェミニズムの闘争は、社会の包括的ヴィジョンのうちに根を下ろし、すべての社会的関係の批判を根拠としている。また、性別による労働の分割を変容することを、その基盤としている。この分割が、男性支配の中心にあるからである。数的対等に対して、かの女たちの一部は、共同参画を対置している。社会のあらゆるレヴェルで、性別をめぐる社会的諸関係が作動しているが、共同参画こそが、これを変革する戦略のひとつだからである。

初期の段階では、フェミニズムの活動家たちによって、あい対立する論争が展開された（*Le Piège de la parité. Arguments pour un débat*, 1999）。かの女たちが、それぞれ異なった政治分析に依拠していたからである。だが、数的対等が制度という舞台に登場すると、この論争は、学問領域（哲学、政治哲学、精神分析、歴史などなど）に根ざした立場表明の競争に変わる。そこでは、各学問領域の基盤の違いが、政治的選択以上に、表明された立場の不一致を説明するようである。このように、言説と言説の条件は変化した。しかしながら、論争のテーマは基本的には同じであり、二つに要約することができる。普遍主義の擁護と本性論への非難である。

普遍性の原則は、民主主義の基礎をなすものであるが、あくまでも性の代表として女性の代表制を認めると、この原則は否定されることになる。そしてこの否定は、共和主義の理念の平等主義の潜在力を危険にさらすことになる。この理念が、抽象的個人という概念と一般利益を考慮することを基盤としているからである。「女性たちの代表不足は、もっとも明白な例として、ある系列の社会集団すべてに代表が不足していることを示しているにすぎない」（Varikas, in *Nouvelles questions féministes*, 1995, Vol. 16, n°2, 九〇ページ）。だが、すべての被差別集団に、代表を出す権利があるとなれば、民主主義という空間はそのとき、個別利益の表現でしかなくなるであろう。

数的対等の支持者たちはとくに、反共和主義だという非難に対して、みずからを弁護した。たとえば、実際論者たちは、女性歴史家ミシェル・ペロー Michelle Perrot のように、「普遍主義的数的対等」――普遍性は目標であって、現実ではない――を主張した（*Le Monde*, 1999.2.25）。また、「原理主義者たち」は、哲学者シルヴィアーヌ・アガサンスキー Sylviane Agacinski のように、二つの普遍的人間性を要求した（*Le Monde*, 1999.2.6）。だが、このようにことばの問題に足を踏み入れたため、いかなる対話にも繋がらなかった。

数的対等は、女性たちに関する本性論的概念への回帰である。なぜなら、かの女たちの存在だけが、「その本性から して」政治というゲームの規則を変える力だからである。だが、リュス・イリガライ Luce Irigaray に結びついた本質論の思想は、この論争のなかでほとんど表明されていない。けれども、とくに母性によって定義された性差を導入して、人類の二元性を基礎づけることは、一部の女性知識人たちと、多くのフェミニストたちによって、許すことのできない退行だと受けとられている。これらの女性たちが、「女性の自然の本性」という観念に対抗して闘ってきたからである。これに対して、戦略としての数的対等を支持する女性たちは、自分たちは将来の展望としての平等に依拠しているのであって、原則としての差異に依拠しているわけではないと応酬している。

もしも、憲法第四条に数的対等を組みこみ、政党に対する拘束的措置としていたならば、それだけで、この論争にケリが付いたことであろう。だが、語の狭義の意味での、この政治的妥協は、「共和国連合*」が多数を占める元老院の立場への追随を意味していた。

＊　フランスの政党。旧ド・ゴール派を中心とする保守勢力の連合。

論争は、メディアをつうじての広がりによって、共通の言語のなかに新たな概念を導入すること、政治というゲームの限界と、フェミニズムの考察という境界を突破し、社会全体に、またすくなくとも男性たちと女性たちとのあいだに、不平等が存在することを想起させることを可能にした。憲法上の解決は、法的手続きにおける重要な変化のしるしとなってはいるが、多数派が合意しているところをみると、この解決によっても、両性間の社会的諸関係のメカニズムは、手付かずのまま残ると思わざるをえない。

関連項目

権力　市民権　性差（の理論あれこれ）　自然的性別《セックス》と社会的＝文化的性別《ジェンダー》

男女共同参画　平等　フェミニズム運動　普遍主義と個別主義

参考文献

▼*Cahiers du GEDISST*, 1996, n°17, « Principes et enjeux de la parité », 96 p.

▼Gaspard Françoise, Servan-Schreiber Claude, Le Gall Anne, *Au pouvoir citoyennes ! Liberté, égalité, parité*, Paris, Seuil, 1992, 184 p.

▼Mossuz-Lavau Janine, *Femmes/hommes pour la parité*, Paris, Presses de Sciences Po, 1998, 128 p.

▼*Nouvelles questions féministes*, 1994, vol. 15, n°4, « La parité "pour" », 90 p.

▼*Nouvelles questions féministes*, 1995, vol. 16, n°2, « La parité "contre" », 140 p.

▼*Le Piège de la parité. Arguments pour un débat*, Paris, Hachette, 1999, 253 p.

（エレーヌ・ル＝ドアレ Hélène Le DOARÉ／鄭久信訳）

性行為
SEXUALITÉ

［英］Sexuality

●法を制定する
●分類する、規定する
●わたしたちの身体は、わたしたちのもの
●数値化された性行動

人間の性行為は、身体の使用の仕方、それもとくに——もっぱらではないにしろ——生殖器官の使用の仕方にかかわっている。それは、肉体と精神の快楽をえるためであり、この快楽の頂点は、一部の人々によってオルガスムと呼ばれている。この行為は、性行為 conduites sexuelles、性行動 comportements sexuels、性関係 rapports sexuels、性慣習 pratiques sexuelles、性活動 actes sexuels ともいわれている。

より広くは、性行為は、こうした身体の使用法を社会的に構築したもの、その慣習を秩序立ててまとめたものと定義することができる。これが、いくつもの規則と規範を決定しているのだが、その規則と規範は、時代と社会によって変化する。これらの規則と規範は、一定数の行為を禁じるとともに、また別の行為を正当なものと規定している。この行為をなすことができる相手、なすべき相手、なしてはならない相手の人物を決定している。性交を検討するにあたっては、まず第一に「セックスの発明」(Laqueur, 1990-1992)*に言及しないわけにはいかない。すなわち、男女両性に関するさまざまな解剖学=生理学的考え方、両性それぞれの機能に関する考え方や、生殖器官に対する物理的処置――とりわけ、現在でもおよそ一億三〇〇〇万の女性たちが、性器を切除されていること〔アフリカの一部などで行なわれている、女子の割礼のこと〕――に言及しないわけにはいかない。こうした考え方が、当該社会で、各個人の性とはなにか、なんであるべきか――人類のオスとメスの定義のこと――を構築している。また、男女各個人が属すべき社会的集団を構築している。この集団には、固有の特徴と機能があり、すべての個人はこれに合致していなければならない――すなわち、男性集団と女性集団の定義――のである。婚姻の規則――つまり、だれがだれと結婚できるのか、結婚すべきなのか?――は、異性間性交の制度と子孫再生産の義務と一体になって、性行為を構成する別の要素となっている。出生率は、あらゆる社会で、強力な統制のもとに置かれている。一方では、性交と子孫再生産を義務とする――女性たちは、再生産という仕事をまっとうする――ことによって。また他方では、禁止あるいは強制によって出生を制限する――避妊、妊娠中絶、嬰児殺し――ことによって(Tabet, 1985)。

＊　トマス・ラカー、『セックスの発明――性差の観念史と解剖学のアポリア――』、高井宏子、細谷等訳、工作舎、一九九八年。

法を制定する

近代西ヨーロッパの諸社会では、性行為はキリスト教会による指導の対象だった。教会は、十八世紀まで指導権をもっていたが、以後は、医学と民法と刑法がその跡を継ぐ。ただし、教会が全面的に権威を失うことはなかった(Foucault,

1976)[*]。法律が、合法的に性関係をもつことのできる年齢を定める（その年齢は、ときとして関係のタイプによって、つまり同性間か、異性間かによって異なっている）。また、結婚できる年齢をも定める（一般的にいって、女子のほうが男子よりも若い）。法はまた、結婚に関する禁止事項を、親等や性別に応じて定める。結婚は制度であり、性関係を合法的なものにするとともに、それを規定する。一定数の行動がこの規範に違反しており、その断罪――法的な、あるいは道徳的な――は、時代とともに変化する。たとえば、自慰――ひとりでの性の実践であるが、二十世紀中ごろまでは強く非難されていた――、不倫――婚外の性関係で、これに対するペナルティは、女性に対して相対的に重い――、売春――金で買う性関係であり、売春するもの、つまり性を売るものは、その大多数が女性であり、恥ずべきものとされているが、この恥辱は客には及ばない[**]。性を買う客は、そのほとんどすべてが男性である――、レイプまたは性的暴力――年齢を問わず、主な犠牲者は女性であり、犯行におよぶものは、ほとんどすべて男性である――、および同性愛――法律における位置づけは、国によって異なる――をあげることができる。男性同士の性関係のほうが、より多く罰せられるのに対して、女性同士の関係の法的断罪は、それほど必要とされていない。とくに、女性全体に対する統制が有効に作用しているからである。

＊　ミシェル・フーコー、『性の歴史Ⅰ　知への意志』、渡辺守章訳、新潮社、一九八六年。
＊＊　スウェーデンでは、一九九九年一月から、買春した客のほうが、最高六ヵ月の禁固刑に処せられることになった（項目「売春Ⅰ」参照）。

分類する、規定する

十九世末には、精神医学と誕生しつつあった性科学が、性交という目的からはずれた性行為の習慣すべてを、性的倒錯と規定した。そしてこの時期に、同性愛は主要な倒錯とされ、そのように規定されたことによって、もはや法律で罰してはならないことになった。いくつかの性行動は、かつては別個のものと考えられ、別個に禁止されていた（たとえば、男色、レスビアン）が、特定の人格のなかに統合されることになる。この人格は、身体的、心的にだけでなく、行動のうえでも、両性の混合を特徴としている。こうして同性愛は、「第三の性」の形態となる（もっとも知られた人物の名をあげれば、オーストリアの性科学者ヒルシュフェルト Hirschfeld、同じくオーストリアの医学者クラフト＝エビンク Krafft-Ebing、イギリスの医師＝心理学者ハヴロック・エリス Havelock Ellis らの理論）。[*] 倒錯分類の作業は、夫婦間の性生活に関する規定の発達に同調している。そしてこの規定は、性交に集中している（回数、時期、体位、長さ、場所などなど）。

＊ ハヴロック・エリス、『性の心理・第四巻　性対象倒錯』、佐藤晴夫訳、未知谷、一九九五年。

同じころ、精神分析が、性行為をその理論の中心に据えた。シグムント・フロイト Sigmund Freud が、性行為を基本的な力とみなしたのである。[*] 社会の、また心的装置内部の要求にしたがって、性的エネルギーないしリビドーは、幼児の性行為——これは、多様な形態をとる倒錯とされている——から、正常とされる成人の生殖へと誘導されなければならない。他の医学者や精神分析学者は、たとえば、オーストリア生まれの精神分析学者ヴィルヘルム・ライヒ Wilhelm Reich のように、性行為の自由を、各個人の均衡と、非権威主義的社会の発展に必要な条件とした。[**]「性の解放」の先触れとして、性の改革の流れは、二十世紀初めに国際的にきわめて活発になり、一九六〇年代と七〇年代の活動でその頂点を迎える。この流れは、性の規範変革の原動力のひとつだった。家族の構造化、結婚内外での両性の法的＝社会的不平等、男性の同性愛と女性同性愛、子孫再生産と出生の制限、婚前交渉、性的暴力、性の商品化（売春、ポルノグラフィーなど）が、その認識のされ方においても、また現実においても変化した。これらは、政治的＝社会的闘争の基本的な課題となっている。

＊ たとえば、『フロイト著作集五』、懸田克躬、高橋義孝他訳、人文書院、一九六九年、「性欲論」（五〜一七〇ページ）。

＊＊　ウィルヘルム・ライヒ、『セクシュアル・レボリューション——文化革命における性』、小野泰博、藤沢敏雄訳、現代思潮社、一九七〇年（原書第四版の翻訳。なお、『性と文化の革命』、中尾ハジメ訳、勁草書房、一九六九年は、同第三版からの翻訳）。

わたしたちの身体は、わたしたちのもの

フェミニズムと同性愛の運動は、性の規範に対する根元的な批判の最前線だった。法制上の変化がいくつか、これらの運動の圧力のもとで生じた（Mossuz-Lavau, 1991）。「女性解放運動」は、フランスにおいて、始まったばかりの二つの闘争に名乗りをあげた。自由で無償の妊娠中絶を求める闘争——一九七一年より——と、レイプと暴力に反対する闘争——一九七五年以降——とである。『パルティザン *Partisants*』誌の特集号「女性解放ゼロ年」（1970）には、性行為に関する初期のテクストがみられるが、それらは、オルガスムと「冷感症」や、母性、妊娠中絶、レイプなどを対象としている。「膣の」オルガスムは、それまで真の快感だと規定される一方、「クリトリスでの」オルガスムは、性交によらないもの（アメリカの性科学者たち、とりわけ、婦人科医ウィリアム・マスターズ William Masters と、その妻で心理学者のヴァージニア・ジョンスン Virginia Johnson の著作*による）とされていた。だが、この二つのオルガスムに関する議論は、理論的著作においてもフェミニズムの行動でも、その後ほとんど反響を呼ばなかった。性的快楽と「オルガスムの義務」という問題は、とくに、治療目的の性科学の中心的な対象となっている（Béjin, 1982）。

＊　マスターズ&ジョンソン、『マスターズ報告一〜三』、池田書店、一九八〇年。

フェミニストによる批判の本質的な軸は、男性の女性に対する支配関係の分析にある。この批判ははじめ、性行為に関していえば、女性たちの自由意思による身体管理という問題に集中していた。こうして異性間性交は、女性所有のシステムとして、ラディカルなフェミニストや女性同性愛者たちによって問題にされるようになった（Wittig, 1980）。こ

れ以外の論争は、アングロ＝サクソン諸国では激しい論議をまき起こしたが、フランスでは周縁的なものにとどまっている。たとえば、女性の抑圧における、ポルノグラフィーと性労働、それもとくに売春の位置。また、女性たちにとって、あるいは女性たちのあいだで、望ましい、許容される、あるいは罰せらるべき性慣習や関係——たとえば、男役《ブッチ》と女役《フェム》からなる女性同性愛（このケースでは、「情夫」ないし男役《ブッチ》は、「男っぽい」といわれるように振る舞うが、相手のほうは、「女っぽい」とされる行動をとる）やサド＝マゾ趣味などである（Vance, 1984）。

数値化された性行動

性行動に関して知識が数値化されたのは、まず人口学によってだった。人口統計学は、出生率を中心としつつも、配偶者の選び方、青年期の同棲、結婚年齢、避妊法の利用などにも興味を示していた（Jaspard, 1997）。アメリカの生物学者アルフレッド・キンジー Alfred Kinsey とその共同研究者たちの先駆的な業績（1948, 1954）以来、数量的調査が多くの国で実施され、性行為に関する社会的関心に応えた。たとえばフランスでは、避妊と妊娠中絶の問題が発端となって、『フランス人の性行動に関する報告 *Le rapport sur le comportement sexuel des Français*』（Simon, 1972）が生まれ、エイズの出現もまた、いくつかの調査を生みだした（Spira, Bajos *et al*, 1994；Lagrange, Lhommond *et al*, 1997）。性行為を始める時期と性慣習が、男女間で接近してきたことは、性行動の変化を物語っているが、とくに女性たちの性行動が変化している。けれども、性交渉の相手の数や期待度は、性別ごとに依然として異なっている。男性間での同性愛行動は、先進国で、ＨＩＶの感染経路として重大な意味を与えられ、近年の各調査で詳細にとり上げられている。とくに、一九八五年以来マイケル・ポラック Michaël Pollak とマリー＝アンジュ・シルツ Marie-Ange Schiltz によってなされた調査（1991）が、そうである。

現代の性行為は、西ヨーロッパ社会においては、子孫再生産を前提としなくともよくなったこと、結婚という制度によらず実行しても合法となったことを特徴としている。だが同時に、家族構造が変化し、一定数の性関係（たとえば、同性愛関係）が、社会的、法的にだんだんと多く認知されてきたため、激しい緊張が生じている。

関連項目

女性性、男性性、男らしさ　セクシャル・ハラスメント　人間再生産のテクノロジー　妊娠中絶と避妊　売春　フェミニズム運動　暴力

参考文献

▼Foucault Michel, *Histoire de la sexualité I. La volonté de savoir*, Paris, Gallimard, 1976, 211 p.〔ミシェル・フーコー『性の歴史Ⅰ　知への意志』渡辺守章訳、新潮社、一九八六年〕

▼Plummer, Kenneth (ed.), *Modern Homosexualities. Fragments of Lesbian and Gay Experience*, London-New York, Routledge, 1992, 282 p.

▼Tabet Paola, Fertilité naturelle, reproduction forcée, *in* Nicole-Claude Mathieu (éd.), *L'arraisonnement des femmes. Essais en anthropologie des sexes*, Paris, Éd. de l'EHESS, 1985, p. 61-146. [Réédité *in* Tabet Paola, *La construction sociale de l'inégalité des sexes. Des outils et des corps*, Paris, L'Harmattan, 1998, p. 77-180.]

▼Vance S. Carol (ed.), *Pleasure and Dager. Exploring Female Sexuality*, Boston, London, Melbourne & Henley, Routledge & Kegan, 1984, 462 p.

▼Wittig Monique, La pensée *straight*, *Qustions féministes*, 1980, n°7, p. 45-53. [英語版, *The Straight Mind and other Essays*, Boston, Beacon Press, 1992, 110 p.]

（ブリジット・ロモン Brigitte LHOMOND／志賀亮一訳）

性差（の理論あれこれ）

DIFFÉRENCE DES SEXES (THÉORIES DE LA)

［英］*Difference between the Sexes (Theories of the)*

●哲学史における問題
●普遍主義――一なるものがある
●差異主義――二なるものがある
●ポストモダニズムおよび同性愛《クイーア》――一なるものでも、二なるものでもなく
●第二の性
●政治的影響

「性差」という表現は、ここでは、広い意味で、またいわば前＝理論的な意味でとらえられている。したがって、性差をあらかじめ規定することもなく、性差が解消しうるものを含むのか、あるいは解消しえないものを含むのか、性差が「自然な」ものなのか、それとも「文化的な」ものなのかも、まえもって判断することをしない。「両性間の関係」という一般的名称もまた、これと同じ機能を果たすことがありうるかもしれない。だがそれは、哲学という地平によりも、むしろ社会学の地平に属している。ところが、本稿を照らしているのは、哲学の光なのである。

「性差」という表現は、しかしながら、用語をめぐる論争の対象となっている。すなわちこの表現は、一部の女性た

ちから、その正当性を疑われた。それが、潜在的に自然起源説的な、あるいは存在論的な解釈をもたらしかねないという理由でである。そこで、この表現よりも、「性別の社会的構築」とか、さらには「性別による階級」という用語のほうがよいとされた。それらが、最初から《ア・プリオリ》性差を純粋に社会的な生産物と定義し、提起された問題への具体的な解答のひとつとなるからである。その後、「社会的＝文化的性別 gender」概念——「自然的性別 sex」の概念との関連で——がアメリカ合衆国から輸入され、フランス語では genre と翻訳されて、右で述べた二者択一にひとつの出口を呈示する。とはいえ、ジェンダー概念は、フランスでは一般的には使用されていない。genre ということばが、フランス語において英語における gender という語と正確には等価ではなく、またその過去分詞 gendered（フランス語では、genré）も、通常用いられていないからである。

どんな用語も、いくつかの意味を共示する。「性差」という表現によって、ここでは、フェミニズム思想の三つの大きな理論的潮流を確定するとともに、フランスという文脈において、それらの屈曲振りをも確定することができよう。いずれにせよ、これらの潮流はどれも、それがフェミニズムであるかぎり、以下のような仮定から出発している。つまり、両性間の関係も、両性の定義も、ともに変型可能な性質をもっているという仮定である。そこで問題は、以下の点を明らかにすることとなる。まず、どんな範囲で、またどんな言い方をすれば、性差のなんらかの形態が、共通の平等な世界において廃棄されたり、あるいは維持されたりすることになるのか？　あるいは、どんな範囲で、またどんな言い方をすれば、その違いが、この共通で平等な世界を定義しなおすうえで、ひとつの要因になるのか？

哲学史における問題

性差の社会的規定の問題は、西ヨーロッパ哲学の起源以来存在している。実際的にいうと、哲学者たちの問題設定が女性たちを対象とするときには、女性たちが、話しかつ考える主体の「他者」であると同時に、欲望する主体の「他者」

でもあることを証明している。そしてこの問題設定は、女性たちの優先的役割は生殖という現象にあるとの認識に帰着する。

古代ギリシア以来、二大解答が示されている。ひとつ目はアリストテレス Aristote (les) に代表されるもので、かれは男性と女性という二つの本性を主張する。二つ目はプラトン Platon に代表されるもので、かれは、両性の本性と役割の単一性を支持している。しかしながら、この二つの立場の区別は、両者が共通して、両性間に階層関係を主張しているため消え去ってしまう。すなわち、単一性においてであろうと、二元性においてであろうと、優位にあるものと劣位にあるものがあり、劣位はつねに女性の側にある (Sissa, 1991)*。

＊ ジュリア・シッサ、「性別《ジェンダー》の哲学――プラトン、アリストテレス、そして性差」、内藤義博訳、デュビイ、ペロー監修、『女の歴史Ⅰ・古代1』、藤原書店、二〇〇〇年、一二〇～一八〇ページ。

近代的主体の思想家たちは、すなわち民主主義の先駆者でもあるが、かれらは、性差という問題において真の論理的難点《アポリア》に立ち向かい、そうした視点から先人たちを注意深く読みなおした。その結果は明快である。たしかにかれらは、人間を個人として定義し、人間関係を権利という観点からつくり上げた。だがそのときかれらは、逆説的に、しばしば力という論拠を頼りにしたため、結婚――これが契約によって決定されているときでさえ――における夫や父親の女性支配と、公的領域からの女性の排除とを正当化することになる。しかしながら、いく人かの哲学者は、たとえばホッブズ Hobbes のように、結婚の枠外では母性は絶大な力をもつと認めている。あるいはスピノザ Spinoza のように、政治から女性たちを排斥しているのは、男性の欲求に応えてのことだと白状している。

しかしながら、女性の私的権利の擁護も、しばしば定式化されて、たとえばレイプの厳格な断罪――フィヒテ Fichte におけるように――や、離婚の権利にまでいたっている。

哲学者たちによる女性の擁護は、あるときは固有の役割の重要性を強調することによって (ルソー Rousseau)、またあるときは女性と男性との同質性を主張することによって（ステュアート・ミル Stuart Mill）なされている。つまり、単一性と二元性のあいだでつねに揺れ動いている。シモーヌ・ド・ボーヴォワール Simone de Beauvoir は、『第二の性 *Le deuxième sexe*』（1949）の最後で「差異における平等*」を定式化しているが、そこへの道を構築するのは困難なようである。

＊「男性の気に入り、役に立ち、男性から愛され、尊敬され、男性が幼いときは育て、大きくなれば世話をやき、助言をあたえ、なぐさめ、生活を楽しく快いものにしてやる、こういうことがあらゆる時代における女性の義務であり……」（ジャン＝ジャック・ルソー、『エミール（下）』、今野一雄訳、岩波文庫、一九六四年、二一ページ）。J・S・ミル、『女性の解放』、大内兵衛、大内節子訳、岩波文庫、一九五七年。シモーヌ・ド・ボーヴォワール、『〔決定版〕第二の性Ⅱ　体験［下］』、「『第二の性』を原文で読み直す会」訳、新潮文庫、二〇〇一年、四七五～四七七ページ。

しかしながら、この性差というモティーフが哲学全般に広まったのは、十九世紀末、フロイト Freud による精神分析の確立によってであった。かれが、性差を考察の中心的なモティーフとしたからである。そこでは、優位にあるものと劣位にあるものとがいる地平で、第一の性を肯定するのか、それとも第二の性を肯定するのか、二つのあいだで複雑な揺れ動きを観察することができる。すなわち、「男根《ファルス》」を中心に置くことで、それぞれの性は去勢経験を強いられるのだが、女性のほうが、より過酷に強いられる。その理由は、一方で、女性は最初の関係で母親を欲望するが、この関係はつぎに、男性へ方向を変えなければならないからである。そしてまた他方では、女性たちにはペニスがなく、これが「ペニス願望」となって現れるからである。知のこの領域では、他のいかなる領域においてよりも、女性理論家たちが多い。リュス・イリガライ Luce Irigaray（1974）やジュリア・クリステヴァ Julia Kristeva（1980*）以前にも、カレン・ホーナイ Karen Horney、ヘレーネ・ドイッチュ Helene Deutsch、メラニー・クライン Melanie Klein、フランソワーズ・ドルト Françoise Dolto といった理論家たちが、こうした構造に重要な修正をもたらしてきた。フランスでは、フロイトの後継者を宣言しながらも、ラカン Lacan が、ある点では、ゼミナール『アンコール *Encore*』において、ファルスの法、「大文字の父の掟」の絶対的な権威を問いなおしている。

＊　ジュリア・クリステヴァ、『恐怖の権力〈アブジェクシオン〉試論』、枝川昌雄訳、法政大学出版局、一九八四年。

二十世紀の運動に先行するフェミニズムの権利要求は、さまざまな部門別の理論化を伴っている。シモーヌ・ド・ボーヴォワールの『第二の性』の独自性と面白味は、両性間の関係の問題のあらゆる面を関連づけ、その社会的、経済的、心理的様態が唯一の構造に属していることを示したことにある。この構造は、いわゆる「自然な」存在論的現実にではなく、支配関係に従属している。たしかに、この支配関係は、いかなる社会、いかなる時代にもつきもののようにみえる。だがそれは、文化的に構築されたものであり、したがってのり越えることができると考えられている。なるほどシモーヌ・ド・ボーヴォワールは、男性たちを普遍を保持するものとして示し、女性解放とは、この普遍の保持者という位置を手に入れること——女性の「男性化」——だと考えているようにみえる。けれどもかの女は、「差異における平等」の可能性、さらにはその必然性をも指摘している。[＊] ただしかの女は、男性に占有された普遍の偏向性と、それを定義しなおす必要性とを問題にするまでにはいたっていない。それは、かの女の後継者たちの手でなされることになる。

＊　ボーヴォワール、『[決定版] 第二の性Ⅱ　体験 [下]』、四七五〜四七七ページ。

さまざまなフェミニズムの理論が展開されることになるのは、この二〇年後、「女性解放運動」という政治的事件が国際的に広がったのをきっかけとしてである。これらの理論は共通して、両性間の関係は変革行動の対象となりうるものだと仮定している。しかしながら、上下関係を前提として、「不変なるもの」(Heritier, 1996) があまねく持続しており、それは家父長制の特徴だと指摘されている。この「不変なるもの」が、ボーヴォワールがすでに強調していたように、右の仮定に異論を唱えるように思われる。だが、この不変なるものは、文化によってさまざまな変型をもち、歴史性を帯びた要因でもある (Fraisse, 1992)。それに、事実が規則となるわけでも、過去が未来を決定するわけでもない。

フェミニズムは、両性の関係の観念に、変革をではなく革命をもたらす。そしてその革命は、事実あるいはイデオロギーにもとづいて、あらかじめモデルを用意しているわけではない。それは、「代表されえないものの政策」(F. Colin, 1999) なのである。

右の仮定から出発して、両性の規定に関して、さまざまな立場が主張されている。わたしたちは、そのなかに三つの立場を識別することにする。それは、国や文化に応じて発展し、それぞれ独自の形態をもっている。そして一般にはそれぞれ、普遍主義、差異主義ないし本質主義、ポストモダニズムを特徴とするとされている。

わたしたちは、これら必然的に単純化した分類にとどめておくが、それは明解さに配慮してのことである。とり上げるべきなのは、その周囲を思考が循環する指標だけだからである。フェミニズムの変革は、思考の内容を複雑化し、限界に通し穴をあけた。この論争が、右のような事情をはっきりと示している。数的対等《パリテ》にもとづく政治代表制の計画が、広範な論争をひき起こした。一九九六年以来、フランスでは、男女の数的対等を支持するものたちは、女性であれ男性であれ、両性の関係に関して、なんらかの理論を求めていたのである。

とはいっても、フェミニズムの諸理論は西ヨーロッパの思考の枠組のなかで、西ヨーロッパの状況から出発して、つくり上げられたことに変わりはない。たしかに、これらの理論が、第二期に入って、さまざまな他の文化に興味の対象を広げたにせよである。このように、「西ヨーロッパ中心主義」が、男根中心主義への異議申立てのなかに、頑強に残存している。そして、フェミニズムの諸理論はしばしば、この「西ヨーロッパ中心主義」を批判されてきたのである。

普遍主義——一なるものがある

普遍主義の立場は、すべての人間存在は同一の資格で個人であり、身体的特徴、「人種」、性別、言語などの二次的な差異とは関わりがないという主張に立脚している。したがって、男女を特徴づける差異は、差異としてはとるに足りないものとされている。しかしこの差異は、社会を構造化するほど決定的に重要なものであり、その重要性は、権力関係のひとつの結果なのである。すなわち、「人は女に生まれるのではない。女になるのだ」* (Beauvoir, 1949) だが、人が女になるのは、男性によって女性に行使された支配を起点としてなのだ。そして、この支配については、その起源あるいは形態や、また支配を可能にした理由がなんであれ、それは問題にならない。したがって、性別ではなく、消滅を運命づけられている「性別による階級」があることになる。この階級の消滅によって、人類という一般的なカテゴリーのなかで、性別という観点からみて、未分化の状態が可能になるだろう。すなわち、「わたしたちは中性的なもの、一般的なものに接近したい」(*Questions féministes*, n°1, 1977)、あるいはまた「一方は他方である」** (Badinter, 1986) ということになる。

* ボーヴォワール、『[決定版] 第二の性Ⅱ 体験 [上]』、一二ページ。
** エリザベート・バダンテール、『男は女 女は男』、上村くにこ・饗庭千代子訳、筑摩書房、一九九二年、原タイトル。

平等はここで、同一性と対になっている。男性と女性とに同一の諸権利を前提とするだけでなく、それぞれのカテゴリーを解消しなければならない。マルクス主義の革命が、資本家とプロレタリアートというカテゴリーを解消したかもしれないように。個々の人間を、個々の人間存在を、自立した主体だと考えなければならない。そしてこの主体は、他の主体と平等であり、また同じ理性を分かちあう。どんな特殊性の主張も、実際のところ、相互補完性の亡霊をよみがえらせるし、階層分化の口実となりかねない。すなわち、女性の特殊性は社会的な生産物であり、女性たちの従属を正当化する運命を担っている。それは、「異性愛の強制」(Mathieu, 1991) の長い歴史をとおして、性的対象であることもある。また、女性たちを母親として家内領域に追いやり、公的領域から排除することもある。だが、この普遍主義の観点からすれば、女性および男性それぞれに固有の性的特徴も、生殖における男女の非対称な役割も、社会的、政治的、あるいは象徴的影響をもたらさない。理性に性別はない。そして、もし理性に肉体があっても、理性はその肉体ではない。すなわち、理性は自由によって内在を超越する（Beauvoir, 1949）*。

＊ ボーヴォワール、『［決定版］第二の性Ⅰ・Ⅱ』。

平等を求めることは、女の子にとっても男の子にとっても、人間および市民としての生活のあらゆる実践形態を、同一の条件のもとで、同じように獲得することを結果的に伴っている。民主主義は、これまでそうであったような厳密な解釈を越えて、その原則を事実として表現しなければならない。「人間 Homme」は、例外なく「人間存在 être humain」を意味している。*

＊ フランス語の「人間 Homme」という単語は、同時に「男、男性」をも意味している。したがってここでは、そのより中性的な（「両性的な」といったほうがいいか？）「人間存在 être humain」という意味を強調しているわけである。

この普遍主義の流れは、フランスのフェミニズム形成において、卓越した重要性をもっている。そしてその重要性は、文化と、哲学と、政治の国民的伝統に結びついている。この伝統は、啓蒙思想家たちの合理主義を受け継いだものである。またこの流れは、両性間の関係の概念とも結びついているが、この概念は、マルクス主義の階級関係をモデルとして抽出されている。ただしそこでは、経済が独占的な原動力となっているわけではない。このモデルはおもに、社会学や民俗学の教育を受けた女性理論家たちから支持され、かの女たちによって展開されてきている。

差異主義――二なるものがある

差異主義の立場は、同じ人類のなかに「二つの性がある」（Fouque, 1995）ことを支持している。だから、平等を獲得することは、同一性を獲得することではない。支配の消滅は、寄り合いの共同世界をもたらし、その世界は、人類の両性別形態のもたらすものによって豊かになるものでなければならない。男性の支配は、普遍なるものをとり込むようにみえて、実際にはこれを切り棄ててきたのである。女性の解放は、不公正を乗り越えるだけのことではない。それは、世界との関係の、これまで隠されてきた次元を顕在化することでもある。

このような視点からみて、女性という特性を特徴づけるのは、「一者」に対する女性の抵抗である。この「一者」は、男根崇拝というかたちをとり、男性という特性に固有のものでありながら、不当にも、いわゆる共同世界を構成している。「ひとつではない女の性」(Irigaray, 1977)* は、ひとつで存在しているのではない。この性は、男根という象徴に、千変万化の子宮という象徴を対置している。女性という特性は、男性という特性に還元することができない。そのことは、身体という基盤によって形態学的に示されている。そして身体は、人類の異種ではなく、これまで抑圧されてきた人類の変種を規定している。この変種は、母性、父性という、それぞれの経験を対決させるときには、避けて通ることができない(Kristeva, 1980; Knibielher, 1997)。

＊ リュス・イリガライ、『ひとつではない女の性』、棚沢直子他訳、勁草書房、一九八七年(原文は一九七四年だが、おそらく前著 *Speculum de l'autre femme*, Paris, Minuit, 1974 との混同)。

したがって、女性たちの到来によって、人間関係のそれまでの組織にとって代わるものが到来することになろう。この関係は、それまで男性たちによって規定され、近代西ヨーロッパに固有の、支配による秩序のなかで頂点に達していたのである。この差異主義の流れの女性理論家たちは、ときとして以下のように考えるまでになっている。すなわち、これら人類の性による二つの領域は、二つの組織形態を構成することができるはずであり、それらの形態はもはや階層化されておらず、同一の世界のなかで平等かつ並行したものであると。二なるものがある、ないしより正確には、一なるものと一ならざるものがあるのである。

この理論は、「差異主義的」理論といわれているが、ときとして揶揄的に「自然主義的」あるいは「本質主義的」理論といわれている。この理論ははじめ、精神分析と——より特殊にはラカンの思想と——対決した女性理論家たちによって、とりわけ支持された。かの女たちが、精神分析に対しては批判的に一線を画していたからである。またこの理論は、エクリチュールや創造に関する女性理論家たちにおいてもみられる（Cixous, 1975＊；Kristeva, 1980）。そうなれば、「女の特性」があることになろう。それはいままで、ひたすら男性的な世界の体質のなかで、抑圧されたきたのである。

＊　エレーヌ・シクスー、『メデューサの笑い』、松本伊差子ほか訳、紀伊國屋書店、一九九三年。

ポストモダニズムおよび同性愛《クイーア》――一なるものでも、二なるものでもなく

以上二つの理論は、同時期に、つまり一九七〇年代のフェミニズムの爆発的な発展期に展開された。それに対して、ポストモダニズムの理論は、それよりやや遅れて定式化された。この理論は、フランスではほとんど影響を与えないで、ぎゃくに外国で、もっと正確にはアメリカ合衆国で、さまざまな探究の豊穣な母体となった。アメリカでは、この理論は「フレンチ・フェミニズム french feminism」と形容され、そのために誤ってフランスのフェミニズムと同一視された。こうした混同は、この理論がドゥルーズ Deleuze、リオタール Lyotard、とくにデリダ Derrida といった哲学者の著作をもとに、つくり上げられたことに由来する（Jardine, 1989）。とくにデリダが、アメリカでこの理論を普及し、アメリカのフェミニストたちが、これにいちじるしい反応を示したのである。このような立場を体現するフランスの女性理論家たち（Cixous, 1975；Kofman, 1982, 1984）と、どちらかといえば不当にも、一部の女性理論家（Irigaray, 1977；Kristeva, 1980）が同列に置かれた。だが、後者の理論家たちは、むしろ差異主義の流れに属していたのである。というのは、かの女たちは性の二元性を支持し、母性および父性の役割の特殊性をそれに結びつけていたからである。そして、女という性にのみに「脱構築的」位置を配分していたのである。

ポストモダニズムあるいは脱構築主義は、ハイデガー Heidegger によって導入された「形而上学批判」に由来する。そ

れは、西ヨーロッパ的近代――その起源は古代ギリシアである――の諸形態との断絶を表している。そして西ヨーロッパ的近代は、支配というカテゴリーによって定義されている。すなわち、主体の客体に対する支配と、また男性の女性に対する支配のことであり、つまりは対立の二元的論理にしたがっている。ロゴス中心主義は、男根《ファルス》中心主義であり、「男根ロゴス中心主義」なのだ（Derrida, 1992）。このように近代は、男らしさの支配と同一視されている。

この意味でポストモダンの思想は、「女性になること」、あるいは思想と行動の女性化なのである。性別は実体として示されえないものである。すなわち、性別は一なるものでも、二なるものでもなく、差異を生みだす運動であって、「差延 différance」（Derrida, 1992）という語で表現されている。「女性という特性」を、二つの性の一方の刻印としてではなく、カテゴリーとしてとらえると、それは対立の二元的論理から離脱することであり、「第三類という真理」を出現させることになる。この真理は、「あるいは、あるいは」という二者択一を拒否して、「それと、それと」という二者択一を選ぶ。このような女性という特性は、男性にも女性にも区別されることなく受けいれられる。すなわち、それは「自然的性別《セックス》」と「社会的＝文化的性別《ジェンダー》」という二元論の二者択一を超越している。

このような立場は結果として、回避と不安定化という政策を、また対決よりもむしろ移動という政策をもたらす。この政策は、「遊動民的《ノマッド》思考」（Braidotti, 1985）と結びついている。真の生はつねに少数者のものであり、価値の転覆は、男性たちと女性たちとが「少数者になる」（Deleuze）ことのなかにある。したがってここには、一なるものも二なるものもない。しかしながら指摘しておこう。少数者になることは、男性の場合と女性の場合とで、同一の影響を受けるわけではない。すなわち、「差延」において、社会的に二なるものをなしで済ますのはむずかしいのである。

このような思想は、同性愛理論《クィーア》のさらなる展開をひき起こすことになろう。この理論は、男女それぞれの性的アイデンティティの転覆につながっている。異性愛と並行して同性愛もというふうに、二元的に権利を要求するだけでなく、両者の境界線が、ゲイとレズビアンを隔てる境界線のように、穴だらけであることを指摘しなければならない。男性と女性という二つのカテゴリーが正当性を失えば、異性愛のなかに同性愛があり、またその逆もしかりとなる。性別は、社会的に、あるいは形態学的に識別されているが、決定的なものではない。性別は「混濁した」ものであり、「多種多様な」ものなのである（Bulter, 1990）*。しかもここでは、いうこと、それは行為することなのだ。

＊ ジュディス・バトラー、『ジェンダー・トラブル――フェミニズムとアイデンティティの攪乱』、竹村和子訳、青土社、一九九〇年。

第二の性

二十世紀フェミニズムの基盤となった文献『第二の性』を、その女性後継者たちの眼差しで、注意深く読みなおしてみよう。すると、以下のようなことが確認できる。まず、シモーヌ・ド・ボーヴォワールは、ここに列挙した理論の最初のもの――すなわち、普遍主義の理論――を支持しているようにみえる。だがかの女は、両性の差異の正当性を排除しているわけではない。この差異がもはや、社会的＝政治的階層分化を正当化することなどできはすまいといっているのだ。かの女は、男性に占有された普遍を獲得する必要性を主張している。だが、それとまったく同時に、精神分析を参照して、女性解放後も消えることのない差異という現実をも肯定しているのである。とはいえボーヴォワールは、当時のポスト＝ヘーゲル的弁証法思想に属している。この思想は、主体の思想であることを特徴としており、近代批判には手をつけていない。けれども、この近代批判こそが、これ以後のフェミニズム思想の流れと切っても切れないものなのである。

政治的影響

これまで、三つの理論的立場を定義してきたが、それらの立場は、思弁的な価値だけをもっているわけではない。これらの立場は、政治的選択の方向を変える。目指すところは、実際のところ、現存の世界において、女性を男性と同等のものとして認知させることなのか？　それとも、この世界に、女性たちがいなければ無視されるであろうような次元を、導入することなのか？　すでに構造化されたものが変わることはない。ただ今後はそれらを、女性たちにも共有させることが必要なのか？　それとも、それらを二つの性――あるいは、いくつかの性――を想定して、つくり直すことが必要なのか？　理論と実践はつねに、「女性たちの解放」を追求するなかで影響しあい、たがいに問いを発しあう。普遍主義、差異主義、ポストモダニズムの対立は、あらゆる「対立の論理」(F. Collin, 1999) を越えて、「逆説的な」(Scott, 1998) 形態のなかで思考され、女性の前進の具体的で偶発的な争点に答えなければならない。解放のさまざまな道筋は、踏み固められた道からはずれている。それらはおそらく、どのような正統からもはずれている。行動はつねに思想に反論を唱えるものなのだ。

関連項目

支配　性別による労働の分割と性別をめぐる社会的諸関係
自然的性別《セックス》と社会的＝文化的性別《ジェンダー》　平等　普遍主義と個別主義　母性

参考文献

▼Badinter Élisabeth, *L'un et l'autre: des relations entre hommes et femmes*, Paris, Odile Jacob, 1986, 361 p.〔バダンテール、『男は女　女は男』、上村くにこ・饗庭千代子訳、筑摩書房、一九九二年〕
▼Collin Françoise, *Le différend des sexes*, Paris, Pleins feux, 1999, 76 p.
▼Fraisse Geneviève, *La raison des femmes*, Paris, Plon, 1992, 294 p.
▼Guillaumin Colette, *Sexe, race et pratique de pouvoir, L'idée de Nature*, Paris, Côté-femmes « Recherches »,

1992, 241 p.
▼Irigaray Luce, *Speculum de l'autre femme*, Paris, Minuit « Critique », 1974, 473 p.
▼Jardine Alice, *Gynesis : configurations de la femme et de la modernité*, Paris, PUF « Perspectives critiques », 1991, 329 p.

（フランソワーズ・コラン Françoise COLLIN／宇野木めぐみ訳）

性別による労働の分割と性別をめぐる社会的諸関係

DIVISION SEXUELLE DU TRAVAIL ET RAPPORTS SOCIAUX DE SEXE

［英］*Sexual Division of the Work and Social Relations of Sex*

●性別による労働の分割
●抑圧から性別による社会的諸関係まで
●性別をめぐる社会的諸関係
●認識論的領野から政治の空間へ

男性たちの状況と、女性たちの状況とは、生物学的宿命の産物ではなく、まずは社会的構築物なのである。男性と女性は、生物学的にはっきりと区別される個人からなる集団――あるいは二集団――とは、まったく別なものである。男性と女性は、二つの社会集団を形成するが、これらの集団は、ある固有の社会的関係にはめ込まれている。つまり、性別をめぐる社会的諸関係に。このような関係は、すべての社会的関係と同様に、物質的な基盤をもっている。すなわち、この場合は、労働のことである。そして、両性間の労働の社会的分割をとおして、また、もっとはっきりと命名すれば、性別による労働の分割をとおして現れてくる。

性別による労働の分割

このような概念はまず、民族学者たちによって用いられ、かれらが研究していた諸社会において、男女の役割の「相互補完的な」配分を指していた。たとえば、レヴィ＝ストロース Lévi-Strauss はそこから、親族社会の構造を説明するメカニズムをつくり出した。* けれども、最初に、この概念に新しい内容を付与したのは、女性の人類学者たちだった。かの女たちは、この分割が役割の相互補完性をではなく、まさに、女性に対する男性の権力関係を表現していると指摘したのである（Mathieu, 1991*a*; Tabet, 1998）。そしてこの概念はさらに、歴史学や社会学といった他の学問において加工され、著作を追うごとに、分析的概念という価値をもつことになった。

＊　クロード・レヴィ＝ストロース、『親族の基本構造』、福井和美訳、青弓社、二〇〇〇年。

性別による労働の分割は、社会的労働の分割形態であり、性別をめぐる社会的諸関係から派生している。つまりこの形態は、歴史的に、また社会的慣習によって調整されている。またその特徴として、男性を生産の領域に、女性を子孫再生産の領域に優先的に割りあてるとともに、同時に、社会的に高い価値を付与された職務（政治、宗教、軍事）を、もっぱら男性に割りふっている。

この労働の社会的分割形態には、二つの組織原則がある。すなわち、分離の原則（男性の労働と、女性の労働とが存在する）と、階層分化の原則（男性の労働のほうには、女性の労働よりも「価値がある」）である。またこれらの原則は、時間と空間をつうじて、あらゆる既存の社会において効力をもつ。したがって、あるものたち（男性も女性もいる）によれば、人類の始まりから、こうした労働の分割形態のもとで、これら二つの原則が存在していると主張することができる（Héritier-Augé, 1984）。だが別のものたち（Peyre et Wiels, 1997）によれば、そんな主張はできない。この二つの原則が適用されるのは、ある特殊な手続きをへて正当性が付与されるからである。つまり、本性論のイデオロギーのことである。このイデオロギーは、社会的＝文化的性別《ジェンダー》をねじ曲げて生物学的性別だとし、社会的慣習にすぎないものを、性別による「社会的役割分担」だと強弁する。これらの役割は、種の自然の宿命にさかのぼるにちがいないというわけである。だが、これとは反対に、性別による労働の分割に関して理論化を進めると、性別によって割りふられた慣習は社会的に構築されたものにすぎず、それ自体がさまざまな社会的関係の結果であると主張することになる。

　それだけに、労働分割の他の形態と同様に、性別による労働の分割は、硬直した不動の与件ではない。たとえ、その組織原則が同じままであるとしても、その様態（子孫再生産労働の観念、商業労働における女性の位置など）は、時間と空間に応じて非常に多様なのだ。歴史学と人類学の貢献が、それを十分に示している。すなわち、ある同一の役割が、ある社会や、ある産業分野において、女性に特有のものとされていても、別の社会や産業部門においては、典型的に男性のものだとみなされることがある（Milkman, 1987）。性別による労働の分割に関して問題設定することは、したがって、決定論の思想にたち返ることではない。反対に、不変の要素と変異とのあいだで、弁証法を構想しなければならない。なぜならば、たしかにこの問題設定は、社会的再生産のさまざまな現象を明るみに出すことを前提としている。だがそれは同時に、社会的再生産の移動と断絶、ならびに、新たな形態の出現を研究することをも含んでいる。そして、これら新しい形態によって、こうした分割の存在自体を、一定の方向性をもって再検討することができる。

抑圧から性別による社会的諸関係まで

　性別による労働の分割は、多数の国において先駆的研究（Madeleine Guilbert, Andrée Michel, Viviane Isambert-Jamati...）の対象となった。だがフランスでは、一九七〇年代の初めに、フェミニズム運動に後押しされて、研究の波が起こり、たちまちのうちに、この観念に理論的基盤を与えることになった。

はじめに、いくつかの事実を思いだそう。まず、女性たちの運動が躍進したのは、あまりにもしばしばいわれているのとはちがって、妊娠中絶を契機としてではない。固有の抑圧が意識されるようになったからである。つまり、以下のようなことが、集団的に「明白に」なったからである。すなわち、莫大な量の労働が女性たちによって無償で遂行されているが、その労働は眼にみえないものであり、自分のためではなく他者のために、そしてつねに自然、愛、あるいは母親の義務という名目でなされているというのである。そこで、告発（フランスの初期フェミニズム紙のひとつが、『険悪な仲 *Le torchon brûlé*』というタイトルだったことを想起しよう）が、二つの次元で展開された。すなわち、本来「労働」と呼ぶべきものを担うのは「うんざり」だ（これが、慣用表現だった）というのである。おまけに、それが女性たちに、女性たちのみに任されているのが自明であるかのように、すべてが進行している。しかもその仕事は、眼にみえることもなければ、認知されることもないというわけである。

そしてたちまちのうちに、この労働形態に関する初期の分析が社会科学に登場した。二つの理論的集成のみを引用すれば、「家内生産の様式」（Delphy, 初出 1974, 1998 再刊）および「家事労働」（Chabaud-Rychter *et al.*, 1984）である。マルクス主義の概念形成——生産関係、資本／労働の対立によって定義された社会階級、生産様式——が、当時は優勢だった。左翼の影響圏内にあった——周知のように、フェミニストたちも大多数は左翼に属していた（Picq, 1993）——からである。

しかしながら、研究はすこしずつ、この強いられた準拠から離れ、家事労働を、職業労働と同じ資格の労働活動として分析するようになる。またそれによって、職業という領域で展開される活動と、家内領域で展開される活動とを、同時に考慮に入れることが可能になった。そして、性別による労働の分割に関して、考察をめぐらすことができるようになった。

「家族」はそれまで、自然で、生物学的な観念的実体というかたちでとらえられていたが、この「家族」が木っ端みじんに飛び散り、なによりもまず労働実践の場として登場するようになる。すると、その後、一種のブーメラン効果によって、賃金労働という領域が、突然研究の範囲内に侵入してきた。この領域はそれまで、唯一の生産労働および、男性の、熟練した、白人の勤労者という形象を核として、考察されていたのである（Delphy et Kergoat, 1984）。

こうした二重の動きは、非常に多くの国々において、研究の隆盛をもたらした。それらの研究は、性別による労働の分割という観点をアプローチとして用い、労働とそのカテゴリーのかずかず、歴史的＝地理的形態、社会的に産みだされた労働のさまざまな分割の相互関係を再検討するものだった。そして、このような考察によって、社会的時間（Langevin, 1997）、資格（Kergoat, 1982）、生産性（Hirata et Kergoat, 1988）や、もっと最近では、能力といった概念を、ふたたびとり上げることが可能となった。

したがって、性別による労働の分割ははじめ、二つの領域の連結という位置づけをもっていた。それは、一九八四年に出版された『労働の性別 *Le sexe du travail*』のサブタイトル、「家族構造と生産システム *Structures familiales et système productif*」によく示されている。しかし、この連結という概念は、すぐに不十分なものだとわかった。上述の二つの原則――分離と階層化――がいたるところでみいだされ、つねに同じ意味で適用されていたため、分析の第二水準に移行しなければならなくなったのである。すなわち、男性集団と女性集団のあいだに、この社会的関係がくり返し現れるが、この関係を概念化しなければならなくなった。ＡＰＲＥ（「アトリエ・生産＝子孫再生産 Atelier production reproduction」）という研究会が、一九八五年から定期的に開かれ、ついには国際的な円卓会議「性別をめぐる社会的諸関係　問題提起、方法論、分析の領野 *Les rapports sociaux de sexe : problématiques, méthodologies, champs d'analyse*」（Paris, 1987）に発展している。また、これと平行して、参加した女性のいく人かが、一九八六年に、『性別をめぐる社会的諸関係について　認識論的経路 *A propos des rapports sociaux de sexe. Parcours épistémologiques*』を、「国立科学研究センターＣＮＲＳ」の「テーマ別行動計画 Action thématique programmée――ＡＴＰ」・「フェミニズム研究と女性に関する研究 Recherches féministes et recherches sur les femmes」の一環として出版した（Battagliola *et al.*）。

しかしながら、こうした理論構築という仕事と同時に、性別をめぐる労働の分割の概念の破壊力衰退が始まっていた。

この用語はいまや、さまざまな人間科学の、そしてとくに社会学の学問的言説のなかで、頻繁に使用されている。しかしたいていは、概念的な暗示的意味をすべて失ったままであって、ひとつの社会学的アプローチに帰着するだけなのだ。そしてこのアプローチは、事実を記述し、いくつもの不平等を確認はするが、そうしたデータを首尾一貫したやり方で結びつけはしない。結局のところ、家事労働は多くの研究の対象となってきたが、もはやめったに分析されることがない。もっと正確にいえば、この概念を用いて賃金労働社会を問い直す（Fougerollas-Schwebel, 1998）かわりに、その「二重の労働時間」、「兼務」、あるいは「役割の両立」という観点から、この社会について語るようになっている。あたかも、家内労働が、賃金労働を補完するものでしかないかのようにである。ここから、関心を移動して、賃金労働（労働と賃金における不平等、パートタイム労働などなど）と、また政治への接近（市民権、数的対等の要求など）に焦点を当てようとする動きが出てくる。（性別をめぐる）社会的諸関係という観点からの論争についていえば、それはいたるところでなおざりにされている。

ここには、大量失業、「新形態雇用」、新＝自由主義の台頭、伝統的な労働者階級の数字上の衰退、ベルリンの壁の崩壊とその政治的＝イデオロギー的余波の、一体となった影響を認めることができる。このように、社会的諸関係という観点からの分析は、経済的論理という唯一の論理にひき戻されてしまった。しかも、社会科学のいかなる部門も、こうした事態を免れえなかったのである。

性別をめぐる社会的諸関係

社会的関係という概念は、フランスでは、注目すべき例外（Godelier, 1984*; Zarifian, 1997）をのぞけば、社会科学によって概念としてはほとんど研究されてこなかった。

＊　モーリス・ゴドリエ、『観念と物質　思考・社会・経済』、山内昶訳、法政大学出版局、一九八六年。とくに、Ⅱ部・四章・「社会関係の生産における思考の役割」（一九八～二〇五ページ）。

社会的関係は、はじめは、社会という領野を横断する緊張である。したがってそれは、静的にとらえうるものではない。この緊張が、いくつかの社会現象を問題の争点に仕立てあげるわけだが、それら争点の周囲では、対立する利害をもった集団が形成される。その場合、ここで問題となるのは、男性の社会集団と女性の社会集団――両社会集団とも、いかなる点においても、オス／メスという二分カテゴリーによって生物学的に説明することはできない――である。

したがって、この二つの集団は、ひとつの争点、ここでは労働とその分割だが、をめぐって、永遠の緊張状態にある。

そういうわけで、以下のような命題を提唱することができる。すなわち、性別をめぐる社会的諸関係と、性別による労働の分割とは、切り離すことのできない二つの項であり、それらは、認識論的に体系を形成しているというわけである。

つまり、性別による労働の分割は、性別をめぐる社会的諸関係の争点という位置づけをもっている。

性別をめぐる社会的諸関係は、以下の次元によって特徴づけられる。

○このように定義された集団間では、関係が敵対的である。

○男性と女性の慣習行動のあいだには、いくつかの差異が確認されるが、それらは社会的に構築されたものであり、生物学的因果関係には属していない。

○この社会的構築物のもつ基盤は、イデオロギー的なものであるだけでなく、物質的なもの――換言すれば、「心性の変化」は、労働の具体的な分割と切り離されたままならば、けっして自発的には起こらないであろう――である。したがって、この構築物には、歴史的にアプローチし、その時代区分をすることができる。

○これら社会的諸関係は、まず、そしてなによりも、両性間の階層関係を基盤としている。そこでまさに、権力関係、支配関係が問題となる。

そのうえ、この社会的関係には、独特の特徴がいくつかある。まず、これまでみてきたように、それは、あらゆる既存の社会に認められる。しかもそれは、社会という領野の全体を構造化し、この領野の総体を横断——社会的諸関係の全体がそうだ、などというわけではけっしてない——している。したがって、この社会的関係を、支配関係の思考の枠組とみなすことができる。

認識論的領野から政治の空間へ

これまでみてきたように、「性別による労働の分割」という表現には、きわめて多様な意味があり、あまりにも多くの場合、それは記述的なアプローチを指すにとどまっている。たしかに、記述的なアプローチは不可欠であったし、いまも不可欠である（たとえば、信頼できる指標を構築して、男女間の職業上の（不）平等を計測することは、フランスにおいて、正真正銘の政治的争点である）。けれども、性別による労働の分割という観点から語ることは、単なる不平等の確認よりも、はるか先に行くことである。すなわち社会は、いくつかのプロセスをつうじて、この性の区別を利用し、あれこれの活動を序列化しようとする。だから、性別による労働の分割という観点から語ることは、右のような現実の記述を、これらプロセスに関する考察と結びつけることなのである。

これに対して、「性別をめぐる社会的諸関係 rapports sociaux de sexe」という表現については、その内容をめぐっての論争がある。そこで、この表現の各用語を明確にするためにまず、フランス語には、「関係」を指す二つの語を提供するという利点があることを想い起こそう。すなわち、「rapport」と「relation」である。双方とも、社会の性別化を把握するうえで、二つのレヴェルをカヴァーしている。まず「社会的関係 rapport social」という概念は、対立をはらんだ緊張を指している。この緊張はとりわけ、労働の分割という争点をめぐって生じ、ついには、矛盾した利害をもつ社会的集団をつくり出す。これに対して、「社会的諸関係 relations sociales」という呼称のほうは、さまざまな集団や個人を関係づける具体的な関係に行きつく。わたしたちの社会では、「夫婦」ないしは「家族」といった社会形態を観察することができる。だから、これらの社会形態は、性別をめぐる社会的諸関係の表現であるが、これらの関係は、ここでは家父長制によって形成されている。と同時に、それらの形態は、社会的相互作用の空間とみなすこともできる。そして、これらの空間は、それ自身で社会をつくり直し、社会の性別化のプロセスを活性化することになる。

　敵対関係を強調するのか、それとも絆を強調するのかは、したがって、二つの研究姿勢に対応している。これらの姿勢は、観察という局面を離れて認識という局面に移ると、あい矛盾したものになる。すなわち、一方の見方からすれば、社会的諸関係こそが社会に先だって、これを形成する。それに対して、もう一方の見方からすれば、多数の相互作用こそが、小粒子が不規則に運動する宇宙のなかで、すこしずつ、規範、規則などなどをつくり出し、わたしたちは、それらを当該社会のなかで観察することができる。この後者の見方は、現在の社会科学において、相対的に支配的なものになっている。そしてこうした観点でこそ、たとえば、男女の役割の相互補完性について語り、したがって、女性たちに優先的にパートタイム労働を割りあてる——まったき「正当性」をもって——ことになる。

　つまり、こうした論争の争点は、ただ認識論的次元のみに属しているのではない。それは政治的次元にも属している。なぜならば、第一に、社会的諸関係が、どのようにして制度や法体系（夫婦、家族、親子関係、労働、「フランス民法典」など）において具体化したのかを、歴史的に理解しなければならないからである。制度や法の機能は、当該の時期に各集団間の力関係の状態を正当化しつつ、これを固定化することにある（Scott, 1990）。そして第二に、社会に生成した新しい緊張をみつけ出し、それらの緊張がどのようにして争点を置き換えたのかを、理解するよう努めなければならない。なぜなら、これら新しい緊張は、潜在的にこうした規則、規範、ならびに表象から、その正当性を剥奪することがありうるからである。そしてこれらの規則や規範や表象こそが、これら争点の周囲に形成された社会的集団を、「自然な」集団として呈示しているからである。要するに、社会の機能を分析すると同時に、ユートピアを構想できなければならない。

したがって、性別ごとの集団はもはや、不変で、進化しない、非＝歴史的で、非＝社会的な「カテゴリー」ではない。だから、これら集団を相互性において構成する関係を、時代区分することができる（社会的争点の様態の変化を分析することによってである）。したがってまた、社会の変革——もはや、たんに微調整ではない——の問題に着手することができる。

一部の研究者たちは、男女を問わず、一方の性による他方の性の抑圧を認識しつつ、社会の性別化を研究している。右のような視点は、社会科学においては少数派であるとはいえ、これら研究者にはかなり広く共有されている。フランスも、一九七〇年代初頭以来そうした状況にある。しかしながら、以下の二つの問題が、論争の種となっている。

○まず、性別をめぐる社会的諸関係にのみ考察を集中すべきなのか?、そうではなくて、同時に社会的諸関係の「全体」を考えるよう試みるべきなのか?、という問題である。ひとつの社会的関係——この場合は、性別をめぐる社会関係——だけを最優先したいという誘惑は、大きなものである。たとえ、この問題に関しては、ほとんど完全な空白を埋める試みになってしまおうとも、である。そしてこうした著作は、しばしば輝かしいものであり（たとえば、デルフィー Delphy、ギヨマン Guillaumin、マティユ Mathieu らの著作を考えよう）、またじっさい、強力で、新しく、便利な説明の道具を提供する。しかし、それでもやはり、男性／女性の支配関係と、この関係に対する闘いとを考慮に入れるだけでは、いまだ不十分であり、男性と女性の社会的慣習行動の多様性と複雑さを、理解できるものにすることはできない。

○第二の論争——ここで研究対象の構築から、観察された事実の解釈へと移る——は、性別をめぐる社会的関係の性格付けに帰着する。前出の『労働の性別』のあとには、集団のまた個人の著作が出現したが、それらの著作のなかで、性別をめぐる社会的諸関係の横断的性質に関して、幅広い合意が表明されている。しかしながら、このような性格付けは、もうひとつ別の次元を付け加えないと、十分とはいえない。すなわち、さまざまな社会的関係には、恒常的な相互浸透作用があるのだ。資本主義の生産様式を例にとってみよう。この様式は、生産と再生産の場と時間との分離のうえにうち立てられた。わたしたちが「家事労働」と呼んでいるものについていえば、それは再生産労働の特殊な歴史的形式であり、賃金労働社会と不可分なのである。換言すれば、すべての社会的諸関係は不可分なのである。この論争は、スコラ的形式主義の論争に還元することができない。それは、きわめて多様な分析の立場に繋がっているが、これらの立場は、学問的な視点だけでなく、政治的な視点をも伴っているからである。したがって、女性の労働や雇用だけをとり上げるのは不可能になってくる。そうではなく、説明の中心的な要素として、性別、階級、南北問題をめぐる諸関係の変化を、同時にとり上げなければならない。家族についても同様に、社会的諸形態の分裂と、法的な枠組づくりの試みを、同時にとり上げなければならない。あるいは男らしさと親らしさの形態の変化を、移民と家族の再編成に関する現在の論争を、同時にとり上げなければならない。

現在、性別による労働の分割は、いくつもの激しい喧噪をまき起こしているが、このように社会的諸関係が不可分であるからこそ、そうした事態を理解することができるのである。例を二つあげておこう。

○まず、雇用の不安定化と柔軟化とともに、「性別によって異なった遊動民化」(Kergoat, 1998) が出現・拡大した。まず女性たちにとっては、時間における遊動民化である(パートタイム労働が爆発的に増加したが、この労働は、あまりにもしばしば、一日のなかでも、あるいは週のうちでも、分散した労働時間帯と繋がっている)。また、男性たちにとっては、空間における遊動民化である(労働者の場合は、臨時労働、「建物・公共事業部門 Bâtiment et travaux publics—ＢＴＰ」や核エネルギー部門の工事現場というかたちをとり、管理職にとっては、ヨーロッパ内および世界各地での転勤や出張の一般化と頻繁化というかたちをとる)。ここではっきりとみえてくるのは、まず、性別による労働の分割が、どのようにして労働と雇用の形態をつくるのかである。そしてつぎに、これとは逆の方向で、雇用の柔軟化が、どのようにして、性別をめぐる社会的諸関係のもっとも紋切り型の形態を強化しうるのかである。

○第二の例、女性の雇用の二元化である。これはまさに、社会的諸関係の交差の例証となっている。「国立統計経済研究所ＩＮＳＥＥ」(同所の「雇用調査」)によれば、「管理職あるいは知的上級職」として算定できる女性の数は、一九八〇年代の初頭以来倍以上になり、就労している女性のうち、およそ一〇パーセントが現在このカテゴリーに分類されている。だが他方では、次第に多くの女性たちが、雇用の不安定化や貧困化に悩まされるようになっている（女性は、就労人口では四六パーセントを占めるにすぎないが、失業者ではその五二パーセントを、また低賃金労働者の七九パーセントを占めている）。だからわたしたちは、女性の雇用の不安定化と柔軟化と同時に、女性たちの経済的、文化的、社会的資本の増大にも立ち会っていることになる。そうした女性たちは、就労している女性たちのなかで、無視しえない比率になっているのである。こうして資本主義の歴史上はじめて、新しい階層の女性たちが出現した。かの女たちの直接的利害（かつてのように男性、すなわち父親、夫、愛人などなどに媒介されることは、もはやない）は、それ以外の女性たちの利害と正面から対立している。後者の女性たちは、パートタイム労働が一般化したため、また、きわめて低報酬で、社会的に認知されていないサーヴィス業に雇用されているため、あるいは、もっと一般的にいえば雇用の不安定性のために、甚大な被害をこうむっているのである。

かくして、ただちに社会問題全体について検討しても、息切れすることなく、「よい」社会的関係を、あるいは「よい」アイデンティティ——個人のであれ、集団のであれ——を探究することができる。これらの社会的諸関係は、時間と空間において、みな同じリズムで変化するわけではない。この事実を考慮すれば、ただちに複雑さと変化のなかに身を置くことができる。要するに、あれこれの社会的カテゴリー——もちろんつねに、支配者によって定義される——は粉々に砕け散り、さまざまな形態からなる流動的な総体に席を譲る。これら形態のなかでは、社会的諸集団がかたちづくられ、また解体され、個人は、しばしば両義的で矛盾した社会的慣習行動をとおして、みずからの生活を構築する。

関連項目

家事労働　家族　教育と社会への受け入れ　失業　社会の不安定化
男女共同参画　フェミニズム運動　労働（の概念）

参考文献

▶Collectif, *Le sexe du travail. Structures familiales et système productif*, Grenoble, PUG, 1984, 320 p.
▶Daune-Richard Anne-Marie, Devreux Anne-Marie, Rapports sociaux de sexe et conceptualisation sociologique, *Recherches féministes*, 1992, vol. 5, n°2, p. 7-30.
▶Kergoat Danièle, A propos des rapports sociaux de sexe, *Revue M*, avril-mai 1992*c*, n°53-54, p. 16-20.
▶Kergoat Danièle, La division du travail entre les sexes, *in* Jacques Kergoat *et al.*, *Le monde du travail*, Paris, La Découverte, 1998, p. 319-329.
▶Mathieu Nicole-Claude, Critiques épistémologiques de la problématique des sexes dans le discours ethno-anthropologique [1985*a*], *in* N.-C. Mathieu, *L'anatomie politique. Catégorisations et idéologies du sexe*, Paris, Côté-femmes « Recherches », 1991a, p. 75-127.
▶Scott Joan, Genre : une catégorie utile d'analyse historique, *Les Cahiers du GRIF* « Le Genre de l'histoire », 1988*b*, n°37-38, p. 125-153.
▶Tabet Paola, *La construction sociale de l'inégalité des sexes : des outils et des corps*, Paris, L'Harmattan « Bibliothèque du féminisme », 1998, 206 p. [textes de 1979 et 1985].

（ダニエル・ケルゴア Danièle Kergoat／宇野木めぐみ訳）

世界化

MONDIALISATION

［英］*Globalization*

●世界化とグローバル化
●世界化、資本主義の地平
●さまざまな世界の画一化と性差

第二次世界大戦後、アメリカの各銀行が合衆国外へと拡大し、ヨーロッパでは、ユーロダラーによって通貨の創出が自立すると、グローバル化した金融圏が出現し、その論理が世界経済全体を突き動かすようになった。資本主義は、ずっと以前から「国民国家」の枠をはみ出していたが、もはや国民国家の拘束を避けてとおるだけでは満足しなくなっている。企業が多国籍化し、労働と生産の組織化のなかで決定的な転換が起こったため、公共政策の有効性が損なわれ、「福祉国家」の基盤があらためて問題になっている。国家と組織体は、地方レヴェルで、また国際的レヴェルで再編成され、新しい情勢に対応し、適応しようとしている。けれども、世界化とは、その総称的意味における市場の拡大——さまざまな人間社会に共通の不変項――というよりは、むしろ所与の規範体系に従った市場の拡大のことである。というのは、「市場法則」は単独では動かないからである。それは、さまざまな規則と約束事を経由するが、これらは、闘争、交渉、妥協の結果なのである。ところで、世界的なるものは、かならずしも普遍的なものではない。だから、この規範と標準との拡散を、セルジュ・ラトゥーシュ Serge Latouche は「世界の西ヨーロッパ化」と呼んだのである（1989）。世界化はそれゆえ、分析的カテゴリーであり、経済的現象を指示している。と同時に、規範的なカテゴリーでもあって、行動を規定し、規範と制度の内容を定義・正当化することに役だつ。

世界化とグローバル化

この「世界化*」という用語ははじめ、「グローバル化 globalisation」という新造語で翻訳された（英語の globalization からであるが、この語は、大西洋の向こう側で、重要な文献**のテーマだった）が、一九九〇年代の中ごろからフランスに広まった。それは、フランス語の防衛のためなのか、それとも、そこに理論的・イデオロギー的争点があるのだろうか？ 国際経済、世界資本主義、金融のグローバル化について、さまざまな理論が出現して以来、思考の枠組《パラダイム》が変化したのだろうか？ この観念は、経済分析を標準化する傾向の表れであるが、新古典主義の理論の領域で妥当性をもっている。この観念は、非正統派のさまざまな潮流によって採択され、輪郭の不明確な現象を指している。

＊ したがって、「世界化 mondialisation」とは、「グローバル化」のフランス語訳。*Petit Robert* 仏語辞典によると、mondialisation という語は、すでに一九五三年につくられており、英語の「グローバリゼイション globalization」の直訳語 globalisation の出現（一九六三年、『グーテンベルグの銀河系――活字人間の形成』出版の一年後――次註参照）に先だっている。おそらく〝フランス語防衛論〟の影響で、英語の原綴りと似た globalisation を避け、すこしまえにつくられた、フランス語起源の mondialisation（フランス語の「世界 monde」からきている）を採用したと考えられる。

＊＊ おそらく、Herbert Marshall Mcluhan, *The Gutenberg Galaxy : The Making of Typographic Man*. Toronto : University of Toronto Press, 1962〔マーシャル・マクルーハン『グーテンベルグの銀河系 活字人間の形成』森常治訳、みすず書房、一九八六年〕のこと。マクルーハンは同書で、通信技術の発達

によって知的な距離が短縮され、「地球村 global village」が出現すると説いた。

ジェンダーにかかわる経済研究が展開されたのは、やっとここ二〇年のことである。ところでこれまで、家内という領域と生産・交換という領域とは分離され、この二つの領域は、計量可能なカテゴリー、すなわち最終消費と生産の区別と同一視されていた（最終消費は、もっぱら各家庭の事象であり、生産は各企業の事象である）。ところがこれらの研究は、大筋のところ、上記の分離を統合している。またこれらの研究は、とりわけ雇用に関係している。雇用は珍しい領域であって、そこでは、統計的データが性別という変数を浮き彫りにする。さまざまな統計的枠組を調和させる努力がなされ、データベースの飛躍的発展が国際比較を容易にしているが、ジェンダーと世界化の関係が研究されているのは、とくに、労働市場、移民のかずかず、あるいは人口統計という間接的手段を介してである（United Nations, 1995）。これらの観念ははじめ、「国民国家」の枠内でつくり上げられ、ついで世界経済のレヴェルに投影された。これらの観念を、性別をめぐる諸関係にまで拡大するには、自然的性別《セックス》ないし社会的＝文化的性別《ジェンダー》のカテゴリーと、階級、国民、国家、人種あるいは民族のカテゴリーとのあいだで、交替、両カテゴリーの類比、接合、重ね合わせを経ることになる。

世界化、資本主義の地平

［1］一九五〇年代から同七〇年代にかけて、帝国主義と不平等貿易に対する批判から、いくつかの国は、世界市場との訣別という戦略をとるようになる。けれどもこれらの国々は、排除され、周縁に追いやられる。他方、アジアとラテン＝アメリカの「新興」諸国で、労働の国際的分割が再検討され、これらの諸国が、比較的有利な条件（とりわけ、低コストの労働力）を活用して、国際競争に参入する。これらの諸国はとくに、多国籍企業を活用した。多国籍企業が、労働の国際的分割の既成事実をひっくり返し、支社相互間の貿易や、企業相互間の貿易を世界規模で組織化したからで

ある。だが一九九〇年代には、「新興」諸国の範にならって、今度は「移行期にある」諸国が、世界市場に身を投じた。

自由貿易の支持者たちにとって、重要なのは、国家間の競争よりも、むしろ、競争原理の一般化によって、さまざまな相互補完的関係が発展することである。となれば世界化とは、最終黒字のゲームなのだろうか。このゲームはたんに、国家間の商品交換を基盤としているだけではない。それは、財、資本、労働力が世界規模で循環することを基盤にしている。そして、これらのフローが増加することによって、各国家の富と、以後世界化された経済レヴェルで地球規模で生産される富とが増加することを基盤にしている。だが別の人々は、このヴィジョンに対抗して、「国民国家」の枠内で実現された既得権益を再検討する。たとえば、マルクス主義者たちは、世界化を、世界規模での価値の法則の拡大として批判しているが、その批判は資本主義批判の延長上にある。

しかしながら、資本主義の彼岸という観念が放棄されたため、世界化については、その宇宙空間的地平とは別の地平を考察することができなくなっている。歴史の長い時間は妥当性を失って宇宙空間に道をゆずり、宇宙空間は、領土、区域、ネットワークといった観念とともに、くり返し現れる主題となっている。

［2］これらの論争は、女性たちと世界化についての、さまざまなアプローチを貫通している。あるものたちは、地球全体をとおして搾取と支配の関係が強化されていること、環境が悪化し、その影響が女性たちに及んでいることを告発している。だが、他のものたちは、両性間の一層の安らぎと平等とに向かう可能性をみている。二極的世界観（「北」対「南」）に、アメリカ＝ヨーロッパ＝アジアの三極構造の世界観がとって代わる傾向がある。けれども、地域的統合の過程が各地経済の一点集中にいたるのは、まず先進地域においてである。輸送手段と通信技術とが飛躍的に発展し、世界化の世界宗教的ヴィジョンを育んでいる。にもかかわらず、先進地域とその周辺地域のあいだでは、両者を隔てる距離が拡大しているのである。

さまざまな世界の画一化と性差

［1］世界化はまた、二ないし三の強力な貨幣を核とした貨幣統一化のプロセスでもあるが、さまざまに存在する世界を画一化する方向へ向かっている。すなわち、これら世界が「ただひとつの世界」に収斂し、そこではすべてが、貨幣という同一の価値基準のうえに並べられる。男性たちと女性たちは競争状態に置かれ、諸権利の形式的平等が、この競争の諸条件をつくり出す。個々人のいろいろな能力が、貨幣によって価値を評価されるようになると、性差の表現はなんであれ、貨幣によっては表出されえないため、消滅するか意義を失う傾向をもつことになる。そしてこれに対して、貨幣で表された差異のあれこれが強調されることになる。これら貨幣による両性間の差異は、とくに賃金格差のうちにはっきりと姿を現す（工業諸国で平均三〇パーセント）。これを是正するための、あるいは補償するために、いくつかの制度的措置があるとはいえ、これらの差異は女性に対する執拗な過小評価を示している。純粋に性差に結びついた差別が、二〇から三〇パーセントの賃金格差の原因とされている。それは経済成長期には縮小することもありうるが（一九八〇年、スウェーデンでは一四パーセント）、経済停滞期や失業増加期にあっては拡大する傾向にある。どの程度、この格差の縮小は一般化することができるのだろうのか？　あるいは、それは、例外的な状況と、たとえば「栄光の三〇年間」*のような状況と結びついて、富の再分配を促進するだけなのだろうか？　先進諸国では、女性たちがさまざまな権益を獲得したが、それらは、世界経済のなかでの支配的地位からくる特権なのだろうか？　そして、これら権益を守るためには、この支配を維持する必要があるのだろうか？　あるいは、これら権益は、女性の権利に関する普遍的な規範の普及によって、世界の他の女性たちにまで広がっていくことがありうるのだろうか？　この間、女性エリートが世界規模で出現した。かの女たちは、情報に通じ、有能で、両性間の数的対等と平等とを要求し、世界中のあちこちでフェミニズムの理想を体現していると主張している。だが、この女性エリートの出現には裏面がある。圧力団体を形成

し、権力獲得の戦略（empowerment）のあれこれに関与して、この女性エリートは政治、メディア、金融の権力と妥協することもありうるのである。

＊　一九四五〜七五年に、ヨーロッパ諸国が、戦後の復興につづいて安定成長を続けた時期のこと。

［2］女性たちの存在規定は、賃金労働を基盤として変容したが、この変容のモデルが普及し、社会主義諸国で、そして規模はより小さいが「第三世界」でも一般化した。ただし、その形態は、時代と経済体制によって多様である。なるほど、この変容のモデルは、ところによっては、安定した、熟練労働による給与生活の水準を向上するのに貢献することができた。だがそれは今日、容赦ないプロレタリア化の様相を呈する傾向にあり（雇用の不安定化、失業、闇労働、不法移民、多様な形態の売春）、女性たちを競争に駆りたてている。そしてこの競争のなかで、かの女たちの能力は金銭で評価されている。しかも市場を経由する際に、この評価はまた、さまざまな規範によってもなされる。競争は、ひとつの空間のなかで、ゲームの規則に従ってなされる。そして、その規則の定義と構成とが、今日世界化をめぐる争点となっている。だが、その結果は逆説的なものである。すなわち、国際的慣習は、女性たちを差別と暴力から守ることを目指している。けれども、世界化された規範に依拠することによって、支配された文化の女性たちは、「声なきもの」のまま放置される（Spivak, 1988）。そして、個々の文化に固有の性差の表現様式が、徐々に価値を失い、軽視されるようになる。ところで、それぞれの文化は二面的なものである。すなわち、一方で不平等の源泉でありながら、文化はまた、人間社会を構造化し、生存と活動に意味を与えている。だが、この意味が失われていくという文脈のなかで、男性たちと女性たちとの競争分野は狭まり、そのことがますます競争を容赦なく差別的なものとする。とはいえ、その一方で、大部分についていえば、生存と活動は世界化された価値領域のそとで展開している。世界化のもうひとつの傾向とは、この排除の傾向であり、それによって、すべての人々は「非公式」と「無権利」のうちに押しこめられ、その活動は認知されない。世界化された価値の尺度で測られると、かれらの存在は結局、「価値をもたない」ことになる。

関連項目

開発　社会の不安定化　人口移動　性別による労働の分割と性別をめぐる社会的諸関係　民族性と民族《ネイション》（国民）

参考文献

▶Charlier Sophie, Ryckman Hélène, Coral Namur, *Rapports de genre et mondialisation des marchés,* Paris, L'Harmattan, 1999, 183 p.

▶Hirata Helena, Le Doaré Hélène (coord.), Les paradoxes de la mondialisation, *Cahiers du GEDISST*, 1998, n°21, 188 p.

▶Sparr Pamela (ed.), *Mortgaging Women's Lives. Feminist Critique of Structural Adjustment*, London, Atlantic Highlands, NJ, Zed Books, 1994, 214 p.

▶Standing Guy, Global Feminisation through Flexible Labour, *World Development*, 1989, vol. 17, n°7, p. 1077-1095.

▶Wichterich Christa, *La femme mondialisée*, Arles, Actes Sud, 1998, 263 p. [édition allemande originale, 1998].

▶Zein Elabdin Eiman, Development, Gender and the Environment, Theoretical or Contextual Link ? Toward an Institutional Analysis, *Journal of Economic Issues,* décembre 1996, vol. XXX, n°4.

（ファティハ・タラヒット Fatiha TALAHITE／鄭久信訳）

セクシャル・ハラスメント

HARCÈLEMENT SEXUEL

［英］*Sexual Harassment*

●古くからある問題に対する新しい概念
●国ごとのアプローチ
●ヨーロッパにおける研究のさまざま

定義はいくつもあって、はなはだ多岐にわたっている。たとえばドイツやオーストリアといった、いくつかの国では、この表現には、きわめて広い意味内容が付与されており、性差別を感じさせる言動すべてが含まれている。また、フランスなど他の国々では、より狭義の法的定義にとどまっており、より上位階層のものによってなされた性的な嫌がらせのみを対象としている。この名称は、性的性質の行動すべてを指しており、その表現方法が身体的なものであるか、ことばによるものであるか、そうではないものであるかを問わない。また、これらの行動は、人々に、その意に反して、とりわけ職場において呈示されたり強要されたりし、かれらの尊厳に損害を与える。これらの行動は大部分、女性たちに向けられており、女性たちに対する男性たちの権力の表現となっている。

古くからある問題に対する新しい概念

なん世代もの女性たちが、意に反して、性的次元の誘惑に服従してきたし、いまも服従している。たとえば初夜権が、さまざまな筆者たちによって指摘されてきた。そのなかには、十九世紀末フランスのフリーメーソン法律家=ジャーナリストのレオン・リシェール Léon Richer[*]もいる。マリー=ヴィクトワール・ルイ Marie-Victoire Louis (1994) は、賃金制度の出現時の女性たちの条件を分析して、つぎのように書いている。すなわち、「女性の身体を行使する諸権利は、そこにはもちろん性的な次元も含まれるのだが、賃金をめぐる関係のなかで永続することになった」と。一九七〇年代になって、「セクシャル・ハラスメント sexual harassment」という名で、はじめて男性たちによるこの種の行動を指したのは、コーネル大学のアメリカ人女性フェミニストたちだった。ただし、かの女たちはそのとき、もっと具体的に、男性たちとの労働関係という枠組で生じてくる実例のことを指していた。そして一九七五年以降、この概念は、アングロ=サクソン系の国々で一般化された。しかしながら、そして、フェミニズムの立場からの分析にもかかわらず、セクシャル・ハラスメントは、一九八〇年代になってやっと、重大な現象とみなされるようになる。

＊ この人物はフェミニスト作家マリア・ドレームの協力者で、一八六九年に「女性の現状改善・権利要求協会 Société pour l'amélioration du sort de la femme et la revendication de ses droits」を二人で創設している。

法律の領域では、キャサリン・マッキノン Catharine MacKinnon (1979) がアメリカで、はじめて、セクシャル・ハラスメントの概念を法学説に導入し、性差別の一形態として紹介した[*]。アメリカでは、こうしたプロセスをつうじて、この概念は、性別にもとづく違法差別として各種裁判所で認められ、法体系と行政規制において、この現象が考慮の対象となるにいたっている。

＊　キャサリン・マッキノン、『セクシャル・ハラスメント・オブ・ワーキング・ウィメン』、村山淳彦監訳、こうち書房、一九九九年。とくに第六章・「性差別としてのセクシャル・ハラスメント」（二一七〜三二五ページ）。

ヨーロッパの国々でもまた、セクシャル・ハラスメントという概念は採択された。だが、問題の重要性が、とくに労働環境において真に認められるのは、一九八〇年代半ばごろのことである。一連の「ヨーロッパ議会」決議によれば、セクシャル・ハラスメントは、「職場における女性たちの尊厳と諸権利に」損害を与えるものである。一九八七年、「ヨーロッパ委員会」は、その問題に関する最初のレポートを発表する。マイケル・ルーベンステイン Michael Rubenstein によって作成され、同レポートは、セクシャル・ハラスメントをつぎのように定義する。すなわちセクシャル・ハラスメントとは、「性的性質の、ことばによる、あるいは身体による行動であり、その行為者は、それが被害者にとって侮辱的であるということを知っているか、あるいは知っているにちがいないものである」。この資料によって、「ヨーロッパ連合」加盟各国において、実情を明らかにすることが可能となった。資料は、とくに、「セクシャル・ハラスメントは、男女間での待遇の平等という目標と対立しており」、連合各国の現行法が、このような状況に対応するには適していないと指摘している。そのため同資料は、共同体綱領を作成して労働界におけるセクシャル・ハラスメントを予防し、この危険から労働者たちを守り、また雇用主たちには、いかなるセクシャル・ハラスメントも存在しない労働環境を確立・維持させるようにすべきだと勧告している。

国ごとのアプローチ

すべての分析が、この問題へのアプローチにおいて一致しているわけではない。アメリカの女性フェミニストたちのなかには、この現象を労働をめぐる諸関係に限定することを拒否するものがいる。というのも、かの女たちは、この現象を、男性＝女性の権力関係の一形態とみなし、労働以外の状況においても同様に作動するとしているからである（Farley, 1978）。だがこれとは反対に、別のものたちは、労働という領域を中心に据えて、セクシャル・ハラスメントは労働市場における女性差別の決定的要素であると、とくに指摘している（Stanko, 1988）。

ヨーロッパでは、とりわけ北欧諸国とイギリスにおいて、アメリカの女性フェミニストたちの論争が反響を呼んだ。「ヨーロッパ連合」の他の国々では、セクシャル・ハラスメントという概念の定義——前掲の連合文書にあるとおりである——が、フェミニズム運動のなかで論争をひき起こすのに決定的なものとなった。フランスのように、いくつかの国々はおもに、この問題に関する法制定の必要性を中心に据えた。一方、他の国々では——とくにイタリアでは——、論争はもっとイデオロギー的性格を帯び、とくに、現象の原因あれこれの追求、連合文書で使用された概念に関する政策議論、法の有効性の有無が対象となった。

フランスでは、フェミニズムの諸団体（なかでも、「労働における女性に対する暴力に反対するヨーロッパ協会 Association européenne contre les violences faites aux femmes au travail—AVFT」、一九八五年設立）が、セクシャル・ハラスメントに対する法的処罰をはじめて要求した。またこれら団体は、一九九〇年以来、「ヨーロッパ共同体」の文書〔おそらく、前掲の文書のこと〕と、北アメリカのさまざまな考え方とをヒントに、ひとつの定義を提案している。そこには、職場の同僚によってなされたセクシャル・ハラスメントと、上司による性的な恫喝も含まれている。けれども、この現象についての議論は、早いうちから議会での論争に限定されていた。

議会での議論の際には、アメリカに似た法律を承認することの危険性がつねに指摘された。それは、メディアが、法的行為——アメリカでの試みで、セクシャル・ハラスメントを告発し、処罰するためになされた——を、行き過ぎた実態として紹介したという事実を考慮したためである。こうした実態がヨーロッパという場で拡大するのを助長することは、望ましくないというわけである。議員の大多数は、そのような状況に達することを危惧していた。そして、こうした危惧が論争に影響し、ひとつの合意に達するのに役立った。こうして、最終的に採択された定義は、性的な特恵を獲得する目的で権威を濫用する場合のみに限られた。したがって、同僚によって犯されたセクシャル・ハラスメントは、法律の適用範囲から除外されることになる。立法者たちの実際の動機はとくに、以下のような合意をみいだすことだった。すなわち、重大な濫用は抑止するが、誘惑と、その前提となる攻撃的関係あるいは支配関係とに関しては、ある種男性側の考え方を擁護しようというのである。議会での論争もまた、さまざまな形態のセクシャル・ハラスメントが存在することを強調しはしたが、当該人物の性別は男女どちらの場合もありうるとして、セクシャル・ハラスメントを女性に対する性的差別と定義することは適切ではないと結論した。

結局のところ、法案は不十分なものとみなすことができる。すくなくとも、女性運動という視点からはそうである。さらに、この不完全な成功の結果として、論争は実りのないものとなり、議論を深めることは妨げられ、実際の実践活動はいっそう困難になった。たとえば、多くの国々において、フェミニストの組合活動家たちが、団体協定にセクシャル・ハラスメントに関する条項（予防措置、同僚によってなされたセクシャル・ハラスメントの包含など）を導入しようと努力してきた。だが、フランスでは、そういった努力がなされることはなかった。

これとは反対に、イタリアでは、この問題に関して、政府は無関心——イタリア政府は、「ヨーロッパ連合」に、この現象の規模に関する統計やデータを提出することさえしなかった——だった。だがそのためにかえって、女性たちの運動が論争において、より大きな影響を及ぼすことになった。

ヨーロッパにおける研究のさまざま

ヨーロッパでは、この問題に関してなされた研究は、一九八〇年代末までの時期に発展した。それらは、とくにこの問題の認識のほうへと向かった。ヨーロッパでは、さまざまな調査が行なわれたが、それらは、この問題の影響を評価しようとした。現在のところ、「ヨーロッパ連合」の全加盟国で、データを活用して状況を認識することができる。国によって、また職業タイプと、その職業がとりうる多様な形態とによって異なりはするが、非常に多くの場合、働く女性の三〇パーセント以上が、セクシャル・ハラスメントを経験している。しかも、かの女たちが屈服することを拒否すると、その影響をこうむる恐れがある。そのうえ残念なことに、現象の重大性を測定するために用いられた方法論は均質なものではなく、国際比較は容易ではない。しかしながら、全加盟国において、女性たちに対して、つぎに述べるような事項のリストを呈示すると、いくつかの調査では、その比率でいうと、六〇パーセント以上に達する女性たちが、そうした実害をこうむったことがあると断言している。この実害リストには、望まないにもかかわらず、ことばないし視線で、性的な意図を表明されたケースが含まれている。反対に、女性たちに対して、「セクシャル・ハラスメントのなかに数えられると思う」行動を示すように求めると、この場合には、断言的な回答の比率が減少しているのが認められる。とくに、軽度なレヴェルの行動――容姿や服装に関する性的な性質の煩わしい発言、きわどい話題、煩わしい視線――の場合、こうした傾向にある。このことは、女性たちがこれらの事象を過小評価し、セクシャル・ハラスメントを限定的に考えていることを示している。この傾向は、「ヨーロッパ連合」加盟一五ヵ国で確認されている（Timmerman et Alemany, 1999）。一九九〇年以降、研究はより質的になって、問題の複雑さを理解する方向へと向かっている。そのなかのいくつかは、被害者の女性たちの証言や個人的な事件を利用している（Grisendi, 1992; Cromer, 1994）。ドイツ、フィンランド、ポルトガルでは、男性に対するセクシャル・ハラスメントの調査が行なわれた。それが示すところでは、一方で男性たちは、女性たちほどには、自分たちの尊厳が傷つけられたとは感じてはいないが、また他方では、加害者の大部分は男性だったのである。

現在、この問題に関する論争は、いちじるしく激しさを失っている。ただし、イタリアは別で、いまなお、法案の採決が適当かどうかが問題になっている（Codrignani, 1996）。他の国々では、フェミニストの諸団体（フランスでは、上述のＡＶＦＴ）と女性組合委員会が、この種の有害行為を告発する女性たちを、法的・心理的に支援しようと努めている。最後に指摘しておかなければならないが、いまのところ、いかなる研究も、職場でのセクシャル・ハラスメントに対してとられた措置の効果に評価を下すことができないでいる。それらの措置としては、団体交渉にセクシャル・ハラスメント禁止事項をもり込むことと、さまざまな予防措置が挙げられる。たとえば、「信頼できる女性顧問」ポストの設置、あるいは、いくつかの企業でなされていることだが、その内規にセクシャル・ハラスメント禁止を導入することがある。

関連項目

性行為　フェミニズム運動　暴力　労働（の概念）

参考文献

▼Cromer Sylvie（AVFT), *Le harcèlement sexuel. La levée du tabou 1985-1990*, Paris, La Documentation française, 1994, 228 p.

▼*Democracia e Diritto*（雑誌), 1993, n°2, 317 p.（イタリアにおける論争研究特別号）

▼Louis Marie-Victoire, *Le droit de cuissage en France, 1860-1930*, Paris, Les Editions Ouvrières, 1994, 319 p.

▼MacKinnon Catharine, *Sexual Harassment of Working Women : A Case of Sex Discrimination*, New Haven, Yale University Press, 1979, 312 p.〔キャサリン・マッキノン『セクシャル・ハラスメント・オブ・ワーキング・ウィメン』村山淳彦監訳、こうち書房、一九九九年〕

▼Rubenstein Michael, *La dignité de la femme dans le monde du travail. Rapport sur le problème du harcèlement sexuel dans les États membres des Communautés européennes*, Luxembourg, Office des publications des Communautés européennes « Document des Commissions des Communautés européennes », 1987, 161 p.

▼Timmerman Greijte, Alemany Carme, *Le harcèlement sexuel sur le lieu de travail dans l'Union européenne*, Commission européenne, Direction générale « Emploi, relations industrielles et affaires sociales », 1999, 230 p.

（カルメ・アレマニー Carme ALEMANY**／川口陽子訳）**

世代間伝達

TRANSMISSIONS INTERGÉNÉRATIONNELLES

［英］*Intergenerational Transmissions*

●物的財の伝達と象徴体系の伝達
●きわめて多様なルーツ
●なにを伝達するのか？
●公平の問題

社会生活のいろいろな形態は、個人という存在の限界をこえて継続している。この継続の主要な活動の総体、これが各種世代間伝達であり、それは、性別をめぐる社会的諸関係の再生産、更新、変革の核心にある。

物的財の伝達と象徴体系の伝達

異なる年齢層間においては、財産と日常生活の世話が物的に循環するだけでなく、若い世代の男女を社会に組みいれる際、それ固有の姿勢と価値観といった象徴体系も転移していく。世代間伝達の社会学は、この物的財の循環と象徴の転移の双方に関心を示している。またこの社会学は、右の二つのプロセスにおいて、私的領域に由来し、家族という系譜のなかで作用するものと、公的な活動とを弁別している。こちらは、若者の教育に介入し、あれこれの財源を再配分——就労者からの税を教育費に充て、年金の支給年齢と額を確定するなど——する。ただし、この二つの領域は、相互作用のうちにある。国家や制度上の政策は、私的な政策や連帯を補い、強化する。だがまたこの両者は、たがいにはっきりと区別される——たとえば、家族間の経済的援助がおもに、引退したものから就労中のものへとなされるのに対して、公的援助は反対方向に流れる——こともありうる。あるいは、公的な政策が、私的な政策や連帯と逆行することすらありうる。たとえば学校が、家庭の倫理と矛盾する価値観を広める場合である。

社会政策が発達しても、それが私的な連帯を弱めることはない。この連帯の形態は多様であるが、その重要性は、先進諸国全体で明確に認められている（Attias-Donfut, 1995）。親族との関係を維持することは、依然として強力な規範であり、親族間の愛情という価値によって正当化され、家系の継続、血縁の力、感謝の義務などなどといった観念によって根底を支えられている（Pitrou, 1978）。大部分が賃金労働者であっても、社会という枠組のなかでは、世襲の原則に対する信奉は依然として強い。たとえば、生前の贈与が、死後に遺贈されるものとほぼ同額になっているし、それは娘に対しても、息子に対しても同じことである（Gotman, 1988）。経済的援助を受け、その見返りとして日常生活の世話をすることによって、若いものたちが世帯を構えやすくなるが、これはどちらかというと民衆階級において、子どもたちの生活の助けとなっている。これに対して、中流および上流階級では、それが社会的上昇に役立っている（Pitrou, 同）。またこうした贈与は、年老いた両親が老後の困難な時期を迎えると、それに対する援助として一部返還される。他方負債は、あとに続く世代にもち越される。女性たちは、この世代間給付経済の中心に位置する（INSEE, 1995）。すなわち娘たちは、母親と近しいため、両親を気遣い、また両親に責任を負うことに、男の兄弟たちよりも深く関わっている。また、両親が年とったとき、そう懇願されることもより多い。ひるがえって、母親は、子どもたちの教育と学校の勉強の援助に、より多くの日常的時間を割いている。自分の娘のほうが母親になると、娘たちを援助し、娘たちが家庭での活動と職業活動とを両立できるようにしてやる。男性たちは、より多く仕事のほうを向いているため、かれらの社会的人間関係と関心も、自身の世代という範囲内に限られることが多い。このように世代間伝達は、男女両性の文化的差異にインパクトを与えるが、このインパクトを、おそらく無視することはできない。

女性たちは、文通をはじめ、家族間でのことば《パロール》の遣り取りすべてに参加している。かの女たちのほうが、複数世代間の絆を生き生きと保つことに貢献するのは、こうして参加することをつうじてなのだ。これによって女性たちは、家系の知識や継続の記憶を管理するものとなるが、これらの知識や記憶は、個人のアイデンティティを形成するうえで本質的な要素なのである（Muxel, 1996）。個人のアイデンティティが表しているのは、両親というモデルからの模倣——この模倣されたもの自体、性別を強く刻印されている——と、その再現なのだ。すなわち、学業での成功、社会的地位、職業の選択は、男女双方の血統をつうじて、世代から世代へと伝達される対象のように思われる（Thélot, 1982）。同様なことはまた、生活習慣（家事や居住の習慣、結婚や教育や子づくりのモデルなど）だけでなく、とくに宗教的価値観、さらにはしばしば政治的価値観についてもいいうる（Percheron, 1994）。

きわめて多様なルーツ

あらゆる社会学が、世代間の関係に関心を示している。まず第一は、社会的流動性の——したがって、世代間の流動性の——社会学がある。この社会学は、両次大戦間にアメリカで形成されている。フランスでは、教育社会学が、先頭をきって象徴体系の伝達という問題を提起した（Bourdieu et Passeron, 1964）*。一九七〇年代になると、家族社会学が、物的財の伝達にまで調査を拡大した（Roussel, 1976 ; Pitrou, 1978）。同時に政治社会学が、アニック・ペルシュロン Annick Percheron の初期の業績によって、価値観という領域を問題にした。さらにつぎの一〇年間で、伝記的=家系的アプローチが、とくにダニエル・ベルトー Daniel Bertaux とイザベル・ベルトー＝ヴィアム Isabelle Bertaux-Wiame によって推進された（1988）。このアプローチは、いくつかの世代を含む伝達や、異なる家族間の伝達プロセスの一般的＝社会的条件を力説している。また、もうひとつ別の分野では、社会学が、家族のなかにだけでなく、社会にも世代のあることを再発見している（Attias-Donfut, 1988）。一九九〇年代には、社会的流動性の社会学が、とくに女性の職業履歴に関心を示すようになる（cf. Vallet, 1991）。そしてこれらの社会学は、なによりも、世代間のさまざまな伝達を総合的に把握したいという意図を表明している。すなわち、経済学者、社会学者、政治学者たちのアプローチを結びつけようとしている（巻末文献一覧参照）。

＊　ピエール・ブルデュー＆ジャン＝クロード・パスロン、『遺産相続者たち』、石井洋二郎監訳、藤原書店、一九九七年。

なにを伝達するのか？

物的財伝達の社会学と、象徴体系伝達の社会学は、それぞれかなり異なった問題を提起している。まず物的財伝達の社会学は、記述（複雑な公的委譲の記述、家族内で贈与の緊密な網の目の記述）の困難さに遭遇している。また、こうした交換をつき動かしている論理（たとえば、家族内でのもちつもたれつの関係を支配する贈与の原則と公正さの基準）を理解できないでいる。つぎに、象徴体系伝達の社会学は、この体系の相続の特殊性につき当たっている。文化的財の伝達は通常、経済的財の伝達にたとえて語られている。だがこれでは、この二つの伝達を物的な遺贈と同一視することに繋がる。さまざまな能力、素質、価値観がある世代をつき動かしているわけだが、これらは、ごく自然につぎの世代にとり込まれていくとされている。けれども、かず多くの社会学者たちは、象徴体系の相続は相続者自身の活動を前提とすると考えている。したがってかれらは、この相続を、獲得として（すなわち、けっして結果の予見できないプロセスとして）語り、内面化（この用語は、純粋で単純な自動的委譲を思わせる）として語りはしないのである。

この相続がもっとも完全になされた場合、それはけっして模倣によることがない。その意味で、こうした相続は、それ自体検討に値する。世代間の職業選択の連続性にかかわって、ダニエル・ベルトーとイザベル・ベルトー＝ヴィアムは、それがなんらかのモデルに縛られているのではなく、むしろ、うけ継いださまざまな資質を動員することによってなされると指摘している（1988）。また、アニック・ペルシュロンも、先の世代の政治的行動を学習することよりも、必要があれば、世界の評価基準を獲得することが、政治的行動の根源にあるとしている。

この相続の結果が予測できないのは、まず、それが、相続者の主観的な歴史にそって、つまり、くり返されては変化する自己認識によっているからである。親の理想の獲得は、主体間という独特の場でなされるが、この場が、呈示された遺産と、「客観的な」伝記的事件の影響力を媒介する。したがって、親の理想を獲得する際には、伝達された能力の弱点が克服される――主観的な動機をもち出して、社会学的にみてできそうもないことを企図する。たとえば、民衆階層の娘たちが学業上の成功をめざす（Terrail, 1995）――ことがありうる。だが同時に、男性支配を特徴とする家庭内行動が、世代間にわたって存続しやすい傾向もある。また、相続するとは、終わることのないプロセス――「おまえの父がおまえに残したもの、それを獲得するために生涯を過ごしなさい」（ゲーテ Goethe）――でもある。そしてこのプロセスの特徴は、獲得される資質が複数あり、可否二面からなるということである。すなわち、相続者は生きて活動するわけだが、その活動の条件はたえず更新され、そうした条件に遭遇することによって、資質が開花することもあれば、そうでない場合もある。

公平の問題

世代間の関係のなかでは、社会生活が連続すると同時に変化してもいるが、この関係は、社会学的探究にとって恒常的な争点となっている。今日、年金の将来について関心が高まっている。世代が下がるごとに人口が増え、余命も長くなっているが、これらの世代の失業と老齢化が重なって、年金が危機に瀕しているからである。そのため、世代間の関係もまた、公共世界の前面にたち現れている。世代間の公平に関して論争が展開された——とくに、アメリカで——が、この論争で使われた用語は、しばしばあまりにも単純化されており、年金の公的財源をどうするのかという現実の争点を隠蔽している（Attias-Donfut, 1995）。積み立てによる保護制度には固有の財政利益があり、この利益があまりにも優先されると、社会的不平等が増大することになろう。つまり、私的な連帯が、こうむった損失を埋めあわせるはずなのだが、民衆階層では、それが他の階層でより少ないのである。また、性にもとづく不平等も激化することになろう。いわゆる「福祉国家」が後退すると、その被害がまず女性たちに及ぶからである。女性たちは、家族的連帯の第一線にいる。にもかかわらず、かの女たちは——このことは指摘しておかなければならない——、これからさきフランスで、シヴィルミニマムと同額か、それ以下の収入しかない人々の八〇パーセントを占めることになる。

関連項目

家事労働　家族　教育と社会への受け入れ　性別による労働の分割と性別をめぐる社会的諸関係　手仕事、職業、アルバイト　母性

参考文献

▼Attias-Donfut Claudine (dir.), *Les solidarités entre générations*, Paris, Nathan « Essais et recherches », 1995, 352 p.
▼Muxel Anne, *Individu et mémoire familiale*, Paris, Nathan « Essais et recherches », 1996, 230 p.
▼Percheron, Annick, *La socialisation politique*, Paris, Armand Colin « U », 1994, 226 p.

▼Pitrou Agnès, *Vivre sans famille ?*, Toulouse, Privat, 1978, 235 p.
▼Singly (de) François *et al.* (dir.), *La famille en questions. État de la recherche*, Paris, Syros, 1996, 325 p.
▼Terrail Jean-Pierre, *La dynamique des générations*, Paris, L'Harmattan, 1995, 190 p.

（ジャン＝ピエール・テライユ Jean-Pierre TERRAIL／志賀亮一訳）

自然的性別《セックス》と社会的＝文化的性別《ジェンダー》

SEXE ET GENRE

［英］*Sex and Gender*

●生物学的区別と社会的区別
●これとは別のセックスとジェンダー
●セックスとジェンダーの関係についてのさまざまな分析
●ジェンダー概念の逸脱のあれこれ
●ジェンダーとセックスというカテゴリーをめぐる三つの論争

生物学的区別と社会的区別

自然的性別《セックス》とは生物学的なものに属し、社会的＝文化的性別《ジェンダー》（英語の gender）は社会的なものに属するとされ、両者は一般に対置されている。生物学では、区別とは、類似した細胞が異なった機能的特性を獲得することである。そして差異とは区別の結果のことである。動物社会の研究、なかでも、わたしたちの類縁にあたる霊長類の研究によって明らかになったのは、二次性徴における「差異」や、生殖、育児、食糧の確保を保証する行動の「差異」——メスとオスの非対称のこと——には、極端な多様性（最大限の対照から、類似同然まで）が存在することである（たとえば、Hrdy, 1981を参照のこと）。

人類は両性生殖の種に属しているため、二つの解剖＝生理学的性をもっている。この二つの性は、人類を物理的に永続させることを、つまり新しい個体の生産を、唯一の機能としている。ところで、人類の特徴は、すでに高等霊長類にも認められることでもあるが、発情期（動物のメスにおける、性的興奮と生殖時期の一致）を喪失していることである。その結果、人間の女性たちにとっては、妊娠の危険のない欲望と性交が可能であると同時に、性的欲望をともなわない妊娠（レイプは社会的行為であり、人類に固有のものだと思われる）も起こりうることになる。

人類の諸社会は、眼をみはるほど画一的に、生物学的区別を重層的に決定する。すなわち、社会体の全域において、二つの性《セックス》に異なった機能（分割され、分離され、一般的に序列化されている）を割りあてている。人類諸社会は、人間たちに「文法」*を適用する。「女」という性《ジェンダー》（ないしタイプ）は、文化的にはメスの役割をわり当てられて、社会的には女性となる。「男」という性《ジェンダー》のほうは、オスの役を振られて、社会的には男性となる。ジェンダーは事実上、二つの基本的領域、すなわち、（1）労働と生産手段の社会的な性別による分割、（2）出産という労働の社会的組織化、において作用している。そして、（2）では、女性たちの子孫再生産能力が、社会からのさまざまな介入によって変形され、たいていの場合に助長されている（Tabet, 初出1985, 1998自著に収録）。ジェンダーのこれ以外の側面——服装の区別、身体的＝心理学的な行動と態度の区別、物質的生活手段獲得における不平等（Tabet, 初出1979, 1998自著に収録）、および精神的生活手段の獲得における不平等（Mathieu, 1985*b*, 1991*a*）など——は、この基本的な社会的区別のしるし、あるいは結果なのである。

＊　英語をのぞくヨーロッパ各国の言語には、名詞に性があり、原則としてすべての名詞は男性名詞と女性名詞のどちらかに分類される（中性名詞をもつ言語もある）。このあとの記述の『女』という性《ジェンダー》」、『男』という性《ジェンダー》」は、原文ではそれぞれgenre « féminin »、genre « masculin »

であり、これは、≪ ≫をはずせば、そのままフランス語文法の「女性」、「男性」を意味する表現となる。

このように、ただひとつの領域での機能上の区別にすぎないものが、人間の経験のほぼ全体に拡張されている。そのため、人類の大多数は、性の差異という観点でものを考えるようになる。つまり、この差異は妥協を許さない存在論的な分割であって、そこでは、自然的性別《セックス》と社会的＝文化的性別《ジェンダー》が一致しており、各セックス＝ジェンダーの組み合わせは、他の組み合わせを排除するというわけだ。だが、この性別《ジェンダー》の文法は、観念的であると同時に事実にもとづくものだが、ときとして、二つのカテゴリーという生物学の「自明の理」を逸脱する。ところが、この自明の理自体が問題を含んでいる。それは、自然的性別《セックス》の決定メカニズム自体が複雑であること（Peyre et Wiels, 1997）と、雌雄両形質の混在状態が存在することが示すとおりである。近代ヨーロッパ以外の社会のいくつかと、わたしたちの社会の周辺的な現象とが示しているように、セックスとジェンダーの定義も、両セックス間の境界と両ジェンダー間の境界も、両セックス間の境界あるいは両ジェンダー間の境界も、それほど明確ではないのだ。

これとは別のセックスとジェンダー

自然的性別《セックス》という概念はまったく普遍的なものにみえる。エリティエ Héritier は、まさに両性の解剖学的差異を、「思考の究極の足がかり」とみている。つまり、両性の差異を足がかりにして、同一／相違という対立が二項対立的な概念体系の起源となったのである（1996, 一九ページ以下）。とはいえ、二分割の起源に関する理論、出産におけるその機能に関する理論、新生児の「現実の」性別に関する理論は、アリストテレス Aristote (les) 以前から近代の生物学まで、また地球上の端から端まで、まことに多様である。それぞれの社会によって、つねに二つの性があったり（神の命令、あるいは自然の秩序として）、あるいは最初はただひとつの性があったり（だが、意味深いことに、すでに性別があるか、両性具有である——結局は同じことなのだが）、またあるいは同一の性の二つの個体があったりする。出産に関しても、子どもを孕むのに貢献するのが、男性だけであったり、それとも女性だけであったり、またあるいは、精霊の助けを借りた女性であったりする。またときには、生物学的にみて、子どもを誕生後の姿で生みだしつづけるために、母親と父親が同じように必要とされる場合もある。さらにときには、子どもが分娩のときに性を変えるとか、じつは外見上の性には属していない……、などとされる場合もある。だが、性別《セックス》と性行為《セクシュアリテ》の表象の多様性にもかかわらず、各社会は、具体的に（つまり、儀式や、結婚の規則や、さまざまな規定をとおして）ひとつの性差と、両性の「相互補完関係」をうち立て、しかもその関係は、きわめて一般的に序列化されている（Mathieu, 1991*b*）。

大多数の社会では、ジェンダーの二分割は、セックスの二分割を模倣したもののはずである。だが、このセックスの二分割自体が、異性愛という形態で表現されている。この形態が正常なものとされ、規範化されているからである。このように、ジェンダーとはセックスを「翻訳したもの」なのである。だから両者のあいだには、相応関係があるにちがいないのだが、そこではセックスが優位に立っている。ここから、近代の性倒錯者たちにとって、性《セックス》を転換する必要が生じる。倒錯者は、反対側の性《セックス》およびそのジェンダーに属していると実感しているため、こうしないとセックスとジェンダーが一致しないのである。あるいはイヌイットにおいては、女の赤ん坊に男の子の服装をさせ（服装倒錯）、男の子として育てる必要が生じる。もちろん、この女の子の魂に宿った人物が男性に属する場合である（逆のケースもありうる）。これによって、すくなくともこの子どもが異性愛による結婚をするまでは、一種の「第三の性」が創りだされることになる。つまりこの子どもは、結婚によって、本来の「生物学的な」セックス／ジェンダーに戻るのである。

だが、第二の捉え方でいけば、セックスとジェンダーとの関係において、両者が不一致であったとしても、それが認められることになる。この場合は、ジェンダーのほうに、つまり役割と態度の社会的二分割のほうに、優位が与えられている。この場合、ジェンダーはセックスの象徴となることができるし、その逆もしかりである。これは、実際的な論理であって、異＝性間でというよりも、「異＝社会間で」の考え方である。ここでは、性的なものも含めて、さまざまな行動に一定の柔軟性が認められている。だから、この捉え方からすれば、近代の服装倒錯者たち（軽蔑されている）や、ネイティヴ・アメリカンのバーダッシュ（公式に反対のジェンダーに移った個人）たちには、性《セックス》を転換する必要がなくなる。むしろ、自分が他方のジェンダーのほうを好んでいることを、はっきりと示す必要が生じる。アフリカのいくつかのケースでは、男性間ないし女性間での結婚が、制度として認められている。だがそこでも、ジェンダーの規範（「夫」の絶対命令と「妻」の奉仕）は尊重されている。これらのケースが証明しているのは、結婚というものが、主として子孫再生産の機能によって定義されるわけではない——それは、すでにレヴィ＝ストロース Lévi-Strauss が、はっきりとみたとおりである（1956）——ということである。反対に結婚は、「女性」というセックス／ジェンダーに対して、「男性」というセックス／ジェンダーの権利の総体を保証するものなのだ。

＊　クロード・レヴィ＝ストロース、「家族」、『はるかなる視線Ⅰ』、三保元訳、みすず書房、一九八六年、五六〜九〇ページ。

セックスとジェンダーの関係についてのさまざまな分析

フリードリヒ・エンゲルス Friedrich Engels（1884）、マーガレット・ミード Margaret Mead（1935, 1948）、ヴァージニア・ウルフ Virginia Woolf（1929, 1938）、シモーヌ・ド・ボーヴォワール Simone de Beauvoir（1949）のような、重要な著者たちの著作＊がいくつかあるにもかかわらず、さまざまな性差が社会的に構築されているという問題は、人間諸科学ではずっと周縁に追いやられてきたし、いまもなお追いやられている。その証拠に、アカデミズムの世界では、フェミニズムの立場にたつ研究が、眼にみえないものとされているし、軽蔑されている。とくにフランスでは、それが他の西ヨーロッパ諸国よりもひどい。一九六〇年代の末に、さまざまなフェミニズム運動が復興する以前には、女性が権力の座にあるか、著名であるか、あるいはその両方である場合にかぎって、歴史学はかの女たちに関心を示したのであった。

また心理学と精神分析学は、生物学と社会化の境界で「さまざまな性差」に関心を示していただけだった（「本性《ネイチャー》 vs 環境《ナーチャー》」＊＊論争）。さらに社会心理学と社会学は、期待される、あるいはあらかじめ規制化された「性別の役割」（この役割をこうみなしたのは、ひとつの進歩だった）に関心を示していただけだった。最後に民族学は、「両性の相互補完性」を確認し、ときにはその根拠を問題にすることもあった（「自然 vs 文化」論争）。

＊　邦訳は以下のとおり。フリードリヒ・エンゲルス、『家族・私有財産・国家の起源』、戸原四郎訳、岩波文庫、一九六五年。マーガレット・ミード、『男性と女性——移りゆく世界における両性の研究（上・下）』、田中寿美子、加藤秀俊訳、東京創元社、一九八一年（原著一九四八年）。ヴァージニア・ウルフ、『自分だけの部屋』、川本静子訳、みすず書房、一九八八年（原著一九二九年）。シモーヌ・ド・ボーヴォワール、『［決定版］第二の性Ⅰ・Ⅱ』、「『第二の性』を原文で読み直す会」訳、新潮文庫、二〇〇一年。

＊＊　英語の nurture。『小学館ランダムハウス英和大辞典』（第二版、一九九四年）によれば、社会学の用語で、「（先天的な素質の発現に影響する）環境（条件）」のこと。

指摘しておこう。フェミニズムの立場に立つ研究が始まったころ、アメリカ合衆国でも、またほかのところでも、論じられていたのは「ジェンダー」ではなく、女性たちだった。つまり、男性中心の社会や科学によって、女性たちの存在がみえなくされていること、女性たちが男性たちによって抑圧／搾取されていること、また、女性たちの解放のための条件などだった。「女性として」、わたしたちは考え、権利要求していた。だが、女性とはいったいなにか？……さまざまな「女性たちの」運動には、さまざまな傾向があるが、それらのあいだで論争から、セックスとジェンダーの関係について、さまざまな隠された考え方が明らかになる。そのうちのいくつかは、前節で述べた二つの考え方とそれほど違ってはいない。たとえばフランスの一傾向は、ある種の精神分析から着想をえて、男性と女性は異なるという、セックスに密着した第一の考え方と結びつけることができる。そうなると問題は、わたしたちの社会が、女性というものに、その特殊性に「なりきること」を、心理学的および社会的に許さなかったということになる。だが、もっとも流布した選択は、第二の考え方に位置づけられ、セックスとジェンダーのあいだに曖昧さを残している。これらの選択は、ジェンダー構築の諸様態を非難する。ジェンダーを、文化的につくり上げられた性差だと考えているからである。そして、両性間のさまざまな不平等を分析・告発して、二つのジェンダーの中身を、公平になるように再調整する。最後に、セックスとジェンダーの関係の概念化の第三の方法（雑誌 *Questions féministes* のグループによって、同誌一九七七／一九八〇年号でフランスに紹介された）は、セックスを、単純な生物＝社会的カテゴリーではなく、階級（マルクスの意味における）だとみなしている。つまりセックスが、女性たちに対する男性たちの権力関係によって、およびその関係のなかで構成されるというのである。そしてこの権力関係が、ジェンダーの定義の（そしてセックスに対するジェンダーの優位性の――Delphy, 1991*b* を参照のこと）基軸そのものなのだ。すなわち、ジェンダーがセックスを構築する。この潮流に近い政治的レスビアンの傾向は、異性愛を、数ある性的行動のひとつとしてではなく、「女性たち」の定義の基盤となるシステムとみている。つまり「女性たち」とは、男性への依存を強制する関係によって定義されるのだ。かつてシモーヌ・ド・ボーヴォワールは、「人は女に生まれるのではない。女になるのだ」*といったが、モニック・ウィッティグ Monique Wittig は、「……『女』とは、異性愛の思考体系と経済システムのなかでしか意味をもたない。レスビアンは女ではない」とつけ加えた（1980）。

＊　前掲、『［決定版］第二の性Ⅱ　体験［上］』、九ページ。

フェミニズムによる科学批判は、とりわけ、「女性」というカテゴリーを自然にもとづくものとみなすことに向けられた。このように定義したのは、生物＝生理＝心理学の融合体であるが、他方では、この定義をかたちづくる権力関係が隠蔽されていた。こうした事態をまえにして、必要とされたことは、いくつかの分析を、したがって用語を導入して、セックスによるカテゴリー分類の社会的機能をはっきりと示すことだった。その結果、フランスでは、「社会的性 sexe social」（Mathieu, 初出 1971, 1991a に収録）とか、「雌雄鑑別 sexage」（Guillaumin, 初出 1978, 1992 に収録）といった概念が、「奴隷制 esclavage」とか「農奴制 servage」といった語の形態にならって、女性たちを被所有物とする体制を指すようになる（「性別差別主義 sexisme」はもっと限定された語で、むしろ態度を指している）。また、「性別をめぐる社会的諸関係 rapports *sociaux* de sexe」という表現が、フランス語圏諸国で急速に普及した。これは、英語の「ジェンダーをめぐる諸関係《ジェンダー・リレイションズ》」にあたる。アメリカ合衆国では、ジェンダー gender という語は、それまでは、人格のアイデンティティに関する心理学の研究で、ときとして使われていた（たとえば、John Money と Stoller の業績、1968）が、このころから社会学的な意味合いをもつようになった（たとえば、Oakley, 1972）。また、人類学者のゲイル・ラビン Gayle Rubin（初出 1975, 1999 に再録）は、「セックス／ジェンダー・システムズ sex/gender systems」という表現を提案した。これによって、さまざまな結婚制度と地球規模の経済＝政治プロセスとが、システム的に相互に依存しあっていることを強調しようというのである。結婚制度が、女性たちを抑圧しているからである（この制度のもとでは、女性たちは、自分自身に対しても、他の女性たちにたいしても、またや男性たちに対しても、「あれこれの権利」――性別《ジェンダー》としての特権――をもたない。一方男性たちは、女性たちとそのセクシュアリティに対して、「あれこれの権利」をもっている）。

ジェンダー概念の逸脱のあれこれ

一九八〇年代以降、フェミニズムの立場に立つと否とを問わず、英語で（そしてより最近は、フランス語で）書かれた文献に、ひとつの傾向が指摘されている。「ジェンダー」という用語が、なにもかもに使用されているのである。そしてこのことは、いくつかの問題を示している。

1　「セックス」（ジェンダーによって与えられる、イデオロギー的＝実践的定義）は、実際には、具体的な社会的諸関係と象徴的操作とが変わっていくなかで、その変数として機能している。だから、「ジェンダー」という語を個別で使用することは、この事実を隠す傾向をもつ。セックスとジェンダーの連結様式がどうであれ、ジェンダーが（そしてその違反が）、セックスとの関連でいえば、非対称的にしか機能しないことがたえず明らかになっている。おそらく、「男性vs女性」というジェンダーがあるのであろうが、ジェンダーの序列の下部ないし底辺には、多くのメスたちが、つまり「女」という社会的性《セックス》が存在する（Mathieu, 1989, 1991*a* に収録）。「人種」という語を「民族」という語で置き換えるのと同じように、セックスをジェンダーの埒外に置くことは、セックスというものが避けて通れない現実だという規定を保持する危険性をもつ（そして、現実は不変だという規定を保持して、「生物学」――そしてとくに、生殖の生理学――が、社会的環境に大きく依存しているということを忘れる危険性をもつ）。

2　たしかに、フェミニズムに立つ分析が証明してみせたのは、ジェンダーの機能が、さまざまな社会認知構造における場合も含めて（Hurtig et Pichevin, 1991）、序列をつくり出すことにあるということである。だが、この用語はひき続き、大部分の人々によって、害のない二極カテゴリー化だと感じられている。ジェンダー研究《ジェンダー・スタディーズ》について語るほうが、女性研究《ウィミンズ・スタディーズ》とかゲイとレズビアン研究《ゲイ・アンド・レスビアン・スタディーズ》について語るより下品（あるいは、「目立ちたがり屋」）でないし、フェミニズムに立つ研究《フェミニスト・スタディーズ》よりも穏やか（あるいは「客観的」）にみえる。その結果、男性という特性と女性という特性の象徴的＝イデオロギー的側面に関して研究を進めても、女という性の抑圧に言及しなくてすむようになる。

3　わたしたちの確認によれば、英語による著作の多数は、フェミニズムに立つ著作も含めて、ジェンダーという語を多様な意味で用いている。またとくに、セックスの婉曲語法として用いている（それに加えて、セックスとセクシュアリティのあいだの頻繁な混同もある）。ブリジット・ロモン Brigitte Lhomond (1997) によると、セックスとジェンダーの区別をすべて棄ててしまえば、ジェンダーを自然にもとづくものとみなす危険が生じる。

一九九〇年代以降、アメリカ合衆国に、ジェンダーの新しい逸脱が出現する。それは、歌手マドンナのショーで使われたり、クイア運動とかクイア理論といった名のもとで、行動主義者や一部の大学関係者らによって推奨されている（クイア *Queer* とは、「奇妙な」、「胡散臭い」などを意味し、同性愛者をさす侮蔑語であるが、ここでもち出されたのは、規範的な異性愛と異なった行動のすべて、つまり男性同性愛者、レスビアン、性倒錯者、ゲイ、性的両刀使いなどを肯定し、包含するためである）。ポスト＝モダニズムの一形態から着想をえて、先行するフェミニズム運動や、レスビアンやゲイたちの運動が、既存の集団的アイデンティティの問題に血道をあげたと非難しつつ、クイアたちは、二項対立的カテゴリー（男性vs女性、同性愛vs異性愛）を時代遅れだとか、はては「本質主義的」だと評価している（他方わたしたちは、それらが抑圧によって構築されていることを示しておいた！）。つまり、セックスとセクシュアリティという二つのカテゴリーを紛糾させ、混乱させ、「乱す」（Butler, 1990）*ことによって、ジェンダーを超える（trangendering）というのだ。かれらが、どちらかの（あるいは両方の）ジェンダーに興味をもつのは、疑似演劇的な「演技performance」としてであって、そこでは、各人が自分の好きなように演じることができるのだ（F. Collin, Charest, Mathieu――いずれも1994――らの批判的論文を参照のこと）。ここでは、ジェンダーの象徴、言説、パロディとしての側面が特権化されている。そして、女性たちが受けてきた抑圧という、物質的＝歴史的現実が無視されている。だからこうした傾向は、一部のレスビアンやフェミニストたちのあいだで、とくにアメリカ合衆国の「有色の」フェミニストたちや、第三世界のフェミニストたちのあいだで、激しい反対に遭遇している。

＊　ジュディス・バトラー、『ジェンダー・トラブル――フェミニズムとアイデンティティの攪乱』竹村和子訳、青土社、一九九九年、「序文」（七〜一五ページ）。

ジェンダーとセックスというカテゴリーをめぐる三つの論争

セックスとジェンダーというカテゴリーをめぐって、社会の現況が、概念の面でと同様法律の面で、もっとも明確になっているのは、豊かな国々の、以下の三つの論争をとおしてである。

［1］言語の「女性化」。ほとんどのヨーロッパ言語では、程度こそさまざまであれ、文法上の性には序列がある。つまり、男性〔単数〕が、その指す意味一般を代表し、男性複数が女性を包含する。このように「女性」というセックスと

ジェンダーが隠されていることに対して、フェミニズムからの異議申し立てが、非常に早い時期から、小説、エッセイ、ポスターで、そして今日ではファンジーヌ〔アマチュアによるSFのミニコミ誌〕で、さまざまの創意を凝らしてなされてきた。たとえば、すべての単語を女性形にする（まれだが、衝撃的である！）。あるいは女性複数を、活字の使い方で強調して、全体が男女混合であることを示す（たとえば、ドイツ語とフランス語の「女子学生たち StudentInnen、les étudiantEs」）*。または、性別の特定できる用語を最大限避ける。さらには、「中性」の語句や普遍的な語句——たとえば、性別をもたない主語on**（Wittig, 初出1985, 1992に収録）——を探す。それに、英語では、「議長 chairman」のかわりに chairperson を使うなどである。カナダのケベックでは、フランス語局が二〇年まえに、用語の女性形をつくったり、両性化したりすることを推奨する法律を制定した。たとえば、「女性教授」には professeure〔「(男性）教授」は professeur〕をあてたり、「女子学生」の複数形は étudiant-e-s***〔それまでは、étudiantes〕とする（フランスにおける「女性形職業名詞作成委員会 Commission de féminisation des noms de métier」の不測の事態については、Houdebine-Gravaud, 1999 を参照のこと）。だが、「女性形をつくること」が、いったいなんの役に立つのだろうか？　クレール・ミシャール Claire Michard が明らかにしているところでは、男性 vs 女性という記号表現《シニフィアン》は、対等な意味内容《シニフィエ》をもっているわけではない。つまりそれは、オス人間 vs メス人間という意味内容——古典的な言語学は、「自然の性」とか「真の」性を論じつつ、このように主張しているが——ではなく、人間 vs メスという意味内容なのだ（1999）。となると、つぎのような疑問が生じることもありうる。すなわち、言語における性別（化）を極端におし進めると、ぎゃくに、性別《ジェンダー》廃止へ向かう進化の可能性を閉ざしてしまうのではないのか?、というわけである。

*　普通の表記では、「男子学生たち Studenten, les étudiants」に対して、ともに女性の指標である文字 i と e を強調している。
**　フランス語の「人は」という不定主語代名詞。英語の one にあたる。
***　おそらく、- で連結することによって、女性の指標 e と複数の指標 s を強調しようという意図であろう。

［2］代議制の政治において、女性と男性の「数的対等parité*」が、ヨーロッパでは今日的な話題になっており、いく

つかの国々では実現間近のところもある。この数的対等の可能性や、とりわけその様態は、政治的伝統に密接に依存している。フランスでは、激しい論争によって、フェミニストたちがたがいに対立している。すべてのフェミニストにとって、少数派を余儀なくされているのは、「女たち」というセックスとジェンダーである。けれども、一部のフェミニストたちにとっては、であるからこそ、代議制の政治に、法的カテゴリーとしての「セックス」を制度化しなければならないことになる。だが他のフェミニストたちは、そんなことをしたら、すでにあまりにも根強い例の考え方を承認することになると心配している。すなわち、女性たちと男性たちとでは本性が異なっており、価値にも、思考にも、行動にも性別による特殊性がある——だが、女性たちが少数派を余儀なくされているのは、「ジェンダー」の問題なのだ——という考えのことである。

＊「平等 égalité」が自由な競争を前提に考えられているのに対して、「数的対等 parité」はなんらかの枠組をつくって同数、同列を成立させることである。ここでは男性・女性の人口比に合わせてあらかじめ議会の男性議員数と女性議員数を同じになるようにすることを意味する。

［3］いくつかの社会運動が、ごく最近になって、それまでは手がつけられないと思われていた領域で、性差の優位に異議を申したてようとしている。すなわち家族、そしてとくに親子関係や「親権」という中心的問題に関して。これは確認ずみのことだが、現在の家族は、もはや父親＝母親＝子ども（たち）という三位一体の公式によっては構成されていない（かつてはそうだったと仮定してのことだが）。その証拠に、いわゆる単親家族（統計的現実では、家族遺棄、離婚、レイプなどののち、母親が親として唯一の存在となっている家族）や、再興家族＊、養子縁組による家族、人工妊娠を利用した女性などが存在している。また、一部のレスビアンやゲイの男性たちは、生物学的にも親となっていたり、あるいは養子を望んでいたりしている。または、生物学的に親であると同時に、養子を望んでいる。これらのレスビアンやゲイたちは、現在のところ、「同性両親制」を公式に認めるよう要求している。いくつかのケースでは、子どもが二種類以上の両親（生物学的な両親と、社会的な両親）をもったとしても、なんら差し支えがない——民族学では「家

族」の形態が多数知られており、同性両親制もそのひとつに加わるにすぎない――からである。

＊「再興家族 famille reconstituée」とは、離婚した配偶者とのあいだの子どもを扶養している男女同士の結婚によってできた、両親と子どもからなる家族。

こうしたさまざまな権利要求に直接結びついて、同性のもの同士の結婚生活を法制化せよという要求が提出されている。この要求は、ある国々では、民事上あるいは宗教上真の結婚というかたちをとっている。また、たとえばフランスでのように、「連帯民事協約ＰＡＣＳ」＊といった、別のかたちをとっている。この法制化を要求しているのは、男性同性愛者の運動の一部であるが、かれらはこれを差別に対する闘いとみなしている。異性愛者（結婚しているか同棲かを問わず）に対してしか、結婚が社会的に認知されていないし、それゆえに、保障に関する特典も認められていないからである。また、男性同性愛者や、レスビアンや、フェミニストたちの運動の別の一部は、家族とは「異性愛優位論」の表現だから、自分たちはかねてよりこれを告発してきたと指摘している。さらには、家族という概念は、社会的最弱者が依存することを承認しており、これとは別の解決法があるとすれば、それは夫婦にではなく、個人に結びついた諸権利の実現だろうと指摘している。

＊一九九九年末の「連帯民事協約法」によって実現（五七ページの訳注＊＊参照）。

関連項目

科学の言語（の性別化）　家族　教育と社会への受け入れ　支配
女性性、男性性、男らしさ　性行為　性差（の理論あれこれ）
性別による労働の分割と性別をめぐる社会的諸関係

参考文献

▼Delphy Christine, Penser le genre : quels problèmes ?, *in* Marie-Claude Hurtig, Michèle Kail, Hélène Rouch (éd.), *Sexe et genre. De la hiérarchie entre les sexes*, Paris, Editions du CNRS, 1991b, p. 89-101.

▼Guillaumin Colette, *Sexe, race et pratique du pouvoir. L'idée de Nature*, Paris, Côté-femmes « Recherches », 1992, 241 p. [一九七七年から同九二年までのテクスト]

▼Herdt Gilbert (ed.), *Third Sex, Third Gender. Beyond Sexual Dimorphism in Culture and History*, New York, Zone Books, 1994, 614 p.

▼Héritier Françoise, *Masculin/féminin. La pensée de la différence*, Paris, Odile Jacob, 1996, 332 p. [一九七八年から同九三年までのテクスト]

▼Hurtig Marie-Claude, Pichevin Marie-France (éd.), *La Différence des sexes. Questions de psychologie*, Paris, Tierce « Sciences », 1986, 356 p.

▼Mathieu Nicole-Claude, Identité sexuelle/sexuée/de sexe ? Trois modes de conceptualisation du rapport entre sexe et genre, *in* Anne-Marie Daune-Richard, Marie-Claude Hurtig, Marie-France Pichevin (éd.), *Catégorisation de sexe et constructions scientifiques*, Aix-en-Provence, Université de Provence « Petite collection CEFUP », 1989. [republié *in* N.-C. Mathieu, *L'Anatomie politique. Catégorisations et idéologies du sexe*, 1991*a*]

▼Rubin Gayle, L'économie politique du sexe : Transactions sur les femmes et systèmes de sexe/genre, *Cahiers du CEDREF*, 1999, n°7, 82 p. [éd. orig. aux Etats-Unis, 1975]

▼Tabet Paola, *La construction sociale de l'inégalité des sexes. Des outils et des corps*, Paris, L'Harmattan « Bibliothèque du féminisme », 1998, 206 p. [一九七九年と同八五年のテクスト]

（ニコル＝クロード・マティユ Nicole-Claude MATHIEU ／内藤義博訳）

男女共同参画

MIXITÉ

［英］*Gender Equality*

●観念から概念へ
●男女共同参画は、推進しなければならないのか？
●男女共同参画——現在の問題と争点

さまざまな社会科学において、男女共同参画という観念を定義する第一段階は、クロード・ゼドマン Claude Zaidman によってもたらされた（Baudoux et Zaidman, 1992）。それは、学校という領域に関するゼドマンの研究から、つまり「同一社会空間での両性の共存化」の研究からもたらされた。

観念から概念へ

とくに、学校において男女共学が一般化したことを理由として、一九七〇年代の中ごろ、心理学やさまざまな教育学の科学は、最初の科学的な学問分野として、男女共同参画の観念を「加工する travailler」ことになった。性別によるアイデンティティ決定の問題——あるいは、ジェンダー文化の問題——は中心的なものであり、学校はそのとくに重要な領域である。考察はこうして、つぎのような問題提起をめぐって組織される。教室で男の子たちと付きあうことによって、女の子たちは、女子である自分への見方、自己呈示の仕方を変えるのだろうか？　男女共学は、男性のアイデンティティと女性のアイデンティティの同化を包含するのか否か？（Mosconi, 1989；Durand-Delvigne, 1995）

ニコル・モスコーニ Nicole Mosconi（1992）とクロード・ゼドマン（1996）の著作では、学校での男女共学へのアプローチが、性別をめぐる社会的諸関係とかかわって採用され、共学をめぐって、モスコーニが「性別による教育の不平等の社会学」と名づけるものが展開されている。それ以来、なぜ男女共学が女性たちの職業への進出にほとんど影響をもたらしていないのか、また、どの程度まで共学が社会の変化をもたらしうるのかを、解明しなければならないとされている。したがって、今後の目的は、男子＝女子の関係という観点から、共学空間のなかでなにが起こり、関係しあっているのかを理解することなのだ。そして、両性の子どもたち——男女共学で社会化され、育成されている——が、前世代までとは異なった市民となり、自分たちが性別による不平等を再生産しないように配慮するのかどうかを問うことでもある。

労働という領域においては、探究が最初に、明確に「男女共同参画」という対象に向けられはじめるのは、一九九〇年代のことである。これらの著作すべてに共通する点は、男女共同参画の観念を、性別による労働の分割、その変遷、その転移、さらにはその克服についての社会＝歴史的考察に統合していることである。問題は、すでに構成されたスタッフに、あるいは構成されつつあるスタッフに、男女共同参画を導入した場合、それがどのような現れ方をするのかを観察することにある。たとえば両性間において、いったいどの程度まで、真の労働の分担が——あるいは新たな配分が——進むのか、それぞれが占めるポストは平等になるのか、同一のテンポと水準で昇進するのか、伝統的な性別の紋切り型が再検討されるのかをである（私企業部門については、Forré *et al.*, 1998; フランスの公共企業部門については、Fortino, 1999)。

同じ時期に、男女共同参画が、政治研究の分野に、そしてもっとまれなことではあるが、さまざまな社会運動の研究という分野に現れてくる。ダニエル・ケルゴア Danièle Kergoat ほかによる看護作業での協調に関する著作 (Danièle Kergoat *et al.*, 1992) は、また、持続的な闘争のなかで、男女の社会的行為者たちが、男女共同参画を日常的に「管理運営」していると報告している。この女性社会学者とそのチームの問題設定は、労働と雇用に関してなされた問題設定に近い。すなわち、闘争中の看護士と看護婦とのあいだで、闘争のための任務と権力とが実質的に分担されているのか、という問題設定のことである。

探求が進むにつれて、男女共同参画の観念は徐々に、「技術的」かつ「数あわせ的」なアプローチや、「技術的」あるいは「数あわせ的」なアプローチから解放されようとしている。男女共同参画は、ただたんに社会的空間であって、そこで男女の個人たちが隣りあっているというだけのものではない。それはまずなによりも、この用語のさまざまな意味において、ひとつのプロセスなのである。小学校のほかは、いかなる社会的空間も、数の観点からいって公平な性別による配分にはなっていない。大部分のケースでは、男女共同参画は「部分的」であり、展開の最中にある。男女共同参画は、それが過渡期をしるしづけるという意味でもまたプロセスである。すなわちそれは、性的に分離された社会空間から、もうひとつの空間へ、両性の共存を認める空間へ移行することなのだ。この移行は、重要な意味をもっている。というのは、わたしたちの社会のなかでは、両性間の社会諸関係が組織されているが、この移行がその組織のされ方に関わっているからである。分離が存在するとき、支配者／被支配者の対立は、男性専用の領域から女性たちを排除するというかたちで、あるいは、被支配者である女性たちを低資格の仕事に就かせるというかたちで現れてくる。ところが、男女共同参画の空間では、両性の対決は、両者が共存している空間で「直接」発生する（Fortino, 1999）。ところで、この対決から、女性たちは勝者として出てくるわけではない。それとはほど遠く、研究の全体がこの点で一致しているように、男女共同参画は平等の同義語ではない。

この点で、男女共同参画は、性別をめぐる社会的諸関係を実現する様態のひとつ――男女の分離は、もうひとつ別の様態であり、それは、時の推移とともに、また欧米各社会が進化するにつれて、正統性を失ってきた――だということができる（Zaidman, 1992）。このことが意味しているように、男女共同参画は、なんらかのかたちで男性支配を再検討することではない。よく知られているように、男性支配は、性別による分割と分離というモデルにしたがって、歴史的に構築され、永続化されてきたのである。労働、学校、各種社会運動などなどにおいて、男女共同参画が研究されているが、その研究が今日示すところによれば、男性と女性とのあいだの諸関係は相対的に変化しており、それは以下のように要約できるのではないか。すなわち、排除が停止するところに差別が始まると。

男女共同参画は、推進しなければならないのか？

男女共同参画をテーマとして、いくつかの論争が登場したが、そのひとつが、この最後の論点をめぐる位置にある。なにはともあれ、社会の男女共同参画を一般化することを望み、推進しなければならないのか、というわけである。北アメリカの女性研究者たちの一部は、もはやためらうことなく、自分たちは「後方への回帰」のほうを選ぶとしている。クラスを男女共学にしても、いささかも女の子たちを周囲の性差別から守ることにはならないし、むしろ、もっとも選別にかかわる科目で、かの女たちが失敗する原因になるのではないか。この確認から出発して、これら女性研究者たちは、学校という制度を再構築して、男女共学でない空間をつくり出すべきだと提案している（Forest, 1992）。ところがフランスでは、このようなアプローチが踏襲されてはいない。フランスの女性研究者たちは、もっと別の解決策のほうを選んでいる。たとえば、反性差別の教育法を活用し、さらに必要に応じて、積極的反差別措置をこれに加えることである (Durand-Delvigne et Durut-Bellat, 1998)。

第二の論争は、「男女共同参画」の定義そのものをめぐって展開している。男女のあいだに厳密な数的均衡がなくとも、男女共同参画について語ることができるのではないのか、というわけである。この問いに対して、ミシェル・ル＝ドゥフ Michèle Le Dœuff は否定的に答えている (1992)。男女共同参画とは、「フィフティ＝フィフティの場合であり、そうでなければ男女共同参画ではない」というのだ。しかも、こう主張するのは、かの女ひとりではない。ある社会的空間で数的不均衡がとりわけ強烈な場合、どの研究も、暗黙のうちに「男女共同参画」という用語を忌避する。そして、「女性がめざましく進出している職」とか、「大部分男性の雇用部門」という表現を用いている。

ところで、男女共同参画は、性別をめぐる社会的諸関係との関係で概念化されているが、論争の最後のテーマは、この概念化と、男女共同参画への社会地理学的＝記述的アプローチとを対置するものである。このアプローチはとりわけ、ミシェル・フォルテ Michèle Forté らの手になる著作によって開発された (Michèle Forté *et al.*, 1998)。それによれば、フォルテらにとっては、男女共同参画という概念が表しているのは、「その活動において結びついた男性たちと女性たちとのあいだで、労働配分の具体的形態をいくつか検討すること」ではないかというのである。

男女共同参画――現在の問題と争点

男女共同参画の研究は、現在の問題と争点の前提段階にすぎない。つまり、いくつかの部門と側面が、なお探求されなければならない。たとえば労働という領域において、問題となりうるのは、男女共同参画の空間において、階層間の諸関係がいかに組織されるのか、あるいは組織しなおされるのかである。あるいは、労働時間の短縮は、男女共同参画の実現に対して、どんな影響を及ぼしうるのかである。

ぎゃくに、男女共同参画の社会＝政治的現状は、労働や学校制度において、一九九〇年代以来行き詰まっている。ところで、いくつかの産業部門と職業では、伝統的に女性たちがいなかったため、かの女たちがそちらに向くのを優遇するため、職業上の平等に関して法が制定された。だが、こうした法の足どりにもかかわらず、いくつかの大企業では、生ぬるい措置しか講じられていないため、ここにも、右と同様の停滞がみられる。かず少ない、いくつかの試行――たとえば、男女共同参画ではない研修によって、第三次産業部門の女性たちに専門技術を教える試みである。だが、これらの大企業指導部は、こうした試みの総括をけっしてしようとはしていない――ののち、新たな実験はなされていない(Doniol-Shaw *et al.*, 1989; Meynaud, 1992)。より広くは、雇用政策が最近一五年にあい継いで実施されたが、そこでもはや、労働における男女共同参画はなんらの争点にもなっていない。

これに対して、代表制政治の各レヴェルでは、男女共同参画のテーマが、一九九〇年代初頭に、数的対等をめぐる論争とともに舞台の前面に登場した。じっさい、研究においても、社会的＝政治的空間においても、教育、労働、政治において男女が共同参画している場合と、分離されている場合とでは、全面的に――あるいは、ほぼ全面的に――たがいに切り離された状況であるかのように、すべてが推移している。ところが、それらはひとつのシステムをなし、すべてが一致して、性差の社会的処遇をめぐる現代の変遷を指し示しているのである。

関連項目

教育と社会への受け入れ　数的対等
性別による労働の分割と性別をめぐる社会的諸関係　平等　労働組合

参考文献

▶Durand-Delvigne Annick, Durut-Bellat Marie, Mixité scolaire et construction du genre, *in* Margaret Maruani (ed.), *Les nouvelles frontières de l'inégalité . Hommes et femmes sur le marché du travail*, Paris, Mage/La Découverte « Recherches », 1998, p. 83-92.

▶Forté Michèle, Niss Myriam, Rebeuh Marie-Claude, Trautmann Jacques, Triby Emmanuel, De la division sexuée au partage du travail ?, *Travail et emploi*, 1998, n°74, p. 51-62.

▶Fortino Sabine, De la ségrégation sexuelle des postes à la mixité au travail : étude d'un processus. *Sociologie du travail*, 1999, n°4, vol. 41, p. 363-384.

▶Kergoat Danièle, La gestion de la mixité dans un mouvement social : le cas de la coordination infirmière, *in* Claudine Baudoux, Claude Zaidman (ed.), *Égalité entre les sexes. Mixité et démocratie*, Paris, L'Harmattan, 1992*b*, p. 261-278.

▶Mosconi Nicole, *La mixité dans l'enseignement secondaire : un faux-semblant ?,* Paris, PUF, 1989, 288 p.

▶Zaidman Claude, *La mixité à l'école primaire*, Paris, L'Harmattan, 1996, 238 p.

（サビーヌ・フォルティノ Sabine FORTINO／鄭久信訳）

手仕事、職業、アルバイト

MÉTIER, PROFESSION, JOB

［英］*Métier, Profession, Job on the Side*

手仕事 *Métier*

手仕事《メティエ》 métier という観念は、ラテン語の menestier, mistier（「奉仕」、「職務」）に由来するが、また二つのギリシア語の主要概念に行きつく。つまり「メティス mêtis」――実践的知性――と「テクネ techné」――理論的知性――である。

ここには、ひとつの区別がなされている。すなわち、実践的知性をもった職人は、服従という隷属的性質を含意しているのに対して、「技能人 technite」のほうは、自己の技芸の諸規則を保持している（Descolonges, 1996）。この二項対立は、『プティ・ロベール仏語辞典 *Le Petit Robert*』（1977版）によって与えられている諸例のなかにもみいだされる。「手は頭よりも働く les mains travaillent plus que la tête」といったことわざや、「職人仕事 petit métier」は「画趣に富む pittoresque」という定義のことである。* 手仕事ということばは、きわめて明らかに労働の社会的分割を、そしてもっと個別には、手による労働と知性による労働との分割を含んでいる。さまざまな辞書からの引用や語句はまた、両性間の社会的分割をも明示している。「専門家・プロになる être un homme de métier」**、「世界最古の職業 le plus vieux métier du monde」〔売春のこと〕、「王の務めは偉大だ le métier du roi est grand」などである。女性たちは本質的に、技術と権力の行使のためにはつくられていないかのようなのだ。だからこそ、この二つの次元の交差する場で、問題を検討しなければならない。

* *Le Petit Robert*, 一九七七年版では、「手 main」、「働く travailler」、「……より plus」、「頭 tête」の項目のいずれにも、「手は頭より……」ということわざはみあたらない。また petit métier〔*Le Petit Robert*, 1977版では、petits métiers〕は、「職人の仕事。ひとりの人物によってなされ、今日では画趣に富んだ外観をもつ artisanaux ; exercés individuellement et qui ont de nos jours un aspect pittoresque」と定義されている。

** homme de métier とは、直訳すれば「仕事の男」。

手仕事の黄金時代は、同職組合や職人階級にかかわる時代である。熟練した腕前《メティエ》を獲得するには長い徒弟期間が必要であり、その最終的な生産物が親方作品*だった。歴史家たちの作業が進むにつれて、わたしたちにわかってきたことは、各同職組合のなかで、女性たちの割合がたえず増大していたことである。女性たちの同職組合も存在していた。下着製造工、糸紡ぎ工、写本装飾工、種苗屋などであるが、そのうえ、いくつかの男性の手仕事にも女性たちがみいだされる。医師（外科医）、錬金術師、曲芸師……などである（『職業の書 *Livre des métiers*』、1268）。とはいえ、組合の規則はやはり、それぞれの手仕事の特殊性の規則なのである。これらは、まちがいなく認知された手仕事ではあるが、また「女たちの仕事」でもあって、伝統的に女性たちに割りあてられたものと理解されていた（Perrot, 1978）**。この労働の分割は、生産活動と子孫再生産活動とのあいだで、その境界が不安定であったことを示している。

＊　職人が親方として認められるために制作する作品のこと。
＊＊　ミシェル・ペロー、「乳母から女性社員へ――十九世紀フランスにおける女性の労働」、『女性たち、あるいは歴史の沈黙』、持田明子訳、藤原書店、近刊。

工業化と労働の細分化とにともなって、かず多くの手仕事が解体するのに立ち会うことになる。職人たちとはぎゃくに、大多数の労働者たちは、生産プロセス全体を把握できないようになる（Naville, 1961）。なるほど、賃金労働制への動きが、女性たちに露天や家庭から抜けだす可能性をもたらしたが、労働の分割は、確実に、新たな様態にしたがって工場で再編成された。

「女性の手仕事」という概念は十九世紀末に出現し、女性たちの「もって生まれた資質」を核として定義されたが、技能として認知されたわけではない。たくさんの歴史叙述がまた、女性たちの身体が労働の用具として利用されたと指摘している。その多くは、売春婦、乳母、家内奉公人……などであり（Gardey, 1998）、かの女たちは、労働の経済的＝社会的組織化に関与していた。

二十世紀をつうじて女性たちの権利が進展すると、一九八〇年代には、社会科学における問題意識が、女性の進出あるいは男性の占有の分析へと方向転換する。いくつかの職業と産業部門で、性別による労働の分割が恒常的に再編されていたからである。

手仕事という概念に関しては、さまざまな社会学的アプローチがあるが、それらは、以下の三つの次元に対応している。そしてこの三つの次元は、労働の技術的＝社会的分割と性別による分割とに関して、同時に議論する必要性を明らかにしている。

まず、手仕事は生産プロセス全体の把握、すなわち創造的行為に結びついている。

工業の歴史が指摘するところでは、たんに「労働のポスト」を占めることと「手仕事」をえることとのあいだで、対立が構造化しているという。前者は、労働の技術的分割、職務の細分化に行きつくが、その原型はテイラー・システム*のもたらす状況である。すなわち、個人はその自立性と創造性を剥奪されることになる。それとはぎゃくに、手仕事の概念が行きつく行動規則は、技芸の規則と共通性をもつ。つまり、定式化された反復作業を適用することではもはやなく、熟慮された技量を自己のものにすることなのだ。そしてそこには、一次原料から最終産品まで、明確な規則と実践との長い修得期間が含まれている。これら二つのモデルの結果として、労働が社会的に、また性差によって分割されることになる。すなわち、女性たちは職人階級にはほとんどみあたらず、工業部門のもっとも評価の低い労働ポストにその姿を現す。これに対して、女性たちが広く姿を現すのは、いわゆるサーヴィス「職《メティエ》」である。つまり、商業、介護、それに、労働の融通性と細分化が発達している第三次産業なのである。

＊ アメリカの機械技師フレデリック＝ウィンズロー・テイラー（Frederick Winslow Taylor, 一八五六～一九一五）が考案した、生産性向上システム。労働者の一定時間内の標準仕事量の設定、出来高給与制、計画部門の設置、機能別職長制度などからなるが、作業の細分化が前提となっている。

つぎに、手仕事は、資格あるいは免状によって認可された経験に結びついている。職業訓練の水準は、産業部門と性差とによって広く規定されている。工業部門――ほとんど女性が進出していない――では、第三水準（技師）にいたる職業訓練が、第三次産業部門にくらべて、はるかに広範にゆき渡っている。このように、男性のものとされる手仕事と、女性のものとされる手仕事とは、識別されている。そしてこの識別は、一方の女性の特質――生来のものであって、後天的に獲得したものではなく、それゆえに完全には技能資格と認められない――と、他方の男性の特質――いくつかの免状によって認可されており、それゆえ技能資格と認知されている――とのあいだの分離と重なっている（Kergoat, 1984）。この論理は、女性向きといわれる技量（細心、気配りなど）に行きつくが、それはまた、企業によって利用されるような能力である場合に、この能力という概念によって強化されることもある。「技量」（忍耐、慎み、寛容など）はひとつの規準であるが、この基準は、女性向きといわれる仕事《メティエ》のいくつかにもみいだされ、「他者に接する技量」（秘書、接待役、看護婦、ソーシャル・ワーカー、美容師など）へと繋がっていく。このような概念の危険性のひとつは、古くからの決まり文句に現代性と科学性（能力の座標系の構築を参照のこと）という外観をまとわせることによって、各産業間に、その関連部門も含めて、性別による差異を認め、それを正当化することではないだろうか？　それも、男性向きとされる諸能力と、女性向きとされる別の諸能力とを分離することをつうじて。

手仕事は社会的認知をつくり出す。

これら女性向きとされる仕事《メティエ》は、わたしたちの社会ではそれほど評価されていない。そのうえ、仕事《メティエ》による社会的評価は、女性たちにおけるよりも、男性たちにおいて強固なものがある。生産という領域でも子孫再生産という領域でも、女性たちには違った位置が割りあてられているからである（Kergoat, 1988；Fortino, 1995）。ミレイユ・ダドワ Mireille Dadoy は、手仕事への回帰という強い社会的権利要求を指摘しているが、この概念は、その強力な積極的含意――それは、失業、資格の欠如、労働の細分化、労働スタッフの分裂、出世にも社会的認知にもつながらない流動的雇用に対抗している――によって豊かなものとなっている（1984）。しかしながら、手仕事の復権は、男女を問わず、労働者、職人、一般職員の側で起こっているわけではないようである。むしろそれは、特殊技術の専門家や技師といった職種の側で起こっており、それによって、社会的な、また性別による労働の執拗な分割を肯定している。

参考文献

▶Dadoy Mireille, Le retour au métier, *Revue française des affaires sociales*, 1984, n°4, p.69-104.
▶Descolonges Michèle, *Qu'est-ce qu'un métier ?*, Paris, PUF, 1996, 259 p.
▶Fortino Sabine, Le «plaisir», au cœur des pratiques et stratégies professionnelles féminines ?, *Cahier du GEDISST*, 1995, n°14, p.127-147.
▶Gardey Delphine, Perspectives historiques, *in* Margaret Maruani（dir.）, *Les nouvelles frontières de l'inégalité.*

Hommes et femmes sur le marché du travail, Paris, MAGE/La Découverte « Recherches », 1998, p.23-38.
▼Kergoat Danièle, Le métier, *in* Christophe Dejours (dir.), *Plaisir et souffrance dans le travail*, Éditions de l'AOCIP, 1988, t. 2, p.191-198.
▼Perrot Michelle, De la nourrice à l'employée... Travaux de femmes dans la France du XIXe siècle, *Le Mouvement social*, numéro spécial, octobre-novembre 1978, n°105, p.3-10.〔ミシェル・ペロー「乳母から女性社員へ――十九世紀フランスにおける女性の労働」、『女性たち、あるいは歴史の沈黙』、持田明子訳、藤原書店、近刊〕

（プリスカ・ケルゴア Prisca KERGOAT／鄭久信訳）

職業 *Profession*

「職業 profession」ということば（ラテン語の professio「宣言」に由来する）、動詞「professer 表明する」から生じている。「表明する」とは、信じていること、政治的＝宗教的確信、意見を表明する行為である。日常の言語のなかでは、「職業」ということばは多くの意味をもち、それは「生活手段をひき出す決まった仕事」を指すこともあれば、また「なんらかの社会的、あるいは知的威光をもつ仕事」を指すこともできる（『プティ・ロベール仏語辞典』、一九九三年版）。

アングロ＝サクソン諸国では、職業の社会学は、「あれこれの真の職業」と他の労働活動とを対置し、後者を単なる仕事として示している。真の職業は、「国家」と法律によって認知された特別の権利を具備している。それらは、その養成を組織化し、その遂行を統制し、自立的に構造化されて、実践的知とともに長期の理論的訓練を含んでいる。これに対して、それ以外の労働は、このような特別の権利を享受していない。

ところがフランスでは、職業の社会学は、もっとも多くの場合職業集団の社会学と呼ばれ、「真の職業」と単なる仕事とのあいだに差異を設けていない。つまり、ひとつの職業の成員とは、同じ労働行為に携わる人々のことなのだ。だからここでは、ことばの意味は同職組合ということばの意味に近い。しかしながら、職業という概念は、労働に関する著述者によって、またかれらの視点によって、多様な意味を含んでいる。そして、これら多様な意味は、職業のアイデンティティ、その占める位置、専門化の程度、もしくは職業分類との関連でつくり出される（Dubar et Tripier, 1998, 一二～一三ページ）。

歴史的にみて、職業の遂行は、収入を伴うすべての労働と同様、性別による労働の分割によって特徴づけられている。フランスでは、女性たちは、同職組合＝国家管理的モデルからは隔離されてきた。このモデルは、階層化された職業システムであって、旧制度《アンシャン・レジーム》の時代に力をふるい、その後も存続しつづけている。とはいえ女性たちは、いくつかの時期には、なんらかの同職組合に加入することができた、とりわけ、専門職人の妻や未亡人や娘の場合にそうだった（Roux, 1994, 九〇～九一ページ）。十九世紀末ないし二十世紀初頭以来、女性たちは、さまざまな労働活動――秘書、看護婦、小学校教師など――に参入しはじめたが、それらの活動は、「女にふさわしい」（Cacouault, 1987）といわれていた。だが、医療や司法といった、もっとも権威ある活動は女性たちに禁じられていた。

社会学の創始者たちのなかで、一部の著述家たちは、職業集団について考察を推し進め、その発生と、それぞれの活力を明らかにした。だがその反面、職業という活動の性別化に関しては、いっさい疑問が存在してはいない。かくして、エミール・デュルケム Emile Durkheim によれば、職業集団は、わたしたちの各近代社会の社会的かつ精神的組織化のなかで中心的役割を果たすように定められており、とくに、個人と国家とのあいだの「媒介団体」として社会的調整の機能を保障すべく定められている。[*] また、マックス・ヴェーバー Max Weber は、その考察を職業活動の宗教的意義に集中する。だから「職業人」とは、まず宗教者たち（魔術師、祭司、預言者）のことであり、カリスマ的な、あるいは伝統的な正統性によって構築されたものを体現している。** つぎに産業革命と諸活動の合理化とともに、職業人の新たな姿が浮かびあがってくる。それは「専門家」という姿のことであり、合法的=合理的正統性によって構築されたものを代表する。

* デュルケーム、『社会分業論』(現代社会学大系 第二巻)、田原音和訳、青木書店、一九七一年、二五ページ、「ひとつの国民は、国家と諸個人のあいだに、一連の第二次的集団をすべて挿入することによってのみ、みずからを保持しうる。これらの第二次的集団は、国家とちがって個人に近いから、個人を自己の活動領域に強くひきよせ、こうして社会生活の主要な奔流に個人をひきいれることができるからである。この役割を果たすのに職業集団がいかに適しているかということ、そしてまた、いっさいのものが職業集団をそのように運命づけてもいることについては、これまでに述べてきたところである」。

** たとえば、マックス・ウェーバー、『宗教社会学』、武藤一雄ほか訳、創文社、一九七六年、六ページ、「……人間に乗り移る種々の『呪術的な』カリスマはとくにその資質ある者だけに宿り、そこからこの抽象化によって、あらゆる『職業《ベルーフ》』のなかのもっとも古い職業、つまり職業的呪術師を成立せしめる……」。

歴史学や社会学の探求ははじめ、女性たちによってなされた職業活動の特徴を明らかにすることに専念した。だが一九六〇年代の終わりから、女性たちが第三次産業や、それまで女性に閉ざされていた職業集団により広く参入してくるようになると、各研究は、ひとつの手仕事《メティエ》や職業《プロフェシオン》への女性の進出を対象とするようになった。これらの研究は、女性の進出という概念に与えられた意味を問うものである(Zaidman, 1986)。そしてこの概念は、ある職業集団のなかでの女性の数の増加——少数であれ、多数であれ——に行きつくと同時に、職業的実践と両性間の社会的諸関係の変化あるいは再生産との関連で、女性の数的増加の影響に行きつく。女性進出の概念は、さまざまな社会的表象に結びついている。まずそれは、「秩序の転覆」(Zaidman, 1986)、つまり社会体制の混乱として分析されることもありうる。たとえば女性たちが、たとえ少数であれ、権力部門とみなされる男性の牙城に侵入する場合である。また反対に、平等——権利と数のうえで——を獲得するための闘争で、女性たちが勝利したのだと解釈されることもある。ある職業集団へ、女性たちが大量に進出するケースである。さらに別のいくつかのケースでは、女性の進出プロセスが、ある職業活動の価値の下落や威信の喪失と相関関係に置かれることもある。

一九八〇年代の終わりから、いくつかの研究は、社会的＝経済的メカニズムを研究する方向へ向かう。このメカニズムが、性別による労働の分割の新たな形態の起源となっているからである。それらの研究は、多種多様な要因を視野に入れている。たとえば、それは社会的表象の変化（Cacouault, 1987）、構造的変化（Marry, 1989 ; J. Collin, 1992）、各国の状況の影響（Cacouault, 1987 ; Marry, 1989 ; Le Feuvre et Walters, 1993）、労働の組織化の変容（Cacouault, 1987 ; Picot, 1995）、そしてまた、家族制度に関わるさまざまな変化である。また、いくつかの研究が職業集団の男性支配についてなされているが、それらは、女性進出の観念をも含めて、問題提起の拡大を予想させている（Cacouault-Bitaud, 1999 ; Picot, 2000）。

職業集団の社会学において、男性支配と女性進出という現象は、職業集団の進化を理解するうえで、つねに考慮の対象となっているわけではない。この二つの現象は、その重要性にもかかわらず依然として、分析において周縁的な、あるいは無視された要素にとどまっている。また、性別をめぐる社会的諸関係の社会学では、「職業」という語に与えるべき意味（アングロ＝サクソン諸国での意味か、それともフランスでの意味か）に関して、理論的論争が開始されようとしている。この論争が新しく登場したのは、女性たちが近年、社会的にみてより特権的で、より評価の高い職場へ進出したからなのである。

参考文献

▼Cacouault Marlaine, Prof... c'est bien pour une femme, *Le mouvement social*, juillet-septembre 1987, n°140, p. 107-119.
▼Collin Johanne. Les femmes dans la profession pharmaceutique au Québec : rupture ou continuité ?, *Recherches féministes*, 1992, vol. 5, n°2, p. 31-56.
▼Le Feuvre Nicky, Walters Patricia, Égales en droit ? La féminisation des professions juridiques en France et

en Grande-Bretagne, *Sociétés contemporaines*, 1993, n°16, p. 41-62.
▼Marry Catherine, Femmes ingénieurs : une (ir) résistible ascension ?, ***Information sur les sciences sociales***, juin 1989, vol. 28, n°2, p. 291-344.
▼Picot Geneviève, Le rapport entre médecin et personnel infirmier à l'hôpital public : continuités et changements, *Cahiers du Genre*, Paris, 2000, n°26.
▼Zaidman Claude, La notion de féminisation : de la description statistique à l'analyse des comportements, ***in*** Nicole Aubert, Eugène Enriquez, Vincent de Gaulejac (dir.), *Le sexe du pouvoir. Femmes, hommes et pouvoirs dans les organisations*. Paris, Desclée de Brouwer, 1986, p. 281-289.

（ジュヌヴィエーヴ・ピコ Geneviève PICOT**／鄭久信訳）**

アルバイト *Job*

「アルバイト job」という用語は、現代西ヨーロッパ社会において、賃金雇用関係の破綻を指すのだが、雇用の形態と身分規定の多様化が、この破綻の一側面となっている。

フランスでは、「アルバイト」ということばは、法律上の呼称ではなく、またさまざまな社会科学の分野では、アングロ=サクソン系諸国の著作においてとはちがって、ひとつの概念でも観念でもない。それは、実践から生まれたカテゴリーであり、男女を問わず研究者たちも、ほとんどこの語を使用しておらず、むしろフランス語の「ちょっとした仕事 petits boulots」のほうを用いている。たしかに「job」という語は、十四世紀のイギリスの「もち歩くことのできる、なんらかの断片、破片」にまでさかのぼる（Sennett, 1998, 九ページ）。だがそれは今日、英語起源のなじみ深い言語慣用に属しており、一九五〇年代からは、「それがもたらす所得との関連からみた労働、雇用」を意味するようになり、ついで「あらゆる職業活動」（*Grand Dictionnaire des Lettres* en 7 volumes, Larousse, 1986）を想い起こさせるようになった。

現在のところ、この用語は、就労生活を始めたばかりの若い男女の都市生活者たちの心象のなかでは、いかなる雇用の現実をも示してはいない。このことばは、単一の雇用者による、期限を定めないフルタイム雇用との関係でいえば、その裏返しとして定義されている。アルバイトとは、いくつかの雇用のあいだの、複数の空白期間なのだ。それは、若い男性たちにとって、さまざまな非公式の活動（そのなかには、もぐりの仕事も含まれる）と、無期雇用契約 contrat à durée indéterminée—CDIとの対立関係のなかに含まれている。また、若い女性たちにとっては、もぐりの仕事とも、家事労働とも、CDIとも違った仕事に属している。なるほどアルバイトは、ひとつの身分規定として、つまり「女性勤労者」／「男性勤労者」という身分規定を眼にみえるものにするかもしれない。けれどもそれは、生涯にわたる仕事の展望を導くものではないし、結局のところ、若い男女の人生行路においては、正職に就いていない複数の期間でしかないのだ。

（若い）女性たちにとっては、第三者から報酬をもらうことによって、家内という領域に属する仕事が「アルバイト」に変わる。つまり、もとは子守りだったものがベビー・シッティングになり、年老いた家族の世話だったものが高齢者介助となる。

いくつかの著作が、「アルバイト petits boulots」を定義しようとした。それらはとくに、記述的アプローチによって、複数の現実（身分規定、雇用条件、活動分野に関して）を明らかにしたが、包括的な定義を呈示してはいない。たとえば、アルバイトは、それが正式のものであるか否かは別にして、より特殊には個人に対する世話という枠内の活動となる（Ème et Laville, 1988）。また他の著作についていえば、アルバイトとは、第三次産業部門であろうと、あるいは第一次、第二次産業部門であろうと、唯一認められている領域、すなわち法定の職業労働という領域に含まれる（Elbaum,

1987)。このエルボン Elbaum の論文は、「国立統計経済研究所ＩＮＳＥＥ」の雇用部門のもの――指摘するに値するほど興味深い。というのも、この機関は、フランスで用語目録の作成に関与しているからである――であるが、労働時間の規準に特徴づけられた短時間労働というのが、「アルバイト」の定義なのである。「アルバイト」の四つのタイプは、つぎのように区分されている。すなわち、「短時間で規則的な労働時間のもの、小規模で不規則な労働時間のもの、きわめて短期の一時的労働契約によるもの、単発的ないし副次的労働」である。だからここでは、臨時労働や見習いだけでなく、無期雇用契約ＣＤＩのパートタイム労働も、「アルバイト」に属する。

だが、シャンタル・ニコル＝ドランクール Chantal Nicole-Drancourt (1991) にとっては、「アルバイト」は、雇用の臨時性と労働の非専門性を特徴とし、もっと特殊には青年層の社会への同化の第一段階に位置している。この最後の点は、ニコル＝ドランクールにとって、指摘するに値することがらである。というのも、かの女にとって、さまざまな臨時雇用の形態は、同質なものではない。それらはそれぞれ、人生の決まった時期に特徴的にみられる。そしてとりわけ、社会的＝文化的性別《ジェンダー》とこの人生の時期とのあいだに、多様な相関関係をもつからである。

一九八〇年代と一九九〇年代になって、「job」という用語と「petit boulot」という用語は、社会学の著作のなかに普及して、学生の雇用とは別の現実を指示するようになる。けれども、これらの用語は、性別による労働の分割という観点からは、ほとんど定式化されたり問題にされたりはしない。わたしたちは、生産機構の広範な変化という文脈のなかにいる。まず失業の増大が継続している。それに、大戦前に構築された雇用規範の破綻、雇用に関する公共政策の変化、第三次産業の発展が、まず女性たちに影響を与えている。女性たちの賃金労働への参入が増加して以降、かの女たちが労働市場にとどまりつづけているからである。

この「アルバイト job」という用語は、雇用形態の多様化、社会への同化、雇用の不安定化に関して、社会的、政治的論争の交差点に位置している。一九八〇年代の中ごろには、いくつかの提言がもち出された。これらの「アルバイト petits boulots」は、新たな社会的＝経済的相関関係のあり方であると同時に、「雇用の不安定性と失業という挑戦に対する革新的な回答」になりうるかもしれないというわけなのだ（Éme et Laville, 1988）。

「アルバイト」に関する著作、またより広範には、雇用形態の多様化と（Collectif, 1999）と女性たちの労働（Lagrave, 1992）*を扱った著作は、さまざまな労働市場が性別によって分割されたことと、こうした雇用形態が性別に応じて採用されていることを強調している。またそのことは、世代間格差という論理によってすり替えるわけにもいかない。つまり、おもに若年層と女性たちが、これらアルバイトという空間にみられるわけだが、女性たちについていえば、もっとも熟練度の低いものたちは、この空間にいる期間が長くなっているのである。

＊ ローズ＝マリー・ラグラーヴ、「後見つきの解放」、天野知恵子訳、『女の歴史Ⅴ・二十世紀２』、藤原書店、一九九八年、六九一〜七四一ページ。

現在のところ、雇用の潜在的需要についての論争において、雇用に関する公共政策の方向づけと、企業の側の言説とは、これら「アルバイト」を制度化するプロセスへと向かっている。つまり、もっとも伝統的な性別による労働の分割を再生産するプロセスのほうへと向かっている。

さらに論争の的となっているのは、「petits boulots」や「job」の定義それ自体というよりも、その拡大と目的に付与すべき解釈のほうである。そして、その争点のひとつは、今日、性別による雇用の社会的構築について省察することであり、男女間で労働を「分担」するという言説のしたに潜むイデオロギーを、告発することなのである（Hirata et Senotier, 1996）。

関連項目

技術とジェンダー　失業　社会的職業区分　性別による労働の分割と性別をめぐる社会的諸関係　流動性　労働（の概念）

参考文献

▶Collectif, *Évolution des formes d'emploi,* Paris, La Documentation française, 1989, 280 p. [Actes du Colloque de la revue *Travail et emploi*, 3 et 4 novembre 1988.]

▶Elbaum Mireille, Les petits boulots. Plus d'un million d'actifs en 1987, *Économie et statistiques*, 1987, n°205, p. 49-58.

▶Ème Bernard, Laville Jean-Louis, *Les petits boulots en question*, Paris, Syros « Alternative », 1988, 231 p.

▶Hirata Helena, Senotier Danièle (dir.), *Femmes et partage du travail*, Paris, Syros « Alternatives sociologiques », 1996, 281 p.

▶Lagrave Rose-Marie, Une émancipation sous tutelle. Éducation et travail des femme au XXe siècle, *in* Georges Duby, Michelle Perrot (dir.), *Histoire des femmes en Occident*, 1992, t. 5 (cf. Bibliographie générale), p. 430-461.〔ローズ＝マリー・ラグラーヴ「後見つきの解放」天野知恵子訳、デュビィ、ペロー『女の歴史V・二十世紀2』藤原書店、一九九八年、六九一～七四一ページ〕

▶Nicole-Drancourt Chantal, *Le labyrinthe de l'insertion,* Paris, La Documentation française, 1991, 407 p.

（エマニュエル・ラダ Emmanuelle LADA／鄭久信訳）

人間再生産のテクノロジー

TECHNOLOGIES DE LA REPRODUCTION HUMAINE

［英］*Technologies of the Human Reproduction*

●等比級数的拡大

●誇大宣伝と批判

●フェミニストたち、テクノロジーの供給にあい対して

さまざまな医療技術が、おもに多様な形態の不妊を回避するためにあり、性関係ぬきで、そしてときとして第三者の助けを借りて、子どもを誕生させることを可能にしている。男性の不妊を回避するために発明されたのが、未来の父親の精子による人工授精 **insémination artificielle**——ＩＡＣ、あるいはドナーの精子による人工授精 **insémination artificielle avec sperme d'un donneur**——ＩＡＤである。これにつづいて、試験管内《イン・ヴィトロ》人工授精 **fécondation in vitro**——ＦＩＶが、卵管の異常に由来する女性の不妊を回避するために開発され、これにさまざまな技術の開発がつづいた。

等比級数的拡大

一九七八年、イギリスで、初めての赤ん坊が、試験管内人工授精から生まれたが、フランスでは、それは一九八二年のことだった。その後いたるところで、施設と試行例の数が、いちじるしく——フランスでは、ほとんど指数関数的である——拡大しているのがみられる。あたかも、決定的な不妊の症例が、突然一般化したかのようである。技術の供給が、不妊の恐れを背景に大きな需要を産みだした結果、男性に原因のある不妊や、原因不明の不妊だけでなく、低妊娠症に関しても処方数が拡大した。ところで、試験管内人工授精は、女性たちにとって負担の重い技術である。集中的なホルモンによる刺激、かず多くの卵を採るための外科的穿刺につづいて、これらの卵が、実験室で精子によって受精される。そこで胚がえられると、それらは選別されて子宮に移植されるか、非常に数の多い場合は凍結される。失敗例はかず多い。全ケースのほぼ二五パーセントで、胚の移植後流産が起こる。試行例のわずか一〇パーセントでしか、生きた健康な子どもが誕生——しばしば、複数である——しない。そのうえ、このうちの多くが未熟児である。処方数が拡大した結果、身体への負担の重い介入が、妊娠可能な妻に対して、次第に多くの回数実施されるようになった。かの女たちの配偶者の精子によって子どもをえるためである。ＩＣＳＩ*という方法——試験管内人工授精で、精子の卵への受精を、機械的注入によって強制的に行なう。最初の赤ん坊は、一九九二年にベルギーで生まれた——が発明されたが、これももっぱら、男性に原因のある不妊を回避するためのものである。近年の進歩（さまざまな精子前駆体の注入）も、これと同じ方向でなされている。すなわち、精子がない場合ですら、男性が、自分の遺伝子をもった子どもを産ませ、自分の「生物学的父性」を確保するためである。さらに、ＤＰＩ——胚定着前診断 diagnostice préimplantaion des embryons（つまり、胚の移植前診断）のことで、これによって、有害な遺伝子変異をもつ胚を排除することができる——の開発によって、試験管内人工授精の処方が、新たな人々にも拡大された。つまり、遺伝病をもつ子どもを誕生させる恐れのあるカップルにである。全体では、一九九八年で、五〇万人の子どもが、うちフランスで三万の子どもが、なんらかの技術の助けを借りて生まれている。

＊ intracytoplasmic sperm injection 運動性を消失させた精子を、卵子細胞質内に注入する方法（鈴木秋悦編、『改訂版　体外受精』、メジカルビュー社、一九九六年、五一、一〇〇ページ）。

誇大宣伝と批判

人間再生産の新しいテクノロジー nouvelle technologie de la reproduction――ＮＴＲに関する論争は、頻繁かつ定期的にメディアをにぎわしているが、以下の二つのあいだを揺れ動いている。まず、臨床医たちと、初期の偉大な技術から恩恵を受けた親たちとによる誇大宣伝。つぎに、さまざまな分析による悲観論である。また、以下のようなことが、しばしば指摘されていた。まず、異性間性交ぬきで子どもを産む手段を手に入れたいという要求が、一定数生じている。また、胚を選別・操作する――しかも人間という種のである――のは危険だといわれている。さらには、親子関係の、それもとくに母子関係の定義を再考しなければならないのではないかと、危惧されている。

フェミニストたちも、あちこちで二つの対立する立場に分かれているが、それは図式的には以下のように要約することができる。ひとつは、ＮＴＲのあれこれは、前代未聞の可能性を開く（つまり、ある女性は卵を提供し、別の女性は胚を子宮で育てる）のだから、女性たちに新しい選択肢を提供しているのではないか、という考え方である。そしてもうひとつは、これとは反対に、これらＮＴＲの技術は、子孫再生産や、女性の生命や、その母性に対して、社会的統制を増大させるのではないのか、という疑問である。

一九八〇年代以来アメリカで、そしてとくに一九八五年以来国際的な場で、さまざまなフェミニストたちが、この技術の開発の、とくに女性に対する社会的影響を分析しようと企ててきた。そして、自分たちの分析を対決させ、戦わせ、公にしようと企ててきた。こうして、一九八四年には、フェミニストたちによって二つの会議が開かれたが、両者のよってたつ前提は、まったく正反対だった。ひとつは、イギリスで開催され、カナダのフェミニスト、シュラミス・ファイアストン Shulamith Firestone の立場（1970）*に繋がるものである。かの女は、未来のNTRを解放の手段とみている。つまりNTRによって、女性たちは身体的束縛を免れることができるというのである。このひとつ目の会議の中心的な立場は、NTRの開発によって、女性たちには新しい選択と権利への道が開かれるというものであった。一方、二つ目の会議はオランダで開催され、一九八五年の「子孫再生産と遺伝子の操作に抵抗するフェミニスト国際ネットワーク Feminist International Network of Resistance to Reproductive and Genetic Engineering―FINRRAGE」の設立に繋がった。このネットワークはきわめて活発で、かず多くの情報を流し、著作を編纂し（Corea, 1985, 1987；Spallone et Steinberg, 1987）、雑誌『子孫再生産と遺伝子の操作――国際フェミニスト分析誌 *Reproductive and Genetic Engineering. Journal of International Feminist Analysis*』を発行し、シンポジウムや、一九八六年のヨーロッパ議会での公開討論、記者会見を組織している。とくにアメリカでは、代理母のプログラムを告発し、子どもを手許に置くことを望む代理母の擁護を確たるものとするために活動している。ところで、いくつかのテクストによって、試験管内人工受精の失敗率が大きいこと、多国籍製薬企業の利益率が高いことが明らかになっている。またこれらのテクストは、生殖技術の進歩にともなって、どれほどまで生命生産が産業化されるのかを強調している。生命生産は、第一次原料――これまでは、ほとんど入手不可能だった――をもとに始まる。この原料とは卵母細胞のことであり、これは女性たちから大量に採取される。それらはあらかじめ、強力なホルモン刺激を処置されている。だが、この処置には実験的な性格があり、女性たちの健康にとって危険なものなのだ。医師たちはそのことを隠していたが、フェミニストを自負する女性研究者たちによって、旺盛な筆力で確認され、強調された。たしかに、医師や生物学者たちは、非常にしばしば、自分たちはカップルや女性たちの需要に応えているだけだという。けれどもそこでは、女性たちは、さまざまな実験に「最適の」対象として利用され、卵母細胞の供給源、あるいは人間孵化器という地位に矮小化されている。胚が成長するためには、女性たちの子宮――ときには、拒否反応を示すと考えられているが――が必要だからである。アメリカでは、子どもを産むことが商業化されているが、それは、ヒトの配偶子〔精子と卵のこと〕の販売によってだけでなく、代理母という経路をつうじてもなされている。代理母というプログラムによって、あるタイプの女性たちがつくり出されるのだが、これらの女性たちは一時的な道具にすぎず、ときにはカタログによって選ばれ、自分の遺伝子をもった子孫を確保したいと望む男性たちのために、子どもをつくる。だから、批判的なフェミニストたちにいわせれば、子どものもてないカップルの悲しみを強調すること、ＮＴＲの処方を拡大すること、成功率を水増しすること、母子の健康に対する危険を過小にみせることは、戦略の一部であり、臨床医たちはいたるところで、この戦略を展開しているのである。ＮＴＲを不妊治療法として記述することは、じっさい、問題のもっとも重要な部分を隠蔽することなのだ。この部分には、欧米諸国でいえば、人間、動物、植物ゲノムの操作と選別というバイオテクノロジーが含まれている。そしてＮＴＲは、製薬および動物品種改良産業の切り札となっている。また発展途上国では、さまざまな人口調節の技術（有効期間の長い避妊薬、さまざまな不妊処置）を含んでおり、これによって地域的な人口政策を確実なものとすることができる。

＊「性の階級制度の廃止のためにも、下層階級（女性）による革命と生殖のコントロールの掌握と同時に女性の自分自身の肉体に対する所有権の回復を必要とする。……人口生殖（選択の問題だが）が徐々に女性だけが人類のために子孫を産むという現実を変えてゆくであろう」、シュラミス・ファイアストン、『性の弁証法』、林弘子訳、評論社、一九八〇年、一七ページ。

フェミニストたち、テクノロジーの供給にあい対して

フランスでは、ＮＴＲはメディアに大きくとり上げられ、技術の発展にもいちじるしいもの――一九八八年で、比率でいうとアメリカの八倍も、試験管内体外受精が実施されている（Laborie, *in* Testart, 1990）――がある。にもかかわら

ず、相対的な無関心がいくつかの女性グループに蔓延している。そして、それはおそらく、以下のような事実に由来している。まず、フェミニズムの母性分析は、女性たちが歴史的にこの役割をひき受けさせられてきたことに集中していた。そのため、母となることを自由に選びたいという権利要求を、女性たちが避妊と妊娠中絶の手段を入手する権利に絞りこみ、子どもをもちたいという欲求に対する考察を怠ってきたのである。けれども、いく人かの女性研究者――フランス人とケベック人である――が、大多数はＮＴＲに批判的ではあるものの、多様な方向で分析を進めている。またそれらの分析は、二つのシンポジウムで発表されたのち、論集として公刊されている。シンポジウムのひとつは、「ケベック女性の地位評議会 Conseil du statut de la femme (au Québec) ―ＣＳＦ」によって(1988)、もうひとつは、「フランス家族計画運動 Mouvement français pour le planning familial―ＭＦＰＦ」によって(1989)組織されている。さらには、ＮＴＲを検討するための国際会議の際にも、発表されている。この会議は、上記の研究者たちが、一九九〇年七月にパリで組織したもので、「第七回ＮＴＲ臨床医世界大会 VIIe Congrès mondial des praticiens des NTR」と並行して実施されている。ＮＴＲは、母体をターゲットとし、生殖器官の互換性をその論理としている。したがって、この技術の中心的な問題点は、子孫再生産の社会的管理のなかで、女性たちに割りふられてきた位置の再検討を迫ることにある(Braidotti, 1987)。上記の女性研究者たちは、いったいいかなる社会的変化が、かず多くの女性たちを、ＮＴＲを提供する施設に向かわせるのかを解明しようとしている。そのため、これら研究者たちは、不妊という概念とＮＴＲの正統性とが、どのように社会的に構築されるのか、そのさまざまな形態を分析している(Gavarini, *in* MFPF, 1989)。また、女性たちと子どもをえたいという欲求との、フェミニストたちと母性との、複雑な関係を分析している(F. Collin, *in* MFPF, 1989)。かの女たちが前提としているのは、まず、医師たちが、子どもの誕生に関して「発生の起源」をコントロールしようとしていることである。つぎに、そのために医師たちが、試験管内体外受精を、それが科学的だという理由で、あらゆる生殖のなかでも理想的なモデルとして呈示していることである。かの女たちはまた、実践例を分析しながら、生物の生産という、この前代未聞の自然への介入――胚の分析と選別――に、優生学的な、さらには造物神《デミウルゴス》的な性格のあることを強調している（同）。かの女たちはさらに、この技術に潜む性の分別が、どれほど隠蔽されているのかを明らかにしている。重い負担と、健康上のリスク、社会的リスク（たとえば、失職）が、もっぱら女性たちにのしかかっているのである。ＮＴＲの恩恵にあずかりうるか否かで、女性同士のあいだで、どんなふうに差別が生じているのかを明らかにしている。人間再生産市場と、拡大する研究領域とが、どのような手段によって成長しているのかも明らかにしている（Laborie, *in* CSF, 1988 ; *in* MFPF, 1989 ; *in* Testart, 1990）。この技術の処方から、女性たちはさまざまな健康上の影響を受けている。また、生まれてくる子どもは、非常に多くの場合多数で、しかも大幅に未熟であるため、子どもたち自身にも健康上の影響が出る。さらには、両親も、複数の赤ん坊の世話という消耗の激しい務めに疲れはて、ここにも健康上の影響が出ている。そのため、これらの影響に関して、正確なデータが集められた（Laborie, 1994）。イデオロギー的＝政治的分野では、この技術を形成する言説と実践が、異性間の夫婦からなる核家族を、規範の中心としてふたたび称揚している（M.-J. Dhavernas, 1990）。ＮＴＲは、自然の支配と開発のプロセスに組みこまれ、男性による子孫の政治的＝法的管理の戦略のもとにあって、女性たちをかえりみず、かの女たちをモノとして扱っている（Vandelac, *in* CSF, 1988 ; *in* Testart, 1990）。かず多くの胚が、実験室で生産され、保存されている。そのために、父親、母親、そして医師たちの権利を、それぞれ別個に定義しなおすことになる。また、胚の存在論的規定に関して、論争の再開が可能となるため、女性たちの妊娠中絶の権利が再度問題にされることに繋がるのである（Novaes et Laborie, 1996）。

生命倫理に関する法がいくつか再検討されることになっているが、これによっておそらく、胚定着前診断が認可されることになろう。これは、一九九四年に禁止されたのだが。この技術の結果として健康上の危険が生じるが、これは一五年以来、フェミニストによる批判の主要な視点のひとつだった。この重要な問題が、すくなくと子どもたちの健康に関しては、認識されはじめている。

関連項目

家族　妊娠中絶と避妊　母性

参考文献

▶Conseil du statut de la femme (CSF), *Sortir la maternité du laboratoire*, Bibllithèque nationale du Québec, 1988, 423 p.

▶Corea Gena (ed.), *Man made Women. How New Reproductive Technologies affect Women*, Bloomington, Indiana University Press, 1987, 109 p.

▶Mouvement français du Planning familial (MFPF), *L'ovaire dose. Les nouvelles méthodes de procréation*, Paris, Syros, 1989. 322 p.

▶Novaes Simone, Laborie Françoise, Parents et médecins face à l'embryon ; relations de pouvoir et décision, *in* Brigitte Feuillet-Le Mintier (dir.), *L'embryon humain. Approche multidisciplinaire,* Paris, Economica, 1996, p. 185-202.

▶Spallone Pat, Steinberg Deborah Lynn (eds), *Made to order. The Myth of Reproductive and Genetic Progress,* Oxford-New York, Pergamon Press, 1987, 267 p.

▶Testart Jacques (dir.), *Le magasin des enfants*, Paris, François Bourin, 1990, 338 p.

（フランソワーズ・ラボリ Françoise LABORIE／志賀亮一訳）

妊娠中絶と避妊

AVORTEMENT ET CONTRACEPTION

［英］*Abortion and Contraception*

●採択された法律の限界
●分化した政治的アプローチ
●現行の障害のかずかず

身体を自己管理する権利が認知されたことは、二十世紀の女性たちにとって重大なできごとだった。十九世紀の「お腹《なか》のストライキ」以来、この権利要求は、かず多くの闘いの目的となってきた。これらの闘いで、女性たちはときには負け、ときには部分的には勝利した。だがこの権利要求は、一九七〇年代のさまざまなフェミニズム運動によって、国際的な規模での課題となった。だれが、女性の身体を管理する権力をもつのか？ それは、「国家」なのか、宗教当局なのか、医師会なのか、家長（夫あるいは父）なのか、それとも当事者たる女性たちなのか？ この問題は決定的である。なぜなら女性の自律にかかわる問題だからである。フェミニズム運動は、女性たちが自身の性《セクシュアリテ》を管理することを望み、論争が私的領域に閉じこめられること――そうなれば、すべてを個人間の関係にすり替えることになりがちなのだ――を拒否して、この問題に政治的な次元を付与した。この問題はしばしば、議会の舌戦でもっとも重要な位置を占め、政党間に亀裂を生じさせた。そして、政治家たちの言説は、身体に性別があることを考慮に入れていなかったため、その限界と抽象性とが明々白々となった。

それでもなお、地球上の多くの地域で、こうした権利があい変わらず認められていないことに変わりはない。とりわけ、発展途上国においては、家族計画政策が存在してはいるものの、しばしば自由選択というよりは強制（不妊手術の強制など）を拠りどころとしている。

採択された法律の限界

避妊に関していうと、西ヨーロッパ諸国では、なんらかの避妊方法が入手できるという点で、差異よりも類似性が際だっている。しかしながら、法的な枠組は多様である。つまり、非常に厳格な法律と過去の禁止事項を廃止しなければならなかった国（フランス、アイルランド）と、もっと寛容で、法律を制定して、家族計画の権利と、この領域の情報をえる権利とを認めた国とでは、異なっている（Blayo, 1993）。

予防策は、性教育から近代的な避妊法（ピル、避妊リングなど）にまでわたるが、女性たちにとって重要な収穫を意味している。また避妊の普及は、経済的発展とあいまって、男性による女性の身体の管理を制限することになった（カイロ会議、1994）。だが、それだからといって、妊娠中絶という問題が時代遅れになったわけではない。すべての女性は、妊娠可能年齢にあれば、いつかは妊娠する可能性が――とくに、ほとんど責任をとらない男性との異性間性行為が支配的な背景のもとでは――ある。けれども、すべての女性が母親になることを望んでいるわけではない――あるいは、その時点では望んでいない。

そのうえ、情報や性教育に関していえば、その実態は、多くの国々で必要に追いつくにはほど遠い。そしてそのことは、妊娠する未成年者の数が多いことに示されている。また、エイズ予防キャンペーンのなかで、コンドームの使用が強調された。ところが、そのことがむしろ、ひとたび病気の危険性が遠のくと、ひき続き避妊が欠かせないということを、まだ若い娘たちに忘れさせた可能性もある。娘たちについていえば、たとえばフランスのような国では、ピルは飲みつづけるという認識が、なかなか普及しなかった。また、男性側での避妊法の開発にも、ほとんど注意が向けられなかった。こうしたことが証明しているように、避妊という問題は、医師団や公権力の眼からみて、いまだに二義的な性格のものなのである。

妊娠中絶についていえば、一九七〇年代以降になってやっと、西ヨーロッパ諸国が法律を採択して、妊娠の意図的中断（interruption volontaire de grossesse――ＩＶＧ）という手段を認めるようになった。今日、アイルランドでは、妊娠中絶は非合法であるばかりか、違憲でもあるが、これは例外に属する。東ヨーロッパでは、アイルランドと似たケースはポーランドであり、そこでは、一九九三年時点で妊娠中絶がほぼ禁止された（Heinen et Matuchniak-Krasuska, 1992）。

しかしながら、大多数の場合、女性たちは、自分たちの申請を正当化し、医学的許可をえなければ中絶することができない。そして、デンマークやスウェーデン、オランダを例外として、妊娠の中断は、課された限定条件に合致していないと、刑法に触れることになる。

その条件は国によって多様である。たとえば、治療上の目的がない場合には、妊娠期間に制限があり、それを越えると妊娠を中断することはできない。また、女性が外国人の場合には、居住中の国での最低滞在期間が設けられている。さらには、未成年の場合は、親権者の同意が必要である……などなどである（ＭＦＰＦ、1992）。しかしながら、法律と実際とは区別しなければならない。自由主義的な法制度の国々でも、女性は、実際には、さまざまな障害に遭遇することがある。たとえば、良心的中絶忌避の医師が、多数存在している。反対に、厳格な法であっても、ある程度自由に解釈されることがある。

ヨーロッパのほとんどすべての国で、負担のかからない中絶技術——吸引法——が採用されている。とはいえ、掻爬もまだ頻繁に実施されている。堕胎剤（あるいはRU四八六）は、限られた数の国でしか利用できない。

つけ加えておくが、妊娠中絶に頼る頻度は、地域によって非常に異なっている。つまり、西欧および北欧の女性たちは、生涯のうちで、意図的な妊娠の中断をすることはあまりない。これに対して南ヨーロッパの国々や東欧では、ずっと頻度が高い。それらの国々では、妊娠中絶が避妊の替わりとなっている（Newman, 1993）。

分化した政治的アプローチ

一九七〇年代に、フェミニストたちは、妊娠を中断する権利を正当化するために論陣を張った。それらの論法は、さまざまなタイプの理由に立脚していたが、共通点は以下の二つであった。ひとつは、ヤミの妊娠中絶に走る女性たちを脅かしていた死の危険を排除したいという意思であり、もうひとつは、女性の生殖に対する自律性を要求することだった。後者は、「わたしたちは、子どもが欲しければ、欲しいときに、望んだ子どもをもつでしょう」というスローガンが、端的に示しているとおりである。

大多数のものたちは、処置費用の償還制度と医療補助つきの、自由な妊娠中絶を保障する法律を要求する立場をとっていた。こうした立場は、以下のような信念にもとづいていた。すなわち、このような法律は、たんに象徴的な影響力をもつだけでなく、伝統的に私的領域に属するものとされている問題に関しても、公的権力と対峙して交渉する能力を女性たちに付与するというのである。

別の女性たちは、妊娠中絶を処罰の対象から除外するという原則を擁護していた。こうした女性たちは、なによりもまず、生殖における女性の責任を強調していた。そして、女性の自律という原則を保証しながらも、女性の健康を守るための措置をしばしば要求していた。

全体として、妊娠中絶の権利に好意的なフェミニストたちの論法においては、性的自由の概念が中心的な位置を占めていた。多くの研究が、妊娠の中断を自由化する法律の採択後になされたが、それらが実際に明らかにしたところでは、女性たちが妊娠を中断しようと考える理由は、金銭的なものだけではない。なぜなら、かの女たちの多くは、避妊に関する情報に通じているにもかかわらず、あるとき突然妊娠中絶の必要を感じているからである。

各政党に関していえば、それらは、もっとずっと伝統的な立場を主張していた。左翼は女性たちを、文化的＝社会的に不公平な状況の犠牲者だとし、この状況が、自由で自覚的な母性にとって障害となっているとみていた。これに対して、カトリック政党やさまざまな右翼組織の見方では、犠牲者はとくに胎児であった。胎児と乳児とが同一視されていたのである。とにかく、政界のきわめて多数のものたちが、妊娠の中断を「惨事」だとか「悲劇」だとか形容していた。母性こそが、そうした固定観念の中心にあったのである。

宗教から独立したいくつかの潮流だけが、妊娠中絶を市民の権利だと定義していた。つまり、この問題は、個人の自由から発生しているのであり、国家がこれを左右してはならないというのである。だが、このような立場は自明のものではない。たとえそれが、妊娠中絶と社会的権利との関係——大半のフェミニストが要求していたし、また広く認められてもいたが——を考慮したとしてもである。そのうえ、女性たちが自己の身体を管理する権利に異論の余地がないとしても、妊娠中絶と民事上の権利との関係は複雑なもののようである。この関係からして、相手の男性の権利という問題が提起されるし、その権利をあたまから否定することができないからである（Assises pour les droits des femmes, 1998）

現行の障害のかずかず

ここ数年のあいだに、妊娠中絶に関する論争のなかで、右翼的な潮流の言説が勢いを盛りかえしている。これらの言説は、女性たちを自律的な主体とはみなすまいとしている。教皇と、大部分のカトリック指導者たちは、その権威を人々の良心に押しつけようとして、「生命」の問題に関して、たえず非妥協的な態度を再確認してきた。「生命への権利」と民主主義のあいだには、本質的な関係があるというのである。

教皇回状『生命の福音 *Evangelium vitae*』は、一九九五年付けで、妊娠中絶を認可する法律に対して、いかなる法的有効性も認めないとしている。生命への権利の擁護は、そこで、「新しい社会問題」として呈示され、反＝妊娠中絶の特攻隊員たちの最悪の教条的行動を、暗黙のうちに正当化している。こうした見方からすれば、救わなければならないのは潜在的生命――胎児の生命――であって、ヤミの妊娠中絶の結果死の危険を冒す女性たちの生命ではない (Del Re, 1997)。

しかも、医師団や、各国の倫理委員会は、子孫再生産の新しいテクノロジーに関して言説を弄し、右のような傾向を強化している。つまり、胎児をなかば独立した人格として扱い、胎児は「患者」だという概念の出現を助長し、それによって母親の人格を消し去っている (Akrich et Laborie, 1999)。このようなアプローチは、女性の身体を道具とみなして、女性の欲求と未来の子どもの心身の発達条件とのあいだに、緊密な関係のあることを認めようとしない (Pitch, 1998)。自分の妊娠は自分で決めるという、女性たちの権利を擁護する男女が強調しているのは、反対に、子どもを産むか産まないかこそ、生命の選択、存在するための選択だという事実である。この点で重要なのは、当事者である女性たちの具体的な状況と、かの女たちの表現してきたもの――したがって、女性たちの自己決定と、かの女たちが獲得した自由空間とを尊重すること――である。

関係項目

公的なもの対私的なもの　社会＝家族政策　性行為　人間再生産のテクノロジー
フェミニズム運動　母性

参考文献

▶Assises pour les droits des femmes, *En avant toutes*, Paris, Le temps des cerises, 1998, 308 p.

▶Blayo Chantal, Régulation de la fécondité en Europe, *Entre nous. La revue européenne de planification familiale*, 1993, n°22-23. p. 3-9.

▶Del Re Alisa, Reproducción social y reproducción biológica en la Italia del fin de milenio, *Papers*, 1997, n°53, p. 25-36.

▶Heinen Jacqueline, Matuchniak-Krasuska Anna, 1992, *L'avortement en Pologne: la croix et la bannière*, Paris, L'Harmattan, 240 p.

▶Mouvement français pour le planning familial, *Europe & elles. Le droit de choisir*, Paris, MFPF, 1992, 228 p.

▶Pitch Tamar, *Un diritto per due. La construzione giuridicia di genere, sesso et sessualita*, Torino, Il Saggiatore, 1998, 281 p.

（アリサ・デル＝レー Alisa DEL RE ／宇野木めぐみ訳）

売春I
PROSTITUTION I

［英］*Prostitution I*

これまでしばしば試みられてきたように、売春は、売春婦という人格によって説明されてきた。だが売春婦たちは、氷山の眼にみえる一角にすぎない。売春は、ひとりの人物が性的サーヴィスと引き換えに報酬をえるという事実に限られるものではない。それはまず、商売として、全国規模で、また国際的に組織されて、他者を性的に搾取するものなのだ。売春というシステムには、多数の当事者が含まれている。すなわち、客、斡旋業者、「国家」、男性と女性の全体である。というのもこの制度は、さまざまな経済組織と深く結びついているだけでなく、集団の心性とも同じように結びついているからである。さまざまな表象と神話の総体が、売春をとり囲み、助長し、正当化しているが、これこそが売春の本質的な因子なのである。フェミニズムの分析によれば、売春は、男と女という性のカテゴリーあいだで、もっとも極端な状況にある権力関係なのだ。そこでは、女性たちがモノ《オブジェ》とみなされ、したがって暴力に屈服させられて、それこそ、男性の無責任な性に奉仕するモノにおとしめられている（UNESCO／FAI、マドリッド・シンポジウム、1986）[*]。歴史的にみると、売春は、ひとつの決まり文句に単純化されている。それは、「世界でもっとも古い職業」という文句のことだが、実際はそのとおりではない——むしろ、羊飼いとか産婆のほうをあげておこう——のだ。この決まり文句の機能は、むしろ、売春に関する宿命論をでっち上げ、不快な思いさせるテーマに関して、あらゆる問題提起を避けることにある。売春は、現実には巨大な都市化と商業社会の到来に結びついており、たえず各国家を当惑させてきた。つまり、各国家は、禁止と規制のあいだを揺れ動いてきた。その結果、各国家は売春婦たちにだけ「過失」の重しを背負わせ、かの女たちを閉じこめ、非難し、軽蔑してきた。この点についていえば、十九世紀後半のフランスは、閉じ込め方式理論の大御所だった。ときのブルジョワ権力は、公衆衛生上の危険（梅毒）と性的無秩序（不倫）から社会全体を守らなければならないという、強迫観念に捉えられて、「閉じた家方式《メゾン・クローズ》」を政策の柱のひとつとした（Corbin, 1978）[*]。一八七〇年、イギリス女性ジョゼフィン・バトラー Josephine Butler によって、規制売春廃止キャンペーンが開始され、やがて国際的広がりをみせることになる。この種の売春によって、ドーバー海峡の彼方でも、売春婦に対して風紀と衛生両面からの監察制度が義務づけられていた。バトラーは、この制度があらゆる女性を潜在的売春婦とみなすものだと憤慨したのである。規制売春廃止論は、二十世紀に入るころフェミニズム運動の主要な目標のひとつとなり、女性たちの権利と平和のために行なわれた世界的な闘争に組みこまれたが、一九四〇年代には懸案事項ではなくなって、その姿を消す。だが一九七五年に、売春婦たちの権利防衛組織ができるとともに、問題は重大性をとり戻す。論争は活気に満ちていた。フェミニストたちのなかでは、多くのものたちが、売春は人間の権利の侵害であり、また女性たちに対する犯罪ですらあるとして、これと闘っている（Barry, 1979）[***]。

* 「ユネスコ」と「売春廃止国際連盟 Fédération abolitionniste internationale」によって開催されたシンポジウム「売春の原因と売春斡旋に対抗する戦略 *Causes de la Prostitution et stratégies contre le Proxénétisme*」のこと。

** アラン・コルバン、『娼婦』、杉村和子監訳、藤原書店、一九九一年、第一部・第一章「規制主義の言説《ディスクール》」(二九〜六二ページ)。なお、「メゾン・クローズ方式」とは、警察の監視下で、出入りが厳重な娼家で売春婦たちを保護・管理する方式。

*** キャスリン・バリー、『性の植民地——女の性は奪われている』、田中和子訳、時事通信社、一九八四年。

大衆化の時代

現在でも、売春は徹底してタブーとなっている。一九八〇年代になって、この問題が再浮上してきたが、それは、公衆衛生という角度からだった。というのは、エイズの増加が、ふたたび恐怖を蘇らせたからである。この恐怖は、十九世紀における梅毒の恐怖に匹敵する。その証拠に、はっきりとはみえないが売春宿再開の動きがいくつかあり、そうしてできた売春宿は、「現代性」の装いで正体をごまかしている。さまざまな施策が、「世界保険機構」の基金によって実現されている。だがこれらの施策のいくつかは、たとえばフランスの「女たちのバス* Bus des femmes」協会のように、売春を職業として認知する傾向にある。だからこれに対しては、フランスにおいて、「癒しの巣運動** Mouvement du Nid」や各種フェミニスト団体が告発している。すべてが、売春の大衆化へ収斂しつつある。大規模な自由市場が、快楽をとり込み、標準的な料金を設定する方向で働いている。消費者本位の論理が生活のあらゆる領域にはびこり、「セックス産業労働者」という表現によって、性という商品が議論の余地なく現代経済の一分野になったという考えに信用を付与している。こうして、倫理的な概念はすべて払拭され、支配=被支配の関係もすべて、個人主義の論理のなかに埋没させられている。その結果売春は、女性たちに対する暴力という範疇から除外されてしまった。また、売春する若い男性たちが次第に数を増してきたため、売春は女性のみを犠牲者とする不平等な関係だという考えも混乱をきたしている。

だが、売春する男性たちは、実際には男性という身分から除外され、女性化されて、服装倒錯者とか「両刀使い」とされている。フェミニストたちの権利要求は、セックス産業のロビイストたちによって徐々にねじ曲げられ、自己の身体を自由にする権利が、この身体を売る権利になり、「売春する権利」は自由の表現と同一視されている。「性の市場」は、性行動を操作して需要（ポルノグラフィー、買春ツアー）を促進し、今日では女性からの需要を創出しようとしている。こうなれば、この制度にはだれにも手が出せない。被害者もいなければ、加害者もいない。それぞれがそれぞれを搾取する、これが、ついに実現した平等なのだ！

＊　売春婦たちのためのエイズ教化組織。五人の元売春婦によって、一九九〇年にパリで創始された。この団体所有のバスで、売春地域を巡回し、バス内で売春婦たちにエイズに関する情報を提供し、悩みを聞き、アドヴァイスを与える。今日では、パリ以外にも類似の団体があるらしい（http : //www. cybersolidaires. org/docs/sexe2html)。

＊＊　アンドレ＝マリー・タルヴァス（André-Marie Talvas, 一九〇七〜九二）という神父によって、一九四三年に設立された売春廃止運動の団体。売春を人権に対する侵犯と位置づけ、その廃止と、売春婦の社会復帰への援助を行なっている（http://www. mouvementdunid. org/fr-fixe/mouvnid/indextml)。

気づかれない暴力

売春が社会という場で一般化するにつれて、売春する人々がこうむっている被害が、ますます不透明になっている。暴力が眼にみえる場合（女性や子どもの売買）でも、その告発はほとんどなされていない。また、売春という関係の核心自体に、人権侵害や行き過ぎが組みこまれているにもかかわらず、フェミニズム運動とか「癒しの巣運動」のような団体以外は、それらをまったくとり上げていない。その結果、情緒麻痺、精神分裂的遊離、不安神経症、恒常的不安、侮蔑的言動、嫌悪感、自己イメージの破壊が進行している。語られないことによって、売春婦たちの性と感情生活が、ゆっくりとだが深く損壊しつつあることが隠されている。売春は、気づかれない暴力である。そして、その他の暴力

（レイプ、近親相姦、ドメスティック・ヴァイオレンス）もまた、長いあいだそうだった。これらの暴力はみな、女性に対する男性の所有権の表現だったのだ。買春するものたちについても、同じように沈黙に包まれている。つまりかれらの行動は、さまざまな神話によって歴史的に正当化されており、そのもっとも流布しているものが、「レイプを避けるため」という口実なのだ。かれらのやっていることを覆い隠す秘密は、「私生活」の名のもとに、いまでもしっかりと保護されている。「男性による支配は、あらゆる支配と同様、支配者側の行為という遮蔽幕のうえに構築されている」(Welzer-Lang, 1996)。この分野の研究や調査がほとんど存在しないことが、それを確証している。しかしながら、売春という慣習が男性の暴力にどんな影響を及ぼしているのかを測定することは、重要なことであろう。スウェーデンのスヴェン＝アクセル・マンソン Sven Axel Mansson の注目すべき研究（1986）は、この分野では特筆に値する。

売春斡旋業者たちのヨーロッパ

ヨーロッパのレヴェルでは、問題は重大である。オランダは、規制売春のリーダーであり、売春を公共サーヴィスとして組織することを主張し、北京での「第四回世界女性会議」（1995）の最終宣言を手始めに、あちこちの国際文書で「強制売春」の概念を承認させることに成功した。だがこの「強制売春」という概念は、他方で「自由」売春が存在するということを暗に意味している。そうなれば、自由売春は職業として認めざるをえなくなり、それが隠れ蓑となって、売春斡旋業が処罰の対象から除外されることになる。このように、強制売春と自由売春を区別すれば、巨大な搾取システムの活動を個人の選択に帰してしまうことになる。また、売春斡旋業の思うつぼにはまって、これを合法化してしまうことになる。売春斡旋業者たちが、そんなことをけっして夢にも思わなかったにもかかわらずにである。その結果、強制されたことを証明するのは、その対象となったはずの犠牲者の役割ということになるではないか！　また、成人売春と児童売春の、ヨーロッパ人女性の売春と、非ヨーロッパ人女性の売春の区別もできあがるだろう。法定の性的成人年齢に応じて、一六ないし一八歳に一日でも足りなければ犯罪となることが、こうしてわずか一日の差で、どこにでもある商行為になる。「北」の諸国で合法とされることが、「南」の諸国では闘いの対象となる。つまり、ある種の形態の売春に対する闘いを区別することは、どんなものであれ、売春そのものを正当化する機能をもつ。だからマリー＝ヴィクトワール・ルイ Marie-Victoire Louis は、自由売春と強制売春の区別をいっさい認めず――一部の人々がみずからの隷属に同意しているからといって、あえてアパルトヘイトを正当化することができようか？――、身体と性の商品化すべてを拒否するため、正真正銘の政治プロジェクトが必要だとしている（1997）。「自由」売春の支持者たちは、この売春が職業化されれば売春女性の尊厳が回復されるなどと主張している。かれらには、それなら、これらの女性たちを搾取するセックス産業にも「尊厳」が与えられることになると、反論することができるのではないか（Raymond, 1995）？同じころ「国際労働機関（ＩＬＯ）事務局 Bureau international du travail―ＢＩＴ」が、売春を労働という機構に含めるよう提案したが、さすがに、そのもっともショッキングな側面、たとえば児童売春などだけは抹殺するよう強く主張している（Lim, 1998）。こうして売春は、女性たちのさまざまな問題に対して、ひとつの実現可能な解決策として公式に認められることになった。またこれと並行して、売春制度の合法性が、徐々に法律によって認められるようになった（ベルギーの一九九五年四月一三日法）が、この法律のひどい点は、極度の行き過ぎや暴力の場合だけを問題にしていることにある。「ヨーロッパ連合」は団結して、「不法な人身売買」と闘ってはいるが、そうすることで「合法の」売買に道を開き、一九四九年の「国連条約」に準拠することを放棄している。この条約は、「人身売買および売春による他者の搾取を禁止」するためのものであり、その前文で、売春は「人間の尊厳や価値」と両立しえないと断言している。規制売春廃止論のフランスは、これまでも、このテクストに対する支持を表明してきている。

第三の道をめざして

こうした背景のなかで、スウェーデンの政策はまったく際だっている。一九九九年一月一日から、「性的サーヴィス」を買うことが禁止されたのである。この禁止は、買春の客をねらい打ちにしたもので、かれらは六ヶ月の禁固刑を受けることになるが、売春女性の側は対象となっていない。売春に反対して、さまざまな行動が長期にわたって進められてきたが、この決定は、これら行動の総体の一環をなす。また、これらの行動のなかで、もっとも独創的なもののひとつは、買春するものたちに電話相談サーヴィスとか心理学者によるカウンセリングを提供している。このようにスウェーデンは、売春を女性たちに対する暴力だと公言する、唯一の国となっている。また、同じく唯一の国として、売春との闘いを「女性たちの平和のために」行政や立法の活動に組みこんでいる。両性平等大臣のマルガレータ・ウィンベリ Margaretha Wimberg によると、「人間を商品として扱うことは、たとえそれが本人同意のもとであったとしても、ひとつの犯罪なのだ」。ここにこそ、新しい道への入口がある。今日、売春のない社会という大胆で新しい考え方——とはいえそれは、「癒しの巣運動」によって久しい以前から提唱されていた——が出現しつつある。それは、現実の政治的意思に立脚したプロジェクトであり、さまざまな活動を動員して、売春の根深い原因——社会的、経済的、政治的、文化的原因——を予防し、それに関して教育することであり、男性優位の思想にもとづく習慣の根絶であり、性的悪弊や虐待に対する闘いなのである。売春は、あまりにも長いあいだ女性たちの「宿命」とされてきた。その結果、女性たちの身体は永遠に男性の快楽のために自由にできるとか、女性たちという存在は、その「本性」からして性に縛りつけられ、奉仕と侮蔑を定めとし、いわゆる男性の必要に従属し、思想や文化の司る世界から排除されているという考え方が承認されてきた。二一世紀の夜明けに、売春と闘うことなしに、いったいどうやって数的対等のために闘うことができようか*？

* *Le Nouvel Obsevateur* 誌の、一九九一年一月一四〜二一日号は、フランスにおける数的対等 parité 論争と、スウェーデンのこの新しい買春禁止法を同時に、連続してとり上げている（四〇〜四六ページ）。

関連項目

性行為　暴力

参考文献

▶Barry Kathleen, *The Prostitution of Sexuality*, New York, University Press, 1995, 382 p.

▶Legardinier Claudine, *La prostitution*, Toulouse, Milan « Les Essentiels », 1996, 64 p.

▶Louis Marie-Victoire, À propos des violences, de la prostitution, de la traite, de la sexualité, *Chronique féministe*, mai-juin 1997, p. 12-21.

▶Montreynaud Florence, La prostitution, un droit de l'homme ?, *Le Monde diplomatique. Manière de voir*, mars-avril 1999, n°44, p. 19-21.

▶Raymond Janice, *Rapport au rapporteur spécial sur la viloence contre les femmes*, Genève, ONU, 1995, 24 p.

▶UNESCO/Coalition against Trafficking in Women, *The Penn State Report*, 1991, 40 p.

（クローディーヌ・ルガルディニエ Claudine LERGARDINIER **／内藤義博訳）**

売春II

PROSTITUTION II

［英］*Prostitution II*

●認知すべき労働、それとも廃止すべき暴力？
●一国規模の、そしてまた国際的な現象
●底辺部を組織化する……

性的サーヴィスを金銭あるいは物品といった代償と交換することは、売春と性格づけられることもあるが、また出会いとか結婚のような関係に包含されることもある。男女間の経済=性の交換に連続体が存在することは、社会組織のひとつの特徴であり、あらゆる文化にわたり、歴史の流れを貫いて認められる（Tabet, 1987）。この種の商取引は、法律上は売春と規定されている。また一般的には、売春は犯罪だとされている。この場合、女性、服装倒錯者、同性愛者は、ことばに出すか否かを問わず、特定の性的サーヴィスの代償として、相手の男性にはっきりと金銭を要求する。そしてこのサーヴィスは、公的空間、私的空間、商業空間のいずれにおいてなされるのかは問われない。刑法または民法は、性別ないし性を明確には特定していないが、警察の実際の捜査は、変わることなく下位集団を標的にしている。つまりそれは、ほとんどもっぱら、セックスに対して支払う――金で、あるいは物品で――男性たちと、それを受けとる女性たちなのである。性的サーヴィスを提供するのが、ホモセクシュアルやバイセクシュアルの男性だからといって、自然的性別《セックス》においても社会的＝文化的性別《ジェンダー》においても、この関係になんら変わりはない。というのも、女性たちの場合と同様に、かれらも男性にサーヴィスを提供するからである。強調しておくが、女であれ男であれ、性的サーヴィスの交換条件として金銭を要求すれば、その行為によって「売春夫＝婦＝たち」と規定される。この規定は、法では認められないものであり、法に反するものですらある。これに対して、セックスに支払う男性たちは、一般の男性市民と区別されることがほとんどない。

売春という制度は、性別をめぐる社会的諸関係の規制に役だってもいる。つまり、特定の状況下で女性の側から性別を侵犯する行動があると、それはすべて、「売春婦」とか「娼婦」といった汚名の原因となり、その結果懲罰システムが作動することがある。たとえば、その職業や意図がなんであれ、女性が公共の場で働いたり、あるいは、たんに公共の場をうろついたとする。またはひとりで、あるいは女性だけで旅行したとする。するとこうした女性たちは、レッテル――「公娼」、公共の女《コモン・ウィミン》、「自由になる女」――を貼られ、追いまわされ、打擲され、売春のかどで逮捕され、はては殺されることさえあった。かの女たちはみな、結婚や服装習慣といった制度の性差別的な規範を侵犯したと、告発されたのである（Pheterson, 1996）。

近代ヨーロッパにおいて、もっとも古い売春婦の記述は、十六世紀イタリアの作家ピエトロ・アレティーノ Pietro Aretino のものとされている。かれは、娼婦たち同士の風刺のきいた対話という定型を考えだして、社会の因習や偽善を笑いものにしているのである。このような対話は、十八世紀の中ごろまで、ヨーロッパのポルノグラフィーの伝統を支配していた。ところが十九世紀の初めになると、ポルノグラフィーは、その政治的辛辣さを大部分失ってしまう。文学が、社会批判を放棄し、ひたすら集中して男性の性的興奮をかき立てるようになったからである。そのことをよく示す事実を挙げよう。このころになると、売春婦たちの肖像が変化してくる。すなわちかの女たちは、機知に富み、たがいに結託して、既存の価値を転覆するのではなく、たんなる色欲の対象になってしまう。そして、これと同時に、検閲をめぐる議論が、政治的な次元からモラルの次元に移行する（Hunt, 1996）。

認知すべき労働、それとも廃止すべき暴力？

ポルノグラフィーと同じように、売春は論争と統制の場になっている。古代のさまざまな社会以来、仲介者たちは、性別をめぐる社会的諸関係のシステムを操作し、自分たち自身の物質的利益を上げるため、女性たちを集めて、売ったり、移送したり、贈りものとして男性たちに提供したりしてきた。なん世紀もまえから、政治家、宗教の改革家、医学の権威、科学者たちが議論を重ね、性の売買は合法化されるべきか、禁じられるべきか、許されるべきか、廃止されるべきかを決定しようとしている。こうした議論のなかで、売春婦は、社会的無秩序、不道徳、病気の象徴として利用されている（Corbin, 1978）*。

＊　コルバン、前掲書のたとえば、五二〜五七ページ。

この問題に関しては、フェミニストたちの立場も、当局の立場とまったく同様に多岐にわたっている。まず十九世紀最後の数十年間には、イギリスとフランスで、ジョゼフィン・バトラー Josephine Butler の指導のもと、ひとつのフェミニズム運動が展開され、国家による規制売春、そしてとくに売春婦やその他の勤労女性たちに対する警察の不当な性的取り扱いに反対した。ところが二十世紀の初頭になると、この運動はかすんでしまい、「社会の純潔」キャンペーンがこれ替わる。このキャンペーンの目的は、現実の売春そのものと闘うことと、警察の権限を縮小するというよりも、むしろ拡大することにあった。その目標は、ひとつには、売春の客や、売春を食いものにしているものたちを罰することであり、もうひとつには、売春婦たちを「救済」するとともに、その「名誉を回復する」ことであった（Walkowitz, 1980）。さらには一九七〇年代をつうじて、アメリカ合衆国とイギリスで、売春婦たちがバトラーの憤慨をフェミニストの感情として支持し、運動をふたたび活性化して、国家が売春を犯罪とみなすことや、警察が女性たちを不当にとり扱うことに反対する。これらの女性たちは、政治的には自分たち自身を「性の労働者」と位置づけ、売春が社会的にも法律的にも労働として認知されること、性的サーヴィスを提供しているものたちを合法的な市民として認めることを要求した。だが、この運動の闘士たちや、フェミニストでこれと同盟するものたちは、ただちに売春廃止論の流れを汲むフェミニストたちと衝突する。廃止論に立つ女性たちが、性の売買それ自体を、女性たちに対する暴力と位置づけていたからである。自主的なものから強制されたものまで、その条件がなんであろうとである。また一九八〇年代以降は、売春を労働として認める女性たちと、これを女性に対する暴力と定義する女性たちのあいだで、イデオロギー的=戦略的緊張が、国際レヴェルのフェミニズム運動のなかで、激しい政治的分裂のポイントとなる。前者の女性たちは、売春婦の側に立って、セックス産業における搾取と暴力という条件と闘った。これに対して、後者に属する女性たちは、国家がもっと厳格に介入して、セックス産業そのものを禁止するよう求めて奮闘した。

フランスでは、一九七〇年代に、売春婦たちがみずからを組織しはじめ、警察と社会による差別と闘い、女性市民として、また女性勤労者として完全な権利を要求するようになった。この時期には、一方では教会から、また他方ではフェミニストたちから支援されて、これらの売春婦たちは、一九八〇年代と同九〇年代には、国境のそとにも主要な同盟者を獲得した。ヨーロッパでは、フランスは強力な売春廃止論の国として知られているが、このような評価はとくに、影響力の大きい「癒しの巣運動」に負うところが多い。同運動は戦後*、社会派カトリシズムの流れのなかで生まれ、「売春消滅ヨーロッパ連盟 Fédération européenne pour la disparition de la prostitution—ＦＥＤＩＰ」に所属している。この運動はまた、売春婦たちに具体的な援助をさしのべている。かの女たちが売春から手を切り、また二度と手を染めないよう望んでのことである。その道徳的な立場は、売春婦たちの権利のために闘っている女性闘士の政策とは対立し、売春廃止論に立つフランスのフェミニストたちと一致している。これら売春廃止論のフェミニストたちにとって、売春は罪でも労働でもなく、男性によって女性に加えられる暴力であって、まさにそれゆえに、国家によって抑圧されなければならないのだ。売春婦たちもまた、国家による暴力の断罪を要求している。だが、かの女たちが強調しているように、「売春」も「売春斡旋」も、法律のなかでは経済的利益によって規定されているだけで、さまざまな条件下の強制によっては、まったく定義されていないのも事実である。したがって、売春とその斡旋という現象を禁止してみても、それが女性たちにとって、暴力の停止を意味することにはならない。むしろそれは、社会と警察による規制と、身体の不当な取り扱いと、さまざまな経済的耐乏とが拡大することを意味している。

＊　厳密には、第二次大戦末期の一九四三年（二九七ページの訳注＊＊参照のこと）。

国際的レヴェルでは、国連が、フランスと同じく売春廃止および禁止の立場をとっており、「同意のあるなしにかかわらず」他者の経済的＝性的売買の助長を禁止している（とくに、「人身売買および他者の売春からの搾取の禁止に関する条約 *Convention pour la répression de la traite des êtres humains et de l'exploitation de la prostitution d'autrui*」、1949を参照のこと）。

一国規模の、そしてまた国際的な現象

一部の批准国は、この「条約」に訴えて売春抑止政策を正当化しているが、各政府のほうはむしろ、その利害との関連でセックス産業を管理する傾向にある。そしてそれは、以下の四点に関わっている。すなわち、国民所得、移民政策、（新）植民地支配、公衆衛生である。もっと具体的にみれば、規制の強化は、それぞれの国家利益に応じて以下の四つの現象と符合している。

1　一方で、国内ではセックス産業が資金を生みだし、また他方では、出稼ぎの女性たちが、売春による収入を国外か

ら送金している。そして、これらの資金や送金に対して、国家の依存度が増大している。

2　合法的移民の制限が拡大する一方で、経済のインフォーマルな部門では、国家が移民女性の労働に依存している。

3　軍隊や、またもっと最近では、これとまったく同様に大規模に、観光客やビジネスマンにセックスと「レジャー」が提供されている。

4　性交渉によって感染する病気、たとえば十九世紀の梅毒や今日のエイズを検査することが、公的に要求されている。売春婦たちは、こうした疾病の伝播因子とみなされて、スケープゴートとなり、国家による差別的な統制の標的役を演じている。だがこれは、科学的にもまったく筋が通っていないし、こうした規制の衛生上の失敗は、歴史的も証明ずみなのだ (Brandt, 1985)。

売春に関する立法は、おもにそれぞれの国家レヴェルにある。ところが、今日の経済の現実は、セックス産業であるか否かを問わず、一九七〇年代以来ますます国際的な性格を帯びてきている。毎年、数百万もの女性たちが、自身の必要や家族の必要にあてる収入を求めて、国内で、また国外へ移住している。かの女たちは、その居住地で拘束や搾取を受けているため、こうした移住はまた、しばしば、これら拘束や搾取からを逃れる手段でもある。かの女たちは、自分の意思で旅行したり、労働したり、移住したりする権利をもっていない。そのためにかの女たちはしばしば、仲介業者に頼らざるをえなくなっている。だがこれらの業者には、まっとうなものも、そうでないものもいて、女性や娘たちの移送をとり仕切っている。だから、かれらは女性たちを農村部から都市部へ、貧しい国から豊かな国へ移送するが、それはおもに、かの女たちを売春婦、家内奉公人、結婚斡旋業における花嫁とするためなのである (Wijers et Lap-Chew, 1997)。また、この種の不平等なシステムのなかで、男性たちはどうかといえば、かれらは、旅行者や軍人として先進工業国からやってきては、セックス産業を支える役を果たしている。この産業は、発展途上国でめざましい飛躍を遂げ、一部の地域経済においては国内総生産の二から一四パーセントを供給するにいたっている (Lim, 1998)。

底辺部を組織化する……

今日労働力の移動が拡大し、セックス産業が相対的に発達したため、その利益と濫用が莫大に膨れあがってきた。みずからを性労働者とみなす女性たちは、こうした変化と、またエイズの世界的流行とに反応して、底辺の組織化にのりだした。つまり、一九八〇年代の中ごろになると、かの女たちは、一国規模のまた国際的なシンポジウムで、自分たちに対する人権侵害を告発したが、それはそれこそ、あらゆる大陸に及んでいる（Pheterson, 1989）。つぎに、かの女たちは、エイズ予防の仕事に関して、非政府組織や政府から助成を受ける――歴史上はじめて、売春婦たちは、公衆衛生の教育者として合法的な身分を享受した――ことになる。この助成によって、かの女たちは、とくにラテン＝アメリカとアジアにおいて、地域集会や地域をこえた集会に数百万もの女性たちを動員した。これら「娼婦たちの対話」は、社会と国家の偽善に対して抗議し、いまやみずからの名において語ろうとする女性たちに、政治の場での声をもたらしている。かの女たちは、労働と移民をつうじて関係する組織間の連帯を求め、各フェミニズム運動間の連帯を要求している。かの女たちは、公共当局による性的、人種差別的、植民地主義的な不当な取り扱いが終焉すること、市民および人間としての権利を完全に獲得することを要求している。

関連項目

人口移動　性行為　性別による労働の分割と性別をめぐる社会的諸関係　暴力

参考文献

▶Corin Alain, *Les filles de noce : misère sexuelle et prostitution, XIXe et XXe siècles*, Paris, Flammarion, 1978, 571 p. [reed. Flammarion « Champs », 1982, 494 p.]〔アラン・コルバン『娼婦』杉村和子監訳、藤原書店、一九九一年〕

▶Lim Lin Lean (ed.), *The Sex Sector : The Economic and Social Bases of Prostitution in Southeast Asia*, Genève, Bureau international du travail, 1998, 232 p.

▶Pheterson Gail (ed.), *A Vindication of the Rights of Whores*, Seattle, Seal, 1989, 293p.

▶Pheterson Gail, *The Prostitution Prism*, Amsterdam, Amsterdam University Press, 1996, 176 p. [trad. franc. à paraître chez L'Harmattan]

▶Tabet Paola, Du don au tarif : Les relations sexuelles impliquant une compensation, *Les Temps modernes*, mai 1987, n°490, p. 1-53.

▶Walkowitz Judith, *Prostitution and Victorian Society : Women, Class, and the State*, Cambridge, Cambridge University Press, 1980, 347 p.

（ゲイル・フィーターソン Gail PHETERSON／内藤義博訳）

平等

ÉGALITÉ

［英］*Equality*

- ●ジェンダーの構築をめぐる矛盾
- ●平等というディレンマ
- ●「同一性 vs 差異」という二極対立の概念を再考する

平等は、普遍主義の政治体系の基盤となる原則であるが、現代でもっとも未達成の約束のひとつでもある。『人権宣言 *Déclaration des droits de l'homme et du citoyen*』第一条——「人は、自由かつ、権利において平等なものとして出生し、かつ生存する」*——は、宣言としての発話であって、政治的知性につながると同時に、記述としての発話でもあって、人類の生まれながらの遺産に言及している。平等という観念の破壊的潜在力、その逆説と矛盾のかずかずは、平等の礎石である自然権の両義性に結びつけられている。

＊「人および市民の権利宣言」、山本桂一訳。高木八尺ほか編、『人権宣言集』、岩波文庫、一九五七年、一三〇〜一三三ページ。

「自分にできることをするという、各人の平等なる権利」として、自然権は出発点となる仮定であり、それによって人間存在は、この賭けを実現する政治的秩序を確立することができる。もし、平等な諸権利が宣言される必要があるとすれば、それは、それらの権利が、それを宣言する人間の意思のそとでは存在しないからである。平等とは、経験的現実ではない。それは、男女市民によって制度化された政治秩序によって、経験的現実となるはずのものである。これら市民が、生まれながらの特権にかえて、「万人のための、万人に認知され、万人によってつくり上げられた一般法」の原則をもつと誓っているからである。

しかし同時に、『人権宣言』第一条は「記述的な」次元をもつ。それが、自然で超歴史的なものとして呈示されている与件につながっているからである。平等は、ひとつの要請としてよりも、むしろひとつの事実として、また、行動によって完成する可能性としてよりも、むしろ人類の自然の遺産として知覚される。この場合、平等は政治的構造から分離する傾向をもつ。この構造は、平等の適用を保証するかもしれないが、それは、新たな不平等秩序のイデオロギー的アリバイとしてのことだからである。自然という、政治に先んずる領域に位置しているため、平等という観念は、諸権利に関する概念のまえで手も足も出なくなる。権利の概念が、各個人または各社会的グループの「自然の特質」に属しているからである。そして平等は、支配を正当化するための特権的領域となる。

ジェンダーの構築をめぐる矛盾

自然科学を着想点として、生物学的遺伝に関する決定論は、十九世紀以降、遺産という貴族的概念を定式化しなおした。そして、この概念によって、性別、皮膚の色、階級、文化といった特権を持続させつつ、生まれからくる特権の廃止という原則をそれと両立することができるようになった。経験的事実からみて、個人のなかには、「自由かつ平等」には「生まれて」いないものがおり、こうした個人は、まったく違ったかたちで権利を獲得する。この事実は、「かれらの」異なる本性に帰されることになるだろう。こうして、さまざまな社会的条件は、もう一度、根源的に比較不可能なものとされ、これ以降は、不平等なものとしてではなく、「異なるもの」として知覚されることになる。

「平等」をこのように構築すると、理論的な袋小路に入ることになる。とはいえ、それは、男女間の支配関係の政治的=社会的組織化を深く特徴づけている。政治的組織化は、十七世紀以来、女性たちの家長への服従を、政治的秩序の自然的な根拠にしている。つまり、この秩序は、平等な個人たちの同意から、その正当性をひき出していると主張している。すべての男性は生まれながらにすべての女性に優越しているという公準が、現代の政治的共同体内において、家族制度と公私の区別を支えている。この公準は、劣等な個人というカテゴリーを構築するだけではない。それはまた、人類学的「差異」という観点から、古くからある両性の位階分化を定式化しなおしてもいる。本性のなかに刻みこまれ、人間の活動では手がつけられないものであるがため(Locke, Rousseau)、性別にもとづく支配は、ただ正当化されているだけではない。それは、支配というかたちでは眼にみえなくなっている。このように、支配としてはみえないため、女性たちを均質なカテゴリーとして扱うことが可能となる。その場合、このカテゴリーの権利と義務が従うのは、万人によって万人のためにつくられた一般法ではなく、この「カテゴリー」に対してのみ有効な個別諸規則である。この特例制度(Delphy, 1995)は、女性全体を政治的主体という地位から排除する。そして今度は、この制度が主要な組織主体となって、性別による分割——労働の、能力の、空間の、権力の——にしたがって、ひとつの社会を基礎づけ、構想する。

ここ二世紀をつうじて、かずかずの矛盾が、ジェンダーの構築をめぐって生じたが、それらはまた、平等の歴史的概念における矛盾でもある。たとえば、「自然権」と「自然法」の矛盾がそれである。「自然権」は、平等な自由を政治的共同体の基盤とするが、各人がこの平等な自由をもっており、自分にできることすべてをなす。一方、「自然法」は、この自由を、自然とその諸規範の権威主義的定義に従属させる。たしかに、多様な必要と多数の意思が共同体を構成しており、自然権のおかげで、平等を、これら必要と意思のあいだに必要な絆だと考えることができる。ところが自然法は、平等を、差異を構築するアイデンティティと組みあわせ、力関係によって定義される規範からの逸脱にしてしまう。「異なる」集団の成員として、女性という主体は、「自身」の差異の名において、権利の平等から排除されることがありうる。この差異が、女性という主体を、他のすべてのものたちとは比較できないものにしているからである。女性は、他のすべてのものたちと抽象的に類似しており、したがって、かれらと比較可能な個人として、平等を享受することができるが、それは、男性という支配集団に似ているかぎりにおいてにすぎない。

平等というディレンマ

平等の原理は、男性たちとの関係で、女性たちの現実的な、あるいは想像上の差異に対抗して構築された。だが、この数世紀のあいだ、この原理は、女性解放の闘争を不可能な選択に直面させてきた。すなわち一方では、女性たちを政治的かつ社会的に完全に認知することは、かの女たちが男性の規範に適応し、「男性たち（のよう）にならなければならないということを意味している。だが他方では、社会組織は、男性たちとの相違点（たとえば、母性とか子どもの世話）を考慮の対象としており、そのなかで女性たちは、「そういうものとして」認められたいという要求をもっている。そしてこの要求が、女性を対象とする特例制度を強化し、女性たちは、女として、つまり「不完全な男性」として、固有の「同化」を余儀なくされるのである。

このような逆説を、キャロル・ペイトマン Carole Pateman は「ウルストンクラフトのディレンマ」[*]と呼んでいる(1988)。平等は、女性解放を考えるための概念的な枠組であり、同時に、女性の諸権利の擁護にとって有効な戦略であるが、今日、このディレンマが、そうした平等の危機の中心に位置している。

＊ ウルストンクラフトは、『女性の権利の擁護』（1792）の序論で、「男女の差と同一性」を論じている（メアリ・ウルストンクラーフト、『女性の権利の擁護』、白井堯子訳、未来社、一九八八年、二四〜二五ページ）。

男性を尺度として、つまり「比較の共通分母」としてもつことで、待遇の平等という自由主義的考え方は、男女間の差異を強調する側から批判の対象となる。性差によってたつ各潮流は、男女間の存在論的な差異を認め、西欧の近代がこの差異をつつみ隠し、おし隠したにちがいないとしている。だからこれらの潮流にとって、両性の平等は、ひとつの考え方であり、家父長制の政略であって、そのねらいは、男性の原則と論理において女性たちを「同等のものとみなす」ことにある（Irigaray, 1989；Cavarero, 1990）。けれども、平等に関する自由主義的原理はまた、支配という観点から「差異」を分析する批判からも、異議を唱えられている。性別による支配は、男性と女性を異なる状況のなかに位置づける。だが、そういった状況を無視して、平等な待遇は、被支配者という女性たちの地位を永続させ、さらには強化しさえする傾向をもつというのである。その結果しばしば、平等という概念に、公平あるいは正義という概念を対立させ、似ているもの同士は同じように、似ていないもの同士は違ったように扱うことを要求する。とはいえ公正とは、平等の概念と比較してみると、それ以上ではないにしても、同じくらいには両義性に満ちたものである。平等の概念が従う正義とは、生まれながらの正義のことであり、それは、「各人に当然帰すべきもの」をどう解釈するかに依存している。アリストテレス Aristote (les) から、中世思想を経由して、ライプニッツ Leibniz にいたるまで、正義の質が内包する意味は、「各人をそれぞれの特殊性において扱う」ことにあり、位階制のある世界の配分的正義＊へといきつく。公正のねらいは、たしかに「幸福」である。しかし幸福とは、ライプニッツが強調していたように、死すべきものたちのそれぞれに転がりこんできた運命に（主人か奴隷かという運命、企業家か労働者かという運命に）呼応している。平等は、その量的意味成分にもかかわらず、その概念的領域に、社会階級の廃止というユートピアを含んでいる。このような平等とは反対に、公正は、現状《スタトゥ・クオ》の変化よりはむしろ改善へと向かう。公正は、女性たちの必要の充足を特別視する傾向にある。それも、被支配者という女性の地位から生ずる必要――性別による労働の分割においては、依存関係――の充足を。

＊　アリストテレスの法原理。刑罰、財産、名誉などを、各人の分に応じて配分すべきだとする。

「同一性vs差異」という二極対立の概念を再考する

この三〇年のあいだ、理論的＝政治的論争がいくつか、不平等に反対するうえでもっとも都合のよい戦略をめぐって展開されてきたが、これらの論争のおかげで、性別による支配が眼にみえるようになった。また同時に、これらの論争は、「同一性vs差異」という二極対立がさまざまな点で行きづまっていること、そして平等の原則が、この対立のなかに閉じこめられてきたことを明らかにした。また、「平等な待遇vs区別された待遇」という対立と、「平等vs公平」という対立も、問題の一部をなしている。にもかかわらず、これらの対立が、この問題を解決すると考えられている。なぜなら、これらの対立は、カテゴリーや概念の有効性を簡単に真に受けているからである。だが、これらカテゴリーや概念の暗黙の前提と支配的な意味は、敵対する社会的関係に奉仕する武器として発展してきたのである。差別撤廃とか同化といった社会政策にもかかわらず、不平等は執拗に存続し、しかも、新しく前代未聞の形態をとることができる。両性間の不平等は、さまざまなカテゴリーと概念的道具によって理解されている。だが、右のような事情から、フェミニストたちの考察は、これらカテゴリーと道具とを批判的に再検討する方向へ向かっている。

職業上の平等を例にとるとすれば、社会政策の暗黙の前提として、一般に、差別と排除とは、労働の構造に重なる現象だと考えられている。つまり、労働の構造が、平等に対する「妨害効果」を発揮するため、これらの効果を除去するには、反差別の法律（平等賃金、「コンパラブル・ワース comparable worth」＊）、あるいは、さまざまな措置によって、機会の平等を促進したり（「アファーマティヴ・アクション＊＊」、優先募集、女性職能の活用）、賃金労働への女性の参入を後押しするとともに、教育の専門課程や高度とされる職能で差別を撤廃しなければならないと考えられている。ところで、女性の進出／価値の引き下げというプロセスと、労働における位階制度の再編が示しているように、性別による差別は、たんに妨害効果を発揮するだけでなく、社会の（この場合には、有給家内労働の）組織原則として作用する。だとすれば、同じ性別の論理が、その相関関係において、男性の職業を高資格のもの、女性の職業を低資格のものとして構築することになる。けれども、このように分析したからといって、平等政策の戦略的重要性が無効になるわけではない。この分析の結果、これら政策が方向転換することになるだけである。両性の平等という観点においてだけでなく、同時に、性別による位階制度を生産する制度・機構のかずかずを変換するという観点で、反＝差別措置を再検討することになる。

＊　「同一価値労働・同一賃金原則」。「同一労働・同一賃金原則」に替わる、新しい賃金の考え方。その熟練度、責任など、労働をさまざまな角度から評価し、同一価値と判定された労働に対しては、たとえ異種労働間であろうと、同一賃金を支払うという考え方。

＊＊　一九六七年にアメリカ大統領行政命令によって成立した、積極的差別撤廃措置。「あらゆる分野の雇用において、白人男性の独占をなくし、慣習的に差別されてきた女性やその他の人々を積極的、優先的に雇用する」もの（リサ・タトル、『フェミニズム事典』、渡辺和子監訳、明石書店、一九九一年、五ページ）。

この観点において、「平等vs差異」という対置は、その妥当性を喪失する。つまり、平等と差異という二つの概念を、構築しなおさなければならない。女性たちを労働の「男性」モデルに適応させなければならないのか？　それとも、かの女たちのために、「女性たちの必要」に応じた「女性」モデルを設置しなければならないのか？　このようなことを知ることは、もはや問題にならない。これら二つのモデルは、労働に関する同一の概念の一部をなしている。その概念は、家庭での結びつきも強制もない勤労者という存在を前提としている。この勤労者は、労働力と労働時間を所有している。この勤労者は、それらを「自由に」売っているとみなされている。なぜなら、この勤労者は、ひとりの女性の労働力と労働時間を自由に使っているとみなされているからである。このモデルが腐食されるという観点のなかに平等政策を組みいれることは、戦略的な重要性を帯びている。このモデルが、女性たちが社会的諸権利へ、そしてまさにそのことによって、市民権の効果的な行使へ到達する際、そのはっきりと区別された到達の仕方をも定義しているからである。勤労者をこのように定義することは、被扶養者と生活保護受給者とを区別することを前提にしている。そして、このような区別から、大多数の女性たちは、男性に依存するのか、「国家」に依存するのかという選択を強いられている。このような論理の自動作用を破壊するためにこそ、キャロル・ペイトマンのような女性フェミニスト理論家たちは、労働から社会的権利を切り離すことを提案している。そのとき、かの女たちは、ひとつの共通分母を再発見する。それは、ここで、いま、男性たちの必要にも女性たちの必要にも応えながら、女性たちの自立を優遇し、女性たちが自分自身で自分たちの必要を定義することを可能にするものである。

平等をめぐる戦略を変化という観点に統合することによって、平等の宣言としての次元、つまり完成すべき計画としての次元が再確認される。平等はもはや形式的な原則ではなく、具体的な方法であって、男性であれ女性であれ各人に、自分にできることすべてをなす可能性を保証する。「各人に帰すべきこと」は政治的課題に、すなわち、必要と意思をみずから定義するための闘争という課題になる。平等はすべてを同時に保証する。たとえば、(a)女性たちが、「他のすべての女性たちと同様に」、人格であるという権利である。これは、いっさいの差別を禁ずることによってなされる。この差別が、女性たちを「別個の」集団にしてしまっているからである。つぎに、(b)女性たちが、「いまあるがままに」、つまり、かの女たちと男性とのさまざまな差異において認識され、認知されれる可能性である。そして最後にとりわけ、女性たちのそれぞれが、その個別性のかずかずを表明する権利である。これらの個別性こそが、それぞれの女性を「他のすべてのものたち(女性であれ男性であれ)と異なる個人」にする。それはまた、個人の尊厳、共同生活に対する個人の唯一無二の貢献の尊厳を獲得することでもある。

関連項目

教育と社会への受け入れ　支配　市民権　性差(の理論あれこれ)　男女共同参画
フェミニズム運動　普遍主義と個別主義

参考文献

▶Bock Gisela, James Susan (eds), *Beyond Equality and Difference : Citizenship, Feminist Politics and Female Subjectivity*, London-New York, Routledge, 1992, 210 p.
▶Cavarero Adriana, Il modelo democratico nell'orizonte della diferenza sessuale, *Democrazia e diritto*, 2/1990, 238 p.
▶Collin Françoise, Le sujet et l'auteur ou lire « l'autre femme », *Cahiers du CEDREF*, 1990, n°2, p. 9-20.
▶Delphy Christine, Égalité, équivalence et équité : la position de l'État français au regard du droit international, *Nouvelles questions féministes*, 1995, vol. 16, n°1, p. 5-58.
▶Irigaray Luce, *Le temps de la différence*, Paris, Librairie générale française "Le Livre de poche", 1989, 123 p.
▶Pateman Carole, *The Sexual Contract*, Stanford University Press, 1988, 264 p.

(エレニー・ヴァリカス Eleni VARIKAS／川口陽子訳)

フェミニズム運動

MOUVEMENTS FÉMINISTES

［英］*Feminist Movements*

●フェミニズム運動への歴史的アプローチ
●一九七〇年代のフェミニズム
●運動内でのさまざまな傾向

フェミニズムとは、女性たちの闘争の集団的運動のことであるが、このフェミニズムが、そのようなものとして現れるのは、十九世紀も後半になってからのことである。これらの闘争が依拠していたのは、女性たちがとくに、そして徹底的に抑圧されているという認識である。また、男女間の諸関係は自然のなかに組みこまれているのではなく、この関係を変える政治的可能性が存在するという主張である。こうして権利要求は、ひとつの乖離から生まれる。つまり、平等という普遍的原理が肯定されているにもかかわらず、さまざまな現実のなかでは、男性たちと女性たちのあいだで、権力が不平等に分配されていたのである。この意味で、フェミニズムの政治的権利要求は、普遍的人権の概念化との関わりがなければ出現しない。この権利要求は、個人的権利の理論にしっかりと根をおろしている。そして、個人的権利がはじめて法的に定式化されたのは、まずアメリカ独立革命であり、ついでフランス革命だった (Fraisse, 1992)。

フェミニズム運動は、女性たちの大衆運動から区別されなければならない。大衆運動が、女性固有の権利要求を前面に押したてないからである (『女性 femme』に対応する『特殊』対『人間homme*』に対応する『普遍』という対立を阻むよう配慮して、フランスの「女性の権利局」は、「固有の諸権利」という観念を前面に押したてている)。いくつかの運動は、政治的には男女間の平等のために闘っている。けれども、第二および第三インターナショナルの女性社会主義者たちは、「フェミニスト」という呼称を拒否している。なぜなら、その呼称が、かの女たちの眼からみて、権利要求のブルジョワ的基盤を特徴としているからである。かくして、「女性たちの運動」と「フェミニズム運動」という観念連合は、人々がフェミニストたちについていだく表象にしたがって、多様な意味を帯びる。そして、これら表象は、十九世紀と二十世紀初頭では、あまりにブルジョワ的であり、一九七〇年代以降になると、あまりにも急進的《ラディカル》で、あまりにも男性に敵対的になる。一九七〇年代のあいだは、「女性たちの運動 mouvement de femmes」という表現はしばしば、「女性解放運動 mouvement de libération des femmes」の凝縮された表現として用いられた。だからこの表現は、右の事実からして、もっとも急進的《ラディカル》なフェミニズムに結びつけられたのである。そのために、ときとして、フェミニズム運動と女性たちの運動とのあいだでは、その対立に多様性と混乱が生じている。

* このフランス語の homme という語は、「人間」と同時に「男(性)」をも意味している。

したがって、「フェミニズム運動」について語ることによって、この同じ名称のもとで、多様な形態の女性たちの運動を指し示す可能性がある。自由主義の、あるいは「ブルジョワ的」なフェミニズム、ラディカル・フェミニズム、マルクス主義のあるいは社会主義の女性たち、レスビアンの女性たち、黒人女性たち、そして現在のさまざまな運動のカテゴリー次元のすべてをもである。このとき、「女性たちの運動」という表現は、ラテン=アメリカ女性のいくつかの大衆運動のように、唯一の目的をかかげて女性たちを動員することを表す場合もあれば、アイルランドや中東における平和運動を表すこともある。

フェミニズム運動への歴史的アプローチ

北アメリカとヨーロッパでは、歴史家とフェミニストたちが、長いあいだ、いくつものフェミニズム運動を二つの歴史的な波に区別してきた。第一の波は十九世紀後半から二十世紀初頭にかけて出現し、第二の波は、「ネオフェミニズム」と呼ばれ、一九六〇年代半ばから同七〇年代初頭にかけて出現した (Duby et Perrot, t.4 et t.5, 1992)*。たしかに、平等な権利の要求が、さまざまな社会的活動の全体をカヴァーしている (家庭内での権利、労働権)。とはいえ、第一波のフェミニズムはしばしば、いくつかの選挙権要求を核として位置づけられる。じっさい、これらの問題をめぐっては、もっとも目覚しい活動がいくつか、アメリカ合衆国とヨーロッパ諸国の全体でつくり出された。だが、これとは反対に、一九七〇年代のさまざまなフェミニズム運動は、唯一平等に対する要求のみを基盤としているわけではない。それは、家父長制という体制のなかでは、この平等を確立することが社会的に不可能だという認識を基盤としている。けれども、このようにフェミニズム運動の二つの時期を対立させることは、今日、一部の女性歴史家たちによって斥けられている。なぜなら、この対立は、フェミニズム運動のかずかずに関しては、その歴史叙述になお欠落が多いことのあかしだからである。この叙述の欠落が、一九二〇年代から六〇年代にかけての足跡すべてを、長期にわたって消し去ってきたのである。現代のフェミニズムは、十九世紀フェミニズムが待望していた要求をひき継いでいる。民主主義と経済活動の主体を、つまり女性市民と女性労働者を個として認めよという要求である。しかしながら、現代のフェミニズムはこれに、女性の性《セクシュアリテ》の自律という問題を力をこめてつけ加えている。たとえば、母性は女性たちの唯一の領分ではないし、さらにいえば、「非=母性」の欲求も、女性による避妊――経口避妊薬ピルが、一九六〇年代中ごろには入手可能になり始めた――の時代にあって、積極的に表明されることが可能になった。母親でないことは、もはや欠陥ではない(Fougeyrollas-Schwebel, 1997)。

＊ ジョルジュ・デュビイ、ミシェル・ペロー監修、『女の歴史』、杉村和子、志賀亮一監訳、第Ⅳ巻と第Ⅴ巻、藤原書店、一九九六～九八年。とくに、アンヌ＝マリー・ケッペーリ、「フェミニズムの空間《シーン》」(宇野木めぐみ訳、『女の歴史Ⅳ・十九世紀2』、一九九六年、第一八章(七六七～八一九ページ))と、ヤスミーヌ・アーガス、「主体としての女性――一九六〇～八〇年代のフェミニズム」(内村留美子訳、『女の歴史Ⅴ・二十世紀2』、一九九八年、第一七章(七九五～八二九ページ))。

一九七〇年代のフェミニズム

一九七〇年代のフェミニズムの衝撃は、おそらく、新しい形態の権利要求や請求を主張したことよりも、政治のさまざまな領域をあらためて疑問に付していることにある。一九六〇年代のカウンター・カルチャーの各運動の延長上にあって、これら女性解放運動の最重要課題のひとつは、私的なものは政治的であるという主張である(Freeman, 1975)。

前衛の概念を批判し、ときには政治的参加を女性活動家たちの生の総体の参加とみなしながら、一九七〇年代のフェミニズムは、各集団が男女共同参画ではないことを特徴とし、男性たちに対しては、女性の名のもとに語る権利を認めない。「ブラック・パワー」ついで「ブラック・パンサー」といった、アメリカのいくつかの黒人運動の諸権利要求を継承して、フェミニストたちは、一九八〇年代から同九〇年代にかけて、いくつもの多文化共存主義の運動に道を開き、普遍主義的価値のさまざまを支配集団の価値として告発する。

政治的論争はまた、アイデンティティの探求でもある。じっさい、大部分の女性活動家たちにとって、とくに重要な通過点とは、どのような集団に属して発言するのかということである(*Partisants*, 1975)。フェミニズム運動は、反＝権威主義の運動の性質を帯びており、もっとも自発的な形態の意思表明を前面にたて、階層的秩序のある組織すべてを拒絶している。運動に帰属するとは、新しいイデオロギーを作動させること、共通の意味と価値を探求することである。この新たなイデオロギーは、「姉妹性」という名称をとった。「女性であるということは、姉妹であるということ（すべての女性は姉妹である）」というわけである。けれども、人種的なアイデンティティ、あるいは民族的なアイデンティティといった問題が、運動を細分化する。そして、女性たちに共通の連帯感は、いたるところでたちまちのうちに崩壊する。アイデンティティをもつ集団はみな、固有の問題を抱えているが、それらが無視されるのではないかという疑念があるからである。同性愛者と異性愛者とのあいだに、ブルジョワ女性とプロレタリアの女性とのあいだに、母親とそうでない女性とのあいだに、そしてとくにアメリカ合衆国では、白人女性と黒人女性とのあいだに、それぞれ新たな形態の支配が生みだされるのではないか、という恐れがあるからである。

一九六〇年代末から同七〇年代初めにかけて、フェミニズムは、十九世紀においてと同様、国際的な広がりを経験する。衝撃波はアメリカ合衆国から発し、一九六〇年代には急速にイギリスとドイツを席捲する。一九六八年の学生の爆発は、フェミニズム普及の腐葉土となる。また、一九七〇年八月二六日には、合衆国における女性参政権獲得五〇周年を祝うため、全米を巻きこんだ運動が大規模に公然と姿を現すが*、この事件も、ヨーロッパのさまざまな運動に活力をもたらした。

＊　正確には、参政権承認後五〇年たっても、女性たちの社会的・経済的進出が不十分であることに対して抗議するための運動。四二の州で女性たちのストライキがなされ、九〇の都市で集会が開かれた。

その院外運動という性格にもかかわらず、女性解放運動は、女性労働組合員、左右両翼の政党の女性たち、あるいは「家族計画運動」のように、女性たちの権利のために闘っている団体の女性たちに対して、大規模な動員をかける力をもっている。まず、妊娠中絶の自由のためのいくつものキャンペーンが、もっとも重要で、もっとも注目すべきできごととなった。同じく、女性たちに対してなされる暴力――レイプ、セクシャル・ハラスメント――に反対して、あるいは、夫婦間レイプの認知といった法改正をもとめて、いくつかの動員がなされた。私的領域で女性たちのために新たな権利が獲得されると、それにともなって同様に、公的領域でも新たな要求が発生する。たとえば、労働における真の平等のための措置が要求されるようになる。だが、この平等が真に達成されるのは、労働組合や政治的組織との関係をつうじてのみなのである（Katzenstein et Mueller, 1987）。

運動内でのさまざまな傾向

運動内では、三つの潮流が、女性たちに対する抑圧の定義と政治戦略に関して対立しあっている。すなわち、ラディカル・フェミニズムと、社会主義フェミニズムと、自由主義フェミニズムである。より詳細なアプローチによれば、さらにいくつかの弁別がなされる。マルクス主義あるいは社会主義フェミニスト、絶対自由主義フェミニスト、ラディカル・フェミニスト、レスビアンのフェミニスト、実利主義あるいは本質主義フェミニストである。政治的にもっとも先鋭な対立は、いまでも、一方の自由主義フェミニストたちと、他方のラディカル・フェミニストおよび社会主義フェミニストたちとのあいだに存在する。「自由主義の潮流」とは、さまざまな個人的価値の評価引き上げを基盤とした運動だと理解しなければならない。だから、この潮流によれば、男女間の完全な平等のための闘争とともに、改良主義フェミニズムについても語ることができる。このフェミニズムは、アファーマティヴ・アクション政策〔三一六ページ、訳註＊＊参照〕をつうじて女性たちに優先権を与え、さまざまな不平等を減らすことはできまいかと考えている。だがこれとは反対に、女性解放運動は、女性たちの地位向上の戦略とは手を切り、現存する社会構造を根本的に転覆しようと目論んでいる。この運動は、優先すべき戦略に関して、フランスで社会主義的フェミニスト、あるいは階級闘争派と名づけられたものと、ラディカル・フェミニストたちとの対立を経験することになるだろう。前者は、真の女性解放は包括的変革という文脈のなかでのみ到来すると主張しているし、後者は、闘争はまず家父長制のシステムと、男根崇拝論の権力の直接的、間接的形態に対してなされるべきだと強調しているからである。さらには、この過激な運動のなかにあって、レスビアンのグループは、抜本的な分離主義の必要を前面に出し、異性愛を強いる束縛すべてと闘うとしている（Picq, 1993）。

ヨーロッパのさまざまなフェミニズム運動にとって、左翼諸政党との関係は重要なものであり、包含と排除の弁証法は恒常的なものである。ところがアメリカ合衆国では、フェミニズム内部では社会主義フェミニストが少なく、社会民主主義政党も存在しないため、フェミニズム運動は、相対的に個人の自立と平等にアクセントを置き、社会的諸権利に関してはあまり積極的でない状態がつづいている。ぎゃくにヨーロッパ諸国は、合衆国ほどには、強力なフェミニズム組織に支えられていないとはいえ、各社会主義政府が、たとえ穏健な政府であれ、合衆国では考えられないほど社会的権利の獲得を許容した（Threlfall, 1996）。

「国際連合」をはじめとして、いろいろな国際組織が、すべての国々の女性たちがますます大きな平等を獲得するために尽力している。一九七〇年代のフェミニストたちによって懐柔の企てとして告発されたとはいえ、ナイロビ（1985）や、ついで北京（1995）におけるように〔国連主催の、第三回および第四回の「世界女性会議」〕、国際会議があいついで組織され、各フェミニズム団体のあいだで、次第に大きな関心を呼び起こすようになった。これら団体は、次第に多数、非政府組織という資格で、こうした会議に参加するようになっている。またヨーロッパでは、「ヨーロッパ連合」や「ヨーロッパ評議会」が、フェミニズム団体に利用され、平等獲得へ向けての圧力の仲介機関となっている（たとえば、一九九二年以降の、政治における男女間の数的対等のためのキャンペーンを参照のこと）。

このように、一九七〇年から今日にいたるまで、フェミニズム運動の矛盾をはらんだ進展を確認することができる。国際的圧力は女性たちの権利の前進を可能にするが、それにともなってしばしば、個々のフェミニズム運動は急進性を薄め、以後女性たちに奉仕する団体という位置を占めるようになる。こうして、いろいろな改良主義的潮流がふたたび活性化すると、それに力をえて、フェミニズムは権利獲得の査定機関、ないしは社会奉仕のほうに向かう。この変化はたぶん、ひとつのあり方として、慈善の伝統――とはいえ、この伝統はしばしば告発されてきた――を復活させるものである。しかしながら、フェミニズム運動のなかには、もっとラディカルな形態がいくつか存続している。これらの形態は、右のような傾向に真っ向から反対しており、一九七〇年代においてと同様依然として、男女をより幅広く動員することができる。さまざまな政党、労働組合やその他の組織のメンバーをである。そしてそのことは、妊娠中絶と避妊、あるいは労働における男女間の平等に関する闘争において示されている。

関連項目

家父長制（の理論あれこれ）　社会運動　性行為　数的対等　妊娠中絶と避妊
平等　暴力　母性　歴史（の性別化）

参考文献

▼Cohen Yolande, Thébaud Françoise (éd.), *Féminisme et identités nationales. Les processus d'intégration des femmes en politique*, Lyon, CNRS, Programme pluriannuel en Sciences humaines Rhône-Alpes, 1998, 306 p.
▼Fougeyrollas-Schwebel Dominique, Le féminisme des années 1970, *in* Christine Fauré (éd.), *Encyclopédie politique et historique des femmes*, Paris, PUF, 1997, p. 729-770.
▼Fraisse Geneviève, *La raison des femmes*, Paris, Plon, 1992, 294 p.
▼Picq Françoise, *Libération des femmes. Les années-mouvement*, Paris, Seuil, 1993, 380 p.
▼Threlfall Monica (ed.), *Mapping the Women's Movement : Feminist Politics and Social Transformation in the North*, London-New York, Verso, 1996. VII, 312 p.

（ドミニック・フジェロラ＝シュヴェーベル Dominique FOUGEYROLLAS-SCHWEBEL ／**鄭久信訳）**

普遍主義と個別主義

UNIVERSALISME ET PARTICULARISME

［英］*Universalism and Particularism*

●力関係としての普遍主義
●多数性の否定としての個別主義
●普遍性——一般化しうる正義の地平、それとも要求？

普遍主義と個別主義という一対のことばは、近代の政治的骨格に属している。それぞれの用語は、ほとんど十六世紀末にまでさかのぼるが、両者の対立自体はもっと近年のものである。この対立は、さまざまな自然権の革命に由来するが、こうした革命の典型がフランス革命である。いくつかの社会はかつて、階層的に構造化された個別存在からなり、共通分母をもたなかった。つまりこれらの社会が基盤としていたのは、さまざまな個別裁量権《リベルテ・パルティキュリエール》（特権のこと）と義務の原則だった。社会階層ごとに、固有の特権と義務があったのである。上記の革命がなされたのは、こうした社会に対してだった。

自然権の革命は、各個人に共通の人間性というものを導入し、多様な個別条件を比較する際に、この人間性というものをその基盤とした。そして、「人間」という抽象概念を強力な基盤として、個別が普遍に参画しうると主張した。個別裁量権の原則は、非合法なものと宣告され、「万人に有効で、万人に認知され、万人によってつくり上げられた一般法」の原則が、これに替わった。この法は、万人によって造られたため、一般意思の表現であり、普遍的性格をもっている。万人に適用されるからである。最後にこの普遍性は、この法の非人格性と、法の扱う素材の一般的性格によって保障されている。

力関係としての普遍主義

なるほど、普遍主義と個別主義という一対のことばは、一般法と特権との区別なしには考えることができない。だがそれは、より特殊にはまさに、市民権の概念と、この概念の基盤をなす条件の核心で展開されている。その条件とは、個別利益を一般利益に従属させるという、人間の能力のことである。

ところで、人類一般という抽象概念は、諸権利の普遍性の領域として勝ち誇って登場した。だが他方では、この普遍性を適用する「人間たち」は、具体的な個人であって、歴史的に特定の時代にあり、物理的＝文化的＝社会的に区別され、それぞれの歴史と社会的関係のなかでの位置によって、異なった要求と利害を有している。また、それら要求と利害を表明するうえで、異なった方法を手にしている。普遍主義という力関係の影響のもとで、権利の主体および源泉として、人類は、より多くの場合、支配的な規範と考えられ、解釈されている。そしてこの規範は、それに固有の特殊性を普遍と混同することによって、個人からなる一部のグループ全体を、さまざまな権利の普遍性から排除する。普遍は、それを構成する個別存在に、つねに開かれているわけではない。むしろ普遍は、もっとも強いものとみずからを同一視する傾向をもち、弱きものを拒否して、個別の側へ、つまり個別主義の側へと追いやったのである。

女性たちの普遍に対する関係には問題点があるが、この関係はパラダイムとしての価値をもつ。「概念の次元では終わりなき従属の基盤として、現実においては終わりなき服従の基盤として」(Adorno et Horkheimer, 1974)*、女性たちの位置は、普遍主義の政治体制のなかにあって、概念的かつ社会=政治的な二重のプロセスを例示している。そしてこのプロセスが、近代普遍主義の唯一の原動力なのである。女性たちの排除はおそらく、西欧哲学の起源にまでさかのぼる。プラトン Platon とアリストテレス Aristote (les) は、さまざまな概念の助けを借りて世界を表象したが、これらの概念はすでに、同じようにはっきりと、「物理学の諸法則、市民間の平等、女性と子どもと奴隷の劣等性」(同)**を反映していた。けれども、普遍主義という力関係が、思想の諸カテゴリーの形成に介入してくると、それは、科学主義的な実証主義と、「客観性」を標榜する科学の言語によって先鋭化する。この言語は、「能力なきものすべてから、自己を表明する可能性をとり上げてしまう」(同)***。

* マックス・ホルクハイマー、テオドール・W・アドルノ、『啓蒙の弁証法――哲学的断想』、徳永恂訳、岩波書店、一九九〇年、一七ページ。「比量論理学によって発展させられるような思考の普遍性、概念の領域における支配は、現実のうちでの支配の基盤の上に成立する」。

** 「プラトンやアリストテレスが世界を叙述するのに使った哲学的諸概念は、……物理学の諸法則や完全市民の平等や、婦女子や奴隷の低い地位が、同じ純粋さで反映していた」(同、二八ページ)。

*** 「科学的言語の党派的不偏性のうちでは、力なきものは完全に自らに表現を与える力を喪失し、現存するものだけが、言語の中立的な記号を見出す」(同、二八〜二九ページ)。

この可能性を奪われて、女性たちは、ひとつの普遍の定義に従わされたが、かの女たちはこの普遍に参入することはなかった。女性たちは長きにわたって、「普通」――このことばを使用していることが、ほかのなににもまして、政治的排除と概念的排除の凶暴ぶりをよく示している――と称される選挙から排除されていただけではない。近代になって、公的領域と私的領域がはっきり区別されるようになると、そこでのかの女たちの位置によって、女性たちは個別利益と、つまり家族の個別主義と同一視されることになる。じっさい、民主制の市民権は、男性の公民の美徳を前提としている。すなわち、一般利益に自分の個別利益を従属させる能力を、前提としている。だが他方では、女性の美徳は、家族の利益をなによりも先にすることを求めている。

多数性の否定としての個別主義

政治的知性はこうして、私的なものと公的なものとのあいだに、否定と相互形成の関係を確立する。この関係は同時に、個人と共同体、個別性と普遍性とのあいだの、矛盾する関係でもある。普遍性は、私的利益の個別主義に対してだけでなく、人間存在の断固たる特異性、つまり一般に適用できることばでいえば、その意思ないし要求を表明する人間の能力にまで、疑念をさしはさむ。人間の意思と要求は、政治体の単一性を脅かすものであるため、一般利益の次元のそとに押しだされて、私的領域に移り、専制的な権威の批判の対象外となる。公的な空間を、統制不能な情念――性的欲求がその原型となるのだが――から保護しなければならない。「女性たちのもたらす無秩序」は、「集団の精神的自我」(Rousseau) を分裂をもって脅かすため、これを阻止しなければならない。この二点は至上命令となって、絶対君主制から民主制にいたるまで同様に、オイコス（家族という領域）とポリス（都市国家、政治機関）の分離を命じている。

けれども、オランプ・ド・グージュ Olympe de Gouges (1791) とメアリー・ウルストンクラフト Mary Wollstonecraft (1790) から今日まで、フェミニズムからの批判が強調しているように、この性差を含んだ区別は、一般利益の正統性をたちまちにして掘り崩す。そのため一般利益は、形而上学的な単位となり、個々の市民の意思から独立して存在するようになる。たとえば女性たちの地位は、論理的に矛盾している。かの女たちは、家長の個別利益に従うと同時に、子どもたちに公民の美徳を身につけさせるように定められているからである。だから、こうした女性たちの地位は、伝統の論理的矛盾を再度はっきりと示している。この伝統によって、普遍性は、個別主義とではなく、かずかずの個別存在と矛盾する関係に組みこまれているのだ。

今日でもまた、普遍主義と個別主義の問題が台頭しているが、それは、性別にもとづく差別ないし支配にかかわって、権利要求が問題となっているからである。一般利益という考え方は、政治「体」が等質かつ単一であるという観点と、きわめて密接に結びついている。そのため、個別存在による表現は、いかなるものであれ、ただちに個別主義の疑いをかけられ、権利の普遍性という原則を脅かすものとされる。そしてこの原則こそ、神聖なる「共和制」の基盤なのである。「女性たち固有の」権利要求という表現は、ほとんど自動的に一般的権利要求と対置され、それだけで、あの歴史的な困難を想起させる。つまり、かずかずの不平等が人口の半数に及んでいるのに、これらの不平等を普遍的なことばで、すなわち権利の普遍性原則の一部として語ることが、歴史的にみれば困難だったのである。

普遍から女性たちが排除されていることは、もっともみえにくく、もっとも認知されていないことのひとつである。そのため、性の平等を求める闘争は、そしてもっとあとになるとフェミニズムの闘争は、たちまちにしてひとつの欺瞞に突きあたる。この欺瞞とは、人間の権利という抽象的なレトリックの背後に、現実の不平等を隠蔽することである。この不平等こそが、近代の普遍主義体制の基盤となっているからである。すでに一七九一年、『女性と女性市民の権利宣言 *Déclaration des droits de la femme et de la citoyenne*』[*]で、オランプ・ド・グージュが指摘しているように、この欺瞞が明らかになるのは、これら不平等と、その犠牲になっている女性たちを名指すことによってのみなのだ。だからこそ、かの女の「宣言」の一般的かつ非個人的な条文のなかに、「個別のケース」が逆説的に入りこんでくるのである。これら「個別ケース」は、諸権利の真の普遍性に対する具体的な要求例を明らかにしている。たとえば、「思想および意見を自由に伝達することは、女性にとって、もっとも貴重な権利のひとつである。……すべての女性市民は自由に、つぎのようにいうことができる。すなわち、『わたしは、あなたの子どもの母です』と。野蛮な偏見によって、女性市民が、この真実を隠すよう強いられることがあってはならない」〔「宣言」・第一一条[**]〕というわけだ。

＊　オリヴィエ・ブラン、『女の人権宣言――フランス革命とオランプ・ドゥ・グージュの生涯』、辻村みよ子訳、岩波書店、一九九五年、二六九〜二七四ページ。

＊＊　参考のため、前掲書の二七二ページから、『女性と女性市民の権利宣言』と『人権宣言』（前者と対照的に訳せば、『男性と男性市民の

権利宣言 *Déclaration des droits de l'homme et du citoyen*』の第一一条全文を併記しておく。

「思想および意見の自由な伝達は、女性の最も貴重な権利の一つである。それは、この自由が、子どもと父親の嫡出関係を確保するからである。したがって、すべての女性市民は、法律によって定められた場合にその自由の濫用について責任を負うほかは、野蛮な偏見が真実を偽らせることのないように、自分が貴方の子の母親であるということができる」(『女性と女性市民の権利宣言』)。

「思想および意見の自由な伝達は、人の最も貴重な権利の一つである。したがって、すべての市民は、法律によって定められた場合に、その自由の濫用について責任を負うほかは、自由に、話し、書き、印刷することができる」(『人権宣言』)。

「野蛮な偏見」がもっぱら女性たちにのしかかっているため、またのちにフローラ・トリスタン Flora Tristan が『労働者連合 *l'Union ouvrière*』(1843) でのべるように、女性たちが「真につまはじきされ」ているがために、同一の政治的＝社会的組織が、男女両性に同じようにも、また違ったふうにも作用している。だから、『人権宣言』で「女性たちに言及すること」と、『男性女性世界労働憲章 *Charte de l'Union universelle des ouvriers et des ouvrières*』で「男性と女性の絶対的自由」を宣言することとが、権利の普遍性の具体的な要求を保障するうえで、前提となる条件なのである。

普遍性——一般化しうる正義の地平、それとも要求？

人間一般などどこにも存在しないし、普遍的権利の主体は、具体的な人間であり、社会階層と権力関係のなかで、さまざまな位置にいる。したがって、権利の普遍性原理は、抑圧と不公正の経験の多様性と多数性に一致するのでなければ実現されない。なるほど、ここ二世紀のあいだ、女性たちは、自分たちの発言権を認知させるために、あれほどたびたび闘ってきたし、いまも闘っている。だがそれは、そういう権利が保障されておらず、わたしたち女性の経験、要求、意思を他者に伝えることができないため、一般化しうる共通の規則を構築できなかったからである。いいかえれば、すべての男性とすべての女性に、自由の具体的な条件を保障しうる規則を、構築できなかったからである。

普遍主義と個別主義の問題は、こうして民主制という問題と密接に結びつく。複数の要求から出発してこそ、権利要求、目標、闘争の普遍的な広がりが構築されるのだが、こうした複数要求が定まるのは、なんらかの法則（自然、経済、人口などなどの）や、ある社会集団の「客観的」利益をまえもって見通しておくことの結果としてではないからである。それこそが、民主制という問題なのだ。なぜなら民主制は、このような相互の、しかもしばしば対立しあう作用を必要としており、そうした作用をつうじて、個々人の視点と意思の自立した表現、対立、つくり直しのうちに、一般利益を探し求めるものだからである。「個別の」要求を認めることは、このように、ひとつの契機であり、普遍的意図をもったあらゆる政治目標構築に必要なのである。

　だがそれは、必要な契機ではあるが、十分な契機ではない。というのも、ひとつの要求が普遍主義のものなのか、それとも個別主義のものなのかを判断するうえで、その基準となるのは、その要求を掲げる男女の数ではないからである。この要求が関係する人々の数でもなく、さらには、その要求の個別的性格でもないからである。それは、その要求が、一般化しうる正義の原則にもとづきうるかどうかなのである。この原則によってこそ、わたしたちは、もっとも「固有の」権利要求、もっとも「個別的な」権利要求を、つぎのような形態につくり直すことができる。すなわち、「だれもそんなふうに扱われてはならない」と。このように考えると、普遍主義は、フェミニズムに重大な挑戦状を突きつけていることになる。

関連項目

科学の言語（の性別化）　公的なもの対私的なもの　支配　市民権　平等
フェミニズム運動

参考文献

▶Adorno Theodor W., Horkheimer Max, *La dialectique de la raison*, Paris, Gallimard, 1974, 281 p.〔アドルノ、ホルクハイマー『啓蒙の弁証法』徳永恂訳、岩波書店、一九九一年〕

▶De Gouges Olympe, Déclaration des droits de la femme et de la citoyenne, (1791), in *Écrits politiques 1788-1789*, Paris, Côté-femmes, 1993, p. 204-215.〔オリヴィエ・ブラン『女の人権宣言――フランス革命とオランプ・ドゥ・グージュの生涯』辻村みよ子訳、岩波書店、一九九五年、二六九～二七四ページ〕

▶Rousseau Jean-Jacques, *Émile ou de l'éducation*, Paris, Flammarion, 1966, 629 p.〔ジャン＝ジャック・ルソー『エミール(上・中・下)』今野一雄訳、岩波文庫、一九六二～六四年〕

▶Tristan Flora, *Union ouvrière*, Paris, Des femmes, [1843]1986, 366 p.

▶Varikas Eleni, Pour avoir oublié les vertus de son sexe. Olympe de Gouges et la critique de l'unversalisme abstrait, *Sciences politiques*, 1993, n°4-5, p. 17-34.

▶Wollstonecraft Mary, Vindication of the Rights of Men [1790], in Janet Todd, Marilyn Butler (eds), *The Works of Mary Wolstonecaft*, London, Willian Pickering, 1989.〔メアリ・ウルストンクラーフト『女性の権利の擁護』白井堯子訳、未来社、一九八九年〕

（エレニー・ヴァリカス Eleni VARIKAS／志賀亮一訳）

暴力
VIOLENCES

［英］*Violences*

●理論的実践、政治面での実践、戦闘的実践
●現実と法的措置

さまざまな暴力が、その性別を理由に女性たちに加えられているが、それはじつに多様な形態をとっている。これらの暴力には、以下の行為すべてが含まれる。脅迫、束縛、力によって、公的な、あるいは私的な生活で、女性たちに、物理的、性的あるいは心理的な苦痛を与える行為である。それらは、かの女たちを怖がらせ、罰し、侮辱する目的で、また、女性たちの身体の安全と主体性を脅かす目的でなされる。通常の性差別、ポルノグラフィー、職場でのセクシャル・ハラスメントは、その一部をなす。いくつかの身体的暴力は、男性権力と性行為との関係の表現として、男らしさを修得することの一部をなし、しばしば社会的に正当化されている。こうした暴力も、ここでは問題になるであろう。

直接多くの女性を傷つけ、かの女たちから往来の自由、安全の感覚、自信、他者と関係を結ぶ能力、生きる意欲を奪いつつ、これらの暴力は、すべての女性に関係し、影響を及ぼしている。女性たちはみな、潜在的にその被害者なのである（Hanmer, 1997）。これらの暴力は、両性間関係の極限形態のひとつなのだ。

一九七〇年代の初めに、最初に性的暴力を告発したのは、アメリカのフェミニストたちだった。とくにレイプが被害者の同意を前提としないことを強調して、アメリカのフェミニストたちは、理論的な分析を展開し、犯罪学的な研究と一線を画した。これら犯罪学的研究が、男性中心主義の偏見によって、被害者研究の理論（ないし、相互作用論の理論）を特別重視していたからである。これらの理論は、被害者と犯行者との関係を基本的な説明要因としている。そして、こうした研究は、他のアングロ＝サクソン諸国や、のちにはフランスで、幅広い影響力をもっていた。

理論的実践、政治面での実践、戦闘的実践

レイプに関していえば、フェミニズムの視点に立つ最初の総合的な著作は、ミシェル・ボルドー Michèle Bordeaux らによって書かれ、一九九〇年に出版された。この著作が指摘するところでは、一九七〇年から同八〇年までのあいだに、フランスのフェミニストたちが、法体系への批判から具体的な立法の要求へと前進した。また同書は、性犯罪の総合的な数量的分析を提供し、苦痛の訴えに対する処方、刑事戦略、被害者の反応を分析し、法制度と司法慣習に対して批判的にアプローチしている。さらには、レイプの位置づけを理解しようと努めつつ、被害者を、暴行犯との関係においてではなく、社会との関係において復権させている。つぎにフェミニストたちは、家庭や職場での暴力、売春、レイプに関して研究を進めると同時に、デモを組織し、レイプされた女性たちの支援活動に手を着け、司法の領域で論争を挑んだ。いくつもの団体が生まれ、暴力やレイプを受けた女性たちの受け入れ施設や宿泊施設を開設し、電話相談室を運営し、自分たちの活動をメディアをつうじて宣伝した。そしてこれらすべてによって、問題の重大さを公的に明らかにす

ることができた。フランスでは、いくつかの団体が公権力に圧力をかけ、これら権力に、夫婦間暴力情報＝防止キャンペーンを組織させ（1989）、性別を織りこんだデータを収集させた。これらの団体はまた、女子の割礼と陰部封印を告発した。それらが、性的な身体破損であり、かず多くの国で数百万の少女に対して実施され、そこにはフランスも含まれていたからである。夫婦間暴力に関しても、フェミニストの著作は分析の幅を拡大し、そのなかには、男性の研究者による、フェミニズムの視点に立つ研究もある。たとえば、ダニエル・ヴェルツァー＝ラング Daniel Welzer-Lang は、暴力的な男性を研究している（1988, 1996）。そして、かれらの言説と、暴力を受けた女性たちの言説とを突きあわせて、認識と姿勢の不均衡を浮き彫りにしている。かれは、いくつかの神話、たとえばこうした男性の二重人格神話——一方で優しく、一方で暴力的——を粉砕している。

フェミニストの理論は、政治および軍事の権力が行使する暴力にまで分析を拡大し、軍国主義、国家主義、国家による暴力と、さまざまな形態の女性に加えられる暴力との関係を研究した。侵略、戦争、社会的抗争の際には、女性たちにさまざまな暴力が加えられる。レイプ、強制売春、拷問などである（Cockburn, 1998）。かつてのユーゴスラヴィア紛争では、集団レイプがくり返し組織的になされ、しかもそれにはなんの処罰もなく、あらゆる年齢の女性が多数被害にあった。ヴェロニック・ナウム＝グラップ Véronique Nahoum-Grappe は、つぎのように明らかにしている（1997）。まず、攻撃的な男らしさを奉ずる文化においては、精液が、血統伝達の唯一の媒体だと考えられている。そして、そういう文化のなかでは、「被害者が『血』または姻戚関係によって親族である場合、レイプは、同族の男性たちの名誉を傷つけ、利益を損なう。男性の殺害と女性のレイプとは同じ罪であり、同一の目標に、すなわち血統伝達という家系の絆に対してなされる」という。

現実と法的措置

たしかに、女性たちが暴力を受けていることを否定したり、軽視したりすることは、以前よりもむつかしくはなった。けれども、フランスの新刑法――一九九二年に採択されたが、そこには、「夫婦間暴力」という表現は見当たらない――に関して、議会での議論をみると、いまだになすべきことが多いのに気づく（Louis, 1994）。ウィーンでの「世界人権会議」（1993）では、女性に対する暴力が、かの女たちの権利の蹂躙であると認められている。また、北京での第四回「国連世界女性会議」（1995）では、代表を派遣した国々の政府間で、現状を総括し、女性たちへの暴力に反対して闘い、被害者の支援制度を充実させることで合意がなされた。

フェミニストの闘争は、法を改正させることを任務としていた。こうしてフランスでは、一九七五年に、刑法第三二四条が廃止された。同条は、夫婦の家で妻の不倫を現行犯で発見した場合、夫が妻を殺害しても、これを免責していた。つぎに一九八〇年採択の法では、はじめて、レイプが法的に定義――犯罪としての定義――されたが、そこには夫婦間レイプは含まれていない。立証不可能という理由でである。だが、被害にあった女性たちのほうが、受けた暴力の証拠を示さなければならないのだろうか？　そのうえ、法に変化が生じても、さまざまな慣習が残っており、これら慣習が、女性たちの受けた暴力の非＝認定を永続させている。けれども、国際的な圧力が、各種公権力に、女性たちのこうむった暴力に対して行動するという約束を再確認させている（Fougeyrollas-Schwebel, Houel et Jaspard, 2000）。たとえばフランスでは、広範な調査が進行中である。

一般に認められているところでは、女性に対する暴力行為はきわめて多いが、うちごく少数だけが告発されている。とはいえフランスでは、レイプに対する告訴の数が、一九八五年から同九五年までに二倍以上になっている。だがそれでも、四件に一件しか告発されていないと考えられている。夫婦間の暴力は、依然として隠されたままであり、その統計的測定も困難になっている。というのも、この暴力が、さまざまな分類項目に含まれているからである（傷害、レイプ、性的攻撃、殺人など）。アングロ＝サクソン諸国の統計による推計でも、国によって程度に違いがある（アメリカでは、女性の一一パーセントが受けているのに対して、カナダでは二九パーセントである）。そのうえに、夫婦間暴力は、妊娠期間中やその直後にも振るわれているはずである（Saurel-Cubizolles *et al.*, 1998）。推計によれば、フランスでは、二〇〇万の女性が暴力を受けている。

一九九四年、いくつかの女性団体とフェミニスト団体によって、北京会議の準備のため調査が実施された（Laborie *et al.*, 1994）。それによると、これらの団体の活動は、財政と法的な障害に制限されながらも、被害にあった女性たちの発言や、暴行事実の告発を促進し、問題の大きさと深刻さを眼にみえるものにしている。また、にもかかわらず、司法スタッフのあいだには、以下に指摘するように、二つの態度が根強く残っているという。まずかれらは、原告の女性たちの主張を真剣にとり上げようとしない。受けた暴力を実証するのが困難だという理由でである。第二にかれらは、暴力の実行者である男性たちに寛大なのである。

夫婦間の暴力に関して、全体的な統計によるアプローチがなされ、また、さまざまな団体が、もっと詳しいアプローチを試みている（Monnier, 1997）。けれども、こうしたアプローチも、いまや批判されることもある。ナデージュ・セヴラック Nadège Séverac は、このアプローチを非難して、この現象をいかに理解するのかを考慮の対象としていないし、さらには、その理解を不可能にしてさえいるといっている。現象の理解が可能になるのは、「女性の同意という厄介な問題」をとり上げたときだけであり、この問題こそが、なぜこれほど多くの女性が暴力を受けているのかを、理解させてくれるだろうというのである。

もっとも多くの論争を生みだしたのは、私的領域でなされる暴力の分析である。だがダニエル・ヴェルツァー＝ラング（1996）によれば、いく人かの著者たちは、この間の出版物を分析して、フェミニストの視点からの分析のほかに、三つの理論的潮流を指摘している。まず、心理分析の潮流は、攻撃的な男性と、そうでない男性との差異を追求している。だがこの潮流は、社会的に構築された男らしさが、上記の二種類の男性に共通な点を際だたせてくれるかどうかを検討してはいない。つぎに、男性という特性は社会的に修得されるという理論は、カナダとアメリカにおいて、男性による暴力の臨床治療に大きな影響を及ぼした。最後に、社会=文化的潮流は、フェミニズム運動のあとを受けて、家族という制度が暴力の温床であることを論証した。またこの潮流は、社会的不平等と文化的規範の重みを組みいれている。フェミニストたちが強調するところでは、暴力的な人物の社会的性別を考慮しないと、結果として、すべての暴力が同じものにみえてしまうという。

最後に、近年の業績のいくつかには、フェミニストに対する批判がふたたび登場している。フェミニストたちが、女性の暴力をタブー視してきたというのである。たとえば、リンダ・ゴードン Linda Gordon がすでに、家庭内暴力の分析にかかわって、そうした意見を表明している(1992)。それによると、これらの分析は、男性は暴力=女性は優しさという紋切り型を基盤としており、とくに子どもたちに対する女性の暴力を否定しているという。これらの業績(たとえば Dauphin et Farge, 1997)は、女性の歴史家、人類学者、哲学者によってなされているが、それらが明らかにしているところによれば、女性たちの暴力は、男性の暴力とはちがって、けっして社会的に認知されることもなければ、正当化されることもないという。さらには、いくつかの行動、とくにことばをつうじた行動が、暴力的なものと位置づけられている。だが、それらの行動は、男性においてであれば、無害なものとみなされることになろう。アルレット・ファルジュ Arlette Farge は、十八世紀パリの暴動のかずかずに女性たちが積極的に参加したことを問題にしながら、以下のように問うている。すなわち、いったいなにゆえに、反抗が始まったとき、女性たちがそこにいないことにされたのか?*、と。また、マリー=エリザベス・ハンドマン Marie-Elizabeth Handman の観察によれば、現代ギリシアの二つの村では、暴力は両性によって振るわれているが、その様態と比率は違っているという。だが、「娘たちに男性の優位を、また男の子たちには、あらゆる明白な事実に逆らって、この優位性の幻想を永続させる必要性を受けいれさせなければならないとされているかぎり」、どうして暴力をなくすことができるのだろうか?

＊　アルレット・ファルジュ、「まぎれもない女性の暴徒たち」、柳原智子訳、デュビィ、ペロー監修、『女の歴史Ⅲ・十六〜十八世紀２』、藤原書店、一九九五年、七一〇〜三六ページ。たとえば、「以上の民衆暴動のすべてに全面的に参加していたものたち、つまり女性たちについては、ほとんどページが割かれていない。どうして、それほど少ないのだろうか？」（七一二ページ）。

関連項目

支配　性行為　セクシャル・ハラスメント　売春　フェミニズム運動

参考文献

▶Bordeaux Michèle, Hazo Bernard, Lorvelles Soizic, *Qualifié viol*, Paris Librairie Méridiens- Klincksieck, 1990, 232 p.

▶Hanmer Jalna, Violence et contrôle social, *Questions féministes*, novembre 1977, n°1, p. 69-90.

▶Louis Marie-Victoire, Le Nouveau Code pénal français, *Projets féministes*, octobre 1994, n°3, p. 40-69.

▶Monnier Viviane, Violences conjugales, éléments statistiques, *Les Cahiers de la Sécurité intérieure*, 1997, n°28, p. 69-73.

▶Nahoum-Grappe Véronique, Guerre et différence des sexes : les viols systématiques (ex-Yougoslavie, 1991-1995), *in* Cécil Dauphin, Arlette Farge (dir.), *De la violence et des femmes*, Paris, Albin Michel, 1997, p. 159-184.

▶Welzer-Lang Daniel, *Les hommes violents*, Paris, Indigo & Côté-femmes, 1996, 367 p.

（カルメ・アレマニー Carme ALEMANY**／志賀亮一訳）**

母性

MATERNITÉ

［英］*Maternity*

●母性、ひとつの社会史
●「母性をめぐる新しい体制」
●最近の混乱と新しい社会的論理

一九七〇年以来、さまざまな研究が、子どもの歴史（Ariès）、旧体制《アナシャン・レジーム》下での誕生と子ども期の歴史（Gélis）、古代に始まる女性たちの歴史（Duby et Perrot, 1990-1992）、中世から現代までの母親たちの歴史（Fouquet et Knibiehler, 1977）、十七世紀から二十世紀までの母性愛の歴史*（Badinter, 1980）を明らかにしてきた。それらの研究によって、男性／女性の諸関係の発展と、父親と母親と子どもそれぞれの役割と権利に関する支配的価値の発展のなかに、母性に対する態度の歴史を再現することができる。

＊　フリップ・アリエス、『〈子供〉の誕生――アンシャン・レジーム期の子供と家族生活』、杉山光信、杉山恵美子訳、みすず書房、一九八〇年。ジョルジュ・デュビィ、ミシェル・ペロー監修、『女の歴史I〜V』、杉村和子、志賀亮一監訳、藤原書店、一九九四〜二〇〇一年。カトリーヌ・フーケ、イヴォンヌ・クニビレール、『母親の社会史――中世から現代まで』、中嶋公子ほか訳、筑摩書房、一九九四年。エリザベート・バダンテール、『母性という神話』、鈴木晶訳、ちくま学芸文庫、一九九八年。

母性にどのような地位を認めるのか？　この問いに答えることは、ひとつの緊張を基盤としている。この緊張は、さまざまなフェミニズム運動の歴史を貫いているが、また、かず多くの女性たちの歴史をも貫いており、しばしば乗り越えがたい矛盾と闘っている。母性は、称揚された特性――命を与える力――であるとまったく同時に、ひとつの社会的機能でもある。そして、この機能の名のもとに、あれこれの政治的権利や社会的権利を要求することが、抑圧の源泉のひとつとなっている。母性は、分割を働きかける要素として、フェミニストたちの理論的対立を構造化している。

母性、ひとつの社会史

ひとつの論争が、母性愛の規定をめぐって、カトリーヌ・フーケ Catherine Fouquet とイヴォンヌ・クニビレール Yvonne Knibiehler (1977) のペアを、エリザベート・バダンテール Élisabeth Badinter (1980) に対立させている。古典期の数世紀間、子どもを乳母に委ねることが有効な手段として広く行なわれた。かの女たちの論争は、この現象を検討することに端を発している。十七世紀には、この現象は貴族階級とブルジョア階級に限られたものだったが、十八世紀になると、都市のすべての社会階層へと広がった。フーケとクニビレールが強調しているところでは、子どもたちを乳母のもとに送りだすのは、支払い能力のある裕福な女性たちか、あるいは、働かなければならず授乳できない女性たちにかかわる事象だった。だから二人は、そこに、子どもたちに対する無関心のしるしをみているわけではないし、ましてや母性愛欠如のしるしなどをみてはいない。ただし、こうした慣習行動は、非常に高い幼児死亡率の原因となってはいた。これとは反対に、エリザベート・バダンテールは、たび重なる死亡にもかかわらず、乳母に預けることが普及したと確認している。そして、経済的要因の重みも、社会的しきたりの重みも、とくに貴族女性たちの側において、この現象を説明しつくすことはないとみなしている。かの女の断言するところによれば、貴族女性たちが母性を放棄したのは、自由に生き、教養と知識を発展させることができるよう、子どもに邪魔されないためだった。だから、子どもに対する無関心が支配的な態度となったのである。母性愛はしたがって、明らかな本能ではなく、はるか昔から女性の本性のなかに刻みこまれてもいない。母性愛には歴史があるのだ。

十八世紀半ば、ひとつの重要なイデオロギー的変化が生じた。それは、ルソー Rousseau によって力強く表現され、今日までしばしばくり返えされている。すなわち、女性たちの新しいタイプである善き母と、新しい価値である母性愛が称揚されたのである。[*]

＊　ジャン＝ジャック・ルソー、『エミール』、今野一雄訳、岩波文庫、一九六二～六四年。

十九世紀末以降、多くのヨーロッパの国々で、女性フェミニストたちは、すべての母親たちにゆとりと社会的保護を保証し、そして、母性を社会的機能として認めさせようと努め、「国家」は母性を保護すべきだとした。かの女たちは、その姿勢がかならずしも均質ではなかったものの、母性を讃美する論法を利用して、いくつかの新しい権利を獲得しようとした。またかの女たちは、母親の諸権利が父親の諸権利と同等であるべきだと唱えて、「ナポレオン民法典」を攻撃した。またかの女たちが強調するところでは、フランスでは一九〇九年と同一三年に初期の法律が可決されたが、これらの法では母性を保護するに不十分だったという（Cova, 1999）。この「母性主義的フェミニズム」が基盤としていたのは、母親としての活動と家事労働とは、ともに真の労働であり、「国家」による補助金の対象としてふさわしいという考え方だった。当時のフェミニスト、ユベルティーヌ・オークレール Hubertine Auclert は、一八八五年と一九一〇年にフランスで国民議会議員選挙に立候補した際、子どもたちに援助をもたらす「母親国家」の創設を要求した（Bock, *in* Duby et Perrot, 1992)*。しかしながら、フランスとアメリカでは、「共和国の母」という理想像が、女性たちに推奨される一方で、その同時代に、自立して、独立し、自由恋愛を信奉する独身女性像が広まり、母＝妻という聖別化されたモデルが放棄されるようになる（Dauphin, *in* Duby et Perrot, 1991)**。出産奨励主義者たちとマルサス主義たち***の対立という文脈のなかで、自由な母性というテーマが、公的および私的な論争で中心となり、また、かず多くの小説に登場する（Sagaert, 1999）。

* ジゼラ・ボック、「女性の貧困、母の権利、そして福祉国家」、栖原弥生訳、デュビィ、ペロー監修、『女の歴史Ⅴ・二十世紀2』、藤原書店、一九九八年、六一四〜六一ページの六二一ページ。

** セシール・ドーファン、「独身の女性たち」、志賀亮一訳、『女の歴史Ⅳ・十九世紀2』、藤原書店、一九九六年、六七八〜七〇三ページ。

*** イギリスの経済学者マルサス（Thomas Robert Malthus, 一七六六〜一八三四）は、食料生産の増加が人口の増加に遠く及ばないため、なんらかの手段で人口を減らさないと、食料危機が発生するとした。この学説を信奉する人々のこと。

第一次世界大戦中、女性たちは、母親たちでさえ、男性たちの労働にたずさわった。その一方でフェミニストたちは、女性労働の有効性を推奨し、女性たちが労働と母性を両立できるよう論陣を張る。かの女たちは、大戦末期以降、女性たちによる善き忠実なる奉仕の報酬として選挙権の獲得を望んだ。だが、ドイツを除いては選挙権の獲得にいたらず、女性たちは自分の家庭へと追い返されてしまう（Thébaud, *in* Duby et Perrot, 1992)*。

* フランソワーズ・テボー、『第一次世界大戦――性による分割の勝利』、栖原弥生訳、『女の歴史Ⅴ・二十世紀1』、藤原書店、一九九八年、四五〜一三一ページ。とくに、一一八〜一二三ページ。

両次大戦間の時期に、母親たちの家庭への帰還と、働く母親たちに対する糾弾が、産児奨励政策の促進を狙ったキャンペーンの対象となる（Sohn, *in* Duby et Perrot, 1992)*。フェミニストたちは、母性の名のもとに女性たちが働くことを妨げられるのを拒否する。当時働く女性たちは、就労人口の三六パーセントを占め、その三分の二は扶養家族を抱えていた。しかしながら、一九二〇年と同二三年に、避妊法普及運動と妊娠中絶の呼びかけに反対する法律が可決されたが、自由な母性を唱える女性たちという注目すべき例外を除けば、フェミニストたちの側からは、ほとんど批判がなかった。つぎに一九三〇年代になると、さまざまな発案――母の日の公式認知、さまざまな機関の設立（たとえば、「高等人口委員会」。だがそこでは、いかなるフェミニストも議席を占めることを認められず、結局は「家族法」の原点となった）、いろいろな法律の可決（妊産婦保険、家族手当、単一給手当の創設**）――が、「国家」の掲げる産児奨励政策と、母性に対する庇護者としての「国家」の役割を補強するようになる（Thébaud, 1999）。さらに悪いことに、ヴィシー体制が、母性を称揚して、女性たちに可能な唯一の運命とし、女性たちは絶えず家庭にいるべきだと唱え、ついには母性を国民的義務とさえした（Eck, *in* Duby et Perrot, 1992.***）アンヌ・コヴァ Anne Cova（1999）によれば、両次大戦間のフェミニストたちは、母性保護のための法体系をつくり上げるうえで、また「福祉国家」を建設するうえで、無視できない役割を演じたという。だが、これらのフェミニストたちは、母性を拠りどころとすることで、女性たちのために政治的諸権利を獲得することには失敗したという。

* アンヌ＝マリー・ソーン、「両次大戦のあいだ――フランスとイギリスにおける女性の役割」、宇野木めぐみ訳、『女の歴史V・二十世紀1』、一五六～一九八ページ。とくに、一一八～一二三ページ。

** 子どものいる世帯で、収入源が一人の場合に支給される手当。

*** エレーヌ・エック、「ヴィシー政権下の女性たち――敗戦のなかの女性たち、あるいは敗戦による女性市民の誕生」、平野千果子訳、『女の歴史V・二十世紀1』、三一七～三六四ページ。

「母性をめぐる新しい体制」

一九七〇年代の「女性解放運動」の活動家たちは、一見したところ、みな同意見であるようにみえるが、望まぬ母性を拒絶できる手段の獲得を要求することで、いちじるしい変化をひき起こす。一九六七年以後、経口避妊薬《ピル》が手に入るようになり、それが女性たちに、妊娠を避けたり、あるいは回数を制限したりする自由、子どもをもつか、もたないかを選択する自由を開くことになる。妊娠中絶の自由化が獲得――それは一九七五年のことだったが、そこになんの障害もなかったわけではなく、女性たちの権利と自立と、生まれてくる子どもの権利との対立をめぐって、激しい論争を経ている――された。一九六八年以後のフェミニストたちのスローガン――「わたしたちは、わたしたちが望むなら、わたしたちが望む子どもをもつ」とか、「わたしたちの身体は、わたしたちのもの」――は、集団的な意思を裏づけている。つまり、母性はそれぞれの女性の自由と決定に従属するというわけである。しかしながら、妊娠中絶の自由化も、一部の女性たちの不満感を解決することはない。かの女たちは、すでに子どもがいるか、あるいは子どもを欲しがっている。だが、みずからの自立への意思と、みずから選んだ方向で母親になることをひき受けたいという欲望とのあいだに、矛盾があることを認めたがらないのである。同じように、避妊ができるようになっても、女性たちは、子どもを欲しいと思う複雑な気持ちに、かならずや直面することになる（*Les Cahiers du GRIF*, 1975, 1977）。

近代的な避妊方法によって、ナディーヌ・ルフォシュール Nadine Lefaucheur（1992）が「母性をめぐる新しい体制」*と命名したものが確立された。実際のところ、歴史上はじめて、父親になりたいという男性たちの欲望が、母親になるという、かれらのパートナーの意思に依存するようになったのである。そのうえ、かれらが父親になることを望まない場合でも、それを否定することが以前よりも容易でなくなっている。他の例では、母親の権利と、出自を知りたいという子どもの権利と、父親の権利とがたがいに対立しあって、いくつもの論争をひき起こしている。たとえば、Xという名での匿名出産がある。ここでは、あらゆる女性が、もっとも完璧な匿名性のなかで出産する権利をもつ。西ヨーロッパのすべての国々で、離婚と婚外子の誕生が増加し、それにともなって、単親家族――たいていは、母親と子ども（たち）からなる家族――や高齢出産も増加している（Valabrègue *et al.*, 1982）。また、イヴォンヌ・クニビレール（1997）によれば、一九六五年と同八〇年のあいだに、ひとつの変化が起こった。それによると、まずベビーブーム世代に「拒絶」の世代が続いた。この世代は、避妊と妊娠中絶を求めて闘った世代である。そして、さらにそれに、いかなる犠牲を払っても子どもを望む世代が続くのだという。

＊ ナディーヌ・ルフォシュール、「母性、家族、国家」、伊藤はるひ訳、『女の歴史V・二十世紀2』、六六二〜六八九ページ、とくに六七一〜六七六ページ。なお同書では、「母子関係の新体制」と訳されている。

フェミニストたちの一致した意思は、なによりもまず妊娠中絶の自由化を求めて闘うことだった。この意思の基盤となったのは、女性たちが母性によってしか定義されていないことを拒否することだった。そしてこの意思は、これらフェミニストたちの立場の違いを覆い隠してきた。だがその違いは、今日ではもっとずっと明白になっている。シモーヌ・ド・ボーヴォワール Simone de Beauvoir は、母性のなかに、女性たちの自由に対する主要な障害をみていた。急進的なフェミニストたちは、そうしたボーヴォワールのテーゼを受け継いで、こうした母性に、男性による女性支配の中心的な要素を、「臨検」と服従と、さらには隷属の一形態を認めている（Les Chimères, 1975; Tabet, 1985）。その一方で、差異主義の潮流が、フランスでは、よそに比べてずっと少数派であるが、女性という特性、母性、母性愛、「それなしには、社会的、文化的体系の存在が可能とならない、真の支え」を称揚している（Kristeva, 1983; de Vilaine *et al.*, 1986）。また最近では、ジュリア・クリステヴァ Julia Kristeva とイヴォンヌ・クニビレールが、数的対等をめぐって論争を始め、子どもを産む女性たちの市民権の積極的行使と、出産の社会的意味の認知を求めている（*Le Monde*, 1990.3.23）。

最近の混乱と新しい社会的論理

クリスティーヌ・デルフィー Christine Delphy（1991*a*）は、「母性の権利要求」の出現に対して立ちあがる。かの女は、フェミニストたちによる最近のテクストの多数のなかに、この権利要求を探りあてているのである。すなわち、母性のなかに積極的な行動や価値しかみない、また、女性たちの利益を母親たちの利益と、子どもたちの利益を母親たちの利益と混同するといった具合である。デルフィーは、母性に関するこの「新しい」イデオロギーを「母親たちの同業組合主義」だとし、しかもそれは、「子どもたちの私物化」で裏打ちされているともしている。かの女のみるところでは、これは、フェミニストたちが、十八世紀以来続いてきた古いイデオロギーを、ふたたびとり上げただけのことなのだ。そこでデルフィーは、歴史の流れにそって、こうしたフェミニストたちの立場を排除しようとしている。もうひとつ、デルフィーのみるところでは、この母性の権利要求が、最近のさまざまな法律の傾向を強化し、親子関係を定義する際に、生物学的基準を特権化した手段としているという。ここで想起してほしいのだが、ローマ法以来、「母親がだれかは確かだが、父親は婚姻によって指名される」のである。親子関係の確立は、したがって、非対称的になされ、母親に関しては確実な生理学的基準（出産）を適用し、父親に関しては社会的基準（母親の法律上の夫、あるいは、内縁の夫）を適用している。そういうわけで、父親は推定上のものといわれるのである。ところが人間の再生産に関して、いろいろな技術《テクノロジー》が開発されたため、親子関係の定義と、生物学的なものと象徴的なものとの区別の定義に、多大な混乱がひき起こされた。ドナーの精液による人工授精では、父親は血のつながった親ではない。また、代理母に頼るというシナリオでは、父親は血のつながった親であるが、一方、代理母は、出産する（一般に匿名で）とはいえ、法律上の母親ではないことになろう。法律上の母親は、血のつながった父親の法律上の妻（社会的基準）ということになる。代理母たちはしばしば、自分が産んだ子どもに対する関心を表明してきた。だが、複数の母親という考え方が提案されることは、けっしてなかった。唯一にして確かな母親という支配的なモデルを、あまりにも混乱させるからである。また、卵《らん》の提供による試験管《イン・ウィトロ》での受精は、遺伝学上の母親と子宮提供者である母親とを区別する可能性を開いた。そこに社会的な母親（養子縁組ののち、子どもを育てる母親）を加えて、今後は母親に関して、三つのタイプの定義が可能になっている。古来からの母親の確証性は、こうして木っ端微塵に飛び散った。そのうえ、これらの生殖技術は、未知なる可能性を提供している。すなわち、受精させる精液の出所を正確に知り、それによって、父親を生物学的に確定することができるようになったのである。

フェミニストたちのさまざまな分析が、妊娠している女性たち、あるいは妊娠を希望する女性たちに対して、どのようなかたちで医学が権力を振るうのかを探求してきた。一方、別の分析は、子孫再生産の社会的次元と政治的次元を明らかにした。女性の一生において、母親となる経験はどのような位置を占めるのか？ この点を考えるために、新しい社会的論理がつくられようとしている。すなわち、「自分のために、そして、子どもたちとともに生きる」という論理である。そこには、父親と母親のあいだで、家事労働と責任とを真に分担しあうことが含まれているだけではない。生物学的に子どもをえることには、かなりの負担を強いる性質があるが、この性質から脱出して、象徴的に子どもをもつことができるという可能性も含まれている。このように象徴的な意味で子どもをもつことができるようになれば、女性たちは、自分の名において発言し、自分の姻戚関係と親子関係の在り方を選ぶことができるようになる。その意味でこれは、自由をもたらすものになりうるのである（F. Collin, 1986b)。

関連項目

家族　性差（の理論あれこれ）　人間再生産のテクノロジー　妊娠中絶と避妊　フェミニズム運動　労働（の概念）

参考文献

▼Badinter Élisabeth, *L'amour en plus. Histoire de l'amour maternel XVIIe-XXe siècle*, Paris, Flammarion, 1980, 372 p.〔エリザベート・バダンテール、『母性という神話』、鈴木晶訳、ちくま学芸文庫、一九九八年〕
▼Fouquet Catherine, Knibielher Yvonne, *Histoire des mères*, Paris, Montalba « Pluriel », 1977. Rééd. Paris, Hachette « Pluriel », 1982, 359 p.〔カトリーヌ・フーケ、イヴォンヌ・クニビレール、『母親の社会史——中世から現代まで』、中嶋公子、宮本由美ほか訳、筑摩書房、一九九四年〕

▼Knibielher Yvonne, *Histoire des mères et de la maternité en Occident*, Paris, PUF, « Que sais-je ? », 2000, 128 p.
▼Lefaucheur Nadine, Maternité, famille, État, *in* Georges Duby, Michelle Perrot, 1992, t. 5, p. 411-430 (cf. Bibliographie générale)〔ナディーヌ・ルフォシュール「母性、家族、国家」伊藤はるひ訳、ジョルジュ・デュビイ、ミシェル・ペロー監修『女の歴史V・二十世紀2』藤原書店、一九九八年、六六二～六八九ページ〕
▼*Les Cahiers du GRIF*, 1975, n°9/10 : « Les femmes et les enfants d'abord » ; 1977, n°17/18 : « Mères-femmes » ; 1987, n°36 : « De la parenté à l'eugénisme ».
▼Tabet Paola, Fertilité naturelle, reproduction forcée, *in* Nicole-Claude Mathieu, *L'arraisonnement des femmes. Essais en anthropologie des sexes*, Paris, EHESS, 1985, p. 61-146.

（フランソワーズ・コラン＆フランソワーズ・ラボリ
Françoise COLLIN et Françoise LABORIE／川口陽子訳）

民族性と民族《ネイション》（国民）

ETHNICITÉ ET NATION

［英］*Ethnicity and Nation*

●民族性
●民族《ネイション》（国民）
●社会的＝文化的性別《ジェンダー》と自然的性別《セックス》
●不均質なカテゴリー・「女性たち」
●社会的諸関係、すなわち階級、ジェンダー、民族性、民族《ネイション》（国民）、「人種」の関連
●社会的な階層化と差異化

二〇年ほどまえから、女性研究者たち——その大部分はフェミニストである——が、民族性、民族《ネイション》（国民）、自然的性別《セックス》vs社会的＝文化的性別《ジェンダー》に関する論争を方向転換させてきた。二つの目標が、かの女たちの研究から浮き彫りにされる。（1）ジェンダー、民族性、民族（国民）、そして「人種」が交差し、関連しあう様子を検討することと、（2）民族集団と民族（国民）に対する女性特有の関係を理解することである。ところで、これらの論争は、上記の各概念の定義それ自体から切り離すことができない。

民族性

民族性という概念は最近のものである。それは、一九四二年にさかのぼる。このときはじめて、アメリカの社会人類学者ロイド・ウォーナー Lloyd Warner とポール・ラント Paul Lunt が、ヤンキー・シティに関する有名な研究（1941, 1942）で、この概念を用いた。ここでいう民族性とは、ひとつの特徴であって、それは、年齢、性別、宗教と同様に社会システムを変化させつつ、ぎゃくに、その社会システムによって変化をこうむる。このような定義は包括的なものであるが、これと並行して、この用語のより制限された内容が認められる。というのも、複数の筆者たちにとって、支配集団は、厳密にいえば、民族集団を構成しないからである。じっさいギリシア語の名詞 ethnikos は、語源的には、異邦人、異教徒を、したがって他者を指す。フランス語の「民族の ethnique」という形容詞*がふたたび登場するのは、やっと十八および十九世紀においてのことであり、それは「人種」あるいは民族（国民）に結びつけられた特異性を示すためだった（Sollors, 1986）。

＊ ギリシア語の ethnikos は形容詞であるが、原文では名詞として呈示されている。おそらく後続の「異邦人、異教徒」というフランス語が、定冠詞＋複数形容詞「異邦人たち、異教徒たち les étrangers, les infidèles」となっているのにひきずられてのことであろう。そして、ここでふたたび対応するフランス語の形容詞に戻っている。

たしかに、フランス、イギリスといった植民地保有国において、科学者たちは、対象があまりにも長期にわたって人種に関連づけられている場合、そうした対象を扱わないよう心がけてきた（植民地での言説における「民族 ethnie」という用語は、人種という観念を指していることを想起せよ）。だから、民族関係に関する研究は、北アメリカにおいて、二十世紀初頭以降、いちじるしい発展を遂げることになる。原初を探ろうとするアプローチは、しばしば本質主義的なもので、静的かつ固定した文化的特徴の記述を基軸としていた。だが、一九六〇年代末以降これに続いて、分析は、関係という局面にもっと焦点を合わせるようになる。これらの分析は民族性を、共通利益の表現ないし経済的対立の反映、あるいはさらに、文化システムないし社会的相互作用の形態とみなしている（Poutignat et Streiff-Fenart, 1995）。

今後、民族性は流動的なものとして知覚され、そして、不平等主義の諸関係の内部で構築されることになる。それは、ひとつの社会的関係であって、外的な側面としては他者との関係を、また内的な側面としては共通する歴史や起源との関係をあわせもつ（Juteau, 1999）。さまざまな繋がりが、ひとつの民族集団の成員を束ねているが、これらの繋がりは、国民共同体《ネイション》を創設するのに役立つ。そしてその共同体は、国家、あるいは建国を目指す企図の存在を特徴としている。

民族《ネイション》（国民）

民族（国民）という概念もまた、かなり以前から、多様な理論的＝政治的論争の的となっている。これらの論争は、オットー・バウアー Otto Bauer*やカール・カウツキー Karl Kautsky といった、マルクス主義的傾向の多様な思想家たちを対立させてきた。たしかに、これらの論争は、また別の世紀に属するものだが、民族（国民）の定義は、いまなお異議の対象となっている。マルクス主義者たちと非マルクス主義者たちのあいだでは、いまも論争が続いているが、論争にかかわる筆者たちをみると、民族（国民）という概念は、さまざまな意味内容を前提としている。たとえば、主観的あるいは客観的現実であり、また、イデオロギー的形態あるいは近代的な政治形態であり、運命共同体であったり、架空の共同体であったり、虚構の共同体であったりする（Anderson, 1991）**。

* オットー・バウアー、『民族問題と社会民主主義』、丸山敬一ほか訳、御茶の水書房、二〇〇一年。
** ベネディクト・アンダーソン、『増補　想像の共同体――ナショナリズムの起源と流行』、白石さや・白石隆訳、NTT出版、一九九七年、二二～二六ページ。

最新の諸研究は、実体論的定義をすべて斥けてもいる。この定義が民族（国民）を現実の実体的存在にしているからである。これらの研究は、本質主義のアプローチと同様、近代主義的な構成主義の新見解をも拒否している。前者が、ルーツとか起源といった、決定的存在への信仰にもとづいており、後者が、産業化、近代化、不平等な発展、コミュニケーション網と交通網の拡大、あるいは、その他近代国家のあらゆる統合要因を基軸とし、これらが民族（国民）を生みだすとしているからである。アメリカの社会学者ロジャーズ・ブルベイカー Rogers Brubaker（1996）によれば、むしろ、認識にかかわる社会＝政治的なカテゴリー（「国家の一員であること nationhood」）として、また、偶発的なできごと（「生物学的な民族のひとりであること nationness」）として、民族（国民）を検討しなければならないという。それによって、相対的な文脈それ自体を強調するわけである。

最後に、自然起源論的かつ社会有機体論的なものであれ、主意主義的かつ政治的なものであれ、さまざまな民族（国民）モデルの価値についても疑問符が付くことになる（Schnapper, 1991）。そして、これらのモデルに、ここ三〇年以来、「民族＝国家」に関して、多元論的かつ多文化的見解が付け加えられてきている。

社会的＝文化的性別《ジェンダー》と自然的性別《セックス》

男性＝女性という関係に関する諸研究も、似たような発展を遂げた。つまり、男女で識別可能な特性の検討を放棄して、社会的関係に関心を寄せたのである。分析は、独立変数としてのセックス（生物学的性別は、男女間に認められる差異の源である）や、男女の役割の比較に関する研究から移行して、社会的に構築されたものとしてのジェンダーや、男女それぞれの特性の獲得に及ぶ。この概念は、アングロ＝サクソン諸国で頻繁に用いられたが、一部の女性たちによって再度問題視されている（Butler, 1990）*。これらの女性たちは、今日、セックスとジェンダーのあいだに必然的な繋がりがあるという観念を放棄し、それぞれのセックスは、自分に合ったジェンダーを選ぶことができるとしている。

＊ジュディス・バトラー、『ジェンダー・トラブル――フェミニズムとアイデンティティの攪乱』、竹村和子訳、青土社、一九九九年。とくに、二七〜二九ページ。

このほか、物質主義のアプローチがあるが、それらは、女性たちの労働と身体と個体性との関連を検討する。男女の選別のされ方は、男性という階級と女性という階級のあいだで、本質的な関係となっている。この関係がむき出しにされると（Guillaumin, 1978）、セックスというカテゴリーが与えられたものではなく、構築されたものであることが明らかになる。セックスを創りだすのはジェンダーであって、その逆ではない。

不均質なカテゴリー・「女性たち」

女性フェミニストの理論家たちは、「女性たち」というカテゴリーの均質性を脱構築し、女性たちの状況、利益、アイデンティティの多様性を重視しようと努めている。それによって、これらの理論家たちは、自分たちの分析のなかに、他のさまざまな社会的次元を導入する。たとえば階級と「人種」であるが、かつてはこれらに民族性と民族（国民）が加えられていた。

たしかに、一九七〇年代の論争では、とくにフランスとイギリスにおいて、ブルジョワ階級の女性たちと労働者階級の女性たちの利益があい反していることに焦点が当てられていた。けれども、それらの論争は、とりわけ英語圏において、白人女性たちと有色人種の女性たちとの対立に移った。また、一九八〇年代以後、黒人の女性フェミニストたちと植民地化された国々は、支配者のフェミニズムを、つまりここでは白人女性たちのフェミニズムを、本質主義であると非難する。このフェミニズムは、すべての女性たちに共有された女性特有の考え方というものを前提とし、それによって、経済的＝政治的な地位の差異のあれこれを隠蔽し、さらには、女性たちを分離している対立を隠蔽するにちがいないというのである。ポスト＝モダンのフェミニズムが、一九八〇年代末に、この批評をさらに深化する。このフェミニズムは、性別カテゴリーの基盤となる社会的諸関係をしばしば隠蔽してきたが、他方では、物質主義のフェミニストたちだけでなく、差異主義のフェミニストたちをも非難している。つまり、これらのフェミニストたちが一方的に、女性たちというカテゴリーの基盤とは、生物学的な、あるいは文化的な共通の特徴を共有していることだと主張しているというのである。

社会的諸関係、すなわち階級、ジェンダー、民族性、民族《ネイション》(国民)、「人種」の関連

これらの研究は、とりわけ、性差別と人種差別の関連を検討する。それも、奴隷制を支持する植民地社会においてだけでなく、移民と世界システムという、きわめて現代的で不平等主義的な状況においてもである。これらの研究は、こうした状況のなかで、さまざまな不平等を分析しているが、それらの不平等は、経済、政治、文化、イデオロギーのレヴェルで、女性たちを離反させている。かず多くの研究は、なかにはしばしば質的タイプのものもあるが、有色人種の女性移民たちが就いている有給および無給の労働を、当該国出身の白人女性たちが就いている労働と比較し、そして、それぞれの女性たちの社会＝経済的軌跡を算定している。

一部の筆者たちは、カテゴリー化のプロセスそれ自体に関心をいだいているが、別のものたちは、アーサー・ブリッタン Arthur Brittan とメアリー・メイナード Mary Maynard（1984）のように、性差別、人種差別、階級差別が抑圧の形態であり、それぞれが違った歴史をもちながらも、相互に依存しあうかたちで影響を及ぼしていると指摘している。だから、これらの抑圧を並行関係におき、それらをたんに算術的に合算して、その結果多次元的な思考の枠組《パラダイム》を採用して、それらの相関関係を強調することは、慎まなければならない。性別をめぐる諸関係の力学は、制度的環境、たとえば家族において、研究対象が白人夫婦なのか、それとも黒人夫婦なのか、ブルジョアジーの夫婦なのか、それとも労働者階

級の夫婦なのかによって、多様化するはずなのだ。

あるものたちが強調するところでは、唯一のシステムが存在し、それは、ジェンダー、民族性、階級を含めて、さまざまな社会的関係からなっている (Anthias et Yuval-Davis, 1992)。また別のものたちが推奨するのは、複数のシステムが存在し、それらシステムは、分析すれば明確に区別され、たがいに依存しあっているという考えである (Hall, 1986)。この両者のあいだで、いく度か論争がなされたが、その解答はいまだみつかっていない。

この論争から、もうひとつの論争を想起させずにはいられない。このもうひとつの論争は、とりわけフランスで、マルクス主義の女性フェミニストたちと、物質主義の女性フェミニストたちとを対立させていた。マルクス主義のフェミニストたちは、おもに、資本主義的生産関係に対する女性たちの関わり方を強調する。それに対して、物質主義のフェミニストたちは、女性たちに対する抑圧や搾取に固有の、物質的根拠を理論化しようと努めている。このような理論的衝突の基盤と結果は、具体的なものであり、政治のレヴェルで作用する。はっきりと区別される複数のシステムが存在し、それらがさまざまな社会的諸関係からなっていることを認めると、個々の抑圧、すなわち階級、性別、民族性の基盤を探究することになる。このような道筋をとると、あれこれの社会的カテゴリーを支える物質的根拠を垣間みることができる。また、それらの共通利益をひき出し、きわめて現実的な差異があるにもかかわらず、集団的行動の基盤を検討することが可能となる。妊娠中絶のために、また貧困に対して、女性たちは団結する。同様に、いくつものフェミニスト・グループが協力して、戦時にレイプされた女性たちを支援する。そうした女性たちが、民族境界線のあちら側にも、こちら側にもいたのである。こうしたことからして、暗にであれ明確にであれ、複数の社会的関係からなる、はっきりと区別されたひとつのシステムが存在し、このシステムが、女性たちに共通の利益の基盤となっていることが認められる。

どのようなものであれ、不可欠とされる理論的方向性は、さまざまな社会的カテゴリーの構築を中心に展開され、そして、社会的な差異化と階層化の多様なプロセスが錯綜する様子を統括することにある。

社会的な階層化と差異化

女性たちは、性別をめぐる諸関係のなかで一定の位置を占めているが、その位置から、民族性の生産および再生産に対して、女性たちに特有の関係が生みだされる。新生児たちの社会への受け入れに最初に責任をもつものとして、女性たちは、人間存在の身体的、感情的、知的維持という関係の内部で、子どもたちを人間と民族の一員とすることに貢献する。(Juteau-Lee, 1983)。

女性たちの民族性に対する関係は、まず、そしてなによりもさきに、かの女たちの貢献を経由している。かの女たちは、民族《エスニー》集団あるいは国民《ネイション》集団を生物学的かつ文化的に再生産するうえで、固有の貢献を求められているのである。この貢献は、女性たちを対象とする奉仕と同様に、戦時においても平和時においても、男女の選別をめぐる諸関係のなかに含まれている。それは、男性という階級が、女性という階級や、その労働と身体を統制するからである。女性たちの民族性に対する関係の様態のかずかずは、しかしながら、かの女たちが支配する側の民族集団に属するのか、それとも支配される側の民族集団に属するのかにしたがって異なっている。

これらの諸関係の入り組んだ構造は、さまざまなかたちで現れる。家族と母性は、民族主義の言説の中心に位置づけられており、その言説によって、「人種」の純潔と集団の均質性が護られる。女性たちをめぐる表象は、民族像の中心に位置しているが、境界線を引き、集団のアイデンティティを定義するのに役立つ。「女性たちの問題」は、多様な民族集団を比較し、評価するために用いられている。女性たちは、民族解放闘争に参加するとはいえ、しばしば、市民としての諸権利を剥奪されたままである。結局のところ、女性性という概念は、民族《エスニー》あるいは国民《ネイション》のアイデンティティ構築と切り離すことができないのだ(Varikas,1998)。ちょうど、植民地時代の英国性 englishness の定義が示しているように。

男性中心的で本質主義的な見方が、長きにわたって、民族をめぐる諸関係という領域の特徴となってきた。性別をめぐる諸関係の認識は、この見方に対する批判を基盤としている。この見方を批判することによって、性別をめぐる諸関係の認識は、新たな考察へと道を開く。つまり、さまざまな民族集団および国民集団が、どのように構成されているのかをめぐって、また、いわゆる横断的かつ超国家的な政治を確立するうえで、女性たちの同盟関係がどのようなものになるのかをめぐって（Kaplan, Alarcon, Moallem, 1999）。

関連項目

家族　支配　宗教　性差（の理論あれこれ）　自然的性別《セックス》と社会的＝文化的性別《ジェンダー》
フェミニズム運動　暴力　母性

参考文献

▼Brubaker Rogers, *Nationalism reframed. Nationhood and the National Question in the New Europe*, Cambridge, Cambridge University Press, 1996, 202 p.
▼Guillaumin Colette, *Sexe, race et pratique du pouvoir. L'idée de Nature*, Paris, Côté-femmes « Recherches », 1992, 241 p.
▼Juteau-Lee Danielle, La productioon de l'ethnicité ou la part réelle de l'idéel, *Sociologie et sociétés*, 1983, vol. 15, n°2, p. 39-54.
▼Sollors Werner, *Beyond Ethnicity. Consent and Descent in American Culture*, New York and Oxford, Oxford University Press, 1986, 294 p.
▼Varikas Eleni, Sentiment national, genre et ethnicité, *Tumultes*, 1998, n°11, p. 87-99.
▼Yuval-Davis Nira, *Gender and Nation*, London, Sage, 1997, 157 p.

（**ダニエル・ジュトー** Danielle JUTEAU／川口陽子訳）

世論調査

SONDAGES

［英］*Opinion Polls*

●利用法と解釈は論争の種

●世論調査の分析と性別をめぐる社会的諸関係

「国立統計経済研究所ＩＮＳＥＥ」の大規模な調査（国勢調査、部門ごとの各種調査）から、さまざまな調査機関の実施する世論調査まで、数値データを処理する際には批判的な読解が必要とされる。この批判的な読解によって、男女間の不平等のかずかずという、象徴の構築物を説明することができるし、性別をめぐる社会的諸関係に関して、分析を豊かなものにすることができる。

「世論調査」ということばは、ジャン・ストゥッツェル Jean Stoetzel によって一九三八年にはじめて使用（Stoetzel, 1948）されたが、数値データの新しい集計＝処理方法を指している。その歴史は、フランスでは、「フランス世論研究所 Institut français de l'opinion publique——ＩＦＯＰ」の創設とともに始まる。世論調査は、社会的現実を観察する手段のひとつである。つまり、そのサンプルとなった人々は、質問を受けるべき人々全体の縮小版のようなものであり、本来は、後者の人々全員が、さまざまな価値、態度、行動、慣習に関する意見を表明するよう求められているのである。こうして凝縮された意見は、一種の社会的構築物であって、それが表明された社会状況の影響を受けている。

利用法と解釈は論争の種

世論調査、それもおもに選挙の支持率調査は、社会学の調査法の進歩と、調査機関側からの高度なサーヴィスの供給力増大から恩恵をこうむっている。それは相対的にロー・コストで、利用しやすく、迅速で、さまざまな質問項目に対する人々の回答の処理に関しては、多目的に利用可能である。けれども、この手段には、いまだ微妙なところがある。それはすぐに方向を誤って、間違った解釈や極端な単純化に行きつくこともありうる。とくに、短期の販売促進を目的とする場合がそうである。

世論調査の利用については、くり返し論議が起こっており、それらは、データの集計そのものに関してだけでなく、結果の解釈、提出、利用にもかかわっている。論争や論議をひき起こしているのは、いわゆる「世論」調査の野心的な主張である。つまりそれは、さまざまな世論と一致し、これを数値化していると主張しているが、人々の現実の考え方——こちらは、はるかに複雑なのだ——との関係は解明されてもいなければ、たいていの場合疑問視すらされていない。にもかかわらず世論調査は、イデオロギー的なメッセージを形成するうえで、積極的な役割を果たしている。ピエール・ブルデュー Pierre Bourdieu がかつて強調したように（1980）*、こうして各紙に掲載される世論とは、「純粋で単純な人工的産物であり、その機能は、以下のことを隠蔽することにある。すなわち、ある時点での世論の状態とは、さまざまな勢力と緊張の体系であること、したがって、そうした世論の状態をパーセンテージで表現することほど、不適切なものはないことをである」。そして、この批判的なアプローチは、新たな意義深い探求を生みだしている（Champagne, 1990; Blondiaux, 1998）。

＊ ピエール・ブルデュー、「世論なんてない」、『社会学の社会学』、田原音和監訳、藤原書店、一九九一年、二八七〜三〇二ページ。なお、このあとの引用の邦訳該当箇所は、『社会学の社会学』、二九〇ページ。

質問リストによる調査には、その方向性が、不安定で、文脈に左右されやすいという危険性がある。あるいは、それとは反対に、意図的にか無意識にか、一定の方向性を強要するような解釈を提起する危険性がある。そこで、世論形成のプロセスを、注意深く検討してみなければならない。そうすることによってこそ、右のような危険性がどのようにして起こるのかを理解することができる。

もはや風俗の一部となったとはいえ、世論調査に無関心でいるわけにはいかない。まず、回答を拒否する人々の数が増加している。つぎに、社会や政治で重要な役割を果たす人々のなかでも、さまざまな人たちが、選挙まえに実施される調査の公表に反応している。さらには、研究者や大学関係者も、研究目的に応じて、調査を批判したり、修正したり、再利用したりしている。世論調査は、権力や影響力の作用の核心にあるため、知的レヴェル、職業倫理のレヴェル、法的レヴェルで、もっと適切な政治的規制が必要なほどなのだ。

世論調査の分析と性別をめぐる社会的諸関係

世論調査は、紙誌の売り上げを伸ばすために、目玉として使われている。それら調査はしばしば、平均的な態度をとる平均的フランス人の意見を呈示している。たとえば、マリーズ・ユエ Maryse Huet が示している（1987）ところでは、女性たちの労働が膨大な量にのぼっていることが、各種世論調査によって隠蔽されているという。これらの調査がしばしばしば、女性たちの労働を偶発的な現実、個人的で偶然に左右される要求の問題だとし、あまつさえそれを、社会に有害な性質のものだと断罪しているからである。またこれらの調査は、しばしば、女子労働力を「人員整理」の対象としたり、より「柔軟に」管理したりする目的で実施されているという。かず多くの調査が、一般に、女性たちがパートタイム労働を望んでいるとし、こういう労働形態が「自然な」ものだという虚像を構築している。

質問を構成することばの選択も、きわめて重要である。それによって、ときとして、対立する意見や回答層を、きわめて明瞭に隠蔽することができるからである。たとえば、一九九九年春のユーゴスラヴィア内戦に関する調査では、サンプルとなった個人たちは、「北大西洋条約機構 Organisation du traité de l'Atlantique nord—ＯＴＡＮ」の爆撃にではなく、介入について尋ねられたことになっている。そうすると結果は単一のものとなり、社会的にみて、回答がいくつかの層に分かれるようなことにはなるまい。そして、このようにほとんど日常的に行なわれている調査によって、若干でも肯定的な結果がでれば、戦争の遂行が日に日に正当化されていくことになる。だが、これとは反対に《ア・コントラリオ》、一九九九年四月六〜七日の『リベラシオン *Libération*』紙と「高等視聴覚評議会 Conseil supérieur de l'audiovisuel—ＣＳＡ」による調査（全国規模の代表的サンプルによる）が示すところでは、フランス人の五四パーセントが、コソヴォに正しく持続的な解決をもたらすうえで、アメリカ政府を信用していない。また、上級幹部職の七五パーセントは、「ヨーロッパにおけるアメリカの影響が大きすぎる」と考えている。

各種調査の大部分では、サンプルとなる個人は、普遍的個とみなされている。たとえば、労働に関する調査のページを追ってみても、どちらの性の労働者を相手にしているのか、つねにわかるわけではない。だが、若い娘たちの未来については、これとは違っていた。母親の就労が、子どもたちの将来に具体的にどのように影響するのかについては、今日では娘と息子とについて等しく測定されており、「性別による」分類は以前より頻繁になっている。たとえば、一九九八年の「高等視聴覚評議会ＣＳＡ」と「労働総同盟 Confédération générale du travail—ＣＧＴ」の調査では、平均的フランス人の意見では、「フランス社会において、男女は不平等である」が六二パーセントである。ただし、こういった意見をもっているのは、男性では五五パーセントだが、女性では六七パーセントであると指摘されている。また、上級幹部職では七四パーセントだが、農業従事者では四八パーセントだという。

世論調査の核心には、イデオロギー的メッセージが存在する――もちろん、質問自体があからさまに歪んでいるわけではない――ことがある。そしてそこには、たちの悪い形態がもうひとつある。それが姿を現すのは、近似したテーマに関する調査をかず多く集め、どういった問題の体系が優先的に出てくるのかを観察したときである。

この作業は、きわめて示唆に富んだ著作というかたちで、ボストン・カレッジの二人の女性研究者（Hesse-Biber et Burstein, 1981）によってなされている。二人は、一九三六年から同七三年にかけて合衆国でなされた質問事項三三六一を綿密に調査している（「ローパー世論調査センター Roper Public Opinion Research Center」の資料）。この質問事項のうちおよそ一〇パーセントは、男女の役割に関するものであった。そこで明らかになったのは、職業に関する質問は大部分が男性に関してなされ、未婚の女性や若い妻たちに関するものはごくまれだということである。同様に、政治や命令・指揮に関する質問では、一四四のケースが男性に関するものであるのに対して、女性に関するものは七ケースしかなく、両性に関するものはただ一ケースにすぎない。また一貫して、男性にかかわる質問は、かれらを重要な、あるいは権威ある、ないしは重要で権威ある地位に結びつけている。たとえば、政治、ビジネス、教育、研究などの分野である。これに対して、女性の役割に関して質問がなされるときには、酒を飲むのかとか、バニーガールとして働かなければならないのかとか、はては結婚まで処女でいなければならないのかとかを知ろうとしている。だが、こうしたタイプの質問事項は、男性に関してはまったくない――奇妙なことではないのか？　――のだ。そのうえ、質問の内容が、年が経つとともに変わっているようにもみえない。ところが現実においては、アメリカ女性の社会的役割ははっきりと変化しているのである。調査は、惰性のように、「あたかも」女性たちは働いていないかのごとく、とくに家事労働で存在感を示しているかのごとく、さらには下積みの職業にしか就いていないかのごとく、実施されつづけている。かくも明確に、これらの調査は、職業の男女平等に関する社会的論争を遅らせる役にしか立っていない。

同様の例はフランスにも存在する。エリック・デュパン Eric Dupin（1990）が、「フランス世論研究所ＩＦＯＰ」による、フェミニズムに関する一連の調査について述べている。

第一回目は、一九八五年六月に行なわれた（「フランス世論研究所ＩＦＯＰ」と女性の権利省による）が、それが示すところでは、フランス人は、女性の権利省の存在を、きわめて必要であるか、どちらかといえば必要だと判断している（合計七七パーセント、男性は七四パーセント、女性は七八パーセント）。とはいえ、だからといって、同省が組織と人員を失わないという保証はないのだが。

第二回目は、フランス共産党の機関誌『ユマニテ日曜版 *L'Humanité Dimanche*』のために、一九八七年の二月に実施された。それは、「今日、女性の解放が話題となっていますが、あなたは、それがすでに時代遅れだと思いますか、まだなすべきことが多いと思いますか、すでに実現したと思いますか？」という質問に答えるというものだった。結果は、「時代遅れ」一六パーセント、「なすべきことが多い」五五パーセント、「実現した」一三パーセントで、無回答が一三パーセントあった。「今日、男性の支配が話題になっていますが、……」という質問がなされるのは、いつになるのだろうか？

第三回目は、一九八八年に実施された。そこでは、「二〇〇〇年の時点で、あなたは、女性が共和国大統領に選出されることを容認しますか、あるいは、それが正常なことだと思いますか？」という質問に、多くの支持が寄せられた（好意的回答九一パーセント）。だが、男性が選出されつづけることを望むかどうか、世論に問うたことがけっしてないのは、なぜか？　大統領候補にふさわしい女性の名があげられたことがけっしてないのは、なぜか？

これとは反対に《ア・コントラリオ》、いくつかの世論調査が、男女間の不平等をめぐる政治論争に利用されている。たとえば、「高等視聴覚評議会ＣＳＡ＝世論」と「労働総同盟ＣＧＴ」による調査がある。同調査は、「女性たち、社会と労働における平等」（一九九八年の五月二〇日と二一日に、全国規模の代表的サンプルで実施された）に関するものである。それによると、たしかに六二パーセントのフランス人が、「フランス社会においては、男女が不平等である」とみなしている。けれども、男性では、この意見は五五パーセントにとどまっている。また四九パーセントのフランス人が、「給与水準は、女性の不利にならないように是正されるべきだ」と考えているが、男性では、それは四六パーセントの意見にすぎない。こういう結果を呼んだからこそ、国会議員たちは、以前よりも気楽に、数的対等や職業上の平等に関する法文を採択することができたのである。

このように、あらゆる世論調査に対して、それが、いかなる政治的、経済的、科学的大義に奉仕するのかを、問うてみなくてはならない。

関連項目

社会的職業区分

参考文献

▼Blondiaux Loïc, *La fabrique de l'opinion. Une histoire sociale des sondages aux États-Unis et en France (1935-1965)*, Thèse de doctrat, IEP, 1994. Paris, Seuil, 1998, 601 p.

▼Bourdieu Pierre, L'opinion publique n'existe pas, in *Questions de sociologie*, Paris, Minuit, 1980, p. 222-235. 〔ピエール・ブルデュー、「世論なんてない」、『社会学の社会学』、田原和音監訳、藤原書店、一九九一年、二八七〜三〇二ページ〕

▼Champagne Patrick, *Faire l'opinion, le nouveau jeu politique*, Paris Minuit, 1990, 312 p.

▼Hess-Biber Sharlene J., Burstein I., The Second Sex : Women's Place in Polling Language, *Qualitative Sociology*, Summer 1981, vol.4 (2), p. 126-144.

▼Huet Maryse, Le travail des femmes dans les sondages d'opinion : un questionnement sous influence, in *La mixité du travail, une stratégie pour l'entreprise*, Paris, La Documentation française « Cahiers "Entreprises" », 1987, p. 46-50.

▶Meynaud Hélène-Yvonne, Duclos Denis, *Les sondages d'opinion*, La Découverte « Repères », 1996 [3e éd.], 127 p.

（エレーヌ＝イヴォンヌ・メノー Hélène-Yvonne MEYNAUD／志賀亮一訳）

流動性

FLEXIBILITÉ

［英］*Flexibility*

●フレキシブル・マニュファクチャリング・システムから流動的労働者へ
●流動性には性別がある
●流動的労働——社会的な抵抗と障害

流動性は、一九八〇年代の初め以後、高度に多義的な概念として呈示されてきた。まず、労働と生産の組織における変化（「フレキシブル・マニュファクチャリング・システム」*）との関連において。つぎに、労働市場（雇用と労働の流動性）との関連において。そして最後に、労働時間（半日労働、パートタイム労働、年間労働時間制**、労働期間の分配と削減）との関連において。流動性はイデオロギー的な意味を含んでおり、それが、中性的な、あるいは積極的な意味さえもつ用語（柔軟性、適応、時間調整）のもとに、労働力管理の実態を隠している。そこでは、たいていの場合、流動性とならんで不安定性が、労働市場の場に進出しているのがみられる。「世界化」という用語と同様に、「流動性」という用語は、「描写、指示、予言の混合物」（Pollert, 1989, 七五ページ）を呈示しており、一九八〇年代以降、ヨーロッパにおける経済政策と各種労働権に影響を及ぼしてきた（同）。

* 多種類の製品を少量ずつ生産するために、コンピューターと各種ロボットを組みあわせた、総合的製造システムのこと。
** 一日単位や週単位でなく、一年単位で労働時間数を定め、この範囲内で、企業側と労働者側の利益を調整して、流動的に個々の労働者の勤務時間を決定する制度。

雇用の流動性――それは、一九七〇年代半ば以降、雇用の「特殊な」あるいは「非定形」形態と呼ばれてきたものの展開に結びついている――はまず、時間制労働、臨時労働、有期雇用契約（CDD）、下請けの増大によって獲得された。ついで一九八〇年代以降は、パートタイム労働の飛躍的発展――フランスでは、とくに一九九二年以降、奨励政策の導入とともに、めざましく拡大した――によって、獲得された。パートタイム制は、一九九九年には、就労中の女性労働人口の三〇パーセント以上におよんでいる（「国立統計経済研究所INSEE」の「雇用調査」）。それは、本質的に女性向けの雇用様態であって、約八五パーセントが女性たちによって占められている。「連帯雇用契約 Contrat emploi solidarité――CES」*のような、さまざまな「支援付き」契約もまた、大半を女性が占める労働力を対象としている。流動性によって、労働コストを削減し、企業の競争力を高めることが可能となった。「経済協力開発機構 Organisation de coopération et de développement économique――OCDE」などさまざまな組織が、一方の内的、あるいは質的、あるいは機能的流動性（工場空間での労働者たちの多様な能力、多様性を基盤とする生産に対する労働者たちの適応力）と、他方の、内的なものであれ外的なものであれ、量的あるいは数的な流動性とを区別している。後者は、雇用総量あるいは労働時間の継続期間を多様化させる可能性を指している。労働空間の分裂（在宅勤務、コンピューター・ホームワーク、下請けの発展）もまた、いわゆる流動的生産の拡大に寄与している。これらの場合すべてにおいて、流動性の活用は、性別による労働の分割を基盤としている。

＊　安定的な雇用に就くのが困難なものを援助する制度。国、企業、当人のあいだで契約を結び、雇用期間（三～一二ヵ月）と労働時間（週二〇時間）を定めて就労を保障する。賃金の一部を国が負担し、企業は各種保険の分担金を免除される。

フレキシブル・マニュファクチャリング・システムから流動的労働者へ

一九八〇年代半ばに、ヨーロッパでは、産業の組織化と開発の新しい特徴が急激に展開しはじめる。これらの特徴を、マイケル・パイアー Michael Piore とチャールズ・セイベル Charles Sabel（1984）は、「流動的特化」と呼んでいる。このモデルは、組織、テクノロジー、雇用、労働の最大限の柔軟性を基盤としている。流動性をめぐる論争には、紆余曲折が伴っており、それは、労働市場、企業組織、労働者たちの反応のあいだを行きつ戻りつしている。これらが、このまったく新しい生産モデルの導入を特徴づけているからである。

この論争は、二つの時期に区分することができる。まず一九八〇年代には、生産の流動性に関する考察が展開された。それは、とりわけ経済学者たちによってだったが、かれらは、プログラミング可能な設備、労働力の多能性、資格取得のための養成、役割の統合、より小さな労働分割などといった側面を考察した。つまり、流動的生産の文字どおり技術的な諸特徴が、研究者たちの関心をひいたのである。もし、雇用に関する否定的な側面が指摘されていたとすれば、それはとくに、女性労働力を研究していた社会学者たちによってであった（Maruani et Nicole, 1988）。つづいて一九九〇年代になると、論争はむしろ、いわゆる「外的な」あるいは量的な流動性のほうへと向かった。より最近の研究は、「量的流動性は、いかなるコストにおいて、またいかなる様態によって、機能的流動性が企業内部で展開されうるかを決定する」ことを、前面に掲げている（Jetin, 1998, 四〇四ページ）。この時期から、新しい雇用タイプが大量に増加したが、それらの分析によって、つぎのような諸点が明らかになった。すなわち、労働法体系の再検討、労働期間と労働時間の規制緩和、賃金の低さ、不完全雇用の増加、社会保険適用範囲の後退である。雇用の流動性は、労働者たちの健康に影響を及ぼすが、これらの影響もまた、社会学者、労働の心理力学者、人間工学者、医師、労働監督官たちによって、研究の対象とされた（Appay et Thébaud-Mony, 1997）。

今日、流動性は、ヨーロッパ中に広がりつづけている。その出発点は、『ヨーロッパ委員会白書 *le Livre blanc de la Commission européenne*』の指導要領（1994）であり、それは、エッセン会議（1994）、アムステルダム・サミット（1997）、ルクセンブルクの第一回ヨーロッパ雇用サミット（1997）でも、再度とり上げられている（cf. Meulders, *in* Maruani, 1998）。ダニエル・ムルデール Danièle Meulders が強調しているように、「労働者、かれらの養成、かれらの時間割、かれらの労働時間、かれらの賃金コスト、かれらを雇用する生産システムなど、すべてが、ヨーロッパの労働市場において流動的でなければならない」（同、二三九ページ）のである。国家と企業は、このプロセスにおいて、きわめて重要な役割を演じ、規制緩和政策と、社会保険料の企業負担および租税負担の削減政策を実施した。

結局、労働時間の短縮、三五時間労働制への移行、ワーク・シェアリング、年間労働時間制が、今日、フランスだけでなく他のヨーロッパ諸国においても、論争をまき起こしている。フランスでは、一九九三年の雇用と養成に関する五ヵ年法第九三〜一三一三号の可決によって、年間労働時間制が採用された。この制度は、一ヵ年を基準として労働時間を計算し、したがって、企業の状態と需要の総量に応じて、労働時間を変動させることが可能となる。もうひとつの様態、つまり、いわゆる「非定形」時間割の導入——それはとくに、商業あるいは電話交換手の労働といった、女性向けとされる部門において展開されている——が、女性賃金労働者の生活時間のなかで、労働時間に対する統制を完全に喪失させている（Prévost et Messing, 1997）。

流動性には性別がある

流動性に関しては、非常に多くの類型学がここ一五年間に登場した（Boyer, 1986；Michon, 1987；Volkoff, 1987；du Tertre, 1989；Coriat, 1990；Gadrey J. et Gadrey N., 1991 など）。また重要な特集が、この問題がひき起こした論争に関して、いくつかの雑誌で定期的に組まれた（*Travail*, n°12, 1987；n°20, 1990 や、*Les Cahiers français*, n°231, 1987 から、*Mouvements*, n°2, 1990 にいたるまで）。もっとも網羅的な類型分類のひとつに、ロベール・ボワイエ Robert Boyer（1986, 二三七ページ）の類型分類がある。そこにはすでに、企業、生産、資格に結びついた、さまざまな形態の流動性と、労働者の雇用、移動性、賃金、社会保険適用範囲に結びついた形態が含まれていた。しかしながら、これらの類型分類は、ほとんどつねに中性的で、男性と女性との差異を考慮していない。

ところで、労働の流動性は、社会的行動において、さまざまなレヴェルで硬直が生じていることからきている。これらさまざまなレヴェルの硬直は、変化しやすいものであるとはいえ、つねに存在している。これら硬直の要因のなかでは、性別による労働の分割が中心的な位置にある。逆説的にいえば、この分割が、労働の流動的な組織化を可能にしているのだ。そして、ここでいう労働とは、まず女性たちの賃金労働、それもとくに、強制されたパートタイム労働という形態であり、また男性たちの賃金労働である。後者は、女性たちの家事労働のおかげで可能となっているからである。

一九八〇年代以降、マーガレット・マルアーニ Margaret Maruani とシャンタル・ニコル Chantal Nicole（1988）によって行われた研究は、その後、ジェイン・ジェンスン Jane Jenson（1989）、シルヴィア・ウォールビー Sylvia Walby（*in* Maruani, 1998）、ダニエル・ムルデール（同）、なかでもとりわけラシェル・シルヴラ Rachel Silvera（1999）によって展開され、流動性の性別ごとの特徴を広く呈示した。ダニエル・ケルゴア Danièle Kergoat（1992*a*, 八〇〜八一ページ）は、テイラーリズム*（女性の多い部門）と流動性（男性の多い部門）とが「並置」されていると、あるいは、二つの形態の流動性が存在していると指摘している。つまり、男性たちには、資格取得のための養成や多能性があり、女性たちには、「非定型」の雇用形態があるというわけである。じっさい、いわゆる内的な流動性（多能性、ローテーション、役割の統合、グループワーク）は、男性労働力により関係しており、いわゆる外的な流動性のほうは、とくに、女性の労働力に頼ることによって獲得されている（一時雇用、パートタイム労働、フレックスタイム制）。外的な流動性は、性別に応じた労働、雇用、健康の諸条件をめぐって、さまざまな不平等を拡大している。

＊　アメリカの技師フレデリック＝ウィンズロー・テイラー（Frederick Winslow Taylor, 一八五六〜一九一五）の考案した生産管理システム（テイラー・システム――一定時間内における労働者の標準仕事量の策定、それにもとづく出来高賃金制度、指図票の導入などからなる）を信奉する考え方。

このような性別による分割の実施が可能なのは、それが、社会的に正当化されているからである。要するに、家族生活と職業生活の両立という名のもとに、このような雇用が女性たちに提供されているのだ。賃金格差も同様に、社会的に正当化されている。広く流布した表現によれば、女性の賃金は「補助的」なものなのだ。

流動的労働――社会的な抵抗と障害

女性たちは、労働時間の調整、流動的雇用や一時雇用の創設と拡大といった、現行の政策の主要な対象となっている。だから、各企業が流動性と新たな活性を求めるなかで、それに対する社会的障害と限界をめぐる問題が、中心に位置づけられるようになる。つまり、さまざまな社会運動によって障害をつくり出し、いろいろな公共政策でもって限界を設け、賃金労働者全体のために、労働の流動性の影響をコントロールしなければならない。一方では、労働運動や組合運動、女性たちの社会運動（たとえば、強制的パートタイム労働反対の）、あるいは失業者たちの社会運動が抵抗すれば、それが、労働流動化のプロセスに対して障害となる。また他方では、社会政策や、社会と労働に関する法律によって、加速的に拡大する流動性の実施に制限を設けることができる。「流動性の非合法形態」という表現が、『社会政策 *Politiques sociales*』（Join-Lambert *et al.*, 1997, 一六九ページ）という著作で用いられているが、それは、このような制限の法的概念として、よい例となっている。さまざまな公共政策を実施して制限を設け、管理の実態を規制しなければならない。労働立法の役割を、無視することはできない。パートタイム労働を検討してみると、以下のようなことが認められる。すなわち、このタイプの雇用には、さまざまな国で施行中の労働法にしたがって、その規定においても、評価レヴェルに関しても、いちじるしい多様性が存在しているのである（選択、可逆性、社会的保護と諸権利、賃金など）。そして、このように統制された流動性という状況は、いくつかの発展途上国の状況と対照をなしている。それらの国では、労働の流動性が「野放しに」実施されているのである。

関連項目

家事労働　社会の不安定化　性別による労働の分割と性別をめぐる社会的諸関係
世界化　労働（の概念）　労働における健康

参考文献

▼Boyer Robert (éd.), *La flexibilité du travail en Europe*, Paris, La Découverte, 1986, 330 p.〔ロベール・ボワイエ『第二の大転換』井上泰夫訳、藤原書店、一九九二年〕
▼Gadrey Jean, Gadrey Nicole, *La gestion des ressources humaines dans les services et le commerce. Flexibilité, diversité, compétitivité*, Paris, L'Harmattan, 1991, 223 p.
▼Jenson Jane, The Talents of Women, the Skills of Men : Flexible Specialization and Women, *in* Stephen Wood (ed.), *The Transformation of Work ?*, London, Unwin Hyman, 1989, p. 141-155.

▶Kergoat Danièle, Les absentes de l'histoire, *Autrement* « Mutations », 1992*a*, n°126, p. 73-83.

▶Maruani Margaret (dir.), *Les nouvelles frontières de l'inégalité. Hommes et femmes sur le marché du travail*, Paris, Mage/La Découverte, 1998, 285 p. [cf. articles de Danièle Meulders, Rachel Silvera, Sylvia Walby]

▶Prévost Johanne, Messing Karen, Quel horaire, *what schedule*? La conciliation travail-famille et l'horaire de travail irrégulier des téléphonistes, *in* Angelo Soares (dir.), *Stratégie de résistance et travail des femmes*, Montréal-Paris, L'Harmattan, 1997, p. 251-270.

（ナタリー・カタネオ＆ヘレナ・ヒラータ Nathalie CATTANÉO et Helena HIRATA／川口陽子訳）

歴史（の性別化）

HISTOIRE (SEXUATION DE L')

［英］*History (Sexualization of the)*

●排除されたものから、歴史的に眼にみえるものへ
●女性たちの歴史、ジェンダーの歴史

『歴史』の性別化」という表現が意味するところは、歴史という物語のなかで、そしてその物語をとおして、両性間のさまざまな関係を考慮に入れることでなければならない。この物語は、一般に男性形で書かれてきたために、「女性史」という表現は、たいていの場合、ひとつの方法を指すために用いられている。この方法は、男性形の歴史とはちがって、最初から両性間の関係に関するものであることを望んで、女性をいかなる隔離集団とすることも拒否し、歴史をよりいっそう野心的かつ全般的に読みなおすことを目指している。「ジェンダー gender」というアメリカの概念は、一九六〇年代末以降に人類学に出現したが、歴史学において普及するのは、その一〇年後のことである。この用語は、す

こしずつフランスでも認められるようになったが、その際になんの困難もなかったわけではない。その困難はとくに、この用語の意味内容が理解しがたいことに起因していた。だがこの用語は、それ以降比較的普通に、もちろん学術の世界で、使用されるようになる。性《セックス》とは生物学的な性別のことだが、このセックスとは対照的に、ジェンダーは両性間の関係を指しており、しかもそれらの関係は、文化と歴史によって構築されている。すなわちジェンダーとは、その歴史性における「性差」を指している。つけ加えていうと、哲学者たち（フランソワーズ・コラン Françoise Collin、ジュヌヴィエーヴ・フレス Geneviève Fraisse[*]、ミシェル・ル＝ドゥフ Michèle Le Dœuff...）は、「性別をめぐる社会的諸関係」や、「ジェンダー」という言い方よりも、「性差」という表現を好む傾向にある。

＊　ジュヌヴィエーヴ・フレス、『性の差異』、小野ゆり子訳、現代企画室、二〇〇〇年。

排除されたものから、歴史的に眼にみえるものへ

想起してほしいのだが、英語では二つの用語によって、「起こっていること」（「歴史 History」）と、それに関する物語（「話 Story」）を指している。それに反してフランス語では、ただひとつのことば――「物語＝歴史 Histoire」――しかない。その結果、事態はさらに複雑になる。物語は、さまざまな現実を説明しようとするが、それらの現実は、四方八方から物語のそとへ溢れでる。物語は、あたかも、これら事実とは不可分であるかのようである。ミシェル・フーコー Michel Foucault からポール・リクール Paul Ricœur にいたるまで、現代の認識論は、この点を強調してきた。歴史という物語は、視線、書かれたもの、人工的につくられたものである。それは、たしかに技巧ではなく選択であって、書き手の現在に親密に結びついている。女性たちは忘却の対象であった。だがこの忘却は、単なる偶発的で偶然的な記憶の喪失ではなく、歴史の定義そのものに由来する排除の結果なのである。歴史とは、公の行為であって、「国家」的な権力、

事件、戦争などのことなのだ。女性たちは、その機能によって公の場から排除されてきたが、それらの機能とは、「本性」によって、また神々ないし唯一神の意思によって押しつけられていた。そのような女性たちが公の場においてできることは、ただ、ものいわぬ端役として登場すること、および不法侵入によってか、あるいは例外として、そうした場に入りこむことだけだった。つまり、「例外的な」女、英雄的な女、聖女、あるいは物議をかもす女として。そして、これ以外の女性たちの大群は、闇のなかに追いやられた。歴史は女性たちに関して沈黙してきた。古代ギリシア＝ローマにおいても、キリスト教の中世においても、印象的なことに、歴史は女性たちに関して沈黙してきた。「女たち、かの女たちについて、なにが知られているだろうか?」と、ジョルジュ・デュビイ Georges Duby は、その著書の一冊(1981)の結論で自問している。*同書で、貴族たちと聖職者たちのあいだに、女性たちの運命を探索したのちにである。

* 邦訳の該当箇所は、ジョルジュ・デュビイ、『中世の結婚——騎士、女性、司祭』、篠田勝英訳、新評論、一九八四年(九四年新装版)、四六四ページ。

歴史がアカデミックな学問として、また制度化した知として構成されたとき、ミシュレ Michelet がこの沈黙をうち破ったように思われる。けれども、女性たちを自然と、男性たちを文化と同一視し、母性という役割を規律として女性たちにあてがったため、かれは支配的イデオロギーを再生産することになった。*そのイデオロギーは同時に、人類学を確たるものにする。この学問が、モーガン Morgan やバハオーフェン Bachofen の手によって誕生するときにである。**しかしながら、十九世紀末の実証主義は、政治史を中心に据えていたため、これら性別のかすかな痕跡を一掃してしまう。アナール学派の創始者たち——マルク・ブロック Marc Bloch とリュシアン・フェーヴル Lucien Febvre——、ついで、その第二世代——フェルナン・ブローデル Fernand Braudel、エルネスト・ラブルース Ernest Labrousse——が経済と社会を強調したが、この両者とも性別とは縁のないレヴェルである。そのとき、階級が社会的変化の分析カテゴリーとして登場する。このカテゴリーは、家族よりもいっそう適切で、活力にあふれている。ここでいう家族とは、自然と、さらには、道徳秩序とに結びつけられた子孫再生産のレヴェルのことである。これと同じように、この三〇年まえ、エミール・デュルケム Emile Durkheim の社会学が、「社会的事象」を基軸に据えて、フレデリック・ル＝プレ Frédéric Le Play 学派と、社会経済学会の「家族研究」にとって代わっていた。これら「家族研究」には、所帯内において、女性たちの役割に多くの場を与えるという長所があったのである。しばしば起こるように、各社会学問の軋轢は、政治的かつイデオロギー的選択——フランス共和国か、カトリック教会か——を覆い隠していた。この選択は、完全に正当化しうるものではあるが、研究という領域では歪んだ影響をもたらすこともあった。たとえば、いまのケースでいえば、階級が家族を排斥することになる。ちょうど生産が、物質的生産物とのみ同一視されて、家庭を隠蔽するのと同様なのだ。そして、男性労働者——金属労働者、坑夫、建設作業員——が、労働者という象徴体系において、主婦にとって代わる。

＊「男は、一つとして似通ったもののない劇的事件を、次から次へと歩んでゆく。経験から経験へと、戦いから戦いへと歩んでゆく。『歴史』は前進し、つねに先へ先へと伸びる……女のほうは逆に、『自然』が調和にみちた循環の中で自らにまい戻りつつ、つねに変わらず忠実に、心打つ美しさでもって実現している高貴で清澄な叙事詩に付き従ってゆく。この回帰は、その動きの中に平和を生じさせるものであり、あえて言うならば相対的不動性を生じさせるものだ。だからこそ自然の研究は倦ませることも、心の張りを失わせることも決してない。女は信頼して、それに身を打ちこむことができる。というのも『自然』は女だからである」（ジュール・ミシュレ、『女』、大野一道訳、藤原書店、一九九一年、一二六ページ）。

＊＊ L＝H・モルガン、『古代社会（上・下）』、青山道夫訳、岩波文庫、一九九四年。バッハオーフェン、『母権論（一～三）』、岡道男、河上倫逸監訳、みすず書房、一九九一～九五年（『母権制（上・下）』、吉田達也ほか訳、白水社、一九九二～九三年もある）。

女性史——したがって、性別を前提にした歴史——は、一九七〇年代の初めに出現する。そしてそれは、以下の三つの系列の要因にあずかっている。（1）学問的要因、それもとくに、人類学と歴史人口学の影響。この二つの学は、歴史という骨格のなかに家族と身体とを再度組みいれた。またこの間、説明のための主要な思考の枠組《パラダイム》が危機に陥っており、それが有利に作用して、歴史学の分裂——その「細分化」に関しては、のちに触れることになろう——が起こり、きわめて多岐にわたる対象が出現し、新しい当事者——子ども、若ものたち……——や新しい状況——たとえば、私生活——が考慮の対象となってくる。（2）社会的要因。まず学生として、ついで教員として、大学で女性たちの存在が拡大する。かの女たちは、かずかずの新しい疑問をもっていた。（3）政治的要因。女性解放運動の基本的な関心事は、たしかに、歴史を創ることではなかった。だがこの運動は、さまざまな好奇心や影響を、さらには、人文＝社会諸科学に「認識論的断絶」を起こそうとする意思をも誘発した。あらゆる学問領域が、多かれ少なかれこの影響を受けた。歴史学は、その社会学的要素と価値観によって男性の学問だった。フランスでは、国家アイデンティティの強力な歴史的構成要素であったため、とくにそうだった。だがこの歴史学も、一九七〇年代の初めから、うえのような影響を受けるようになった。各種講義、セミナー、シンポジウムがこれに貢献する。その一方で、さまざまな修士論文や博士論文が「第一段階での蓄積」となり、『女の歴史 *Histoire des femmes en Occident*』(Duby et Perrot, 1991-1992)* によってはじめて、それらが結集され、世の認めるところとなる。**

＊ ジョルジュ・デュビイ、ミシェル・ペロー監修、『女の歴史Ⅰ〜Ⅴ』、杉村和子、志賀亮一監訳、藤原書店、一九九四〜二〇〇一年。
＊＊ この間の事情は、ミシェル・ペロー、『女性たち、あるいは「歴史」の沈黙』（持田明子訳、藤原書店、近刊）の「総序」に詳しい。

女性たちの歴史、ジェンダーの歴史

二五年のあいだに、ひとつの多極的な領域が発展した。それはすでに、それ自身の系譜だけでなく、かずかずの進化と論争、それに緊張さえも備えている。当初支配的だったのは、「女性形の歴史」であった。それは、女性たちを眼にみえるものにしようと腐心し、失われた痕跡を捜し求めた。その出発点は、女性たちの伝統的な役割――母性、売春、日常生活――や、女性たちのいた場――洗濯場から修道院まで――、そしてかの女たちのイメージだった。それは、用語の完全な意味において、女性たちの文化の歴史だった。その震央となっていたのは、女性たちの身体、沈黙／肉声《パロール》だった。ついで、表象作用、「公的なもの／私的なもの」、権力、暴力、ジェンダーといった概念を核として、問題意識に裏打ちされたアプローチへと移行した。

論争がなかったわけではない。とくにジェンダーの概念をめぐって、いくつかの論争がなされ、それらはこの研究の活力の裏付けとなっている。ジェンダーの概念は、ときとして非難の対象となっている。女性たち自身が内密のうちに見捨てられていることを、「性差」を口実として隠蔽していると。なかでも、イタリアの女性歴史家たち（たとえば、*Memoria* 誌のグループ）はとくに、女性たちの文化——母性、神秘主義的行動……——を深く極めようとする姿勢に注意を払っている。それは、このような姿勢が、女性文化の秘密を明らかにするにはほど遠いからである。反対に、別のものたちは、女性たちが自己のなかに静謐に閉じこもってしまう危険性を恐れている。『アナール *Annales*』誌の有名な論文「女性たちの文化と権力——歴史叙述試論 Culture et pouvoir des femmes. Essai d'historiographie」（Dauphin, 1986）は、これらの論争を広く知らしめた。一九九二年にソルボンヌで開かれたシンポジウム「女性たちと歴史 Femmes et Histoire」（Duby et Perrot, 1993）[*]も同様である。イタリアの女性歴史家ジアンナ・ポマータ Gianna Pomata はそこで、「女性たちの」歴史には賛成の意を、「ジェンダーの」歴史には反対の意を表明した。かの女の眼からみて、ジェンダーの歴史が自分の研究対象をはずれており、言説と表象の分析に過大な位置を与え、女性たちの真の社会史を犠牲にしているというのである。[**]それはまた、アンヌ＝マリー・ソーン Anne-Marie Sohn（1998）の考え方でもある。かの女の評価するところでは、「ジェンダー」はそれ以上に重要なことはなにもたらさないという。反対に、クリスティーヌ・フォレ Christine Fauré、あるいは、ミシェル・リオ＝サルセー Michèle Riot-Sarcey は、ジェンダーに関する政治史に賛意を示す。その一方で、大多数の女性歴史家たちが、これら二つの視点は排他的なものではなく、どちらも、ジェンダーへの配慮によってたえず点検される女性史を支持していると考えている。女性たちの場——修道院、洗濯場、下宿、小売店などなど——を研究し、女性たちの慣習行動——嫁入り道具から書簡を書くことまで——を記述するのに、どうしてそれらを、性差によって管理された社会に置きなおさずにいられよう？　言説、慣習行動、空間、私的生活、公的生活、政治、家庭、社会、経済……といった、あらゆるレヴェルで、この性差の歴史性をとらえることが、女性史の関心事であり、あるいは、関心事であるべきであろう。その女性史は、断固としてまた同時に、記述的でありかつ問題意識にあふれ、社会的、文化的かつ政治的なものなのだ。

＊　ジョルジュ・デュビイ、ミシェル・ペロー編、『「女の歴史」を批判する』、小倉和子訳、藤原書店、一九九六年。

＊＊　ジアンナ・ポマータ、『「女の歴史」（Ⅱ中世、Ⅲ十六～十八世紀）に関する考察――女性史、ジェンダーの歴史」、『「女の歴史」を批判する』、二一九～四四ページ、とくに三二一～三六ページ。

同様に、権力への固執、すなわち「男性支配」（Bourdieu, 1998）[*] もまた、女性たち自身のさまざまな対抗＝権力、行動、思考――支配されるものであるがため、かの女たちにそんなことが可能だろうか？――に口をつぐむ危険性がありはしないだろうか？　それらの活動が、個人的なものであれ、自発的なものであれ、あるいは組織的ものであれ。フェミニズムは、固定した組織体をもたない――労働組合でも、政党でもなく、新型の「社会運動」にむしろ類似しており、その原型のひとつとなることができよう――うえに、批判という責務を負っている。そのためフェミニズムは、誹謗中傷の的となっている。この中傷は、フェミニズムをまるで悪魔の仕業にみせかけたり、笑いものにしようとしているだけでなく、とりわけ、忘却の対象にしようとしている。忘却が、もっとも巧妙な形態の否認だからである。それはひとつの方法であって、女性たちが、自分たちの「条件」を変化させるうえで、ひとつの役割を担っていることを否定しているのだ。「条件」とは、非常に受動的な用語ではあるが。ともかく、こうした変化は、社会的諸関係――科学、技術、政治、文化などなどの――の近代化によってのみ起こるにちがいあるまい。両性間の諸関係は、結局のところ、社会的諸関係の様態のひとつにすぎないのであろう。多くの場合、社会的諸関係はまさに動因だというのにである。

＊　ピエール・ブルデュー、『男性支配』、加藤康子訳、藤原書店、近刊。

女性史はおそらく、それを創始した女性たち（たとえば、『女の歴史』グループ）が望んでいたようには、「認識論的断絶」を起こさなかった。女性史は、アカデミックな場における認知も脆弱で、制度的組織もきわめて不十分である。

とくに、初等および中等教育においては、女性史が生徒たちに伝達されているかどうかも、また、その伝達が継続されるのかどうかも、保証のかぎりでない。とはいえ女性史は、どうしても必要なものであり、今後は「女性たちのいない歴史」は不可能となっていく。女性史は、他のどんな科学にもまして、さまざまな社会科学や人文科学と深く連帯している。また女性史は、「女性たち」というその対象が多くの側面を備えているがゆえに、視点と問題設定との革新に貢献してきた。視点についていえば、社会的条件、地理的地平、人口移動、世界中の女性たちを考慮に入れないなどということは、できない相談になっている。そのうえ、世界中の女性たちは、発展と民主主義の一定のレヴェルに達するやいなや、自分たちの歴史を発展させている。また問題設定についていえば、性別という次元は、普遍を粉砕してしまう。それが、ご立派な目標ではあるが、現実性に乏しいからである。そして、政治、家庭、創造、権力、価値に、とどのつまり思考の基盤そのものに疑問を投げかけている。もっとも実りある道筋のなかには、以下のようなものがある。まず、男らしさに関する考察があり、それは、ますます多くの研究者たちの関心をひいている。そして、男女それぞれの同性愛の歴史、とりわけレスビアンたちの歴史があげられる。レスビアンたちは、とくにここ三〇年あまりのあいだ、大きな役割を演じてきた。けれども、かの女たちが、この役割に比較してみると、もつべきはずの地位を女性史のなかで占めているとは、とうていいえないからである。

さまざまな知と権力において、「国家」において、性差は、新しい世紀の主要な問題のひとつになると予測される。女性史は、断固として、この視点のなかに含まれている。

関連項目

家族　公的なもの対私的なもの　性差（の理論あれこれ）
自然的性別《セックス》と社会的＝文化的性別《ジェンダー》　フェミニズム運動

参考文献

▶Dauphin Cécile *et al.*, Culture et pouvoir des femmes. Essai d'historiograhie, *Annales*, mars-avril 1986, n°2, p. 271-293.

▶Fraisse Geneviève, *Les femmes et leur histoire*, Paris, Gallimard « Folio », 1998, 614 p.

▶Perrot Michelle, *Les femmes ou les silences de l'Histoire*, Paris, Flammarion, 1998, 491 p.〔ミシェル・ペロー『女性たち、あるいは「歴史」の沈黙』持田明子訳、藤原書店、近刊〕

▶Scott Joan, *Gender and the Politics of History*, New York, Columbia University Press, 1988*a*, 242 p.〔ジョーン・W・スコット『ジェンダーと歴史学』荻野美穂訳、平凡社、一九九二年〕〔この著者のもっとも重要な論文が、n°37 / 38 des *Cahiers du GRIF*, « Le genre de l'Histoire », présenté par Françoise Collin の p. 125-155 に、« Le genre : une catégorie utile de l'analyse historique » のタイトルでフランス語に翻訳されている『ジェンダーと歴史学』第I部・第二章「ジェンダー　歴史分析の有効なカテゴリーとして」、五三〜八六ページ〕

▶Sohn Anne-Marie, Thélamon Françoise (dir.), *Une histoire sans les femmes est-elle possible ?*, Paris, Plon, 1998, 427 p.

▶Thébaud Françoise, *Écrire l'histoire des femmes*, Fontenay / Saint-Cloud, ENS Éditions, 1998, 226 p.

（ミシェル・ペロー Michelle PERROT／川口陽子訳）

労働(の概念)

TRAVAIL (LE CONCEPT DE)

[英] *Labor (The Concept of)*

●時間と労働
●労働の概念とその未来

労働の近代的な概念は、たとえば古典派経済学による定式化にみられるように、二重の定義からなっている。

第一の定義は、いわば人類学的なもので、労働を、人間の行動の一般的=包括的な特徴をかたちづくるものとしている。マルクスにとって、労働とはまずなによりも、人間と自然のあいだに生起する行為だった(一八六七年の『資本論』第一版、一九六五年の同プレイヤッド版)。人間自身はそこで、自然に対して、一個の自然力という役割を演ずる。人間は、知性と力とを動員して物質を同化し、人間の生活に有用な形態を物質に与える。人間は、この動作によって自然に働きかけ、これを変質させるとともに、自分自身の本性を変質させて、そこに眠っていた能力を発達させる。*

＊「労働はまず第一に、人間と自然とのあいだの一過程である。すなわち、人間がその自然との物質代謝を彼自身の行為によって媒介し、規制し、調整するところの一過程である。人間は自然素材そのものに対して、一の自然力として相対する。彼は、自然素材を、彼自身の生活のために使用しうる形態において獲得するために、彼の身体に属する自然力、腕や脚、頭や手を動かす。この運動により、彼の外にある自然に働きかけ且つこれを変化させるとともに、同時に彼は彼自身の自然を変化させる。彼は彼自身の内に眠っている潜在能力を発現させ、その諸力の活動を彼自身の統制に服させる」（カール・マルクス、『資本論 2』、向坂逸郎訳、岩波文庫、一九六九年、六五〜六六ページ）。

第二の定義は、第一の定義を解釈しなおし、人間と自然との交換が、つねに特定の社会的条件のもとでなされることを示している。たとえばそれは、職人制度か、奴隷制度か、賃金労働制度か、いずれのもとでなされるのか？　また、有用な労働は、奴隷監視人の鞭のしたでなされるのか、それとも、資本家の打算的な視線のもとになされるのか？　そして、このように、労働が資本家の視線のもとになされると解釈しなおすことによって、賃金労働の概念を提唱することができるようになる。すなわち、賃金労働者は資本家の統制のもとで労働し、労働者の労働の産物は資本家のものになるというわけだ。

たしかにこの二重の定義には利点があり、これによって、労働という活動を、二つのタイプの関係（人間対自然、人間対人間）が交錯するまさにその場に、位置づけることができる。とはいえ、この定義は、なおきわめて不十分なのだ。第一に、この定義が、労働における性別を顧慮しないモデルから出発しているからである。つまり労働の主体——人間——が、この定義では普遍的なものとされている。ところが実際には、男性という特性こそが、普遍的存在に仕立てあげられているのである。第二に、この定義はまた、別の面からみて問題を含んでいる。生みだされた関係が、同一の方法で捉えられてはいないのである。人間対自然の関係は自然なものとされ、固定されがちなのだ。つまりそれは、生産という、人間生活の不動の基盤だというのだ。だがこれに対して、社会的関係——労働の社会的条件——のほうは歴史的に捉えられている。したがって、この二重の定義が当をえたものでありうるのは、さまざまな関係をつねに歴史的に扱うときだけなのである。このときこそ、性別を考慮の対象にすることができるからである。「人間」は社会的存在であるというテーゼから、そのあらゆる帰結をひき出すならば、人間と自然のあいだには、一般的交換など存在しない。むしろ、人間たちと、さまざまな自然とのあいだには、つねに特定化された、さまざまな交換がある。そして人間それ自体も、男性と女性からなる。こうして、労働における性別を語ることが可能になる。

時間と労働

その語源にてらしてみると、近代の意味に先だって、労働ということばは、苦しみと強制的な固定の同義語だった。あるいは、苦しみか強制的な固定の同義語だった。*だが、古典派経済学の定義は、このことばをいわば高貴なものとし、それに人間生活における物的生産の起源という徳を付与したようである。けれども、高貴なものとなったとたんに、このことばは古来の意味をとり戻したように思われる。すなわち、賃金労働制というくびきのもとにおかれて、労働はすぐさま、それを遂行するものにとって、束縛と苦しみの同義語へと逆戻りしてしまった。

* フランス語の「労働 travail」は、もともとラテン語の「拷問する tripaliare」、「責め具 tripalium」からきており、古くは「苦しみ」の意味で使われたし、今日でも、獣医学の手術の際に牛馬を固定する「枠場」という意味で使われている。

ここに、ある種のいかさまが作用しているのではないかと疑ってみることができる。というのも、近代的な意味でいう賃金労働は、誕生しつつある産業資本主義とともに出現したが、現実にはいかなる起源ももってはいなかった。賃金労働という概念が使用されるようになったとき、その使用は前代未聞の形態をとった。すなわち、客体化することのできる社会的活動という形態をとっていた。つまりそれは、明解な用語で記述し、分析し、理性によって捉え、規定することができたのである。この活動は一連の作業のことだったが、これらの作業は、抽象化され、一般化されて捉えられていた。そして、これらの作業を実現するには時間が必要だが、その時間も測定しうるものだというわけである。このように近代的な労働は、「客体化の可能な活動」という表現のもとで真の姿を隠され、それ以来ずっと、誕生しつつあった賃金雇用関係のなかで捉えられている。なぜなら、近代的労働は、以後中心的なものとなる争点、すなわち資本家による賃金労働者の時間の所有を核として、組み立てられているからである。労働の近代的な概念は、したがって、真に政治的=社会的な強権発動のインパクトのもとで出現した。つまり、客体化の可能な一連の作業と、それらを実現する人間の能力との分離のもとに出現した。一方に労働があり、他方に労働力があるわけだ。そしてこの二つの項のあいだで、時間が、中心的な指示対象として、労働と労働者という組み合わせの生産性を評価するものとなる。だから、賃金労働という概念の誕生は、右の分離の歴史であり、この分離は、客体化された形態と主体的な力とを対置する。労働者は、主体形成する存在でありながら、かれが関わらなければならないものに、すなわち客体化された作業に囚われたものとなる。

これとはぎゃくに、家事労働という概念は客体化の対極にある。この概念は、家庭内での愛情関係に結びついており、結婚生活において女性たちの母性が「自由に利用されること」を基盤としている(Chabaud-Rychter *et al.*, 1985)。家庭の維持や子どもたちの教育に関して、くり返される行為と日常的な行動は、「私的な」といわれる領域で、愛情表現の特別な形態であり、もっぱら女性たちの役目とされている。当然のごとく、男性たちはそれを免除されていると主張することができる。この労働は、量的測定に向いていない。たしかに、「時間配分」というアプローチを用いて、この労働を把握しようとしてきたが、それでも、その本性自体を明らかにするにはいたっていない。労働に関する論争のかずかずにおいては、一方では賃金労働だけがとり上げられ、他方では家事労働ないし有用な労働一般がとり上げられており、この両者のあいだで、つねにためらいがみられる。そして、このことはおそらく、時間の切り売りと生活費の獲得という二つの問題が、相互に混じりあいながらも、けっして混同されないという事実の指標なのである。

だから、性別をめぐる社会的諸関係をとおして、この二つの問題に視線を投げかけると、じつに多くのことを明らかにすることができる。というのも、一方で、他者に時間を切り売りすることはもはや、賃金労働の時間だけの問題ではありえなくなるからである。賃金労働の時間が、家事労働の時間と同一の条件のもとに置かれていることがわかってくるのである。女性たちが大挙して賃金労働者という身分に参入しはじめたのは、二つの身分規定のもとにだった。つまり女性たちは、女性の賃金労働者であると同時に、賃金労働者という身分一般の——時間に関してである——条件を負わされていたのである。他方、生活費の獲得は、労働の有用な側面を強調するものだが、これが女性たちによって担われることになる。それまで男性たちは、いくつかの生活領域に定着し、そこにかれらの支配を刻印してきていた。だがこのときから、生活費の獲得は、これら男性の領域の境界線を越えることになる。だから、女性たちにとって、時間的拘束は二重のものとなり、倍加する。家事労働と職業労働とが、抑圧と搾取とが、重なりあい、相互に交錯する。しかしまた、さまざまな生活領域——私的生活、賃金労働、政治など——の区分が、近代社会を公式に律しているなかにあって、女性たちは、この区分に疑問を呈する立場にも立つ。

労働の概念とその未来

このように労働の概念は、歴史的に発展してきた。だがこの発展は、一九七〇年代以降とくに強く求められるようになる。さまざまな探究法が開発されて、性差という次元が労働の分析にもち込まれたからである。性別による労働の分割という問題意識から出発して、ダニエル・ケルゴア Danièle Kergoat は、労働の概念の脱構築＝再構築を進めている。また、職能など、関連する概念のかずかずを脱＝再構築している。それも、家事労働や、子孫再生産の領域という次元をとり入れながら。さらには、「労働の社会的＝性的分割研究グループ Groupe d'étides sur la division sociale et sexuelle du travail—ＧＥＤＩＳＳＴ」の女性研究者のなん人かと、同一分野で活動している他の研究者たち（たとえば、「国立科学研究センター—ＣＮＲＳ」や大学の、またそうした機関外の）は、ケルゴアとともに、労働の概念に、（1）社会的性差、（2）家事労働、をとり込むことによって、この概念をつくり直すことを提唱している。こうすれば、この概念は、非賃金労働、報酬を伴わない労働、商品化されていない労働にまで、インフォーマルな労働にまで拡大される。職業労働と家事労働、生産と子孫再生産、賃金労働制と家族、社会階級と社会的性差は、切り離すことのできないカテゴリーとみなされることになる。

一九九〇年代になって、景気後退と大量失業が同時に起こり、臨時的形態の労働が拡大すると、公共政策の提案にともなって、労働とその危機に関する論争が、ふたたび今日的な意味をもつようになっている。ワーク・シェアリングの問題と、労働時間の短縮をめぐる法律とが、今日の理論的な論争の主要な指示対象のひとつとなっている。そしてこの論争は、「労働の終焉」、「労働価値の終焉」、「労働の中心性」をめぐってなされている。この論争を解明するのに有効なのは、まず、アメリカのユダヤ系女性哲学者ハンナ・アレント Hannah Arendt の確立した区分（1958, 1988）にたち戻ることである。アレントは、以下の三つを区分している。*

（1）労働する動物《アニマル・ラボランス》の活動としての労働。この活動は、人間の生存の必要性に支配されており、すぐに消えてしまうものを生産する。生産物が消費によって消滅するからである。

（2）工作人《ホモ・ファベル》の活動としての仕事。この活動は、一定期間存続するものを生産し、それによって世界を住みよくして、文化を産みだす。

（3）本来の意味での活動。この活動が生産するものは、活動主体から分離することができない。また、この活動を形成する行為においては、他の人間に対する人間の主導権が、政治という特別な空間に凝縮されている。

＊　ハンナ・アレント、『人間の条件』、志水速雄訳、ちくま学芸文庫、一九九四年。上記の区分の最初の定義は、〇一九～〇二〇ページ。

この区分は、人間の活動を等級分けし、「労働」と名づけられた活動を下位に置いている。そして、この切り分けを永続化し、それぞれの活動をその運命に閉じこめる。政治は、仮説として自由の王国に登録され、自立の特別な土壌に選定されている。これに対して、近代の労働は、自立性の欠如という唯一の次元に矮小化されて、これを覆すこともならず、限界を設けられ、歪められていた。そのために、真の解放の源泉は、生活のほかの領域で求めなければならなかった。だが、だれの解放なのか？　また、なんに対する解放なのか？　労働価値の終焉に関するテーゼのかずかずは、以下のような逆説を含んでいる。すなわち、まずこれらのテーゼは、賃金雇用関係の強要という強権発動を永続的なものとしている。アレントは、古代ギリシアの市民制度を権利として要求したが[*]、これらのテーゼによれば、この市民制度をヒントとする解放をもたらす政治関係は、資本主義体制のそとで、この体制に反して発展することができたとしている。こうしてこれらのテーゼは、労働をそのままのかたちで、大部分存続させてしまっている。だが、性別をめぐる社会的諸関係という観点からアプローチすると、以下のようなことがはっきりとわかるようになる。すなわち、生活のさまざまな領域は、今日社会的に区分されており、各領域間の対立も先鋭化している。そのため、各領域間を移動するという策を弄してみても、それは抑圧を倍加することにしかならないのである。

＊　たとえばアレントは、前掲書の第二章「公的領域と私的領域」で、古代ギリシアのポリスを高く評価している（『人間の条件』、〇四三〜一三二ページ）。

第二の論争は、現在の科学の状況にも影響を及ぼしているが、ドイツの哲学＝社会学者ユルゲン・ハーバーマスによって以下のように理論化されている（1981-1987）[*]。労働の概念は、現実に対する産業主義的な見方に囚われてしまうと、自然に対する道具としての活動に帰されることになるかもしれない。すなわち、人間自身が、この目的をもった活動のなかで道具になってしまう。だが、相互作用という概念を用いれば、活動の規範を主体相互間で定義することになり、人間共同体は、この定義を論争の対象とし、有効なものとすることができよう。とはいえ、ここでもまた、等級付けがはっきりしている。労働は、融通のきかない道具的観点に閉じこめられている。依然として、経済という領域は残り、賃金労働はその惨めな運命に縛りつけられている。にもかかわらず、人々は、仮想の公的空間で、精神的高揚を産みだそうと努めることになる。

＊ ユルゲン・ハーバーマス、『コミュニケイション的行為の理論（上、中、下）』、河上倫逸ほか訳、未来社、一九八五〜八七年。

この労働の終焉に関する論争については、それを文字どおりに受けとり、以下のようにいうことができよう。すなわち、労働の終焉とはイコール、経済学が創始した労働の定義の終焉なのだ。別の言い方をすれば、賃金労働制の終焉なのだ。だが論争というものは、その主要な部分において、名称の問題を基盤とするわけにはいかない。論争が意味をもつとすれば、それは、客観的な傾向と主観的な傾向が存在するからである。一方では、時間に関する現在の規定を問題にする必要が、つまり時間に別の規定を与える必要がある。だが他方では、生活費の生産を、資本価値向上の二次的な効果としてではなく、あるいは、純粋に生存の必要を充足することとしてではなく、社会的な問題提起として確立しなければならない。それによって、活動のさまざまな領域間に橋を架けることができるのである。

関連項目

家事労働　技術とジェンダー　公的なもの対私的なもの　失業　社会的職業区分
社会の不安定化　性別による労働の分割と性別をめぐる社会的諸関係
手仕事、職業、アルバイト

参考文献

▼Arendt Hannah, *Condition de l'homme moderne*, Paris, Calmann-Lévy « Agora », 1988［原著は、*The Human Condition*, 一九五八］〔ハンナ・アレント、『人間の条件』、志水速雄訳、ちくま学芸文庫、一九九四年〕
▼Chabaud-Rychter Danielle, Fougeyrollas-Schwebel Dominique, Sonthonnax Françoise, *Espace et temps du travail domestique*, Paris, Librairie des Méridien-Klincksieck « Réponses sociologiques », 1985, 165 p.

▶Collectif, *Le sex du travail. Structures familiales et système productif*, Grenoble, PUG, 1984, 320 p.
▶Daune-Richard Anne-Marie, Gender Relations and Female Labor : A Consideration of Sociological Categories, *in* Jane Jenson *et al.* (eds), *Feminization of the Labour Force. Paradoxes and Promises*, New York, Oxford University Press, 1988, p. 260-275.
▶Marx Karl, *Le Capital*, Livre I, in *Œuvres, Économie I*, Paris, NRF « ssssBibliothèque de la Pléiade », 1965, 1818 p.［初版、一八六七年］〔カール・マルクス、『資本論　第一巻』（『資本論　一〜四』、向坂逸郎訳、岩波文庫、一九六九年）〕
▶Vandelace Louise, ...Et si le travail tombait enceinte ? Essai féministe sur le concept de travail, *Sociologies et sociétés*, octobre 1981, vol. XIII, n°2, p. 67-82.

（ヘレナ・ヒラータ＆フィリップ・ザリフィアン Helena HIRATA et Philippe ZARIFIAN／志賀亮一訳）

労働組合

SYNDICATS

［英］*Trade Union*

●起源
●沈黙と忘却のかずかず
●遅れと挫折

起源

一八八四年三月二一日、ヴァルデック＝ルソー法がル＝シャプリエ法*（1791）に終止符を打ち、労働者や事務職員たちの職業別労働組合の結成を認めた。とはいえ、十九世紀の初め以来、一定数の共済組合——国や雇用主に認められ、ときには奨励されてさえいた——が、一時的な行動として抵抗組織に変質していた。だが女性たちは低賃金のため、いかに少額とはいえ組合費を払うことができなかったので、ほとんどすべて、こうした組織からは排除されていた。女性たちの病気や出産で、共同財源も空っぽになっていたようである。禁止を無視して、労働組合が、第二帝政末期に、とくにパリで、ストライキの際に頻繁に設立された。こうした組合は、程度の差こそあれ権力に容認されており、権力も、一八六四年にはストライキを違法行為とはしなくなった（Auzias et Houel, 1982）。これら労働組合ははじめ、熟練労働者を結集していたが、かれらは、その賃金のなかから、組織の延命に必要な額の金を拠出することができた。だが、そんなことができる女性は、ごくまれだったのだ！　労働者たちが組合を結成する場合も、基本的にはつねに、たとえば建設業など「男性の」職業においてのことだった。一八八四年の法律は、実際には、「第三共和国の首都 Cité」に平穏をもたらすために、労働者向けの社会的＝政治的教育の場を、つまり労働者と雇用主とのあいだの紛争を平穏に解決する調整機関をつくることをめざしていた。すなわち、共和政という構築物を、あれこれの公的自由で飾るためのものだったのだ。自由が、市民権の行使に欠くことができなかったからである。

＊　正しくは、「同一身分、同一職業の労働者・職人の集合に関する法」。提案者にちなんで「ル＝シャプリエ法」とも呼ばれる。フランス革命初期に職人労働者の団結を禁止した。

だが、こうした方向で法がはじめて提案されたときには（1876）、議員たちの恐慌をひき起こした。労働者たちに、職業利益を守るために団結する権利を与えるというのは、社会的無秩序を法制化することではないのか、というわけである。一八八四年の提案も、労働組合の闘士たちから故意に黙殺された。かれらは、国家による統制が拡大するのではないかと危惧していたのである。じっさいこの法は、労働組合に厳しく枠をはめ、監視するものであり、組合に対して政治活動をすべて禁止していた。組合が存在するとしても、それは、労働の自由という個人の大原則と両立しなくてはならないのである。組合の「運営と指導に責任をもつもの」たちの名は、市庁に提出されていた。また一九二四年まで、組合加入の自由は、公務員には適用されていない。一方、女性小学校教員たちは、その一部が十九世紀末にはフェミニストのグループで活動していたこともあって、女性労働者の組合結成運動のなかで、原動力の役割を果たした（Sohn, 1973; Liszek, 1994)。

たしかに「フランス民法」は、それも一九三八年まで、妻たちが、夫の許可をえずに職に就くことを禁じていた。そして一八八四年法も、かの女たちの組合への組織化という問題を提出してはいない。この法は、全面的に男性形で書かれているが、おそらくそれは、中性形と混同されている。ところで、一八八四年八月二五日に、内務省が県知事に通達をだし、「外国人、女子など、要するにわが法律の文言のなかで、正規の契約を結ぶ権利を有するものはすべて、労働組合に加入することができる」ことを明らかにしている。だが奇妙なことに、この通達は、「夫への服従」義務のある妻と、独身女性とを区別していない。文章は、どうしてこれほど不明確なのだろうか？　社会が、その活動のなかで判例をつくるようにしたいという意思なのだろうか？　あるいは、女性の賃金労働を周縁的なものにしたいという意思なのだろうか？　だが一八八六年には、妻は自由に年金基金に加入することができると明示される。一九〇七年には、自分の賃金を自由に使うことができるようになる。けれども、妻が労働組合に加入する際にも夫の許可を必要としないと、法に明記する必要があるとみなされるには、一九二〇年を待たなければならない。問題だったのは、女性たちを組合に組織することではなく、女性たちの賃金労働そのものだったのである。

女性労働者たちは、例外的にしか組合結成の主導権を発揮していない。とくに組合が男女混成の場合に、このことがいえる。女性労働者たちは、ときとしてカトリック教会によって組織された。教会が、それを社会的復興の一手段とみていたからである。また、もっとも多くの場合、男性の労働組合によって組織された。これらの組合は、主として女性労働力からなる企業で危機が発生した場合、女性労働者たちを受けいれる用意があったのである。けれどもその際、これらの組合は、社会のなかにおける女性たちの地位という問題に直面することになった。女性たちは、家内の存在なのか、男性の補助者なのか、それとも潜在的な就労市民なのか、というわけである。あるいは、低賃金の競争相手なのか、それもと労働の仲間なのか、というわけである（Bouvier, 1983)。

とはいえ、一九七〇年代までは、労働組合が女性たちに適応するというよりも、組合に適応しなければならなかったのは、女性たちのほうだった（Colin, 1975）。組合が、男性中心に設立されていたからである。今世紀初頭の鉄道員たちのストライキは、みずからの未来の主演者という労働者のイメージを形成するうえで、主要な役割を果たした。それはまさに、明らかに「革命的」労働組合運動だった。また、いくつかの「自由」労働組合が、一九一四年以前に教会によって設立されていたが、それらはたしかに、女性たちの自由、考察の自由、発言の自由などなどの場だった。けれども、これらの組合は、家父長制社会に完璧に適合しており、これを強化しようとしていたため、そこでは、両性平等の社会を構築することができなかった（Chabot, 1998）。さらには、フェミニズムと労働組合運動は、なん度か出会いはしたものの、それらの出会いは短期間に終わり、またたく間に挫折してしまう。過去の忘却が共通項だったからである。

一九一四年の前夜には、女性たちが労働力の三七パーセントを占めていたものの、労働組合では一〇パーセントにも満たなかった（Guilbert, 1975）。フランスの労働組合運動は、エリートのものであり、英雄的活動家に支配されていた。かれらは、かずかずの責任を背負いこみ、当局の追求に脅かされ、投獄の危険さえあった。したがって、こうした場では、女性たちが自分の位置をみつけるのは困難だった。財政を切り盛りする献身的な妻という役どころが、せいぜいだった。だから、女性がはじめて産別連合の書記に選ばれるのは、一九二一年のことにすぎない（「労働総同盟ＣＧＴ＝食品産業部門」）。総同盟の書記に選出されるのは、一九四五年のことである（「労働総同盟ＣＧＴ」）。また一九四五年には、女性たちも、男性たちと同じく「腕まくりして仕事を始めた」が、この再建は、全員の作業だったとはいえ、きわめて性別を意識した図式にしたがってなされた。すなわち、男性は労働の世界に、女性は、就労しているものであろうとも、家庭や街頭という世界にというわけである（Dubesset et Zancarini-Fournel, 1993）。だからこれによって、労働組合の活動家たちは、古くからの慣習をまれにしか問題視しないようになる。つまり、労働者は観念的に中性という存在でありつづけたのである。だが、フランスでは一九六八年以後、再生したフェミニズムが労働組合運動に浸透し、組合もとくに、「私的なものは政治的である」という命題に答えなければならなくなった。けれども、こうした動きは、一時期「フランス民主主義労働同盟Confédération française démocratique du travail—CFDT」と「労働総同盟CGT」で活発になったものの、その後はすこしずつ勢いを失っていった。

沈黙と忘却のかずかず

ここ三〇年来、人々は労働組合運動について検討しているし、この運動自体も、社会的闘争における代表能力、加入者数、有効性の危機をのり超えるため、その能力を検討している。

経済、政治、社会の論理の中心にジェンダーを据えると、そうしたアプローチは、なんらかの正解をもたらすはずである。けれども、労働組合運動に関する著作の大部分は、こうしたアプローチの成果を、積極的にはとりあげていない。労働組合自体をみても、ジェンダーとの関連をいまだにとりあげていない。運動内での女性の地位が、男女の組合指導者のあいだで、内部論争や対立の種になってきたというのにである。なるほど、たとえば今日、クリオ事件*は歴史によって説明されている。けれども、グランダン工業地域や時計会社リップにみられるような、一九七〇年代および八〇年代の闘争や、「労働総同盟CGT」の女性誌『アントワネット*Antoinette*』の一九八二年の「抗争**」などは、人々に知られ、分析されるべきであろう。これは否定しがたいことだが、古き男性の牙城＝労働組合は、依然として多くの点で牙城でありつづけている。男性型労働組合はながらく、女性の職業労働に対して敵意をもっており、それが、女性たちの組合加入に対して明白な反対の基盤となっていた。だが、この敵意も消滅するか、新しい形態をとっている。すなわち、労働を性別で分割しようとする力は、今日でもさまざまな現れ方——賃金労働のなかで女性を周縁部に追いやったり、失業の増大や雇用の不安定化を理由に男女間の競争を激化させたり——をしている。だからといって、この力を、労働組合活動の構造原理として理解すべきなのだろうか？　それは今日、ひとつの問題であり、労働組合はこれに答えようと努めなければならない。ただし、唯一の答えなどありえないことを知ったうえでのことである。女性たちは、労働組合という世界で、ひとつの「地位」を獲得してきた。そして、賃金労働において、女性たちの位置づけを研究することをつうじて（Siwek-Puydesseau, 1996）、今日では、労働組合運動に関して、よりきめ細かな認識に達することができる。それは、十分ではないにしても、必要な条件なのである。男女共同参画は、ある最近の事典（Hetzel *et al.*, 1998）でもまだみられないとはいえ、一九七〇年代には「フランス民主主義労働同盟ＣＦＤＴ」で、とるべき方向性として要求されたし、一九七七年の「女性賃金労働者大会」後は、「労働総同盟ＣＧＴ」も実現に着手している（Rogerat, 1978）。共同参画は今日、職業における男女間平等のシンボルとなったが、いまだ克服すべき問題を残している。共同参画を、政治分野における数的対等に等しいもの（もちろん、労働界の状況にあわせて調整してのことである）とみると、それは、ひとつの方法であって、これによって、性別をめぐる社会的諸関係が正常化されると考えることができる。また、生産という装置のなかで、女性たちの比重を眼にみえるものとすることだと、つまりは、性別による労働の分割を流動化させる要素だと考えることができる。男女共同参画を権利として要求することは、シンシア・コックバーン Cynthia Cockburn の呼ぶところ（1999）にしたがえば、ジェンダー差別防止剤となっている。労働運動の、公共の、企業内の政策すべてをジェンダー分析のもとに置き、それら政策が女性たちにどんな影響をもたらすのかをコントロールしなければならない。この表現は、そのためにとるべき行動を総合している。とはいえ、確認しておかなければならないが、この男女共同参画は、いまのところ真に社会闘争の対象とはなっていない。

＊　一九一三年、ともに印刷工だったクリオ夫妻がリヨンに移住し、組合活動家の夫は、「リヨン地方印刷工組合」に加入を申請した。だが同組合が加入者に妻の就業を禁じていたため、夫は加入を拒否される。妻の訴えで人権擁護団体やマスコミも動きだし、一部組合組織でも、女性の労働権擁護の動きがあったが、「出版労組連合」は、問題を次大会送りとしてうやむやにした。

＊＊　リップ社の運動とは、一九七〇年代に同社の危機をきっかけとしてなされた、労働者による生産管理闘争を指すか？　また一九八二年、『アントワネット』編集部と「総同盟」指導部とのあいだに軋轢が起こり、指導部の方針に反対して、編集部全員がストライキに突入した。グランダン工業地域の運動については不明。

遅れと挫折

この性別を考慮した労働の概念から出発して、労働組合の慣行を分析しても、女性たちの労働組合運動への加入条件を説明したことにはならない。歴史はまさに、わたしたちにそのことを想い起こさせる（Liszek, 1994）。女性たちを労働組合にひき込むことは、今日でもまだ——かつてよりも複雑な形態のもとであるとはいえ——、男性＝労働者という支配的モデルを基盤に、かの女たちをとり込むことを意味している。そしておそらく、ここにこそ、さまざまなフェミニズム運動と労働組合運動とのあいだの最大の誤解がある。女性たちが闘争に寄与することは、社会進歩のファクターなのだが、それは、労働組合運動にとって自明のことではないのだ（Zylberberg-Hocquard, 1981）。女性たちの賃金労働の拡大が加速しているにもかかわらず、女性たちを「個別カテゴリーに分類する」べきなのか、「男性と同一視する」べきなのか、わかっていないのである（Rogerat, 1995）。ある意味では、女性たちが労働組合という世界に組みこまれるプロセスが、かの女たちが賃金労働の世界に入っていくことにくらべて、遅れているのである。女性たち自身の側でも、私的領域から公的領域にいかにして移行するかが、問題となっている。また、今日の社会運動史は、労働組合運動の実践の前提となるであろうものを、ときとして労働の市民権と呼んでいる。だがこれに手をつけることは、じっさい、両性間に新しい権力関係を創出することなのだ。最近の数十年をつうじて、労働組合運動——新しく結成された組合をのぞく。なぜなら、そこでは、女性たちの地位がイデオロギー闘争の対象となっており、しかもその闘争がたえず更新されているからである——は、この問題に答えるにあたって、相互補完性という概念をもち出そうとしてきた。それが、支配的な考え方の言い回しと一致するからである。この概念は、一九七〇年代に、「フランス民主主義労働同盟ＣＦＤＴ」内で告発された（Laot, 1977）にもかかわらず、権限の再配分という迂回路をつうじて、労働組合運動内部でふたたび、わが世の春を迎えている。けれども、運動内で女性幹部たちが台頭し、かの女たちの代表能力が認知されたにもかかわらず、女性たちの組合加入では、意味のある動きがこれに伴っていない。かの女たちの組合加入率は、依然として男性の加入率よりも低いのである。

今日、二つの現象が矛盾《パラドクス》を起こしている。女性たちが労働の世界に殺到しているにもかかわらず、その大勢が、安定雇用という支配的モデルの外側に置かれている。他方、男女のあいだでは、労働組合内における地位が不平等で、しかもその格差はたえず更新されているが、この格差は、右のパラドクスに対応している。労働組合の機能は、賃金労働者を組織し、その代表となることにある。だが、この機能と組合への信頼度は、男女間の格差によって損なわれている。

関連項目

権力　公的なもの対私的なもの　社会運動　性別による労働の分割と性別をめぐる社会的諸関係　男女共同参画　平等　フェミニズム運動

参考文献

▼Cockburn Cynthia, Les relations internationales ont un genre. Le dialogue social en Europe. *Travail, Genre et Sociétés*, 1999, n°2, p. 113-139.
▼Guilbert Madeleine, *Les femmes dans l'organisation syndicale avant la guerre de 1914*, Paris, Éditions du CNRS, 1966, 507 p.
▼Loiseau Dominique, *Femmes et militantisme : Saint-Nazaire et sa région 1930-1980*, Paris, L'Harmattan, 1996, 239 p.
▼Maruani Margaret, *Les syndicats à l'épreuve du féminisme*, Paris, Syros, 1979, 271 p.
▼Rogerat Chantal, Femmes et syndicalistes. Assimilation ou intégration ? La dynamique du compromis, *in* Collectif, *La liberté du travail*, Paris, Syllepse, 1995, p. 165-183.

■

▼Zylberg-Hocquard Marie-Hélène, *Féminisme et syndicalisme en France*, Paris, Anthropos, 1978, 326 p.

（シャンタル・ロジュラ&マリー＝エレーヌ・ジルベルベール＝オカール
Chantale ROGERAT et Marie-Hélène ZYLBERBERG-HOCQUARD／志賀亮一｜訳）

労働における健康

SANTÉ AU TRAVAIL

［英］*Health in the Labor*

●男女間で異なる健康の構築
●立法、規制、制度的実践——その批判的分析

労働における健康は、二つのタイプの現実を指している。そのひとつは、労働において男性と女性の健康が危険にさらされていることであり、もうひとつは、労働に関係した健康破壊の防止と修復を目的とした立法、規制、制度といった装置全体のことである。

性別をめぐる社会的諸関係という問題意識から出発して、労働における健康を問題にすると、いくつかの批判的な分析が可能になる。まず、男女で異なる健康の構築において、すなわち生産のための生活と子孫再生産のための生活との連結において、両性間の社会的労働の分割がどんな役割を果たしているのかを研究することができる。さらにまた、法

律や規制の整備に関してだけでなく、労働における健康にかかわる各団体や労働組合の実践に関しても、批判的分析を展開することができる。

男女間で異なる健康の構築

大筋のところ、労働における健康の歴史は、男性たちについても、また女性たちについても、これから書かれるべき課題である。そして、その出発点となるのは、膨大な数の専門的個別研究であるが、それらは、労働条件の実例に関して、ときとしてきわめて豊かなものである。それは、さまざまな時代、さまざまな国、まことに多様なタイプの活動、すなわち農業、鉱業、サーヴィス業、介護施設にまで及んでいる。性別をめぐる社会的諸関係という問題意識は、こうした歴史を構築し、そこから公衆衛生の観点で教訓をひき出すうえで、とくにふさわしい資料解読のツールとなっている。一部の労働心理学者たちは、このツールを利用して、とくに、労働における危険に対する態度が、男女間で異なっていることを明らかにしようとした。ところが、このアプローチには、男らしさという特性を心理学的な特徴として認知してしまう傾向があるため、ダイナミックなアプローチが犠牲になってしまう。つまり、社会的に条件や実態が構築されて、職業上危険に身をさらすことになるわけだし、労働において健康が危険にさらされる場合にも、さまざまなものがあるわけだが、そうしたものが手つかずになってしまうのである。社会的な労働分業のなかでは、女性と男性それぞれの位置にしたがって、健康はさまざまな形態で害をこうむっている。また、労働と結びついた健康破壊に対しても、さまざまな抵抗の戦略がある。このダイナミックなアプローチによって、これら健康破壊の形態を明るみに出すだけでなく、抵抗の戦略をも——とくに、女性たちについて——明らかにすることができる。じっさい、一九六〇年代の女性労働者たちは、繊維産業では生産効率の高い労働を拒否し、電子産業においてもコマ切れ労働を排斥している。この拒否から排斥まで、女性たちが神経疲労に対して抵抗したことを強調しておかなければならない。それは、かの女たちの健康を悪化させ、職業労働外の生活に支障をひき起こしたのである (Saurel-Cubizolles, Messing et Lert, 1996)。

性別をめぐる社会的諸関係という問題意識は、以下の三つのタイプの研究となって現れている。

まず社会=歴史的アプローチでは、アラン・コットゥロー Alain Cottereau が、早期の健康衰弱について二つのモデルをひき出している (1983)。そのひとつ——これは男性のケースである——は、どちらかといえば、危険で不衛生な労働条件と関係しており、その結果は、とくに労働災害という事実になって、社会的に眼にみえるものとなる。もうひとつ——こちらは女性のケースである——を、コットゥローは「酷使」と結びつけている。非常に強力な時間的拘束のもとでの単純な繰り返し業務とか、過重な母親としての仕事が背景となっているからである。だがこちらの場合は、その結果が眼にはみえない。

つぎに社会=法学的立場から、ヨーロッパでの労働における健康予防に関して批判的に解読するなかで、ローラン・ヴォジェル Laurent Vogel は、女子労働が眼にみえないものであることと、この労働が健康に及ぼす影響に大きな位置を与えている (1994)。ヴォジェルは、科学的な伝統を疑問に付す。この伝統が、医学的に証明された病理学から出発して、労働条件へさかのぼろうとしているが、労働条件のほうは、支配をめぐる社会的諸関係のなかで置きなおされることなく、この関係によってその永続化が保障されているからである。そこでかれは、この支配的なアプローチを批判する。このアプローチが、子孫再生産（妊娠、母性）に結びついた側面以外には、以下のような事象を考慮していないからである。まず、女性たちが二重の労働責務——生産と子孫再生産——に結びつけられているにもかかわらず、かの女たちの職業経歴が男性とは異なったかたちで構築されていることを考慮しない。また、かの女たちの健康が、特殊な様態で悪化したり消耗したりしていることを考慮しない。だから、このようなアプローチは、夜間労働に関する論争の際に、ただちに反響を呼ぶことになる。フランスでは、一八九二年の法律によって、女性たちの夜間労働が禁止されたが、今日では、他の「ヨーロッパ連合」諸国と同様に許可されている。雇用におけるの男女差別をしないという口実のもとにである。この法律は、ほかにも、女性たちの労働時間を最大一一時間に限定していたため、実質的な差別の形態だと思われていたふしがある。しかしながら、ミシェル・ザンカリーニ=フルネル Michelle Zancarini-Fournel が指摘しているように、こうした議論は、疑問の余地のないほど性差別主義的でキリスト教的なのである。「一家の母親が夕食の支度をすることを望むのなら、つまり、夫や子どもたちの帰宅時に準備万端整っていることを望むのなら、どうしても欠かせないことは、かの女の労働者としての一日が遅くとも夜七時には終わることである」(Auslander et Zancarini-Fournel, 1995, 八二ページ)というわけだ。事実、この法律が採択されたときには、商業と事務職を対象とはしておらず、工業だけを対象としていた。またこの法律は、当時の女性像と、結婚している女性の役割像とにもとづいていたが、それらは、国家的な人口統計上の利益や、「人種」の保存を目指す優性論に結びついていた。また今日でも、女性に対する夜間労働の禁止を撤廃する決定は、男女平等の規則に準拠しているわけではない。それはむしろ、生産性と競争原理を強化するためになされている。それによって、どんな活動部門であれ、生産設備を常時使用したり、労働時間を柔軟化することができるからである。夜間労働の病理的な影響は、数十年まえから知られている。だから、健康の保護という観点から、この影響を考慮に入れるならば、唯一の合法的な施策として、反対に、夜間労働禁止を男性たちにまで拡大するべきだったのである。このような施策がとられていれば、その結果として、男性賃金労働者たちは、夜間労働があった場合、労働時間短縮交渉の際に、その夜間労働をこの禁止に対する違反とみなすことができたはずである。そして、強い立場で交渉して有効な手段を獲得し、夜間労働を受けいれざるをえなかったものたちのために、その損害の程度に応じて、代償となる休暇を勝ちとることができたはずなのだ。

最後に、いくつかの社会=人類学的研究によって、社会の不安定化が一般化するなかで、性別をめぐる社会的諸関係の果たす役割と、それが労働における健康に及ぼす影響とが明らかになっている。またこれらの研究によって、以下の二つのプロセスが結合していることを、明らかにすることができた。すなわち一方では、最初に女性たちが、パートタイム労働や断続的な臨時雇用の当事者となった。そのどちらの場合にも、これら特殊な(永続的雇用とかフルタイム労働というモデルからみてのことだが)雇用形態に依存することが正当化された――女性たちに関してのことだが――のは、生産労働と子孫再生産労働とを連結することが必要だったからである（Bretin, Frigul et Thébaud-Mony, *in* Appay et Thébaud-Mony, 1997）。そして、女性たちの労働時間短縮に対しては、たとえ賃金の低下をともなっていても、社会的な異議はいっさいあがらなかった。他方、男性たちの労働の不安定化は、生産の変動に対抗するための機動性という形態をとり、以後は男性労働者たちも恒常的に、企業の都合で解雇と再雇用をくり返すことになる。それも、とりわけ下請け関係という枠のなかで（Thébaud-Mony, 2000）。こうして男性たちも、時間的にも空間的にも自由に操作されるようになると、それは、子孫再生産労働の性別による分割に照らして正当のものとみなされた。なぜなら、この分割によって、女性たちが家庭内で、愛情、教育、家事といった務めを、確実に、途切れることなく管理することになるからだ。だが、この二つのプロセスがあったために、労働と雇用の不安定化の健康に及ぼす影響が、長期にわたって眼にみえないものとなっている。

以上のような社会＝人類学的研究は、健康の社会学的な定義にもとづいており、またその定義も、研究を担っているチームによってつくり上げられている。それによると、健康とは、個人が通過するダイナミックなプロセスであって、身体と人格のなかに、労働、生活条件、苦痛、喜びと苦しみを刻印する。またこれらすべてには、それぞれ歴史があり、その歴史は、個別性において個人のものであるとともに、この歴史が組みこまれている多数の論理の影響によって集団のものでもある。性別をめぐる社会的諸関係のダイナミズムは、この点できわめて重要なものなのである。

立法、規制、制度的実践——その批判的分析

労働における健康に関する立法の始まりと進化は、ここ一世紀のあいだ、保障という論理に組みこまれてきた。だがこの論理は、健康の分野を矮小化する傾向にある。すなわち、職業上の、「中立的な」、客観化されうる、労使交渉の結果保障可能と認知された危険だけに限定しようとする。補償可能な職業病リストの主要部分は、物理的ないし化学的な

危険に関わるものであり、化学工業、金属工業、鉱業、建設業に特徴的なものからなっている（「社会保障法」、L四六一〜四条）。こうした視点からみると、職業病の相当部分が、認識の場から姿を消し、労働に関係した各種症例や、健康問題の社会的起源が問題にされないことになる。

職業病に関する行政側の統計は、「国民健康保険公庫」によって毎年行なわれているが、そこには性別の変数が含まれていない。だが他方では、調査『労働条件 *Conditions de travail*』が、ほぼ五年ごとに、賃金労働者をサンプルとして労働省によってなされている。そして同調査は、男女のあいだに重大な不平等が存在することを恒常的に示している。つまり女性たちは、男性たち以上に、強度の時間的拘束のもとで単純労働に閉じこめられ、健康にとっては否定的な、新しい形態の労働時間利用法の進展（不安定なパートタイム、無秩序な時間配分、一年ごとの更新）から影響をこうむっている。単純労働障害（lésion par efforts répétitifs——ＬＥＲ）とか筋肉＝骨格障害（trouble musculo-squelettique——ＴＭＳ）など、大部分が女性に関係する職業病が、全世界で爆発的に増加しており、しかもそれは、多数の専門家によって、労働の性別による組織と関係づけられている（Pearson, 1998）。こうした器質性の病理は、労働における男女の過剰刺激の症候であり、労働の動態精神学の多数の研究が示すように、多様な形態の精神的苦痛としても現れている（Guiho-Bailly, 1996; Davezies, Dejours, *in* Collectif, 1997）。

ある新刊紹介の雑誌が、女性たちの健康に関して、一九八〇年代初めに刊行された。同誌は、性別をめぐる社会的諸関係が、研究政策の選択や発展にだけでなく、立法や労働組合の活動に影響を及ぼしていることを明らかにした（Thébaud-Mony et Lert, 1982）。

ブラジルの女性社会学者ルシラ・スカボーネ Lucila Scavone は、これとは違った次元を検討したが、それは右の次元とあい補うことになった（1997）。つまり、性別による労働の分割の影響のもとで体制が構築されて、各種職業病を社会的にみえないものにしているというのである。なぜなら、女性たちこそが、職業病に冒された男女の看護という社会的責務をだけでなく、病気が家族に及ぼす影響の管理をもひき受けている——しかも、非職業的看護労働というかたちで——からである。労働が健康に及ぼす影響が、個人的かつ私的なハンディキャップに変質しないようにするには、労働における健康に関して、社会学からの研究を発展させなければならない。またそうすれば、性別をめぐる社会的諸関係を考慮に入れながら、労働の社会的な組織のされ方を批判的に分析することに資するはずなのだ。

関連項目

技術とジェンダー　社会の不安定化
性別による労働の分割と性別をめぐる社会的諸関係　流動性　労働（の概念）

参考文献

▼Appay Béatrice, Thébaud-Mony Annie (dir.), *Précarisation sociale, travail et santé*, Paris, IRESCO-CNRS « Actions scientifiques fédératives de l'IRESCO », 1997, 580 p.
▼Cottereau Alain, Usure au travail. Desitns masculins et destins féminins dans les cultures ouvrières, en France, au XIXe siècle, *Le mouvement social*, juillet-septembre 1983, n°124, p. 71-112.
▼Scavone Lucila, Invisibilidad social de dolencias profesionales ligadas a la exposición al amianto, *Cuadernos Mujer Salud*, 1997, n°2, p. 143-147.
▼Thébaud-Mony Annie, Lert France, Emploi, travail et santé des femmes : la législation et les recherches face aux mouvements sociaux, *Droit social*, 1982, n°12, p. 781-792.
▼Vogel Laurent, *L'organisation de la prevention sur les lieux de travail. Un premier bilan de la directive-cadre communautaire de 1989*, Bruxelles, Bureau technique syndical europeen pour la santé et la sécurité, 1994, 287 p.

（アニー・テボー＝モニ Annie THÉBAUD-MONY**／内藤義博訳）**

1929 年] 〔ヴァージニア・ウルフ、『自分だけの部屋』、川本静子訳、みすず書房、1988 年〕.

Young Iris, *Justice and the Politics of Defference*, Princeton University Press, 1990, 286 p.

Yuval-Davis Nire, *Gender and Nation*, London, Sage, 1997, 157 p.

Zaidman Claude, La notion de féminisation : de la description statsitque à l'analyse des comportements, *in* Nicole Aubert, Eugène Enriquez, Vincent de Gaulejac (dir.), *Le sexe du pouvoir. Femmes, hommes et pouvoirs dans les organisations*, Paris, Desclée de Brouwer, 1986, p.281-289.

Zaidman Claude, *La mixité à l'école primaire*, Paris, L'Harmattan, 1996, 238 p.

Zancarini-Fournel Michèle (éd.), Protection et politiques sociales en Europe, numéro spécial de *Matériaux pour l'histoiur de notre temps*, 1999, n°53, 64 p.

Zancarini-Fournel Michèle, Auslander Leora (éd.), *Différences des sexes et protection sociale*, Saint-Denis, PUV « Culture et société », 1995, 232 p.

Zarifian Philippe, *Éloge de la civilité : critique du citoyen moderne*, Paris, L'Harmattan, 1997, 269 p.

Zein Elabdin Eiman, Development, Gender and the Environment, Theoretical or Contextual Link ? Toward an Institutional Analysis, *Journal of Economic Issues*, décembre 1996, vol. XXX, n°4.

Zemon Davis Natalie, *Les cultures du peuple : rituels, savoirs et résistances au XVIe siècle*, Paris, Aubier « Collection historique », 1979, 444 p.[フランス語版] 〔ナタリー・ゼーモン=デーヴィス、『愚者の王国、異端の都市——近代初期フランスの民衆文化』、成瀬駒男ほか訳、平凡社、1987 年〕.

Zylberberg-Hocquard Marie-Hélène, *Féminisme et sydicalisme en France*, Paris, Anthropos, 1978, 326 p.

Zylberberg-Hocquard Marie-Hélène, *Femmes et féminisme dans le mouvement ouvier français*, Paris, Éd. Ouvrières, 1981, 223 p.

City Series », 1941, vol. I, 460 p. ; *The Status System of a Modern Community*, Wesport, Conn., Greenwood Press « Yankee City Series », vol. II, 1973［初版、1942 年］, 246 p.

Weber Max, *Économie et société*, Paris, Plon, 1971, 651 p.

Weber Max, *Économie et société*, t. 1 (chap. III : « Les types de domination », p.285-87), Paris, Plon, 2 t., 1971-1995, 409 p. et 424 p.［*Wirtschaft und Gesselschaft*, 1921 (4e éd.), Tübingen, Mohr, 1956 のフランス語版］〔マックス・ウェーバー、『支配の諸類型——経済と社会・第 1 部・第 3 章〜第 4 章』、世良晃志郎訳、創文社、1970 年、第 3 章「支配の諸類型」、3 〜 205 ページ〕.

Weber Max, *Sociologie des religions*, Paris, Gallimard « NRF », 1976, 545 p.［初版、1920 年］〔マックス・ウェーバー、『宗教社会学』、武藤一雄ほか訳、創文社、1976 年〕.

Weinstein Naomi, *Kinder, Küche, Kirsche, as Scientific Law : Psychology Constructs the Female*, Boston, New England Free Press, 1968, *Feminism and Psychology*, 1997, n°4, p.450-460 に再録.

Welzer-Lang Daniel, *Le viol au masculin*, Paris, L'Harmattan, 1988, 253 p.

Welzer-Lang Daniel, *Les hommes violents*, Paris, Lierre & Coudrier Éd. « Écarts », 1991, 332 p. 新版, Paris, Indigo & Côté-femmes, 1996, 367 p.

Welzer-Lang Daniel (dir.), *Nouvelles approches des hommes et des masculinités*, Toulouse, Pressses Universitaires du Mirail « Féminin/masculin », 2000, 362 p.

Welzer-Lang Daniel, Dutey Pierre, Dorais Michel (dir.), L'homophobie, la face cachée du masculin, in *La peur de l'autre en soi, du sexismes à l'homophobie*, Montréal-Paris, VLB/Le Jour, 1994, p.13-91.

Welzer-Lang Daniel, Filiod Jean-Paul (dir.), *Des hommes et du masculin*, Aix-en-Provence/Lyon, CEFUP/CREA, Presses Universitaires de Lyon, 1992, 245 p.

White William Foote, *Street Corner Society*, Chicago, The University of Chicago Press, 1943, 284 p.

Wichterich Christa, *La femme mondialisée*, Arles, Actes Sud, 1998, 263p.［原著はドイツ語、1998 年］.

Wijers Marjan, Lap-Chew Lin, *Trafficking in Women, Forced Labour and Slavery-like Practices in Marriage, Domestic Labour and Prostitution*, Utrecht/Bangkok, Foundation against Trafficking in Women (STV), 1997, 323 p.

William Fiona, Genre, ethnicité, race et migrations, ou les défis de la citoyenneté en Europe, *Cahiers du GEDISST*, 1998, n°23, p.29-42.

Wilson Elizabeth, *Women and the Welfare State*, London, Tavistock, 1977, 208 p.

Witte (de) Philippe (dir.), *Immigration et intégration, l'état de savoirs*, Paris, La Découverte, 1999, 438 p.

Wittig Monique, La pensée *straight*, *Questions féministes*, 1980, n°7, p.45-53. *The Straight Mind and Other Essays*, Boston, Beacon Press, 1992, 110 p.に、英訳で再刊.

Wittig Monique, The Mark of Gender［1985］, in *The Straight Mind and Other Essays*, Boston, Beacon Press, 1992, p.76-89.

Wollstonecraft Mary, *Défense des droits des femmes*, Paris, Payot, 1976, 256 p.〔メアリ・ウルストンクラーフト、『女性の権利の擁護』、白井尭子訳、未来社、1980 年〕

Wollstonecraft Mary, Vindication of the Rights of Men［1790］, *in* Todd Janet, Butler Marilyn (eds), *The Works of Mary Wollstonecraft*, London, William Pikering, 1989.

Woolf Virginia, *Trois guinées*, Paris, Des femmes, 1977, 332 p.［原著、*Three Guinees*, 1929 年］〔ヴァージニア・ウルフ、『三ギニー』、出淵敬子訳、みすず書房、近刊〕.

Woolf Virginia, *Une chambre à soi* (Marin, 1951), 新版, Paris, Gonthier, 1965.［原著、*A Room of One's Own*,

会学』、梶田孝道訳、新泉社、1983 年]
Touraine Alain, *Comment sortir du libéralisme*, Paris, Fayard, 1999, 164 p.
Trat Josette, La lutte des assistantes sociales : un mouvement de femmes salariées conjugué au masculin, in *Les coordinations de travailleurs dans la confrontation sociale*, Paris, L'Harmattan « Futur antérieur », 1994, p. 103-140.
Tristan Flora, *Union ouvrière* [初版、1843 年], 再版, des Femmes, 1986, 366 p.
Tuana Nancy (ed.), *Feminism and Science*, Bloomington, Indiana University Press, 1989, 249 p.
Turkle Sherry, *The Second Self. Computers and the Human Spirit*, New York Simon and Schuster, 1984, 362 p. [フランス語版、*Les enfants de l'ordinateur*, Paaris, Denoël, 1986, 318 p.]
UNESCO/Coalition against Trafficking in Women, *The Penn State Report*, 1991, 40 p.
United Nations, *World Survey on the Role of Women in Development. Women in a Changing Global Economy*, New York, 1995, 105 p.
Vacarie Isabelle, Stratégie d'emploi des grandes entreprises et droit du travail, in *L'Emploi. Enjeux économiques et sociaux*, Paris, François Maspero « Textes à l'appui », 1982, p.113-121.
Valabrègue Catherine, Berger-Forestier Colette, Langevin Annette, *Ces maternités que l'on dit tardives, un nouvel itinéraire pour les femmes*, Paris, Robert Laffont, 1982, 224 p.
Vallet Louis andré, *La mobilité sociale des femmes en France*, doctrat, Université de Paris IV-Sorbonne, 1991.
Vance S. Carol (ed.), *Pleasure and Danger. Exploring Female Sexuality*, Boston, London, Melborne & Henley, Routledge & Kegan, 1984, 462 p
Vandelac Louise, ...Et si le travail tombait enceinte ? Essai féministe sur le concept de travail, *Sociologie et sociétés*, octobre 1981, vol. XIII, n°2, p.67-82.
Vandelac Louise, Bélisle Diane, Gauthier Anne, Pinard Yolande, *Du travail et de l'amour. Les dessous de la production domestique*, Montréal, Éd. Saint-Martin « Femmes », 1985, 418 p.
Varikas Eleni, Pour avoir oublié les vertus de son sexe. Olympe de Gouges et la critique de l'universalisme abstrait, *Sciences politiques*, 1993, n°4-5, p.17-34.
Varikas Eleni, Sentiment national, genre et ethnicité, *Tumultes*, 1998, n°11, p.87-99.
Verret Michel, Statistiques de classes, dans le dossier « Y a-t-il encore des classes sociales ? », *Politis, la revue*, 1993, n°4, p.39-42.
Vilaine (de) Anne-Marie, Gavarini Laurence, Le Coadic Michèle (dir.), *Maternité ne mouvement*, Grenoble, PUG, et Montréal, Éd. Saint-Martin, 1986, 244 p.
Voet Rian, *Feminism and Citizenship*, London, Sage, 1998, 182 p.
Vogel Laurent, *L'organisation de la prévention sur les lieux de travail. Un premier bilan de la directive-cadre communautaire de 1989*, Bruxelles, Bureau technique syndical européen pour la santé et la sécurité, 1994, 287 p.
Volkoff Serge, Flexibilité du travail ouvrier : une approche chiffrée, *Travail*, 1987, n°12.
Wajcman Judy, *Feminism Confronts Technology*, Cambridge, Polity Press, 1991, 184 p.
Walby Sylvia, *Patriarchy at Work*, London, Polity, 1986, 292 p.
Walby Sylvia, *Theorizing Patriarchy*. London, Blackwell, 1990, 229 p.
Walkowitz Judith, *Prostitution and Victorian Society : Women, Class and the State*, Cambridge, Cambridge University Press, 1980, 347 p.
Warner Lloyd, Lunt Paul, *The Social Life of a Modern Community*, New York, Yale University Press « Yankee

Stoller Robert J., *Recherches sur l'identité sexuelle, à partir du trassexualisme*, Paris, Gallimard, 1978 [原著は、*Sex and Gender*, 1968].〔ロバート・J・ストーラー、『性と性別——男らしさと女らしさの発達について』、桑畑勇吉訳、岩崎学術出版社、1973 年〕

Tabet Paola, Les mains, les outils, les armes, *L'Homme*, 1979, vol 19, n°3-4, p.5-61

Tabet Paola, Fertilité naturelle, reproduction forée, *in* Nicole-Claude Matieu (éd.), *L'arraisonnement des femmes. Essais en anthropologie des sexes*, Paris, Éd. de l'EHESS, 1985, p.61-146, Paola Tabet 1998, p.77-180 に再録.

Tabet Paola, Du don au tarif : Les relations sexuelles impliquant une compensation, *Les Temps modernes*, mai 1987, n°490, p.1-53.

Tabet Paola, *La construction sociale de l'inégalité des sexes : des outils et des corps*, Paris, L'Harmattan « Bibliothèque du féminisme », 1998, 206 p. [1979 ～ 85 年の論集].

Taboada Isabelle, *Femmes et immgrées : insertion des fesmmes immigrées en France*, Paris, La Documentation française, 1978, 129 p.

Tahon Marie-Blanche, *La famille désinstituée. Introduction à la sociologie de la famille*, Les Presses de l'Université d'Ottawa « Sciences sociales », 1995, 230 p.

Taravella Louis, *Bibliographie analytique sur les femmes immigrées, 1965-1979*, Paaris, CIEMM, 1980, 63 p.

Taylor Verta, Wittier Nancy, Gender and Social Movements, *Gender and Society*, 1998, vol. 12, n°6, 1999, vol.13, n°1.

Terrail Jean-Pierre, *La dynamique des générations*, Paris, L'Harmattan, 1995, 190 p.

Testart Jacques (dir.), *Le magasin des enfants*, Paris, François Bourin, 1990, 338 p.

Thébaud, Françoise, *Écrire l'histoire des femmes*, Fontenay/Saint-Cloud, ENS Éd., 1998, 226 p.

Thébaud, Françoise, Les féministes ont-elles raté la maternité ?, *Panoramiques*, 1999, n°40, p.18-23.

Thébaud-Mony Annie, *L'envers des sociétés industrielles*, Paris, L'Harmattan, 1991, 204 p.

Thébaud-Mony Annie, *Servitude nucléaire. La sous-traitance du travail et des risques*, Paris, INSERM [近刊].

Thébaud-Mony Annie, Lert France, Emploi, travail et santé des femmes : la législation et les recherches face aux mouvements sociaux, *Droit social*, 1982, n°12, p.781-792.

Thélot Claude, *Tel père, tel fils ?*, Paris, Dunod, 1982, 249 p.

Théry Irène, *Couple, filiation et parenté aujourd'hui*, Paris, Odile Jacob / La Documentation française, 1998, 413 p.

Thibault Marie-Noëlle, *Les militantes de la CFDT et le féminisme (1964-1982)*, Paris, CNRS-ATP Femmes, 1988, 43 p.

Thomas William Isaac, Znaniecki Florian, *Le paysan polonais en Europe et en Amérique : récit de vie d'un migrant*, Paris, Nathan « Essais et recherches », 1998 [1927], 346 p.

Threlfall Monica (ed.), *Mapping the Women's Movement : Feminst Politics and Social Tranformation in the North*, London-New York, Verso, 1996, VII, 312 p.

Tilly Charles, *From Mobilization to Revolution*, Reading. Mass., Addison-Wesley Pub. Co., 1978, 349 p.

Timmerman Grejte, Alemany Carme, *Le harcèlement sexuel sur le lieu de travail dans l'Union européenne*, Commission européenne, Direction générale « Emploi, relations industrielles et affaires sociales », 1999, 230 p.

Topalov Christian, *Naissance du chômeur*, Paris, Albin Michel, 1994, 626 p.

Torns Teresa, Chômage et tolérance sociale à l'exclusion, *Les Cahiers du Mage*, 1997, n°3/4, p.47-57.

Touraine Alain, *La voix et le regard*, Paris, Seuil, 1978, 309 p.〔アラン・トゥレーヌ、『声とまなざし——社会運動の社

Sharma Arvind (ed.), *Women in World Religions*, Albany, State University of New York Press, 1987, 302 p.

Siim Birte, Genre, pouvoir et démocratie : éléments du débat en Scandinavie, *in* Alisa Del Re, Jacqueline Heinen (éd.), *Quelle citoyenneté pour les femmes ? La crise des États-providence et de la représentation politique en Europe*, Paris, L'Harmattan, 1996, p.75-95.

Silvera Rachel, Femmes et flexibilité du temps, *Mouvements*, janvier-février 1999, n°2, p.20-26.

Simon Gildas, *Géodynamique des migrations internationales dans le monde*, Paris, PUF, 1995, 429 p.

Simon Pierre *et al.*, *Rapport sur le comportement sexuel des Français*, Paris, Julliard et Charron, 1972, 353 p.

Singer Jeanne, L'immigration en chiffre, *in* dossier *L'immigré, l'État et le droit*, *Travail* (Paris), 1985, n°7, p.9-15.

Singly (de) François, *Fortune et infortune de la femme mariée. Sociologie de la vie conjugale*, Paris, PUF, 1987, 229 p.

Singly (de) François, *La famille, l'état des savoirs*, Paris, La Découverte, 1991, 447 p.

Singly (de) François *et al.* (dir.), *La famille en questions. État de la recherche*, Paris, Syros, 1996, 325 p.

Sissa Giulia, Philosophies du genre, *in* Georges Duby, Michelle Perrot (dir.), t. 1, 1991, p.65-99〔ジュリア・シッサ、「性別の哲学――プラトン、アリストテレスそして性差」、内藤義博訳、『女の歴史 I・古代 1』、藤原書店、2000 年、120 ～ 178 ページ〕.

Siwek-Puydesseau Jeanne, *Le syndicalisme des cols blancs*, Paris, L'Harmattan, 1996, 236 p.

Sohn Anne-Marie, *Féminisme et syndicalisme, les institutrices de la Fédération unitaire de l'enseignement,* thèse de 3e cycle, Université de Paris I, 1973.

Sohn Anne-Marie, Thélamon Françoise (dir.), *Une histoire sans les femmes est-elle possible ?*, Paris, Plon, 1998, 427 p.

Sollors Werner, *Beyond Ethnicity. Consent and Descent in American Culture*, New York and Oxford, Ocford University Press, 1986, 294 p.

Spallone Pat, Steinberg Deborah Lynn (eds), *Made to Order. The Myth of Reproductive and Genetic Progress*, Oxford-New York, Pergamon Press, 1987, 267 p.

Sparr Pamela (ed.), *Mortgaging Women's Lives. Feminist Critique of Structural Adjustment*, London, Atlantic Highlands, NJ, Zed Books, 1994, 214 p.

Spira Alfred, Bajos Nathalie *et al.*, *Les comportements sexuels en France*, Paris, La Documentation française, 1993, 351 p.

Spivak Gayatri Chakravorty, *A Ctirique of Postcolonial Reason : Toward a History of the Vanishing Present*, Cambridge, Mass., Harvard University Press, 1999, 449 p.

Standing Guy, Global Feminisation through Flexible Labour, *World Development*, 1989, vol. 17, n°7, p. 1077-1096.

Stanko Elisabeth, Keeping Women in and out of Line : Sexual Harassment and Occupational Segregation, *in* Sylvia Walby, *Gender Segregation at Work*, Milton Keynes, Open University Press, 1988, 280 p.

Star Susan Leigh, Power, Technologies and the Phenomenology of Conventions : On Being Allergic to Onions, *in* John Law (ed.), *A Sociology of Monsters. Essays on Power, Technology and Domination*, London, New York, Routledge, 1991, p.26-56.

Star Susan Leigh, Craft vs. Commodity, Mess vs. Transcendence : How the Right Tool Became the Wrong One in the Case of Taxidermy and Natural History, *in* Adele E. Clark, Joan H. Fujimura, *The Right Tools for Job*, Princeton University Press, 1992, p.257-286.

Stoetzel Jean, *Les sondages d'opinion publique*, Paris, Scarabée, 1948, 63 p.

Roux Simone, *Le monde des villes au Moyen Âge, XIe-XVe siècle*, Paris, Hachette, 1994, 190 p.

Rubenstein Michael, *La dignité de la femme dans le monde du travail. Rapport sur le problème du harcèlement sexuel dans les États membres des Communautés européennes*, Luxembourg, Office des publications de Communautés européennes, 1987, 161 p.

Rubin Gayle, L'économie politique du sexe : transactions sur les femmes et systèmes de sexe/genre, *Cahiers du CEDREF*, 1999, n°7, 82 p.［原著はアメリカ合衆国、1975 年］.

Ruddik Sara, *Maternal Thinking*, Boston, Beacon Press, 1989, 291 p.

Sagaert Martine, La libre maternité au début du siècle : histoires d'hier, questions d'aujourd'hui, *Nouvelles questions féministes*, 1999, vol. 20, n°2, p.3-54.

Sainsbury Diane (ed.), *Gendering the Welfare States*, London, Sage, 1994, 288 p.

Salais Robert, Baverez Nicolas, Reynaud Bénédicte, *L'invention du chômage*, Paris, PUF, 1986, 267 p.

Saurel-Cubizolles Marie-Josèphe, Blondel Béatrice, Lelong Nathalie, Romito Pataricia, Violence conjugale après une naissance, *Chronique féministe*, 1998, n°64, p.15-19.

Saurel-Cubizolles Marie-Josèphe, Messing Karen, Lert France, Activité professionnelle et santé des femmes, *in* Marie-Josèphe Saurel-Cubizolles, Béatrice Blondel, *La snaté des femmes*, Paris, Flammarion « Médecine-Sciences », 1996, p.326-349.

Sayad Abdelmalek, Tendances et courants des publications en sciences sociales sur l'immigration en France depuis 1960, *Current Sociology*, AIS-Sage Publication, Winter 1984, vol. 32, partie 2, p.219-303.

Scavone Lucila, Invisibilidad social de dolencias profesionales ligadas a la exposición al amianto, *Cuadernos Mujer Salud*, 1997, n°2, p.143-147.

Schnapper Dominique, *La France de l'intégration. Sociologie de la nation en 1990*, Paris, PUF, 1991, 374 p.

Schumpeter Joseph, Les classes sociales en milieu ethnique homogène [1927], *Impérialisme et classes sociales*, Flammarion « Champs », 1984 に再録〔ヨゼフ＝アロイス・シュンペーター、『帝国主義と社会階級』、都留重人訳、岩波書店、1956 年〕.

Schüssler Fiorenza Elisabeth, *En mémoire d'Elle. Essai de reconstruction des origines chrétiennes selon la théologie féministe*, Paris, Cerf, 1986, 482 p.

Scott Joan, *Gender and the Politics of History*, New York, Columbia University Press, 1988*a*, 242 p.〔ジョーン・W・スコット、『ジェンダーと歴史学』、荻野美穂訳、平凡社、1992 年〕

Scott Joan, Genre : une catégorie utile d'analyse historique, *Les Cahiers du GRIF* « Le Genre de l'histoire », 1988*b*, n°37-38, p.125-153.

Scott Joan, « L'ouvrière, mot impie, sordid...» Le discours de l'économie politique française sur les ouvrières, 1840-1860, *Actes de la recherche en sciences sociales*, 1990, n°83, p.2-15［Scott Joan, 1988*a*, chap.7, p.139-163 のフランス語訳〔「『女性労働者！――神を恐れぬ汚れた言葉……』――フランス政治経済学にみる女性労働者、1840 ～ 60 年」、前掲『ジェンダーと歴史学』、第 7 章(211 ～ 247 ページ)〕.

Scott Joan, *La citoyenneté paradoxale. Les féministes françaises et les droits de l'homme*, Paris, Albin Michel « Bibliothèque Histoire », 1998, 287 p.

Sennett Richard, *The Corrosion of Character. The Personal Consequences of Work in the New Capitalism*, New York-London, W. W. Norton & Company, 1998, 176 p.［フランス語版, Paris, A. Michel, 2000 年］.

Séverac Nadège, Comment évaluer les violences conjugales ? L'approche compréhensive, *Les Cahiers de la Sécurité intérieure*, 1997, n°28, p.59-68.

1989, p.17-50.

Piore Michael, Sabel Charles, *The Second Industrial Divide. Possibilities for Prosperity*, New York, Basic Books, 1984, 355 p. [フランス語版、Paris, Hachette, 1989 年].

Pitch Tamar, *Un diritto per due. La contruzione giuridica de genere, sesso e sessualità*, Torino, Il Saggiatore, 1998, 281 p.

Pitrou Agnès, *Vivre sans famille ?*, Toulouse, Privat, 1978, 235 p.

Plummer Kenneth (ed.), *Modern Homosexualities. Fragments of Lesbian and Gay Experience*, London and New York, Routledge, 1992, 282 p.

Pollak Michaël, Schiltz Marie-Ange, *Six années d'enquête sur les homo- et bisexuels masculins face au sida*, Rapport de recherche, Paris, CNRS-ANRS, 1991, 160 p.

Pollert Anna, L'entreprise flexible : réalité ou obsession ?, *Sociologie du travail*, 1989, 1/89, p.75-106.

Poutignat Philippe, Streiff-Fenart Jocelyne, *Théories de l'ethnicité*, Paris, PUF, 1995, 270 p.

Prévost Johanne, Messing Karen, Quel horaire. *what schedule* ? La conciliation travail-famille et l'horaire de travail irrégulier des téléphonistes, *in* Angelo Soares (dir.), *Staratégie de résistance et travail des femmes*, Montréal/Paris, L'Harmattan, 1997, p.251-270.

Questions féministes, 1977, n°1 « Variations sur des thèmes communs », Introduction, p.12-16.

Quiminal Catherine, Les associations de femmes africaines en France. Nouvelles formes de solidarité et individualisation, *Cahiers du GEDISST*, 1998, n°21, p.111-130.

Raymond Janice, *Rapport au rapporteur spécial sur la violence contre les femmes*, Genève, ONU, 1995, 24 p.

Reproductive and Genetic Engineering. Journal of International Feminist Analysis, New York-Oxford, Pergamon Press [premier numéro en 1988].

Picœur Paul, Individu et identité personnelle, *in* Collectif, *Sur l'individu*, Paris, Seuil, 1987, 122 p.

Riot-Sarcey Michèle (dir.), *Femmes/pouvoir*, Paris, Kimé, 1993, 154 p. [Actes du Colloque d'Albi, 19-20 mars 1992, Centre culturel de l'Albigeois].

Rogerat Chantal, *Les queltions qui font bouger*, 6e Conférence CGT « Femmes salariées d'aujourd'hui », Paris, Antoinette-CGT, 1978, 175 p.

Rogerat Chantal, Femmes et syndicalistes. Assimilation ou intégration ? La dynamique du compromis, *in* Collectif, *La liberté du travail*, Paris Syllepse, 1995, p.165-183.

Rogerat Chantal, Senotier Danièle, *Le chômage en héritage. Parole de femmes*, Vincennes, GREC, 1994, 246 p.

Rogerat Chantal, Senotier Danièle, L'enchaînement des emplois précaires et du chômage. La construction du leurre, *in* Béatrice Appay, Annie Thébaud-Mony, 1997, p.341-355.

Rosado Nunes Maria José F., Women, Family and Catholicism in Brazil : the Issue of Power, *in* Sharon K. Houseknecht, Jerry G. Pankhurst, *Family, Religion and Social Change in Diverse Societies*, New York-Oxford, Oxford University Press, 2000, p.347-362.

Rosanvallon Pierre, *La nouvelle question sociale. Repenser l'État-providence*, Paris, Seuil, 1998, 240 p.

Rousseau Jean-Jacques, *Émile ou de la l'éducation*, Paris, Flammarion, 1966, 629 p. 〔ジャン＝ジャック・ルソー、『エミール(上・中・下)』、今野一雄訳、岩波文庫、1962 ～ 64 年〕

Rousseau Jean-Jacques, *Œuvres complètes*, t. III : « Écrits politiques », および IV « Émile », Paris, Gallimard « Bibliothèque de la Pléiade », 1985.

Roussel Louis, *La famille après le mariage des enfants*, Paris, PUF, 1976, 262 p.

Nouvelles questions féministes, 1995, vol. 16, n°2, « La Parite“contre”», 140 p.

Novaes Simone, Laborie Françoise, Parents et médecins face à l'embryon ; relations de pouvcoir et de décision, *in* Brigitte Feuillet-Le Mintier (dir.), *L'embryon humain. Approche multidisciplinaire*, Paris, Economica, 1996, p.185-202.

Oakley Ann, *Sex, Gender and Society*, London, Temple Smith, 1972, 225 p.

Oberschall Anthony, *Social Conflict and Social Movements*, Englewood, Prentice Hall, 1973, 371 p.

Olson Mancur, *Logique de l'actien collective*, Paris, PUF, 1978, 199 p.〔マンサー・オルソン、『集合行為論――公共財と集団理論』、依田博、森脇俊雄訳、ミネルヴァ書房、1983 年〕

Oudshoorn Nelly, Hormones, techniques et corps. L'archéologie des hormones sexuelles (1923-1940), *Annales, Histoire, Sciences sociales*, juillet-octobre 1998, n°4-5, p.775-794.

Park Robert Ezra, Burges Ernest W., McKenzie Roderick D., *The City*, Chicago, The University of Chicago Press, 1925, 239 p.

Partisans, Libération des femmes année zéro, 1970, n°54-55, rééd., Paris, Librairie François Maspero, 1972, 190 p.

Pateman Carole, *The Sexual Contract*, Stanford, Stanford University Press, 1988, 264 p.

Paugan Serge (dir.), *L'exclusion : l'état des savoirs*, Paris, La Découverte, 1996, 579 p.

Pearson Ruth, La mondialisation et les emplois informatisés, *Cahiers du GEDISST*, 1998, n°21, p.59-80.

Pelletier Madeleine, *L'éducation féministe des filles*, Paris, Syros, 1978, 175 p.［初版、1914 年］.

Percheron Annick, *La socialisation politique*, Paris, Armand Colin « U », 1994, 226 p.

Perrot Michelle, De la nourrice à l'employée... Travaux de femmes dans la France du XIXe siècle, *Le mouvement social*, octobre-novembre 1978, n°105, p.3-10〔ミシェル・ペロー、「乳母から女性社員へ――19 世紀フランスにおける女性の労働」、『女性たち、あるいは歴史の沈黙』、持田明子訳、藤原書店、近刊〕.

Perrot Michelle, Femmes et machinisme au XIXe siècle, *Romantisme*, 1983, n°41, Michelle Perrot, 1998, p.177-89 に再録〔ミシェル・ペロー、「19 世紀における女性たちと機械化」、『女性たち、あるいは「歴史」の沈黙』〕.

Perrot Michelle, *Les femmes ou les silences de l'Histoire*, Paris, Flammarion, 1998, 491 p.〔ミシェル・ペロー、『女性たち、あるいは「歴史」の沈黙』〕

Peyre Évelyne, Wiels Joëlle, Le sexe biologique et sa relation au sexe social, *Les Temps modernes*, 1997, n°593, p.14-48.

Pheterson Gail (ed.), *A Vindication of the Rights of Whores*, Seattle, Seal, 1989, 293 p.

Pheterson Gail, *The Prostitution Prism*. Amsterdam, Amsterdam University Press, 1996, 176 p.［フランス語版、L'Harmatttan より近刊］.

Phillips Anne (ed.), *Feminism and Politics*, Oxford, Oxford University Press, 1998, 471 p.

Picot Geneviève, Les femmes médecins ou l'accès des femmes à une profession traditionnellement masculine, *Chaiers du GEDISST*, 1995, n°13, p.73-84.

Picot Geneviève, Le rapport entre médecin et personnel infimier à l'hôpital public : continuités et changements, *Cahiers du Genre*, 2000, n°26, p.121-130.

Picq Françoise, *Libération des femmes. Les années-mouvement*, Paris, Seuil, 1993, 380 p.

Piège (le) de la parité. Arguments pour un débat, Paris, Hachette, 1999, 253 p.

Pinch Trevor, Bijker Wiebe E., The Social Construction of Facts and Artifacts : Or How the Sociology of Science and the Sociology of Technology Might Benefit Each Other, *in* Wiebe E. Bijker, Thomas P. Hughes, Trevor Pinch (eds), *The Social Construction of Technological Systems*, Cambridge, Mass., London, The MIT Press,

Milkman Ruth, *Gender and Work : The Dynamics of Job Segregation by Sex during World War II,* Urbana, University of Illinois Press, 1987, 213 p.

Millett Kate, *La politique du mâle*, Paris Stock, 1971, *Sexual Politics*, New York, Avon, 1971, 512 p.のフランス語版〔ケイト・ミレット、『性の政治学』、藤枝澪子ほか訳、ドメス出版、1985 年〕.

Mohanty Chandra, Russo Ann, Torres Lourdes, *Third World Women and the Politics of Feminism*, Bloomington, University of Indiana Press, 1991, 331 p.

Molinier Pascale, Autonomie morale subjective et construction de l'identité sexuelle : l'apport de la psychodynamique du travail, *Revue internationale de psychosociologie*, 1997, vol. III, n°5, p.53-62.

Molinier Pascale, Virilité défensive, masculinité créatrice, *Travail, Genre et Société*, 2000, n°3, p.25-44.

Monnier Viviane, Violences conjugales, éléments statistiques, *Les Cahires de la Sécurité intérieure*, 1997, n°28, p. 69-73.

Montreynaud Florence, La prostitution, un droit de l'homm ?, *Le Monde diplomatique. Manière de voir*, mars-avril 1999, n°44, p.19-21.

Morgan David, *The Family, Politics and Social Theory*, London, Routledge, 1985, 320 p.

Morokvasic Mirjana, Les femmes yougoslaves en France et en RFA, *Hommes et migrations*, 1976, n°915, p.12-33.

Morokvasic Mirjana, Roads to Independece. Self-Employed Immigrants and Minority Women in Five European States, *International Migration*, 1991, vol. XXIX, n°3, p.407-420.

Mosconi Nicole, *La mixité dans l'enseignement secondaire : un faux-semblant ?*, Paris, PUF, 1989, 288 p

Mosconi Nicole, Les ambiguïtés de la mixité scolaire, *in* Claudine Baudoux, Claude Zaidman (éd.), *Égalité entre les sexes. Mixité et démocratie*, Paris, L'Harmattan, 1992, p.63-75.

Mosconi Nicole, *Femmes et rapport au savoir. La société, l'école et la division sexuelle des savoirs*, Paris, L'Harmattan, 1994, 362 p.

Mossuz-Lavau Janine, *Les lois de l'amour : les politiques de la sexualité en France de 1950 à nos jours*, Paris, Payot, 1991, 346 p.

Mossuz-Lavau Janine, *Femmes/hommes pour la parité*, Paris, Presses de Sciences Po, 1998, 128 p.

Mouffe Chantal, Feminism, Citizenship and Radical Democratic Politics, *in* Judith Butler, Joan Scott (eds), *Feminists theorize the Political*, London, Routledge, 1992, p.369-384.

Mouvement français pour le Planning familial (MFPF), *L'ovaire dose. Les nouvelles méthodes de procréation*, Paris, Syros, 1989, 322 p.

Mouvement français pour le Planning familial, *Europe & elles. Le droit de choisir*, Paris, MFPF, 1992, 228 p.

Muxel Anne, *Individu et mémoire familiale*, Paris, Nathan « Essais et recherches », 1996, 230 p.

Nahoum-Grapp Véronique, Guerre et différence des sexes : les viols systématiques (ex-Yougoslavie, 1991-1995), *in* Cécile Dauphin, Arlette Farge (dir.), *De la violence et des femmes*, Paris, Albin Michel, 1997, p.159-184.

Naville Pierre, *L'automation et le travail humain*, Paris, Éd. du CNRS, 1961, 741 p.

Neveu Érik, *Sociologie du mouvements sociaux*, Paris, La Découverte « Repères », 1996, 123 p.

Newman Karen (ed.), *Progess postponed : Abortion in Europe in the 1990s*, London, IPPF, 1993, 173 p.

Nicole-Drancourt Chantal, *Le labyrinthe de l'insertion*, Paris, La Documantation française, 1991, 407 p.

Noiriel Gérard, *Le creuset français*, Paris, Seuil, 1988, 425 p.

Nouvelles questions féministes, 1994, vol. 15, n°4, « La Parite"pour"», 90 p.

que, 1985*a*, *in* N.-C. Mathieu, 1991*a*, p.75-127.

Mathieu Nicole-Claude, Quand céder n'est pas consentir. Des déterminants matériels et psychiques de la conscience dominée des femmes, et de quelques-unes de leurs interprétations en ethnologie, *in* N.-C. Mathieu (éd.), *L'arraisonnement des femmes. Essais en anthropologie des sexes*, Paris, Éd. de l'EHESS « Les Cahiers de l'Homme », 1985*b*, p.169-245, Mathieu, 1991*a* に再録.

Mathieu Nicole-Claude, Identité sexuelle/sexuée/de sexe ? Trois modes de conceptualisation du rapport entre sexe et genre, *in* Anne-Marie Daune-Richard, Marie-Claude Hurtig, Marie-France Pichevin (éd.), *Catégorisation de sexe et constructions scientifiques*, Aix-en-Provenc, Université de Provence « Petite collection CEFUP », 1989, Mathieu, 1991*a* に再録.

Mathieu Nicole-Claude, *L'anatomie politique. Catégorisations et idéologies du sexe*, Paris, Côté-femmes « Recherches », 1991*a*, 293 p.[1971 ～ 89 年の論集].

Mathieu Nicole-Claude, Différenciation des sexes ; et Études féminstes et anthropologie, *in* Pierre Bonte, Michel Izard (éd.), *Dictionnaire de l'ethnologie et de l'anthropologie*, Paris, PUF, 1991*b*, p.660-664 と p.275-278.

Mathieu Nicole-Claude, Dérive du genre / stabilité des sexes, *in* Michel Dion (éd.), *Madonna. Érotisme et pouvoir*, Paris, Kimé, 1994, p.54-70.

Mathieu Nicole-Claude, Bourdieu ou le pouvoir hypnotique, *Les Temps modernes*, mai-juillet 1999, n°604, p. 286-324.

McAdam Doug, Tarrow Sidney, Tilly Charles, To map Contentious Politics, *Mobilization*, 1996, n°1, p.17-34.

McIntosh Mary, The State and the Oppression of Women, *in* Annette Kuhn, Ann Mary Wolpe (eds), *Feminism and Materialism*, London, Routledge & Kegan Paul, 1978, p.254-289.

Mead Margaret, *Trois sociétés primitives de Nouvelle-Guinée*, livre I, in *Mœurs et sexualité en Océanie*, Paris, Plon, 1963, 533 p. [原著, *Sex and Temperament in Three Primitive Societies*, 1935].

Mead Margaret, *L'un et l'autre sexe. Les rôles d'homme et de femme dans la société*, Paris, Gonthier, 1966, 350 p. [原著、*Male and Female : A Study of the Sexes in a Changing World*, 1948]〔マーガレット・ミード、『男と女――移ろいゆく世界における両性の研究(上・下)』、田中寿美子、加藤秀俊訳、東京創元社、1961 年〕.

Memmi Albert, *L'homme dominé*, Paris, Payot, 1968-1973, 232 p.

Meulders-Klein Marie-Thérèse, Théry Irène (dir.), *Les recompositions familiales aujourd'hui*, Paris, Nathan, 1993, 350 p.

Meynaud Hélène-Yvonne, L'absence de mixité dans les entreprises du secteur public français : la construction sociale de l'inégalité professionnelle, *in* Claudine Baudoux, Claude Zaidman (éd.), *Égalité entre les sexes,. Mixité er démocratie*, Paris, L'Harmattan, 1992, p.107-124.

Meynaud Hélène-Yvonne, Duclos Denis, *Les sondages d'opinion*, La Découverte « Repères », 1996 (3e éd.), 127 p.

Michard Claire, Humain/femelle : deux poids deux mesures dana la catégorisation de sexe en français, *Nouvelles questions féministes*, 1999, vol. 20, n°1, p.53-95.

Michel Andrée, *Les travailleurs algériens en France*, Paris, CNRS, 1955, 239 p.

Michel Andrée, *Sociologie de la famille et du mariage*, Paris, PUF, 1972, 264 p.

Michel Andrée, *Activité professionnelle de la femme et vie conjugale*, Paris, Éd. du CNRS, 1974, 190 p.

Michon François, Flexibilité et marché du travail, *in* « Flexibilité du travail », *Cahiers français*, mai-juin 1987, n° 231.

Louis Marie-Victoire, Le Nouveau Code pénal français, *Projets féministes*, octobre 1994, n°3, p.40-69.

Louis Marie-Victoire, À propos des violences, de la prostitution, de la traite, de la sexualité, *Chronique féministe*, mai-juin 1997, p.12-21.

MacKinnon Catherine, *Sexual Harassment of Working Women : A Case of Sex Discrimination*, New Haven, Yale University Press, 1979, 312 p.〔キャサリン・A・マッキノン、『セクシャル・ハラスメント・オブ・ワーキング・ウィメン』、村山淳彦、志田昇訳、こうち書房、1999 年〕

MacKinnon Catherine, *Toward a Feminist Theory of the State*, Cambridge, Harvard University Press, 1989, 330p.

MacPherson Crawford Brough, *La théorie politique de l'individualisme poseessif*, Paris, Gallimard, 1971, 345 p.〔クローフォード=ブラフ・マクファーソン、『所有的個人主義の政治理論』、藤野渉、将積茂、瀬沼長一郎訳、合同出版、1980 年〕

Manassein Michel de (dir.), *De l'égalité des sexes*, Paris, CNDP, 1995, 317 p.

Månsson Sven Axel, *L'homme dans le commerce du sexe*, Lund, Rapport pour l'UNESCO, 1986, 70 p.

Marini Marcelle, La place des femmes dans la production culturelle, *in* Georges Duby, Michelle Perrot, 1992, t. 5, p.275-296〔マルセル・マリーニ、「文化の生産における女性の位置」、三宅京子訳、『女の歴史Ⅴ・二十世紀 1』、藤原書店、1998 年、477 ～ 515 ページ〕.

Marques-Pereira Bérengère (éd.), Citoyenneté, numéro spécial du *Sextant*, 1997, n°7, 206 p.

Marry Catherine, Femmes ingénieurs : une (ir) résistible ascension ?, *Information sur les sciences sociales*, 1989, vol. 28, n°2, juin, p.291-344.

Marshall Thomas Humphrey, *Citizenship and Social Class*, London, Pluto Press, 1992, 104 p.〔トマス=ハンフリー・マーシャル、『シティズンシップと社会的階級』、岩崎信彦、中村健吾訳、法律文化社、1993 年〕

Martin Emily, The Egg and the Sperm : How Science has constructed a Romance based on Stereotypical Male-Female Roles, *Signs*, 1991, n°16 (3), p.485-501.

Martin Jacqueline, Politique familiale et travail des femmes mariées en France, *Population*, 1998, n°6, p. 1119-1154.

Maruani Margaret, *Les syndicats à l'épreuve du féminisme*, Paris, Syros, 1979, 271 p.

Maruani Margaret (dir.), *Les nouvelles frontières de l'inégalité. Hommes et femmes sur le marché du travail*, Paris, Mage/La Découverte « Recherches », 1998, 285 p.

Maruani Margaret, *Travail et emploi des femmes*, Paris, La Découverte « Repères », 2000, 125 p.

Maruani Margaret, Nicole Chantal, *Au carrefour de la flexibilité. Conditions d'emploi et politiques de gestion de la main-d'œuvre dans le commerce*, Rapport de recherche, Paris, CNAM, 1988, 140 p.

Maruani Margaret, Nicole Chantal, *Au labeur des dames. Métiers masculins, emplois féminins*, Paris, Syros-Alternatives, 1989, 191 p.

Maruani Margaret, Reynaud Emmanuelle, *Sociologie de l'emploi*, Paris, La Découverte « Repères », 1993, 125 p.

Marx Karl Heinrich, *Le Capital*, livre I, in *Œuvres, Économie I*, Paris, NRF « Bibliothèque de la Pléiade », 1965, 1818 p. [初版、1876 年]〔カール・マルクス、『資本論 1 ～ 4』、向坂逸郎訳、岩波文庫、1969 年〕.

Mathieu Nicole-Claude, Notes pour une définition sociologique des catégories de sexe, *Épistémologie sociologique*, 1971, n°11, p.19-39, *in* N.-C. Mathieu, 1991*a*.

Mathieu Nicole-Claude, Homme-culture et femme-nature, *L'Homme*, 1973, XIII/3, p.101-113, *in* N.-C. Mathieu, 1991*a*, p.43-61.

Mathieu Nicole-Claude, *Critiques épistémologiques de la problèmatique des sexes dans le discours ethno-anthropologi-*

年].

Le Dœuff Michèle, Gens de science : essai sur le déni de mixité, *Nouvelles questions féministes*, 1992, vol. 13, n° 1, p.5-35.

Le Dœuff Michèle, *Le sexe du savoir*, Paris, Aubier, 1998, 378 p.

Le Feuvre Nicky, Walters Patricia, Égales en droit ? La féminisation des professions juridiques en France et en Grande-Bretagne, *Sociétés contemporaines*, 1993, n°16, p.41-62.

Le Quentrec Yannick, *Employés de bureau et syndicalisme*, Paris, L'Harmattan « Logiques sociales », 1998, 198 p.

Lefaucheur Nadine, *Rapport à la CEE sur les familles monoparentales en France*, Paris, GRASS/IRESCO, 1988, 75 p.

Lefaucheur Nadine, Maternité, famille, État, *in* Georges Duby, Michelle Perrot, 1992, t. 5, p.411-430〔ナディーヌ・ルフォシュール、「母性、家族、国家」、伊藤はるひ訳、『女の歴史V・二十世紀 2』、藤原書店、1998 年、662 ~ 690 ページ〕.

Lefaucheur Nadine, Mères seules, travail et pauvreté, *Panoramiques*, 1999, n°40, p.152-155.

Legardinier Claudine, *La prostitution*, Toulouse, Milan « Les Essentiels », 1996, 64 p.

Leira Arnlaug, *Welfare Stats and Working Mothers. The Scandinavian Experience*, Cambridge, Cambridge University Press, 1992, 200 p.

Lemel Yannick, Les activités domestiques : qui en fait le plus ?, *L'Année sociologique*, 1993, 3e série, vol. 43, p. 235-252.

Lerman Nina, Palmer Mohun Arwen, Oldenziel Ruth, Versatile Tools : Gender Analysis and the History of Technology, *Technology and Culture*, janv. 1997, vol. 38, n°1, p.1-30.

Les Cahiers du GRIF, 1975, n°9/10 « Les femmes et les enfants d'abord » ; 1977, n°17/18 « Mères-femmes » ; 1987, n°36 « De la parenté à l'eugénisme ».

Les Chimères, *Maternité esclave*, Paris, Union générale d'éditions « 10/18 », 1975, 319 p.

Les Temps modernes, mai 1976, n°358 « Petites filles en éducation ».

Lévi-Strauss Claude, La Famille, *Annales de l'Université d'Abidjan*, 1956, série F-3, fasc. 3, 1971, p.5-29[初出は英語版、1956. 修正加筆版 *in* C. Lévi-Strauss, *Le regard éloigné*, Paris, Plon, 1983]〔クロード・レヴィ=ストロース、「家族」、『はるかなる視線 I 』、三保元訳、みすず書房、1986 年、56 ~ 90 ページ〕

Lewis Jane, *Gender, Social Care and Welfare State restructuring in Europe*, London, Ashgate, 1998, 283 p.

Lhomond Brigitte, D'un antinaturalisme à un a-sociologisme : comment penser les catégories de sexe et la sexualité ?, *GRAAT*, 1997, n°17, p.33-37.

Lim Lin Lean (ed.), *The Sex Sector : The Economic and Social Bases of Prostitution in Southeast Asia*, Genève, Bureau international du travail, 1998, 232 p.

Linhart Danièle, Maruani Margaret, Précarisation et déstablisation des emplois ouviers, quelques hypothèses, *Travail et emploi*, 1982, n°11, p.21-40.

Lister Ruth, *Citizenship, Feminist Perspectives*, London, Macmillan, 1997, 284 p.

Liszek Slava, *Marie Guillot, de l'émancipation des femmes à celle du syndicalisme*, Paris, L'Harmattan, 1994, 316 p.

Loiseau Dominique, *Femmes et militantisme : Saint-Nazaire et sa région 1930-1980*, Paris, L'Harmattan, 1996, 239 p.

Longino Helen, *Science as Social Knowledge*, Princeton, Princeton University Press, 1990, 262 p.

Louis Marie-Victoire, *Le droit de cuissage en France, 1860-1930*, Paris, Les Éd. Ouvrières, 1994, 319 p.

Kergoat Danièle, La division du travail entre les sexes, *in* Jacques Kergoat, Josiane Boutet, Henri Jacot, Danièle Linhart (dir.), *Le monde du travail*, Paris, La Découverte / Syros, 1998, p.319-327.

Kergoat Danièle, Imbert Françoise, Le Doaré Hélème, Senotier Danièle, *Les infirmières et leur coordination (1988-1989)*, Paris, Lamarre, 1992, 192 p.

Kerr Anne, Faulkner Wendy, On seeing Brockenspectres : Sex and Gender in Twentieth Century Science, *in* John Krige, Dominique Pestre, *Science in the Twentieth Century*, London, Harwood, 1997, p.43-60.

Kinsey Alfred *et al.*, *Le comportement sexuel de l'homme*, Paris, Éd. du Pavois, 1948, 1022 p.[フランス語版].

Kinsey Alfred *et al.*, *Le comportement sexuel de la femme*, Paris, Amiot-Dumont, 1954, 765 p.[フランス語版]

Knibielher Yvonne, *La révolution maternelle. Femmes, maternité, citoyenneté depuis 1945*, Paris, Perrin, 1997, 370 p.

Knibielher Yvonne, *Histoire des mères et de la maternité en Occident*, Paris, PUF « Que sais-je ? », 2000, 128 p.

Knijn Trudie, Ungerson Clare (eds), Gender and Care Work in Welfare States, numéro spécial de *Social Politics. International Studies in Gender, State and Society*、1997, vol.4, n°3, 124 p.

Kofman Sarah, *Le respect des femmes : Kant et Rousseau*, Paris, Galilée « Débats », 1982, 156 p.

Kofman Sarah, *Lectures de Derrida,* Paris, Galilée « Débats », 1984, 190 p.

Kristeva Julia, *Pouvoirs de l'horreur : essai sur l'abjection*, Paris, Seuil, « Tel quel », 1980, 247 p.〔ジュリア・クリステヴァ、『恐怖の権力――〈アブジェクシオン〉試論』、枝川昌雄訳、法政大学出版局、1984年〕

Kristeva Julia, *Histoire d'amour*, Paris, Denoël, 1983, 358 p.

Laborie Françoise, NTR : risques pour la santé des femmes et des enfants, *in* AIDELF, n°6, *Les modes de régulation de la reproduction humaine*, Paris, PUF, 1994, p.757-777.

Laborie Françoise *et al.*, *Évolution des droits des femmes. Analyses des discours et pratiques du mouvement associatif féminin*, Paris, GEDISST-CNRS, 1994, 118 p.

Lagrange Hugues, Lhomond Brigitte *et al.*, *L'entrée dans la sexualité. Les comportements des jeunes dans le contexte du sida*, Paris, La Découverte, 1997, 431 p.

Lagrave Rose-Marie, Une émancipation sous tutelle. Éducation et travail des femmes au XXe siècle, *in* Georges Duby, Michelle Perrot (dir.), 1992, t. 5, p.430-461〔ローズ＝マリー・ラグラーヴ、「後見つきの解放――二十世紀における女性の教育と労働」、天野知恵子訳、『女の歴史V・二十世紀 2』、藤原書店、1998年、691 ～ 741ページ〕.

Langevin Annette, Pour une nouvelle réflexion sur les âges de la vie, *in* Catherine Valabrègue *et al.*, *Ces maternités que l'on dit tardives*, Paris, Robert Laffont, 1982, p.12-215.

Langevin Annette, La construction des bornes d'âge, *Revue française des affaires sociales*, octobre 1997, numéro hors série, p. 37-54.

Langevin Annette, Cattanéo Nathalie, *Les retraites des femmes salariées affiliées au régime général*, rapport de recherche, Paris, IRESCO/CNRS, 1999, 168 p.

Laot Jeannette, *Stratégie pour les femmes*, Paris, Stock, 1977, 250 p.

Laqueur Thomas, *The Making of Sex : Body and Gender from the Greeks to Freud*, Harvard University Press, 1990, 313 p. [*La fabrique du sexe : essai sur le corps et le genre en Occident*, Paris, Gallimarad, 1992, 355 p.〔トマス・ラカー、『セックスの発明――性差の観念史と解剖学のアポリアー』、高井宏子、細谷等訳、工作舎、1998年〕].

Latouche Serge, *L'occidentalisation du monde*, Paris, La Découverte, 1988, 144 p .

Latour Bruno, *La silence en action*, Paris, La Découverte « Textes à l'appui », 1989, 450 p.

Lasarsfeld Paul, Jahoda Marie, Zeisel Heinz, *Les chômeurs de Marienthal*, Paris, Minuit, 1981, 146 p. [初版、1931

ports sociaux fondamentaux, *Cahiers du GEDISST*, 1995, n°13, p.109-130.

Jenson Jane, Gender and Reproduction : Or Babies and the State, *Studies in Political Economy*, 1986, n°20, p.9-45.

Jenson Jane, The Talents of Women, the Skills of Men : Flexible Specialization and Women, *in* Stephen Wood (ed.), *The Transformation of Work ?*, London, Unwin Hyman, 1989, p.141-155.

Jenson Jane, La citoyenneté à part entière. Peut-elle exister ?, *in* Alisa Del Re, Jacqueline Heinen (éd.), *Quelle citoyenneté pour les femmes ? La crise des États-providence et de la représentation politique en Europe*, Paris, L'Harmattan, 1996, p.25-46.

Jenson Jane, Sineau Mariette (éd.), *Qui doit garder le jeune enfant ? Modes d'accueil et travail des mères dans l'Europe en crise*, Paris, LGDJ, 1998, 303 p.

Jetin Bruno, La flexibilité du travail en Corée du Sud, *Revue Tiers Monde*, 1998, n°154, p.403-450.

Joekes Susan, *Women in the World Economy : An INSTRAW Study*, New York-Oxford, Oxford Unrversity Press, 1987, 161 p.

Join-Lambert Marie-Thérèse *et al.*, *Politiques sociales*, 2e éd., Paris, Presses de Sciences Po et Dalloz, 1997, 717 p.

Jones Kathleen, *Compassionate Authority*, New York, Routledge, 1993, 265 p.

Jordanova Ludmilla, Gender and the Historiography of Science, *British Journal of the History of Science*, 1993, n °26, p.469-483.

Joubert Michel (dir.), *Précarisation, risques et santé*, Paris, INSERM « Questions en santé publique », 2000.

Juteau-Lee Danielle, La production de l'ethnicité ou la part réelle de l'idéel, *Sociologie et sociétés*, 1983, vol. 15, n°2, p.39-54.

Juteau Danielle, *L'ethnicité et ses frontières*, Montréal, Presses de l'Université de Montréal, 1999, 226 p.

Kandel Liliane, L'École des femmes et le discours des sciences de l'homme, *in* Collectif, *Les femmes s'entêtent*, Paris, Gallimard « Idées », 1975, p.86-128.

Kaplan Caren, Alarcon Norma, Moallem Minoo (eds), *Between Woman and Nation. Nationalisms, Transnational Feminisms and the State*, Durham-London, Duke University Press, 1999, 407 p.

Katzenstein Mary Fainsod, Mueller Carol McClurg (eds), *The Women's Movements of the United States and Western Europe : Consciousness, Political Oppotunity and Public Policy*, Philadelphia, Temple University Press, 1987, VII, 321 p.

Kaufmann Jean-Claude, *La trame conjugale. Analyse du couple par son linge*, Paris, Natha « Essais et recherches », 1992, 216 p.

Kergoat Danièle, *Les ouvrières*, Paris, Le Sycomore, 1982, 142 p.

Kergoat Danièle, Plaidoyer pour une sociologie des rapports sociaux. De l'analyse critique des catégories dominantes à la mise en place d'une nouvelle conceptualisation, *in* Collectif, *Le sexe du travail. Structures familiales et système productif*, Grenoble, PUG, 1984, p.207-220.

Kergoat Danièle, Le métier, *in* Christophe Dejours (dir.), *Plaisir et souffrance dans le travail*, Éd. de l'AOCIP, 1988, t. 2, p.191-198.

Kergoat Danièle, Les absentes de l'histoire, *Autrement* « Mutations », 1992*a*, n°126, p.73-83.

Kergoat Danièle, La gestion de la mixité dans un mouvement social : le cas de la coordination infirmière, *in* Claudine Baudoux, Claude Zaidman (éd.), *Égalité entre les sexes. Mixité et démocratie*, Paris, L'Harmattan, 1992*b*, p.261-278.

Kergoat Danièle, À propos des rapports sociaux de sexe, *Revue M*, avril-mai 1992*c*, n°53-54, p, 16-20.

Hirata Helena, Division sexuelle et internationale du travail, in *Paradigmes du travail*, Paris, L'Harmattan « Futur antérieur », 1993, vol. 2, p.27-35.

Hirata Helena, Kergoat Danièle, Rapports sociaux de sexe et psychopathologie du travail, *in* Christophe Dejours (dir.), *Plaisir et souffrence dans le travail*, t. II, Paris, AOCIP, 1988, p.131-163.

Hirata Helena, Kergoat Danièle, La classe ouvrière a deux sexes, dans le dossier « Y a-t-il encore des classes sociales ? », *Politis, la revue*, 1993, n°4, p.55-58.

Hirata Helena, Kergoat Danièle, La division sexuelle du travail revisitée, *in* Margaret Maruani (dir.), *Les nouvelles frontières de l'inégalité. Hommes et femmes sur le marché du tavail*, Paris, Mage/La Découverte « Recherches », 1998, p.93-104.

Hirata Helena, Le Doaré Hélène (coord.), Les paradoxes de la mondialisation, *Cahiers du GEDDIST*, 1998, n°21, 188 p.

Hirata Helena, Senotier Danièle (dir.), *Femmes et partage du travail*, Paris, Syros « Alternatives sociologiques », 1996, 281 p.

Houdebine-Gravaud Anne-Marie, Femmes/langue/féminisation : une expérience de politique linguistique en France, *Nouvelles questions féministes*, 1999, vol. 20, n°1, p.23-52.

Hrdy Sarah Blaffer, *Des guenons et des femmes. Eaiss de sociobiologie*, Paris, Tierce, 1984, 308 p. [原著はアメリカ、1981].

Huet Maryse, Le travail des femmes dans les sondages d'opinion : un questionnement sous influence, in *La mixité du travail, une stratégie pour l'entreprise*, Paris, La Documentation française « Cahiers"Entreprises"», 1987, p.46-50.

Hunt Lynn (ed.), *The Invention of Pornogrphy*, New York, Zone Books, 1996, 411 p.

Hurtado Aida, *The Color of Privilege. Three Blasphemies on Race and Feminsm*, Ann Arbor, University of Michigan Press, 1996, 203 p.

Hurtig Marie-Claude, Pichevin Marie-France (éd.), *La Différence des sexes. Questions de psychologie*, Paris, Tierce « Sciences », 1986, 356 p.

Hurtig Marie-Claude, Pichevin Marie-France, Catégorisation de sexe et perception d'autrui, *in* Marie-Claude Hurtig, Michèle Kail, Hélène Rouch (éd.), *Sexe et genre. De la hiérarchie entre les sexes*, Paris, Éd. du CNRS, 1991, p.169-180.

Imbert Françoise, Ferrand Michèle, Marry Catherine, *L'excellence scolaire : une affaire de famille. Le cas des normaliennes et normaliens scientifiques*, Paris, L'Harmattan, 2000, 210 p.

INSEE-Service des droits des femmes, *Les Femmes*, Paris, INSEE « Contours et caractéres », 1995, 220 p.

INSEE, *France, portrait social, 1998-1999*, Paris, 1998, 204 p.

Irigaray Luce, *Speculum de l'autre femme*, Paris, Minuit « Critique », 1974, 473 p.

Irigaray Luce, *Le temps de la différence*, Paris, Librairie générale française « Le Livre de poche », 1989, 123 p.

Jacoby Eleanor E., « Le sexe, catégorie sociale », Masculin-féminin, *Actes de la recherche en sciences sociales*, 1990, n°84, p.16-27.

Jardine Alice, *Gynesis : configurations de la femme et de la modernité*, Paris, PUF « Perspectives critiques », 1991, 329 p.

Jaspard Maryse, *La sexualité en France*, Paris, La Découverte, 1997, 124 p.

Jenny Jacques, Rapports sociaux de sexe et autres rapports de domination sociale : pour une intégration des rap-

Guillaumin, 1992 に再録.

Guillaumin Colette, *Sexe, race et pratique de pouvoir. L'idée de Nature*, Paris, Côté-femmes « Recherches », 1992, 241 p. [1977 ～ 92 年の論文].

Habermas Jürgen, *Théorie de l'agir communicationnel*, Paris, Fayard [1981], 1987, t. I, 448 p. ; t. II, 477 p. 〔ユルゲン・ハーバーマス、『コミュニケーション的行為の理論(上・中・下)』、河上倫逸ほか訳、未来社、1985 ～ 87 年〕

Haicault Monique, La gestion ordinaire de la vie en deux, *Sociologie du travail*, 1984, n°3, p.268-277.

Hall Stuart, Gramsci's Relevance for the Study of Race and Ethnicity, *Journal of Communication Inquiry*, 1986, vol. 10, n°2, p.5-27.

Handman Marie-Elizabeth, L'enfer et le paradis ? Violence et tyrannie douce en Grèce contemporaine, *in* Cécile Dauphin, Arlette Farge (dir.), *De la violenc et des femmes*, Paris, Albin Michel, 1997, p.159-184.

Hanmer Jalna, Violence et contrôle social, *Questions féministes*, novembre 1977, n°1, p.69-90.

Haraway Donna, Situated Knowledges : The Science Question in Feminism and the Privilege of Partial Perspective, *Feminists Studies*, 1988, 14 (3), p.575-599.

Haraway Donna, Modest Witness : Feminst Diffractions in Science Studies, *in* Peter Galison, David J. Stump (eds), *The Desunity of Science : Boundaries, Contexts and Power*, Stanford, Stanford University Press, 1996, p.428-525.

Harden Chenut Helen, Changements techniques et métiers à maille : la division sexuelle des techiniques dans la bonneterie troyenne, 1860-1939, *in* Danielle Chabaud-Rychter, Ghislaine Doniol-Shaw, Helen Harden Chenut, *Division sexuelle des techiniques et qualification*, Rapport de recherch CNRS-PIRTTEM-GEDISST, 1987, p.55-74.

Harding Sandra, Rethinking Standpoint Epistemology : What is « Strong-Objectivity », *in* Evelyn Fox Keller, Helen Longino (eds), *Feminism and Science*, Oxford University Press, 1996, p.235-248.

Hartmann Heidi, The Unhappy Marriage of Marxism and Feminism, *in* Lynda Sargent (ed.), *Women and Revolution, a Discussion of the Unhappy Marriage of Marxism and Feminism*, Boston, South End Press, 1981, p.1-41 〔L・サージェント編、『マルクス主義とフェミニズムの不幸な結婚』、田中かず子訳、勁草書房、1991 年(抄訳)〕.

Haut Comité à la Santé publique, *Précarité, santé*, Paris, La Documentation française, 1998, 349 p.

Heinen Jacqueline, Matuchniak-Krasuska Anna, *L'avortement en Pologne : la croix et la bannière*, Paris, L'Harmattan, 1992, 240 p.

Heinen Jacqueline, Trat Josette (coord.), Hommes et femmes dans le mouvement social, *Cahiers du GEDISST*, 1997, n°18, 187 p.

Herdt Gilbert (ed.), *Third Sex, Third Gender. Beyond Sexual Dimorphism in Culture and History*, New York, Zone Books, 1994, 614 p.

Héritier Françoise, *Masculin/féminin. La pensée de la différence*, Paris, Odile Jacob, 1996, 332 p. [1978 ～ 93 年の論集].

Héritier-Augé Françoise, Le sang du guerrier et le sang des femmes. Notes anthropologiques sur le rapport des sexes, *Les Cahiers du GRIF*, 1984, p.7-21.

Hesse-Biber Sharlene J., Burstein I., The Second Sex : Women's Place in Polling Language, *Qualitative Sociology*, Summer 1981, vol. 4 (2), p. 126-144.

Hetzel Anne-Marie, Lefèvre Josette, Mouriaux René, Tournier Maurice, *Le syndicalisme à mots découverts. Dictionnaire des fréquences (1971-1990)*, Paris, Syllepse, 350 p.

Gadrey Jean, Gadrey Nicole, *La gestion des ressources humaines dans les services et le commerce. Flexibilité, diversité, compétitivité*, Paris, L'Harmattan, 1991, 223 p.

Gardey Delphine, Perspectives historiques. *in* Margaret Maruani (dir.), *Les nouvelles frontières de l'inégalité. Hommes et femmes sur le marché du tavail*, Paris, Mage/La Découverte « Recherches », 1998, p. 23-38.

Gardey Delphine, Mécaniser l'écriture et photographier la parole. Utopies, monde du bureau et histoires de genre et de techniques, *Annales, histoire, sciences sociales*, mai-juin 1999, n°3, p.587-614.

Gadrey Delphine, Löwy Ilana (dir.), *L'invention du naturel : les sciences et la fabrication du féminin et du masculin*, Paris, Éd. des Archives contemporaines, 2000, 228 p.

Gaspard Françoise, Servan-Schreiber Claude, Le Gall Anne, *Au pouvoir citoyennes ! Liberté, égalité, parité*, Paris, Seuil, 1992, 184 p.

Gaspard Françoise, Khosrokhavar Farhad, *Le foulard et la République*, Paris, La Découverte, 1995, 213 p.

Gautier Arlette, Heinen Jacqueline (éd.), *Le sexe des politiques sociales*, Paris, Côté-femmes, 1993, 188 p.

Gauvin Annie, Le surchômage féminin à la lumière des comparaisons internationales, *in* Margaret Maruani (dir.), *Les nouvelles frontières de l'inégalité. Hommes et femmes sur le marché du tavail*, Paris, Mage/La Découverte « Recherches », 1998, p. 201-212.

Gender and Biology Study Group, The Importance of Feminist Critique for Contemporary Cell Biology, *in* Nancy Tuana, *Feminism and Science*, Bloomington, Indiana University Press, 1989, p.172-187.

Gilligan Carol, *In a Different Voice : Psychological Theory and Women's Development*, Cambridge, Mass., Harvard University Press, 1982, 184 p. [フランス語版、*Une si grande différence*, Flammarion, 1986, 269 p.]〔キャロル・ギリガン、『もうひとつの声——男女の道徳観のちがいと女性のアイデンティティ』、生田久美子、並木美智子訳、川島書店、1986 年〕.

Godelier Maurice, Pouvoir et langage. Réflexions sur les paradigmes et les paradoxes de la « légitimité » des rapports de domination et d'oppression, *Communications*, 1978, vol. 28, p.21-29.

Godelier Maurice, *La production des grands hommes : pouvoir et domination masculine chez les Baruya de Nouvelle-Guinée*, Paris, Fayard, 1982, 370 p. [再版, Fayard, 1996, 389 p.]

Godelier Maurice, *L'idéal et le matérial*, Paris, Fayard, 1984, 348 p.〔モーリス・ゴドリエ、『観念と物質』、山内昶訳、法政大学出版局、1968 年〕

Gordon Linda (ed.), *Women, the State and Welfare*, Madison, The University of Wisconsin Press, 1990, 312 p.

Gordon Linda, Violence par inceste, États-Unis XIXe siècle, *Projets féministes*, 1992, n°1, p.68-79.

Gotman Anne, *Hériter*, Paris, PUF « Économie et liberté », 1988, 246 p.

Granoff Wladimir, *La pensée et le féminin*, Paris, Minuit, 1976, 470 p.

Grisendi Adele, *Giù le mani*, Milano, Mondadori, 1992, 223 p.

Gross Rita, *Feminism and Religion. An Introduction*, Boston, Beacon Press, 1996, 279 p.

Guichaoua André, Goussault Yves, *Sciences sociales et développement*, Paris, Armand Colin « Cursus », 1993, 190 p.

Guilbert Madeleine, *Les femmes dans l'organisation syndicale avant la guerre de 1914*, Paris, Éd. du CNRS, 1966, 507 p.

Guiho-Bailly Marie-Pierre, Doniol-Shaw Ghislaine, Emploi, conditions de travail et santé des employées dans les services, *Les Cahiers du Mage*, 1996, n°4, p.15-33.

Guillaumin Colette, Pratique de pouvoir et idée de nature : 1. L'appropriation des femmes, in *Question féministes*, février 1978, n°2, p.5-30. ; 2. Le discours de la nature, in *Questions féministes*, mai 1978, n°3, p.5-28, *structurel*, Paris, Cujas, 1994, 189 p.

Forest Louise, L'école primaire « mixte » : une école pour les filles, une école pour les garçons, *in* Claudine Baudoux, Claude Zaidman (éd.), *Égalité entre les sexes. Mixité et démocratie*, Paris, L'Harmattan, 1992, p. 41-62.

Forté Michèle, Niss Myriam, Rebeuh Marie-Claude, Trautmann Jacques, Triby Emmanuel, De la division sexuée au partage du taravail ?, *Travil et emploi*, 1998, n°74, p.51-62.

Fortino Sabine, Le « plaisir », au cœur des pratiques et stratégies professionnelles féminines ?, *Cahiers du GEDISST*, 1995, n°14, p.127-147.

Fortino Sabine, De la ségrégation sexuelle des postes à la mixité au travail : étude d'un processus, *Sociologie du travail*, 1999, n°4, vol. 41, p.363-384.

Foucault Michel, *La volonté de savoir,* Paris, Gallimard, 1976, 211 p.〔ミシェル・フーコー、『性の歴史 I ――知への意志』、渡辺守章訳、新潮社、1986 年、287 ～ 307 ページ〕

Foucault Michel, Deux essais sur le sujet et le pouvoir, *in* Hubert Dreyfus, Paul Rabinow, *Michel Foucault, un parcours philosophique*, Paris, Gallimard, 1984, 366 p.〔ヒューバート・ドレイファス、ポール・ラビノウ、『ミシェル・フーコー――構造主義と解釈学を超えて』、山形頼洋ほか訳、筑摩書房、1996 年〕

Fougeyrollas-Schwebel Dominique, Le féminisme des années 1970, *in* Christine Fauré (éd.), *Encyclopédie politique et historique des femmes*, Paris, PUF, 1997, p.729-770.

Fougeyrollas-Schwebel Dominique, De la réclusion au cloisonnement. Travail domestique et salariat, *in* Hervé Defalvard, Véronique Guienne, *Le partage du travail. Bilan et perspective*, Paris, Desclée de Brouwer, 1998, p.157-168.

Fougeyrollas-Schwebel Dominique, Houel Annik, Jaspard Maryse, Approche quantitative des violences envers les femmes au travail, quelles analyses privilégier, *Travailler*, 2000, n°4, p.139-154.

Fougeyrollas-Schwebel Dominique, Jaspard Maryse, Critique féministe des statistiques. Jalon pour une confrontation européenne, *Cahiers du GRIF*, 1990, n°45, p.137-147.

Fouque Antoinette, *Il y a deux sexes : essai de féminologie, 1989-1995*, Paris, Gallimard « Le Débat », 1995, 277 p.

Fouquet Annie, Rack Claude, Les femmes et les politiques d'emploi, *Travail, Genre et Sociétés*, 1999, n°2, p.47-71.

Fouquet Catherine, Knibielher Yvonne, *Histoire des mères : du Moyen Âge à nos jours*, Paris, Montalba « Pluriel », 1977, 再刊, Paris, Hachette « Pluriel », 1982, 359 p.〔カトリーヌ・フーケ、イヴォンヌ・クニビレール、『母親の社会史――中世から現代まで』、中嶋公子ほか訳、筑摩書房、1994 年〕

Fox Keller Evelyn, Gender and Science : An Update, *in* Evelyn Fox Keller, *Secrets of Life, Secrets of Death. Essays on Language, Gender and Science*, New York-London, Routledge, 1992, p.15-36〔エヴリン・F・ケラー、「ジェンダーと科学――アップデイト版」、『生命とフェミニズム――言語・ジェンダー・科学』、広井良典訳、勁草書房、1996 年、第 1 章(19 ～ 51 ページ)〕.

Fox Keller Evelyn, *Refiguring Life : Metaphors of Twentith Century Biology*, Columbia University Press, 1995, 134 p.

Fraisse Geneviève, *La raison des femmes*, Paris, Plon, 1992, 294 p.

Fraisse Geneviève, *Les femmes et leur histoire*, Paris, Gallimard « Folio », 1998, 614 p.

Freeman Jo, *The Politics of Women's Liberation. A Case Study of an Emerging Social Movement and its Relation to the Policy Process*, New York and London, David Mckay, 1975, 268 p.〔ジョー・フリーマン、『女性解放の政治学』、奥田暁子、鈴木みどり訳、未来社、1978 年〕

Découverte « Recherches », 1998, p. 83-92.
Duriez Bruno, Ion Jacques, Pinçon Michel, Pinçon-Charlot Monique, Institutions statistiques et nomenclatures socioprofessionnelles. Essai comparatif : Royaume-Uni, Espagne, France, *Revue française de sociologie*, janvier-mars 1991, XXXII-1, p.29-59.
Durkhein Émile, *Les formes élémentaires de la vie religieuse*, Paris, Librairie Félix Arcan, 1912, 647 p. 〔エミール・デュルケム、『宗教生活の原初形態(上・下)』、古野清人訳、岩波文庫、1975年(改訳版)〕
Durkhein Émile, *Éducation et sociologie*, Paris, PUF « Le Sociologue », 1977, 130 p.[初版、1922]〔エミール・デュルケム、『教育と社会学』、佐々木交賢訳、誠信書房、1990年〕.
Duroux Françoise, Des passions et de la conpétence politique, *Les Cahiers du GRIF*, 1992, n°46, « Provenances de la pensée, Femmes/Philosophie », p.103-124.
Duru-Bellat Marie, La « découverte » de la variable sexe et ses implications théoriques dans la sociologie de l'éducation française contemporaine, *Nouvelles questions féministes*, 1994, vol. 15, n°1, p.35-68.
Duru-Bellat Marie, Note de synthèse : filles et garçons à l'école, approches psychologiques et psycosociales. 1. Des scolarités sexuées, reflet de différences d'aptitudes ou de différences d'attitudes ?, *Revue française de pédagogie*, 1994, n°109, p.111-143 ; 2. La construction sociale de la différence entre les sexes, *Revue française de pédagogie*, 1995, n°119, p. 75-111.
Duteil Catherine, Loiseau Dominique, Petite contribution à la question des femmes dan l'analyse sociologique, *Utinam*, 1997, n°24, p.149-172.
Eisenstein Zillah, *Capitalist Patriarchy and the Case for Socialist Feminism*, New York-London, Monthly Review Press, 1979, 394 p.
Elbaum Mireille, Les petits boulots. Plus d'un million d'actifs en 1987, *Économique et statistiques*, 1987, n°205, p.49-58.
Elshtain Jean, *Public Man, Private Woman : Women in Social and Political Thought*, Princeton, Princeton University Press, 1981, 378 p.
Ème Bernard, Laville Jean-Louis, *Les petits boulots en question*, Paris, Syros « Alternative », 1988, 231 p.
Engesl Friedrich, *L'origine de la famille, de la propriété privée et de l'État*, Paris, Éd. Sociales, 1974, p.15-191 [原著、1884]〔フリードリヒ・エンゲルス、『家族・私有財産・国家の起源』、戸原四郎訳、岩波文庫、1965年〕.
Ephesia, *La place des femmes. Les enjeux de l'identité et de l'égalité au regard des sciences sociales*, Paris, La Découverte « Recherches », 1995, 740 p.
Erickson Victoria Lee, *Where Silence speaks. Feminsm, Social Theory and Religion*, Minneapolis, Fortress Press, 1993, 219 p.
Esping-Anderson Gφsta, *Welfare States in Transition. National Adaptations in Global Economies*, London, Sage, 1996, 276 p.
Farley Lin, *Sexual Shakedown*, New York, McGraw-Hill, 1978, 228 p.
Faucheux Hedda, Neyret Guy, *Évolution de la pertinence des catégories socioprofessionnelles* (*CSP*), Rapport de l'Inspection générale de l'INSEE, mars 1999, 142 p.
Firestone Shulamith, *The Dialectic of Sex : The Case for Feminist Revolution*, New York, Morrow, 1970, 274 p. 〔シュラミス・ファイアストーン、『性の弁証法』、林弘子訳、評論社、1990年〕
Flipo Anne, Hourriez Jean-Michel, Recourir à une femme de ménage, *INSEE-Première*, 1995, n°411, 4 p.
Fontaine Jean-Marc, *Mécanismes et politiques de développement économique. Du « big push » à l'ajustement*

Desrosières Alain, *La politique des grands nombres. Histoire de la raison statistique*, Paris, La Découverte, 1993, 437 p.

Desrosières Alain, Thévenot Laurent, *Les catégories socioprofessionnelles*, Paris, La Découverte « Repères », 1988, 128 p.

Devreux Anne-Marie, Sociologie « généraliste » et sociologie féministe : les rapports sociaux de sexe dans le champ professionnel de la sociologie, *Nouvelles questions féministes*, 1995, vol. 16, n°1, p.83-110.

Dhavernas Marie-Josèphe, Bioéthique, avancées scientifiques et reculs politiques, *Futur antérieur*, 1990, n°3, p.63-75.

Dhavernas Odile, *Droits des femmes, pouvoir des hommes*, Paris, Seuil, 1978, 389 p.

Dietz Mary, Context is All. Feminism and Theories of Citizenship, *in* Anne Phillips (ed.), *Feminism and Politics*, Oxford, Oxford University Press, 1998, p.78-100.

Doniol-Shaw Ghislaine *et al.*, *Les plans d'égalité professionnelle*, Paris, Documentation française, 1989, 190 p.

Drogus Carol Ann, *Women, Religion and Social Change in Brazil's Popular Church*, Notre-Dame, Indiana, University of Notre-Dame Press, 1997, 226 p.

Du Tertre Christian, *Technologie, flexibilité, emploi*, Paris, L'Harmattan, 1989, 333 p.

Dubar Claude, Tripier Pierre, *Sociologie des professions*, Paris, Armand Colin, 1998, 256 p.

Dubesset Mathilde, Zancarini-Fournel Michelle, *Parcours de femmes, réalités et représentation, Saint-Étienne 1880-1950*, Lyon, PUL, 1993, 270 p.

Duby Georges, *Le chevalier, la femme et le prêtre : le mariage dans la France féodale*, Paris, Club français du livre, 1981, 311 p.〔ジョルジュ・デュビー、『中世の結婚——騎士・女性・司祭』、篠田勝英訳、新評論、1994 年(新装版)〕

Duby Georges, Perrot Michelle (dir.), *Histoire des femmes en Occident. De l'Antiquité à nos jours*, 5 vol. dirigés par Pauline Schmitt-Pantel (1. *L'Antiquité*, 591 p.), Christiane Klapisch- Zuber (2. *Le Moyen Âge*, 576 p.), Arlette Farge et Nathalie Zémon-Davis (3. *L'époque moderne*, 571 p.), Geneviève Fraisse et Michelle Perrot (4. *Le XIXe siècle*, 640 p.), Françoise Thébaud (5. *Le XXe siècle*, 661 p.), Paris, Plon, 1991-92〔ジョルジュ・デュビィ、ミシェル・ペロー監修、『女の歴史』(5 巻 10 分冊)、杉村和子、志賀亮一監訳、藤原書店(ポーリーヌ・シュミット=パンテル編、『I 古代 1, 2』、2000 年・2001 年、クリスティアーヌ・クラピシュ=ズュベール編、『II 中世 1, 2』、1994 年、アルレット・ファルジュ、ナタリー・ゼモン=デイヴィス編、『III 十六〜十八世紀 1, 2』、1995 年、ジュヌヴィエーヴ・フレス、ミシェル・ペロー編、『IV 十九世紀 1, 2』、1996 年、フランソワーズ・テボー編、『V 二十世紀 1, 2』、1998 年)〕.

Duby Georges, Perrot Michelle, *Femmes et histoire*, Paris, Plon, 1993, 197 p.〔ジョルジュ・デュビィ、ミシェル・ペロー編、『「女の歴史」を批判する』、小倉和子訳、藤原書店、1996 年〕

Dumontier Françoise, Pan Ké Shon Jean-Louis, En 13 ans, moins de temps contraints et plus de loisir, *INSEE-Première*, 1999, n°675, 4 p.

Dupin Éric, *Oui, non, sans opinion. 50 ans de sondages IFOP*, Paris, InterÉditions, 1990, 319 p.

Dupoirier Élisabeth, Parodi Jean-Luc (dir.), *Les indications sociopolitiques aujourd'hui*, Paris, L'Harmattan « Logiques politiques », 1997, 364 p.

Durand-Delvigne Annick, Jeu du soi et du genre : les effets structurels de la coéducation, *Les Cahiers du Mage*, 1995, n°1/95, p. 9-16.

Durand-Delvigne Annick, Duru-Bellat Marie, Mixité scolaire et construction du genre, *in* Margaret Maruani (éd.), *Les nouvelles frontières de l'inégalité. Hommes et femmes sur le marché du travail*, Paris, Mage/La

Coulanges Fustel de, *La Cité antique*, Paris, Hachette, 1964, 525 p.〔フュステル・ド・クーランジュ、『古代都市』、田辺貞之助訳、白水社、1995 年〕

Cova Anne, Les féministes du passé et l'apologie de la maternité, *Panoramique*, 1999, n°40, p.14-17.

Cromer Sylvie (AVFT), *Le harcèlement sexuel. La levée du tabou 1985-1990*, Paris, Documentation française, 1994, 228 p.

Dadoy Mireille, Le retour au métier, *Revue française des affaires sociales*, 1984, n°4, p.69-104.

Daly Mary, *Beyond God the Father : Toward a Philosophy of Women's Liberation*, Boston, Beacon Press, 1973, 225 p.

Daune-Richard Anne-Marie, Gender Relations and Female Labor : A Consideration of Sociological Categories, *in* Jane Jenson *et al.* (eds), *Feminization of the Labour Force. Paradoxes and Promises*, New York, Oxford University Press, 1988, p.260-275.

Daune-Richard Anne-Marie, Devreux Anne-Marie, Rapports sociaux de sexe et conceptualisation sociologique, *Recherches féministes*, 1992, vol. 5, n°2, p.7-30.

Dauphin Cécile *et a*l., Culture et pouvoir des femmes. Essai d'historigraphie, *Annales*, mars-avril 1986, n°2, p.271-293.

Dauphin Cécile, Farge Arlette (dir.), *De la violence et des femmes*, Paris, Albin Michel, 1997, p.159-184.

De Gouges Olympe, Déclaration des droits de la femme et de la citoyenne (1791), in *Écrits politiques 1788-1791*, Paris, Côté-femmes, 1993, p.204-215〔オリヴィエ・ブラン、『女の人権宣言――フランス革命とオランプ・ドゥ・グージュの生涯』、辻村みよ子訳、岩波書店、1995 年、268 ～ 274 ページ〕.

Dejours Christophe, Adolescence : le masculin entre sexualité et société, *Adolescence*, 1988, n°6, p.89-116.

Del Re Alisa, Heinen Jacqueline (éd.), *Quelle citoyenneté pour les femmes ? La crise des États-providence et de la représentation politique en Europe*, Paris, L'Harmattan, 1996, 320 p.

Del Re Alisa, Reproducción social y reproducción biológica en la Italia del fin de milenio, *Papers*,1997, n°53, p.25-36.

Delphy Christine, Libération des femmes ou droits corporatistes des mères ?, *Nouvelles questions féministes*, 1991*a*, n°16-17-18, p.93-118.

Delphy Christine, Penser le genre : quels problèmes ?, *in* Marie-Claude Hurtig, Michèle Kail, Hélène Rouch (éd.), *Sexe et genre. De la hiérarchie entre les sexes*, Paris, Éditions du CNRS, 1991*b*, p.89-101.

Delphy Christine, Égalité, équivalence et équité : la position de l'État français au regard du droit international, *Nouvelles questions féministes*, 1995, vol. 16, n°1, p.5-58.

Delphy Christine, *L'ennemi principal*, 1 : *Èconomie politique du patriarcat*, Paris, Syllepse « Nouvelles questions féministes », 1998, 293 p.[1970 年以降発表の論文の再刊]〔クリスティーヌ・デルフィー、『なにが女性の主要な敵なのか』、井上たか子ほか訳、勁草書房、1996 年〕.

Delphy Christine, *Les femmes dans les études de stratification* [1977], Christine Delphy, 1998 に再録.

Delphy Christine, Kergoat Danièle, Études et recherches féministes et sur les femmes en sociologie, in *Femmes, féminisme et recherches*, Toulouse, AFFER, 1984, p.894. [Actes du Colloque national de Toulouse, décembre 1982].

Democracia e diritto, 1993, n°2, 317 p.

Derrida Jacques, *Points de suspension : entretiens*, Paris, Galilée « La philosophie en effet », 1992, 419 p.

Descolonges Michèle, *Qu'est-ce qu'un métier ?*, Paris, PUF, 1996, 259 p.

Cockburn Cynthia, Ormrod Susan, *Gender and Technology in the Making*, London, Thousand Oaks, New Delhi, Sage, 1993, 185 p.
Codrignani Giancarla, *Molestie sessuali e « in » certezza del diritto*, Milano, Franco Angeli, 1996, 155 p.
Cohen Yolande, Thébaud Françoise (éd.), *Féminisme et identités nationales. Les processus d'intégration des femmes en politique*, Lyon, CNRS, Programme pluriannuel en sciences humaines Rhône-Alpes, 1998, 306 p.
Colin Madeleine, *Ce n'est pas d'aujourd'hui,..femmes, syndicats, lutte des classes*, Paris, Éd. Sociales, 1975, 248 p.
Collectif, *Actes du Colloque international de psychodynamique et psychopathologie du travail*, Paris, CNAM, t. 1, 1997, 302 p.
Collectif, *Évolution des formes d'emploi*, Paris, La Documentation française, 1989, 280 p.[Actes du Colloque de la revue *Travail et emploi*, 3 et 4 novembre 1988].
Collectif, *Le sexe du travail. Structures familiales et système productif*, Grenoble, PUG, 1984, 320 p.
Collin Françoise, Du privé et du public, *Cahiers du GRIF*, 1986*a*, n°33, p.47-67.
Collin Françoise, Héritage sans testament, *Cahiers du GRIF*, 1986*b*, n°34, p.81-92.
Collin Françoise, Le sujet et l'auteur ou lire « l'autre femme », *Cahiers du CEDREF*, 1990, n°2, p.9-20.
Collin Françoise, La Madonna connection, *in* Michel Dion (éd.), *Madonna. Érotisme et pouvoir*, Paris, Kimé, 1994, p.34-40.
Collin Françoise, *Le différend des sexes*, Paris, Pleins feux, 1999, 76 p.
Collin Françoise, *L'imagination politique des femmes*, Paris, L'Harmattan « Bibliothèque du Féminisme » [近刊].
Collin Johanne, Les femmes dans la profession pharmaceutique au Québec : rupture ou continuité ?, *Recherches féministes*, 1992, vol. 5, n°2, p.31-56.
Combes Danièle, Devreux Anne-Marie, Les droits et les devoirs parentaux ou l'appropriation des enfants, *Recherches féministes*, 1994, vol, 7, n°1, p.43-58.
Combes Danièle, Oppression des femmes et solidarités de couple, *Les Temps modernes*, 1989, n°513, p.95-102.
Commaille Jacques, *Les stratégies des femmes. Travail, famille et politique*, Paris, La Découverte « Textes à l'appui / Série sociologie », 1993, 188 p.
Commaille Jacques, Martin Claude, *Les enjeux politiques de la famille*, Paris, Bayard Éditions, 1998, 199 p.
Concialdi Pierre, Ponthieux Sophie, L'emploi à bas salaire : les femmes d'abord, *Travail, Genre et Sociétes*, 1999, n°1, p.23-43.
Conseil du statut de la femme (CSF), *Sortir la maternité du laboratoire*, Biblithèque nationale du Québec, 1988, 423 p.
Corbin Alain, *Les filles de noce : misère sexuelle et prostitution, XIXe et XXe siècles*, Paris, Aubier-Montaigne « Coll. historique », 1978, 571p., 再版、Flammarion « Champs », 1982, 494 p.〔アラン・コルバン、『娼婦』、杉村和子監訳、藤原書店、1991 年〕
Corea Gena, *The Mother Machine. From Artificial Insemination to Artificial Wombs*, New York, Harper & Row, 1985, 374 p.〔ジーナ・コリア、『マザー・マシーン——知られざる生殖技術の実態』、斉藤千香子訳、作品社、1993 年〕
Corea Gena, (ed.), *Man made Women. How New Reproductive Technologies affect Women*, Bloomington, Indiana University Press, 1987, 109 p.
Coriat Benjamin, *L'atelier et le robot*, Paris, Christian Bourgeois, 1990, 302 p.
Cottereau Alain, Usure au travail. Destins masculins et destins féminins dans les cultures ouvrières, en France, au XIXe siècle, *Le mouvement social*, juillet-septembre 1983, n°124, p.71-112.

Cahiers du CEDREF, Femmes en migration, 2000, n°8/9.

Cahiers du GEDISST, 1996, n°17, « Principes et enjeux de la parité », 96 p.

Callon Michel (dir.), *La science et ses résesaux. Genèse et circulation des faits scientifiques*, Paris, La Découverte / Conseil de l'Europe « Textes à l'appui », 1989, 214 p.

Canel Annie, Zachmann Karin (eds), Gaining Access, Crossing Boundaries : Women in Engeneering in a Comparative Perspective, *History aand Technology*, 1997, vol. 14, n°1-2.

Caron Anita (éd.), *Femmes et pouvoir dans l'Église*, Montréal, VLB, 1991, 254 p.

Castel Robert, *Les métamorphoses de la question sociale : une chronique du salariat*, Paris, Fayard, 1995, 490 p.

Castells Manuel, *Le pouvoir de l'identité*, Paris, Fayard, 1999, 538 p.

Cavarero Adriana, Il modelo democratico nell'orizonte della diferenza sessuale, *Democrazia e diritto*, 2/1990, 238 p.

Chabaud Danielle, Problématiques de sexes dans les recherches sur le travail et la famille, *Sociologie du travail*, 1984, n°3/84, p.346-358.

Chabaud-Rychter Danielle, Women Users in the Design Process of a Food Robot : Innovation in a French Domestic Appliance Company, *in* Cynthia Cockburn, Ruza Fürst-Dilic (eds), *Bringing Technology Home*, Buckingham, Open University Press, 1994, p.77-93.

Chabaud-Rychter Danielle (coord.), Genre et techniques domestiques, *Cahiers du GEDISST*, 1997, n°20, 162 p.

Chabaud-Rychter Danielle, Fougeyrollas-Schwebel Dominique, Sonthonnax Françoise, *Espace et temps du travail domestique*, Paris, La Librairie des Méridiens-Klincksieck « Réponses sociologiques », 1985, 156 p.

Chabot Jocelyne, *Le syndicalisme féminin chrétien en France de 1899 à 1970*, thèse de doctorat, Université de Paris VIII, 1998.

Chadeau Ann, Fouquet Annie, Peut-on mesurer le travail domestique ?, *Économie et statistique*, 1981, n°136, p.29-42.

Champagne Patrick, *Faire l'opinion, le nouveau jeu politique*, Paris, Minuit, 1990, 312 p.

Charest Danielle, Madonna ou les boucles, *in* Michel Dion (éd.), *Madonna. Érotisme et pouvoir*, Paris, Kimé, 1994, p.41-53.

Charlier Sophie, Ryckman Hélène, Coral Namur, *Rapports de genre et mondialisation des marchés*, Paris, l'Harmattan, 1999, 183 p.

Chazel François, Mouvements sociaux, *in* Raymond Boudon (dir.), *Traité de sociologie*, Paris, PUF, 1992, p.263-312.

Chenu Alain, La descriptibilité statistique des professions, *Sociétés contemporaines*, 1997, n°26, p.109-134.

Choquet Catherine, Dollfus Olivier, Le Roy Étienne, Vernières Michel (dir.), *État des savoirs sur le développement*, Paris, Karthala, 1993, 229 p.

Cixous Hélène, Clément Catherine, *La jeune née*, Paris, Union générale d'éditions « Série Féminin futur », 1975, 296 p.

Cockburn Cynthia, *Brothers. Male Dominance and Technological Change*, London, Pluto Press, 1983, 264 p.

Cockburn Cynthia, *The Space between us : Negotiating Gender and National Identities in Conflict*, London and New York, Zed Books, 1998, 247 p.

Cockburn Cynthia, Les relations internationales out un genre. Le dialogue social en Europe, *Travail, Genre et Sociétés*, 1999, n°2, p.113-139.

Blondiaux, Loïc, *La fabrique de l'opinion. Une histoire social des sondages aux États-Unis et en France (1935-1965)*, thèse de doctorat, IEP, 1994, Paris, Seuil, 1998, 601 p.

Bock, Gisela, James Susan (eds), *Beyond Equality and Difference : Citizenship, Feminist Politics and Female Subjectivity*, London-New York, Routledge, 1992, 210 p.

Bordeaux Michèle, Hazo Bernard, Lorvelles Soizic, *Qualifié viol*, Paris, Librairie des Méridiens-Klincksieck, 1990, 232 p.

Boserup Esther, *La femme face au développement économique,* Paris, PUF, « Sociologie d'aujourd'hui », 1983[原著、1970], 315 p.

Boudon Raymond, Bourricaud François, *Dictionnaire critique de la sociologie*, Paris, PUF, 1982, 714 p.

Bourdieu Pierre, L'opinion publique n'existe pas, in *Questions de sociologie*, Paris, Minuit, 1980, p.222-235〔ピエール・ブルデュー、「世論なんてない」、『社会学の社会学』、田原和音訳、藤原書店、1991 年、287 ～ 302 ページ〕.

Bourdieu Pierre, *La domination masculine*, Paris, Seuil, 1998, 146 p.〔ピエール・ブルデュー、『男性支配』、加藤康子訳、藤原書店、近刊〕

Bourdieu Pierre, Passeron Jean-Claude, *Les Héritiers*, Paris, Minuit, 1964, 183 p.〔ピエール・ブルデュー、『遺産相続者たち』、石井洋二郎訳、藤原書店、1997 年〕

Bouvier Jeanne, *Mes mémoires. Une syndicaliste féministe, 1876-1935*, Paris, La Découverte-Maspero, 1983, 285 p.

Boyer Robert (éd.), *La flexibilité du travail en Europe*, Paris, La Découverte, 1986, 330 p.〔ロベール・ボワイエ、『第二の大転換』、井上泰夫訳、藤原書店、1992 年〕

Braidotti Rosi, Des organes sans corps, *Les Cahiers du GRIF*, 1987, n°36, p.7-32.

Braidotti Rosi, U-topies, des non-lieux postmodernes, *Les Cahiers du GRIF*, 1985, n°30.

Brandt Allan, *No Magic Bullet : A Social History of Venereal Disease in the United Staites since 1880*, New York, Oxford University Press, 1985, 245 p.

Braverman Harry, *Travail et capitalime monopoliste. La dégradation du travail au XXe siècle*, Paris, Maspero, 1976, 360 p.〔ハリー・ブレイヴァマン、『労働と独占資本』、富沢賢治訳、岩波書店、1978 年〕

Brenner Joanna, Rethinking Women's Oppression, *New Left Review*, 1984, n°144, p.33-71.

Brittan Arthur, Maynard Mary, *Sexism, Racism and Oppression*, Oxford, Basil Blackwell, 1984, 236 p.

Brubaker Rogers, *Nationalism Reframed. Nationhood and the National Question in the New Europe*, Cambridge, Cambridge University Press, 1996, 202 p.

Buijs Gina, *Migrant Women, Crossing Boundaries and Changing Identities*, Center for Cross-Cultural Research on Women, Queen Elizabeth House, University of Oxford, 1998, 225 p.

Burstyn Varda, Masculine Dominance and the State, *Social Register*, 1983.

Butler Judith, *Gender Trouble : Feminism and the Subversion of Identity*, London, Routledge, 1990, 172 p.〔ジュディス・バトラー、『ジェンダー・トラブル——フェミニズムとアイデンティティの攪乱』、竹村和子訳、青土社、1999 年〕

Butler Judith, Scott Joan W. (eds), *Feminists theorize the Political*, New York, Routledge, 1992, 485 p.

Cacouault Marlaine, Prof...c'est bien pour une femme, *Le mouvement social*, juillet-septembre 1987, n°140, p.109-119.

Cacouault-Bitaud Marlaine, Égalité formelle et différenciation des carrières entre hommes et femmes chez les enseignants du second degré, *La Revue de l'IRES*, hiver 1999, n°29, p.95-129

Cahiers de l'APRE, Rapports intrafamiliaux et rapports sociaux de sexe, CNRS-PIRTTEM, 1986, n°5, 59 p.

Saint-Denis, PUV, 1995, 232 p.
Auzias Claire, Houel Annick, *La grève des ovalistes, Lyon, juin-juillet 1869*, Paris, Payot, 1982, 182 p.
AVFT, *De l'abus de pouvoir sexuel. Le harcèlement sexuel au travail*, Paris, La Découverte / Le Boréal, 1990, 255 p.
Badinter Élisabeth, *L'amour en plus. Histoire de l'amour maternel XVIIe-XXe siècle*, Paris, Flammarion, 1980, 372 p. 〔エリザベート・バダンテール、『母性という神話』、鈴木晶訳、ちくま学芸文庫、1998 年〕
Badinter Élisabeth, *L'un est l'autre : des relations entre hommes et femmes*, Paris, Odile Jacob, 1986, 361 p. 〔エリザベート・バダンテール、『男は女　女は男』、上村くにこ、饗庭千代子訳、筑摩書房、1992 年〕
Barrère-Maurisson Marie-Agnès, *La division familiale du travail*, Paris, PUF, 1992, 251 p.
Barrett Michele, *Women's Oppression Today : Problems in Marxist Feminist Analysis*, London, Verso, 1980, 269 p.
Barry Kathleen, *L'esclavage sexuel des femmes*, Paris, Stock, 1982, 424 p. [原著、*Female Sexual Slavery*,1979] 〔キャスリン・バリー、『性の植民地――女の性は奪われている』、田中和子訳、時事通信社、1984 年〕.
Barry Kathleen, *The Prostitution of Sexuality*, New York, Universsity Press, 1995, 382 p.
Battagliola Françoise, Combes Danièle, Daune-Richard Anne-Marie, Devreux Anne-Marie, Ferrand Michèle, Langevin Annette, *À propos des rapports sociaux de sexe. Parcours épistémologiques*, Paris, CSU-CNRS, 1986 [再版、1990, 252 p.].
Battagliola Françoise, *La fin du mariage ? Jeunes couples des années 80*, Paris, Syros, 1988, 142 p.
Baudelot Christian, Establet Roger, *Allez les filles !*, Paris, Seuil, 1992, 351 p.
Baudoux Claudine, Zaidman Claude, *Égalité entre les sexe. Mixité et démocratie*, Paris, L'Harmattan, 1992, 302 p.
Bawin-Legros Bernadette, *Familles, mariage, divorce*, Liège-Bruxelles, Pierre Mardaga, 1988, 213 p.
Beauvoir Simone de, *Le deuxième sexe*, Paris, Gallimard, 1949, t.1 : *Les faits et les mythes*, 395 p.; t. 2 : *L'expérience vécue*, 557 p. 〔シモーヌ・ド・ボーヴォワール、『決定版第二の性―― I 事実と神話』、『決定版第二の性――Ⅱ体験〔上〕』、『決定版第二の性――Ⅲ体験〔下〕』、『第二の性』を原文で読み直す会訳、新潮文庫、2001 年〕
Bebel August, *La femme et le socialisme*, Paris, Éd. du Globe, 1964, 543 p.[ドイツ語版原著、1893] 〔アウグスト・ベーベル、『婦人論(上・下)』、草間平作訳、岩波文庫、1981 ～ 82 年改版〕.
Becker Gary, *The Economic Approach to Human Behaviour*, Chicago, University of Chicago Press, 1976, 286 p.
Béjin André, Crépuscule des psychanalystes, matin des sexologues, および Le pouvoir des sexologues et la démocratie sexuelle, *Sexualités occidentales*, 1982, n°35, p.159-177 および 178-192.
Belotti Elena Gianini, *Du côté des petites filles*, Paris, Des femmes, 1974, 261 p.
Berner Boel, L'ingénieur ou le génie du mâle : masculinité et enseignement technique au tournant du XXe siécle, *Cahiers du GEDISST*, 1997, n°19, p.7-25.
Béroud Sophie, Mouriaux René, Vakaloulis Michel, *Le mouvemrnt social en France*, Paris, La Dispute, 1998, 223 p.
Bertaux Daniel, Bertaux-Wiame Isabelle, Le patrimoine et sa lignée, *Récits de vie*, 1988. n°4, p.8-26.
Beveridge William, *Unemployment in London*, London, Toynbee Record, 1904, vol. 17, n°1, p.9-15.
Bisilliat, Jeanne (dir.), *Femmes du Sud, chefs de famille*, Paris, Karthala, 1996, 410 p.
Bisilliat, Jeanne (dir.), *Face aux changements, les femmes du Sud*, Paris, L'Harmattan, 1997, 367 p.
Bisilliat, Jeanne, Verschuur Christine, *Cahiers Genre et développement*, 2000, n°1, « Le genre : un outil nésessaire », 264 p.
Blayo Chantal, Régulation de la fécondité en Europe, *Entre nous. La revue européenne de planification familiale*, 1993, n°22-23, p.3-9.
Bleier Ruth (ed.), *Feminist Approaches to Science*, New York, Pergamon Press, 1986, 212 p.

参考文献一覧

Adorno Theodor Wiesengrund, Horkheimer Max, *La dialectique de la raison*, Paris, Gallimard, 1974, 281 p. 〔テオドール・アドルノ、マックス・ホルクハイマー、『啓蒙の弁証法』、徳永恂訳、岩波書店、1990 年〕

Affichard Joëlle (coord.), *Pour une histoire de la statistique*, Paris, INSEE/Economica, 1987, t. 2, 969 p.

Aguitton Christophe, Corcuff Philippe, Mouvements sociaux et politique, entre anciens modèles et enjeux nouveaux, *Mouvements*, 1999, n°3, p. 8-18.

Akrich Madeleine, Comment décrire les objets techniques ?, *Techniques et culture*, janv.-juin 1987, p.49-63.

Akrich Madeleine, Laborie Françoise (coord.), De la conception à l'enfantement, *Cahiers du Genre*, 1999, n°25, 204 p.

Alberts Bruce *et al.*, *Molecular Biology of the Cell*, New York, Garland Pub., 1989, 1294 p. [初版、1983]〔ブルース・アルバーツほか、『細胞の分子生物学　第 3 版』、中村桂子、藤山秋佐夫、松原謙一監訳、ニュートンプレス、1995 年〕.

Andermahr Sonya, Lovell Terry, Wolkowitz Carol, *A Concise Glossary of Feminist Theory*, London-New York-Sidney-Auckland, Arnold, 1997, 287 p.〔ソニア・アンダマールほか、『現代フェミニズム思想辞典』、奥田暁子監訳、明石書店、2000 年〕

Anderson Benedict, *Imagined Communities : Reflections on the Origin and Spread of Nationalism*, London, Verso, 1991, 224 p. 〔ベネディクト・アンダーソン、『増補　想像の共同体――ナショナリズムの起源と流行』、白石さや、白石隆訳、NTT 出版、1997 年〕

Anthias Floya, Yuval-Davis Nira, in association with Cain Harriet, *Racialized Boundaries. Race, Nation, Gender, Colour and Class and the Anti-racist Struggle*, London-New York, Routledge, 1992, 226 p.

Apfelbaum Erika, Relations of Domination and Mouvements for Liberation : An Analysis of Power between Groups, *in* Stephen Worchel, William G. Austin, (eds), *The Social Psychology of Intergroup Relations*, Monterey, Cole, 1979, p.118-204, *Feminism and Psychology*, 1999, n°3, p.267-273 に再掲.

Appay Béatrice, Thébaud-Mony Annie, *Précarisation sociale, travail et santé*, Paris, IRESCO- CNRS « Actions scientifiques fédératives de l'IRESCO », 1997, 580 p.

Arendt Hannah, *The Human Condition*, University of Chidago Press, 1958, 333 p.[フランス語版、*Condition de l'homme moderne*, Paris, Calmann-Lévy, 1961, 再版は、« Agora », 1988, 368 p.]〔ハンナ・アレント、『人間の条件』、志水速雄訳、ちくま学芸文庫、1994 年〕

Aristote, *La politique*, Paris, Vrin, 1987, 595 p. 〔アリストテレス、『政治学』(『アリストテレス全集 15』)、山本光雄訳、岩波書店、1969 年〕

Assises pour les droits des femmes, *En avant toutes*, Paris, Le Temps des cerises, 1998, 308 p.

Attias-Donfut Claudine, *Sociologie des générations*, Paris, PUF, 1988, 249 p.

Attias-Donfut Claudine (dir.), *Les solidarités entre générations*, Paris, Nathan « Essais et recherches », 1995, 352 p.

Auslander Leora, Zancarini-Fournel Michelle (dir.), *Différence des sexes et protection sociale* (*XIXe-XXe siècle*),

民」の出現 *L'émergence d'un Peuple monde*』, Paris, PUF, 1999.

ジルベルベール＝オカール，　マリー＝エレーヌ　Zylberberg-Hocquard, Marie-Hélène

高等専門学校準備クラス歴史学女性教授。「労働の社会的＝性的分割研究グループ」研究員。専攻テーマは、「十九世紀の産業労働における女性たち」、「労働組合主義とフェミニズム」。著書は、『フランス労働運動における女性たちとフェミニズム *Femmes et féminisme dans le mouvement ouvrier français*』, Paris, Éditions Ouvrières, 1981. 主要論文、「家庭と社会の責任の性別化の一側面——十九世紀末の衛生に対する労働者たち Un aspect de la sexualisation des responsabilités familiales et sociales : les ouvriers face à la santé à la fin du XIXe siècle」, *Cahiers du GEDISST*, 1996, n°15.

における健康——原子力産業の例 Rationalité instrumentale et santé au travail : l'exemple de l'industrie nucléaire」, *Revue internationale de psychosociologie*, 1997, vol. III, n°8.『労働の下請けと危険 *La sous-traitance du travail et des risques*』, Paris, Éditions INSERM 近刊予定。

トラ, ジョゼット　Trat, Josette

パリ第Ⅷ大学で社会学を講ず。「労働の社会的＝性的分割研究グループ」研究員。専攻テーマは、「女性たちの闘争、フェミニズム、社会運動、労働組合主義」と「男性支配の諸理論」。主要論文は「1979～90年——フェミニズムと労働運動のすれ違い、フランスで 1979-1990 : les rendez-vous manqués du féminisme et mouvement ouvrier, en France」, *Les Cahiers d'Encrages*, numéro hors série, 2e trimestre 1992, p. 14-27, および「エンゲルスと女性たちの解放 Engels et l'émancipation des femmes」, *in* G. Labica et M. Delbraccio (dir.), *Friedrich Engels, savant et révolutionnaire*, Paris, PUF, 1997.

ヴァリカス, エレニー　Varikas, Eleni

女性歴史学者。パリ第Ⅷ大学政治学助教授。「労働の社会的＝性的分割研究グループ」研究員。専攻テーマは、「近代政治理論におけるジェンダー」と「民主主義の市民権と排除」。主要論文は、「『のけもの』あるいは困難な人類の複数性認識 Le « paria » ou la difficile reconnaissance de la pluralité humaine」, *La Revue des Deux-Mondes*, n°11-12, 1999 (K. McClelland、L. Davidoff と共著)、および「ジェンダーと歴史——回顧と展望 Gender and History. Retrospect and Prospect」, *Gender and History, Special Issue*, 1999, n°11/3.

ヴェルツァー＝ラング, ダニエル　Welzer-Lang, Daniel

トゥールーズ・ル＝ミライユ大学社会学助教授、同大「知、ジェンダー、性別をめぐる社会的諸関係」研究チーム員。「労働の社会的＝性的分割研究グループ」研究員。専攻テーマは、「性行動（セクシュアリテ）とエイズ」、「男性という特性の社会的構築と性別をめぐる社会的諸関係」。主著は、『売春、男と女、女と男 *Prostitution, les uns, les unes et les autres*』, Paris, Métailié, 1994 (O. Barbosa, L. Mathieu と共著)、また『男性と男性という特性への新たなアプローチ *Nouvelles approches des hommes et du masculin*』, Toulouse, Presses universitaires du Mirail, 2000 を監修。

ゼドマン, クロード　Zaidman, Claude

パリ第Ⅶ大学社会学助教授。「労働の社会的＝性的分割研究グループ」会員。専攻テーマは、「ジェンダーと社会への受け入れ」、「男女共同参画、教育、民主主義」。C. Baudoux とともに、『両性間の平等——共同参画と民主主義 *Égalité entre les sexes. Mixité et démocratie*』, Paris, L'Harmattan, 1992 を監修。著書は、『小学校での共学 *La mixité à l'école primaire*』, Paris, L'Harmattan, 1996.

ザリフィアン, フィリップ　Zarifian, Philippe

マルヌ＝ラ＝ヴァレ大学社会学教授。「国立土木学校・技術＝国土＝社会研究所」研究員。「労働の社会的＝性的分割研究グループ」会員。専攻テーマは、「組織モデルの変容」と「社会的諸関係と倫理的態度」。主著、『労働と事件 *Le travail et l'événement*』, Paris, L'Harmattan, 1995,『「世界人

ロザード=ヌネス，マリア=ホセ=F　Rosado Nunes, Maria José F.

カトリック大学およびサンパウロ=メソディスト大学(ブラジル)、宗教科学ドクター・コース女性教授。「ブラジル国立科学技術開発評議会」研究員。専攻テーマは、「ジェンダーと宗教――ブラジル・カトリック思想における女性たち」と「妊娠中絶に関するカトリックの言説」。主要論文は、「宗教と女性たちの権利――ブラジル・カトリック思想の原理主義的側面 Religion and Women's Rights : The Fundamentalist Face of Catholicism in Brazil」, *in* C. H. Howland (ed.), *Religious Fundamentalism and Human Rights of Women*, New York, St. Martin's Press, 1999,「ブラジルの女性たち、家族、カトリック思想――権力の問題 Women, Family and Catholicism in Brazil : The Issue of Power」, *in* S. K. Houseknecht et J. G. Pankhurst (ed.), *Family, Religion, Social Change in Diverse Societies*, New York-Oxford, Oxford University Press, 2000.

スノティエ，ダニエル　Senotier Danièle (編者)

Les Cahiers du Genre 誌編集部秘書。「労働の社会的=性的分割研究グループ」女性研究員。H.Hirata とともに『女性たちと労働の分担 *Femmes et partage du travail*』, Paris, Syros, 1996 を監修。主要論文は、「失業時間の利用について De l'usage du temps de chômage」, *in* H. Hirata et D. Senotier (dir.), *Femmes et partage du temps*, Paris, Syros, 1996 (Ch. Rogerat と共著)――http://www.sigu7.jussieu.fr/ring/memberes.htm より。

タラヒット，ファティハ　Talahite, Fatiha

経済学者。「国立科学研究センター・リール社会学=経済学研究リサーチセンター」女性研究員。「労働の社会的=性的分割研究グループ」研究員。専攻テーマは、「マグレブと地中海沿岸における経済改革と推移」、および「アラブ=イスラム世界における経済の規範、制度、慣習」。主要論文は、「マグレブにおける女性たちの雇用――調整から調整後へ L'emploi des femmes au Maghrebe. De l'ajustement au postajustement」, *Cahiers du GEDISST*, n°21, 1998,「地中海における移民と開発――旧来の論争、新しい争点 Migrations et développement en Méditerranée. Vieux debats, nouveaux enjeux」, *Monde arabe, Maghrebe-Machrek*, hors-série, 1997.

テライユ，ジャン=ピエール　Terrail, Jean-Pierre

ヴェルサイユ・サン=カンタン=アン=イヴリーヌ大学社会学教授。「国立科学研究センター・プランタン研究所」研究員。専攻テーマは、「世代」と「学校教育の整備」。著書は、『世代の力学 *La dynamique des générations*』, Paris, L'Harmattan, 1995. また、『フランス学校教育の整備――現場の状態の批判 *La scolarisation de la France. Critique de l'état des lieux*』, Paris, La Dispute, 1997 を監修。

テボー=モニ，アニー　Thébaud-Mony, Annie

社会学者。「国立衛生=医学研究所・公共衛生に関する現代の争点研究センター」女性主任研究員。*Les Cahiers du Genre* 誌編集委員。専攻テーマは、「労働、衛生、不平等」と「労働災害と職業病の社会的構築(フランス=ブラジルの比較アプローチ)」。主要論文は、「機器の合理性と労働

と人間再生産の二つ。主著は、『売春婦の権利の擁護 *The Vindication of the Rights of Whores*』, Seattle, Washington, The Seal Press, 1989、『売春のプリズム *The Prostitution Prism*』, Amsterdam Amsterdam University Press, 1996（フランス語版、ラルマタン社 L'Harmattan より近刊）。

ピコ，ジュヌヴィエーヴ　Picot, Geneviève

Danièle Kergoat の指導で、社会学の論文を執筆。ヴェルサイユ・サン＝カンタン＝アン＝イヴェリーヌ大学で教鞭をとる。「労働の社会的＝性的分割研究グループ」会員。専攻は、公立病院における性別による労働の分割、および、より特殊には、厚生職における女性と男性の進出。主要論文は、「女性医師たち、あるいは伝統的男性職業への女性の就労 Les femmes médecins ou l'accès des femmes à une profession traditionnellement masculine」, *Cahiers du GEDISST*, 1995, n°13、「公立病院における医師と看護スタッフの関係――連続と変化 Le rapport entre médecins et personnel infirmier à l'hôpital public : continuités et changements」, *Cahiers du Genre*, 2000, n°26.

キミナル，カトリーヌ　Quiminal, Catherine

人類学者、パリ第Ⅶ大学女性教授。「アフリカ研究センター」の「移民と社会研究ユニット」研究員。*Les Cahiers du Genre* 誌編集委員。専攻テーマは、「移民における男女の結社活動」と「移民と社会の変化」。主著は、『ここの人々あちらの人々、ソニンケ族の移民と村落の変容 *Gens d'ici gens d'ailleurs, migrations* soninké *et tranformations villageoises*』, Paris, Bourgeois, 1991、『冷遇の法則――危機に瀕する不法移入民政策 *Les lois de l'inhospitalité : Les politiques de l'immigration à l'épreuve des sans-papiers*』, Paris, La Découverte, 1998.

リオ＝サルセ，ミシェル　Riot-Sarcey, Michèle

パリ第Ⅷ大学現代史女性教授。「労働の社会的＝性的分割研究グループ」研究員。「知性の歴史研究チーム」（リヨン）内で、専攻テーマは、「連続と不連続のあいだの政治史のエクリチュール」と「歴史における女性たちの位置」。主著は、『危機に瀕する女性たちの民主主義、権力を批判する三人の女性像、デジレ・ヴェレ、ジャンヌ・ドゥロワン、ウジェニー・ニボワイエ *La démocratie à l'épreuve des femmes, trois figures critiques du pouvoir, Désirée Véret, Jeanne Deroin, Eugénie Niboyet*』, Paris, Albin Michel, 1994、『ユートピアの現実――十九世紀政治試論 *Le réel de l'utopie. Essai sur la politique au XIXe siécle*』, Albin Michel, 1998.

ロジュラ，シャンタル　Rogerat, Chantal

社会学者。*Travail, Genre et Sociétés* 誌女性編集長。専攻テーマは、「女性たちと労働組合主義の関係、1960 ～ 80 年」と「労働者か／で職員としての女性たちの、労働、雇用、失業、雇用の不安定化に対する関係の変化」。主要論文は、「女性たちと労働組合主義――同化それとも統合？　妥協の力学 Femmes et syndicalisme. Assimilation ou intégration ? La dynamique du compromis」, *in* P. Cours-Salies (coord.), *La liberté du travail*, Paris, Syllepse, 1995,「失業時間の利用について De l'usage du temps de chômage」, *in* H. Hirata et D. Senotier (dir.), *Femmes et partage du temps*, Paris, Syros, 1996 (D. Senotier と共著).

テーマは、「国家と市民権」。主要論文は、「女性たちの政治的市民権 La citoyenneté politique des femmes」, *Le Courrier hebdomadaire du CRISP*, n°1597, 1998。また、A. Carrier らとともに、『ラテン＝アメリカにおける社会的市民権 *La citoyenneté sociale en Amérique latine*』, Paris, L'Harmattan, 1996 を編集。

マティユ, ニコル＝クロード　Mathieu, Nicole-Claude

「社会科学高等研究学院」(パリ)助教授。*Les Cahiers du Genre* 誌後援会員。専攻テーマは、民族学と社会学の「性別の概念形成と女性の抑圧」および「さまざまな母系＝妻方居住社会」。主著は、『政治の解剖学――性別のカテゴリー形成とイデオロギー *L'Anatomie politique. Catégorisations et idéologies du sexe*』, Paris, Côté-femmes, 1991. また、最近では、論文「人格、性別、ジェンダー論 Remarques sur la personne, le sexe et le genre」で、自身が *Gradhiva, revue d'histoire et d'archives de l'anthropologie*, 1998, n°23 のために収集した資料集「両性の人類学 Anthropologie des sexes」を紹介している。

メノー, エレーヌ＝イヴォンヌ　Meynaud, Hélène-Yvonne

社会学者、女性シニア技術＝研究者、「フランス電力公社・研究開発部」の研究グループ「エネルギー、テクノロジー、社会」研究員。「労働の社会的＝性的分割研究グループ」会員。専攻テーマは、「労働組織の変容」と「女性、侵犯、権力」。主要論文は、「白雪姫と棘――女性たち、テクノロジー、狂気 Blanche-Neige et l'épine : femmes, technologies et folies」, *Chimères*, printemps 2000, n°38。また、『社会科学と企業――「フランス電力公社」における研究の 50 年 *Les sciences sociales et l'entreprise : cinquante ans de recherche à EDF*』, Paris, La Découverte, 1996 を監修。

モリニエ, パスカル　Molinier, Pascale

「国立工芸院」労働心理学助教授、同院「労働心理研究所」研究員。*Les Cahiers du Genre* 誌編集委員。専攻テーマは、「労働心理力学と性別をめぐる社会的諸関係」、および「ジェンダー、労働、性(セクシュアリテ)」。主要論文は、「主体的精神的自立と性的アイデンティティの構築――労働心理力学の成果 Autonomie morale subjective et construction de l'identité sexuelle : l'apport de la psychodynamique du travail」, *Revue internationale de psychosociologie*, 1997, vol. III, n°5, および「防衛的男らしさ、創造的男性性 Virilité défensive, masculinité créatrice」, *Travail, Genre et Société*, 3 / 2000。

ペロー, ミシェル　Perrot, Michelle

パリ第Ⅶ大学歴史学女性名誉教授。*Les Cahiers du Genre* 誌後援会員。専攻テーマは、「女性史」と「犯罪と監獄の歴史」。近著は、『女性たち――公の場で *Femmes publiques*』Paris, Textuel, 1997、『女性たち、あるいは「歴史」の沈黙 *Les femmes ou le silence de l'Histoire*』, Paris, Flammarion, 1998〔持田明子訳、藤原書店、近刊〕。

フィータースン, ゲイル　Pheterson, Gail

ピカルディー＝ジュール・ヴェルヌ大学(アミアン)心理学科助教授。主要専攻テーマは、売春

Karthala, 1996 を監修。

ル=ドアレ，エレーヌ　Le Doaré, Hélène（編者）

「労働の社会的=性的分割研究グループ」女性研究技師。専攻は、性別による労働の分割がもたらす、さまざまな分割、およびラテン=アメリカの民衆運動、ドイツ・ゲリラ、フランスの看護連携における多様な社会的諸関係。主要論文は、「あるパラドクス論——『ドイツ・テロリズム』と男性/女性間関係の民主化 Un écrit sur un paradoxe : Le « terrorisme allemend » et la démocratisation du rapport homme/femme」, *in* Les rapports sociaux de sexe : problématiques, méthodologies, champs d'analyses, *Cahiers de l'APRE*, 1987, n°7, vol. 2、「世界化のさまざまな逆説 Les paradoxes de la mondialisation」, *Cahiers du GEDISST*, n°21, 1998（H. Hirata と共著）.

ルガルディニエ，クローディーヌ　Legardinier, Claudine

ジャーナリスト。「癒しの巣運動」（クリシー）機関誌『売春と社会 *Prostitution et société*』（季刊）編集委員。専攻テーマは、「売春」と「暴力」。主著、『売春 *La prostitution*』, Toulouse, Milan « Les Essentiels », 1996。

ロモン，ブリジット　Lhomond, Brigitte

社会学者。「リヨン国立科学研究センター・衛生システム分析研究所」女性研究員。専攻テーマは、「性（セクシュアリテ）と同性愛の社会的構築」、および「若ものの性行動」。主要論文は、「計量の意味——性行動と少数集団の社会的位置に関する調査における男女同性愛者の数 Le sense de la mesure. Le nombre d'homosexuels/les dans les enquêtes sur les comportements sexsuels et le statut de groupe minoritaire」, *Sociologie et sociétés*, printemps 1997, vol. XXIX, n°1. 著書は、『性行動（セクシュアリテ）への参入——エイズを背景とした若ものの行動 *L'entrée dans la sexualité. Les comportements des jeunns dans le contexte du sida*』, Paris, La Découverte, 1997（H. Lagrange と共著）。

ローウィ，イラナ　Löwy, Ilana

女性科学史学者。「国立衛生=医学研究所研究員・医学=科学=衛生=社会研究センター」（「国立衛生=医学研究所」、「国立科学研究センター」、「社会科学高等研究学院」で組織）女性研究員。専攻は、十九〜二十世紀の生物学と医学の歴史、およびバイオ医学とジェンダーの関係。主著は、『ベンチとベッドサイドのあいだに——ガン病棟における科学、治療、インターロイキン2* *Between Bench and Bedside : Science, Healing and Interleukin-2 in a Cancer Ward*』, Harvard University Press, 1996。また、J.-P. Gaudillière とともに、『みえざる産業家——製品と科学知識の生産 *The Invisible Industrialist : Manufactures and the Production of Scientific Knowledge*』, Houndhill, Basingstoke, Hampshire, Macmillan Press, 1998 を監修。

＊　免疫療法の治療薬

マルク=ペレイラ，ベランジェール　Marques-Pereira, Bérengère

ブリュッセル自由大学政治学女性教授。「労働の社会的=性的分割研究グループ」会員。専攻

ケルゴア，プリスカ　Kergoat, Prisca

Lucie Tanguy の指導で、「国立科学研究センター」の「労働と召集兵研究チーム」の一環として、パリ第X大学で社会学の論文を執筆。専攻は、フランス大企業における研修による職業訓練。同テーマで、論文「研修の多様な側面 Les différents visages de l'apprentissage」, *Agora débats / jeunesses*, 1998, n°14、「研修の再生 Le renouveau de l'apprentissage」, *Politique, la Revue*, 1997, n°3.

ラボリ，フランソワーズ　Laborie, Françoise（編者）

社会学者。「労働の社会的＝性的分割研究グループ」女性 研究員。専攻テーマは、「人間再生産テクノロジーの開発と結合した社会的争点」、および「技術とジェンダー」。主要論文は、「胎児に対する両親と医師たち――権力関係と決定 Parents et médecins face à l'embryon : relations de pouvoir et décisions」, *in* B. Feuillet-Le Mintier (dir.), *L'embryon humain. Approche multidisciplinaire*, Paris, Economica, 1996、「生殖技術とジェンダーの複合構築――体外受精ＦＩＶとＩＣＳＩ*の比較 Construction conjointe des techniques procréatives et du genre. Comparaison entre FIV et ICSI」, *in* H. Dagenais (dir.), *La recherche féministe dans la francophonie*, Montréal, 1999, Éd. du Remue-ménage.

＊ Intracytoplasmic sperme injection. 人工受精の方法のひとつ。「凍結して運動性を消失させた精子を、同種の卵子細胞内に注入」する（鈴木秋悦編、『体外受精（改訂版）』、メジカルビュー社、1996年、51 ページ）。

ラダ，エマニュエル　Lada, Emmanuelle

Danièle Kergoat の指導で、社会学の論文を執筆。「労働の社会的＝性的分割研究グループ」会員。専攻は、男女若年層の統合経路、都市周辺地域、および公共企業の変容プロセス。主要論文は、「軍隊のイメージと若者の統合 Image(s) de l'armée et insertion des jeunes」, *Champs de Mars*, La Documentation française, 1998, n°4 (C. Nicole-Drancourt と共著).

ラムルー，ディアーヌ　Lamoureux, Diane

ラヴァル大学（カナダ、ケベック州）政治学科女性教授。専攻テーマは、「市民権と民主主義」。より個別には、「細分同化政策*の限界」。論集『性的アイデンティティの限界 *Les limites de l'identité sexuelle*』, Montréal, Éd. du Remue-ménage, 1988 を監修。他に著書、『女性市民たち？　女性たち、選挙権、民主主義 *Citoyennes ? Femmes, droit de vote et démocratie*』, Montréal, Éd. du Remue-ménage, 1989.

＊ 国や階級といった大きな単位でなく、民族、性別、言語、宗教などによる、より小さな集団に個人を同化させる政策。

ロティエ，ブリュノー　Lautier, Bruno

パリ第Ｉ大学・「経済社会開発研究所」教授、「労働の社会的＝性的分割研究グループ」会員。専攻テーマは、「インフォーマル経済」と「貧困に対する闘争政策」。著書は、『第三世界におけるインフォーマル経済 *L'économie informelle dans le Tiers Monde*』, Paris, La Découverte « Repères », 1994。また、R. Cabanes とともに、『「南」諸国における企業の横顔 *Profils d'entreprises au Sud*』, Paris, ruani (dir.), *Les nouvelles frontières de l'inégalité. Hommes et femmes sur le marché du travail*, Paris, Mage/La Découverte, 1998、「エクリチュールの機械化とパロールの写真化——ユートピア、事務の世界、ジェンダーの歴史、技術の歴史 Mécaniser l'écriture et photographier la parole. Utopies, monde du bureau et histoires de genre et de techniques」, *Annales, Histoire, Sciences sociales*, n°3, mai-juin 1999.

＊　パリ北東部のラ・ヴィレット公園内にある、科学技術のテーマパーク。

エナン, ジャクリーヌ　Heinen, Jacqueline

ヴェルサイユ・サン＝カンタン＝アン＝イヴリーヌ大学社会学女性教授。「国立科学研究センター・プランタン*研究所」研究員。*Les Cahiers du Genre* 誌編集長。専攻テーマは、「東ヨーロッパにおける社会政策」と「ジェンダー、地域民主主義、市民権」。著書、『ポーランドにおける失業と女子労働力の未来 *Chômage et devenir de la main-d'œuvre en Pologne*』, Paris, L'Harmattan, 1995。また、A. Del Re とともに、『女性たちにいかなる市民権を？——ヨーロッパにおける福祉国家と政治代表制の危機 *Quelle citoyenneté pour les femmes ? La crise des États-providenc et de la représentation politique en Europe*』, Paris, L'Harmattan, 1996 を監修。

＊　ＰＲＩＮＴＥＭＰＳ、「職業＝制度＝時間性 professinons-insutitutions-tempolarités」の略。

ヒラータ, ヘレナ　Hirata, Helena（編者）

「労働の社会的＝性的分割研究グループ」社会学女性研究員。専攻テーマは、「労働と性別による労働の分割」と「産業組織のパラダイムと社会的諸関係」。D. Senotier と、『女性たちと労働の分割 *Femmes et partage du travail*』, Paris, Syros, 1996 を共同編集。主要論文は、「産業の再構造化と性別による労働の分割——比較の視点 Restructuration industrielle et division sexuelle du travail. Une perspective comparative」, *Revue Tiers Monde*, n°154, 1998.

ジュトー, ダニエル　Juteau, Danielle

モントリール大学（カナダ、ケベック州）社会学科女性教授・民族関係正教授。専攻テーマは、「民族と国家の社会的諸関係」、「性別をめぐる社会的諸関係」。主著は、『手仕事と天職——ケベックの修道女たちの労働、1901 ～ 71 年 *Un métier et une vocation. Le travail des religieuses au Québec, de 1901 à 1971*』, Montréal, Presses de l'Université de Montréal, 1997 (N. Laurin と共著)、『民族性とその境界 *L'ethnicité et ses frontières*』, Montréal, Presses de l'Université de Montréal « Trajectoires sociales », 1999.

ケルゴアア, ダニエル　Kergoat, Danièle

「労働の社会的＝性的分割研究グループ」社会学女性主任研究員。専攻テーマは、「労働の分割と性別をめぐる関係——労働の重要性、性別のある主体の形成、動員の新しい形態」。主著は、『女性たちとパートタイム労働 *Les femmes et le travail à temps partiel*』, Paris, La Documentation française, 1984. 主要論文、「子孫再生産と変化——パロールの位置 La reproduction et le changement : place de la parole」, *in* J. Boutet (dir.), *Paroles au travail*, Paris, L'Harmattan, 1995.

ドゥヴルー，アンヌ＝マリー　Devreux, Anne-Marie

「国立科学研究センター」・「都市の文化と社会研究チーム」社会学担当女性研究員。専攻テーマは、「性別をめぐる社会的諸関係の認識論」と「支配者たちの社会学」。主要論文は、「召集兵、武器、女性たち――軍隊における男性支配の学習 Des appelés, des armes et des femmes : l'apprentissage de la domination masculine à l'armée」, *Nouvelles questions féministes*, 1997, vol. 18, n°3-4、「現代社会学と、女性という特性自然起源説の復活 Sociologie contemporaine et renaturalisation du féminin」, *in* D. Gardey et I. Lôwy (dir.), *La fabrication du naturel. Les sciences et la construction du féminin et du masculin*, Paris, Archives d'histoire contemporaine, 2000.

フォルティノ，サビーヌ　Fortino, Sabine

パリ第X大学社会学助教授。「国立科学研究センター」・「労働と流動性研究チーム」研究員。「労働の社会的＝性的分割研究グループ」会員。専攻テーマは、「労働における社会的男女共同参画」と「フランス公共部門雇用への女性の進出／男性の進出」。主要論文は、「娘から母親へ――フェミニズムの第二波と母性 Des filles en mères. La seconde vague du féminisme et la maternité」, *Clio. Histoire, femmes et sociétés*, 1997, n°5、「性別による職種の分離から労働における男女共同参画へ――あるプロセスの研究 De la ségrégation sexuelle des postes à la mixité au travail : étude d'un processus」, *Sociologie du travail*, n°4/99.

フジェロラ＝シュヴェーベル，ドミニック　Fougeyrollas-Schwebel, Dominique

「社会経済学学際研究所」(「国立科学研究センター」とパリ第IX大学が共同で組織)社会学担当女性研究員。*Les Cahiers du Genre* 誌編集委員。専攻テーマは、「サーヴィス関係――賃金労働の変化と家庭サーヴィス」、および「暴力への新たなアプローチとフェミニズム」。主要論文、「1970 年代のフェミニズム Le féminisme des années 1970」, *in* C. Fauré (dir.), *Encyclopédie politique et historique des femmes*, Paris, PUF, 1997、「隔離から細分化へ――家事労働と賃金労働 De la réclusion au cloisonnement. Travail domestique et salariat」, *in* H. Defalvard et V. Guienne (dir.), *Le partage du travail. Bilan et perspectives*, Paris, Desclée de Brouwer, 1998.

フォックス＝ケラー，イヴリン　Fox Keller, Evelyn

マサチューセッツ工科大学(アメリカ、マサチューセッツ州ケンブリッジ)・科学の歴史と哲学女性教授。専攻テーマは、「生物学の歴史と哲学」、および「言語と科学」。主著は、『生命を表現し直す――二十世紀生物学のメタファー *Refiguring Life : Metaphors of Twentieth Century Biology*』, Columbia University Press, 1995 (フランス語版、1999 年 1 月)、『遺伝子の世紀 *The Century of the Gene*』, Harvard University Press, 2000.

ガルデー，デルフィーヌ　Gardey, Delphine

「科学＝技術史研究センター」(「科学産業都市*」と「国立科学研究センター」が共同運営)女性歴史学者。専攻テーマは、「労働と技術の歴史」と「性別をめぐる社会的諸関係の歴史」。主要論文は、「女子労働に関する歴史的展望 Perspectives historiques sur le travail des femmes」, *in* M. Ma-

悪夢のあいだ Le travail à temps partiel : entre rêve et cauchemar」, *Les Cahiers du Mage*, 1997, n°2.

シャボー=リクテール，ダニエル　Chabaud-Rychiter, Danielle

社会学者。「労働の社会的=性的分割研究グループ」女性研究員。専攻テーマは、「工業革新と家庭用技術製品」および「技術とジェンダー」。このテーマに関して、二つの主要論文「家電製品の設計業務における家庭内慣行の具体化 La mise en forme des pratiques domestiques dans le travail de conception d'appareils électroménagers」, *Sociétés contemporaines*, mars 1994, n°17、「家電製品の設計における工業と家庭 L'industruel et le domestique dans la conception d'appareils électro-ménagers」, *Cahiers du GEDISST*, 1997, n°20 がある。

コラン，フランソワーズ　Collin, Françoise

哲学者。「パリ批判研究センター」女性教授。*Les Cahiers du GRIF* 誌を創刊および編集。*Les Cahiers du Genre* 誌後援会員。モーリス・ブランショとハンナ・アレントの専門家。中心的業績は、象徴作用(エクリチュール、芸術、科学)の役割と意味、政治および政治と私生活の関係のフェミニズムからの再定義。近著は、『人間はよけいなものになったのか？——ハンナ・アレント *L'homme est-il devenu superflu ? Hannah Arendt*』, Paris, Odile Jacob, 1999、『わたしは、ひとつことばから出発することになろう——象徴作用という領域 *Je partirais d'un mot : le champ symbolique*』, Paris, Fusart, 1999.

クール=サリー，ピエール　Cours-Salies, Pierre

エヴリー=ヴァル=デソンヌ大学社会学教授。パリ第Ⅷ大学政治学第三期(博士)課程で講ず。「労働の社会的=性的分割研究グループ」研究員。専攻テーマは、「労働と支配関係」および「集団行動と社会運動」。主著は、『労働の自由 *La liberté du travail*』(coord.), Paris, Syros, 1995、『労働との関係 *Le rapport au travail*』(coord.), Saint-Denis, Université de Paris VIII, 1998.

デル=レー，アリサ　Del Re, Alisa

イタリアのパドヴァ大学政治学部女性教授。*Les Cahiers du Genre* 誌女性在外通信員。専攻は、「女性たちの政治代表制」と「社会=家族政策」。F. Bimbi とともに『ジェンダーと民主主義 *Genere e democrazia*』, Torino, Rosemberg & Sellier, 1997 を監修。他に著書『政治における女性たち *Donne in politica*』, Milano, Franco Angeli, 1999.

デルフィー，クリスティーヌ　Delphy, Christine

社会学者。「国立科学研究センター」女性研究員。*Nouvelles questions féministes* 誌編集長。専攻テーマは、「家父長制と資本主義の関係」、「ジェンダーの社会的構築」。主著は、『家に密着して *Close to Home*』, London, Hutchinson, 1984、『主要な敵 I ——家父長制の政治経済学 *L'Ennemi principal, I. Économie politique du patriarcat*』, Paris, Syros, 1998〔『なにが女性の主要な敵なのか？　ラディカル・唯物論的分析』、井上たか子ほか訳、勁草書房、1999 年〕.

執筆者紹介

（原綴アルファベット順・48名）

アレマニー，カルメ　Alemany, Carme

社会学者。「女性と社会研究バルセロナ・センター」を指導。*Les Cahiers du Genre* 誌（旧 *Cahiers du GEDISST* 誌）女性在外通信員。専攻テーマは、「生産および子孫再生産労働」と「テクノロジーとジェンダー」。C. Borderías、C. Carraso とともに、『女性たちと労働 *Las mujeres y el trabajo*』, Madrid, Icaria/FUHEM « Economica Critica », 1994 を監修。「南ヨーロッパ5カ国の労働現場におけるセクシャル・ハラスメント Le harcèlement sexuel sur les lieux de travail dans cinq pays de l'Europe du Sud」, in *Le harcèlement sexuel sur le lieu de travail dans l'Union européenne*, Commission des Communautés européennes－DGV, 2000 の執筆者でもある。

アプフェルバウム，エリカ　Apfelbaum, Erika

心理学者。「労働の社会的＝性的分割研究グループ」（「国立科学研究センター」とパリ第Ⅷ大学が共同で組織）女性名誉主任研究員。専攻テーマは、「支配、権力、対抗権力」および「アイデンティティと文化――記憶と伝達」。主要論文は、「上級指導的地位におけるノルウェーとフランスの女性たち――ジェンダー関係における文化的背景の重要性 Norwegian and French Women in High Leadership Positions : The Importance of Cultural Contexts upon Gendered Relations」、*Psychology of Women Quarterly*, 17, 1993, n°4 と「大量虐殺をまえにした文化の衝突――沈黙する自国文化と受容外国文化の抗争 The Impact of Culture in the Face of Genocide. Struggling between a Silenced Home Culture and a Foreign Host Culture」、*in* C. Squire (ed.), *Culture and Psychology*, 2000.

アペ，ベアトリス　Appay, Béatrice

社会学者。「労働の社会的＝性的分割研究グループ」女性研究員。専攻テーマは、「統制された自立と社会の不安定化」、「女性たちの生活・労働条件」。Annie Thébaud-Mony とともに『社会の不安定化、労働、健康 *Précarisation sociale, travail et santé*』, Paris, IRESCO-CNRS, 1997 を監修。主要論文は、「経済的集中と労働の外部依存 Economic Concentration and the Externalisation of Labour」, *Economic and Industrial Democracy*, 1998, vol. 19.

カタネオ，ナタリー　Cattanéo, Nathalie

社会学者。「労働の社会的＝性的分割研究グループ」会員。専攻は、女子労働、とりわけ労働時間。主要論文は、「だれが、なにを分けあうのか？ Qui partage et que partage-t-on?」, *in* H. Hirata et D. Senotier (dir.), *Femmes et partage du travail*, Paris, Syros, 1996 および「パートタイム労働――夢と

監訳者あとがき

本書は、Helena Hirata, Françoise Laborie, Hélène Le Doaré, Danièle Senotier（sous la coordination de）, *Dictionnaire critique du féminisme*（直訳すれば『批判的フェミニズム事典』）«Politique d'aujourd'hui», Paris, Presses Universitaires de France（PUF）, 2000 の翻訳である。なお最初に指摘しておくが、同書は、フェミニズムを切り口としたフランスではじめての事典であるが、やや内容が重なるものとして、『女性政治歴史事典 *Encyclopédie politique et historique des femmes*』Christine Fauré（sous la dir. de）, Paris, PUF, 1997 がすでに刊行されている。

原著は、「科学委員会」と称されるグループの手になるものだが、同委員会は、フランスの「国立科学研究センター」内にある「労働の社会的＝性的分割研究グループ」と、女性学や女性史の研究・教育で定評のあるパリ第Ⅶ大学によって構成されている。「国立科学研究センター」が、フランスでもっとも権威ある学術研究機関のひとつであることを考えると、原著は、現在フランスで結集しうる最高レヴェルのスタッフによって、最新の研究成果をもとに編まれたものと断言してよさそうである。

フェミニズムの立場に立つ探究は、フランスにおいても、一九六〇年代に始まったようである。そのころは、それまで学問研究で顧みられることのなかった女性に関することがらを発掘し顕在化することと、女性の研究者たちが既存の学問研究に「侵入する」ことが、なによりもその目的だった。だが、一九七〇年代の女性解放運動の影響のもとで、一九八〇年代になると男女両性の関係性の解明に移行し、右で述べた女性たちの〝不在〟が、じつはヨーロッパ近代市民社会にひそむ性差別構造によるものであることが明らかになってくる。そして一九九〇年代になると、既存の学問を貫く考え方の枠組《パラダイム》を脱構築する段階に入る。これらの諸学もまた、この性差別構造に色濃く染められていることが明白になったためである。

本書から、そのもっとも典型的な例をあげておこう。自然科学は通常、性別などにはいっさい関わりなく、中性的な言語で自然を客観的に解明する学だと考えられている。だが、性別にもっとも関わりのある発生理論の領域では、右に指摘した性差別構造が明確に認められる。すなわちそこでは、オスないし男性の「精子は、『活動的な』、『力強い』、『自身によって移動する』もの」であり、卵母細胞に『侵入する』ことができる」が、メスないし女性の卵母細胞のほうは、『侵入され』て受精するまで、卵管にそって『運ばれ』、『流される』……だけ」だとされている。つまり、「オス・男性=活動性・能動性」vs「メス・女性=不動性・受動性」というパラダイムが、この理論を支配しているのである（項目「科学の言語」）。もちろん、活動性・能動性のほうが上位に置かれているることはいうまでもない。くり返すが、フェミニズムの立場に立つ探究は、こうしたパラダイムの脱構築を目指す段階にきているのである。

「批判的事典 Dictionnaire critique」というタイトルが、この事典が右の最新段階における成果をもとに編まれたものであることを雄弁に物語っている。

「本書は、用語の網羅的な一覧ではなく、さまざまな概念の組み合わせを呈示している。……それらを組みあわせることを考えたのは、社会に関する別な見方が出現することを、あるいはその見方が定着することを可能にするためなのだ。……手短にいえば、新しい解読装置を伝達して、ありきたりの意味を、批判的な意味に変えるためである。ここから、本書のタイトルが生まれた」。

というわけである。さらに例を挙げることはしないが、引用からも明らかなように、この編集方針は全編にわたって貫かれているといってよい。

また、このような編集方針から、この事典は、いわゆる用語解説的な記述を排して、大項目方式を徹底させている。すなわち、この日本語版では、各項目にだいたい八ページ、重要な項目には一〇ページ以上が割かれている。そのため、各項目を一読すれば、その歴史的経過、現状と問題点、今後探るべき方向がほぼ理解できるようになっている。そういう意味で、この事典は、これからヨーロッパのフェミニズムを学ぼうとする人々にとって、格好の入門書にもなるであろう。それも、フランスでの最新の情報をもとに。さらにいえば、英語圏の研究者も執筆していること、英語による業績の引用が多数みられることからみて、英語圏での最新の情報も加えて。その英語圏では、類似の事典が、かなり早くから編纂されていたようである。わが国にも翻訳されている『フェミニズム事典 *Encyclopedia of Feminism*』(リサ・タトル著、渡辺和子監訳、明石書店、一九九一年。なお同書店からは、ほかに三冊の英語からの翻訳の事典が出ている) は、すでに一九八六年の出版である。ただそれらは、重要項目にはかなりの字数・ページ数を費やしてはいるが、この事典のように、徹底した大項目方式を採用しているわけではない。したがってこの事典は、これまでにない形式の事典ということができよう。

折りしも、この事典の刊行に先だつこと四ヵ月、日本でも岩波書店から『女性学事典』が刊行された。同事典を一読してみると、本書と視点を同じくする記述が散見される。国際的なレヴェルで、女性学研究やフェミニズム研究が、ほぼ時を同じくして、あるひとつの段階に達したのではないかという気がしてならない。

なお序文のエピグラフとして、『百科全書』編纂者のディドロのことばが掲げられている。すなわち、

「よき事典がそなえなければならない特徴とは、ありきたりの考え方を変えることである。」


というわけだ。これまでみてきたように、この事典はまさに「よき事典」たりえているということができよう。

この翻訳作業は、昨年春に翻訳を完了した『女の歴史』の監修者ミシェル・ペロー女史が、藤原書店にその翻

訳を薦めたことに端を発している。ペロー女史は、パリ第Ⅶ大学の名誉教授であり、フランスにおける女性史研究の第一人者である。そしてこの事典でも、「歴史(の性別化)」の項を執筆している。かの女の最新の論集『女性たち、あるいは「歴史」の沈黙』・「総序」には、『女の歴史』誕生の経緯が述べられているが、それによると『女の歴史』もまた、右で述べた本書刊行の状況と同じ状況のなかで企画・刊行されている。フランスにおける女性史研究も、それまで埋もれていた女性たちの記録を発掘・定着することに始まり、男女両性の関係を歴史的に記述する段階に移り、現在では、この関係の解明をつうじて歴史全体を書き換える段階にさしかかりつつある。女史が本書の翻訳を薦めたのも、おそらくは、そうした認識があってのことだと推察される。

翻訳作業は、原文のアルファベット順の項目(日本語版では、邦訳の五十音順に並べ替えている)を、五人の翻訳者でほぼ均等に分担訳出し、監訳者二人がそれを徹底的にチェックしたのち、翻訳者それぞれの手に戻して再チェックするというプロセスを経てなされた。翻訳の誤りを可能なかぎり回避するとともに、できるだけわかりやすい文章とするためである。それでも、原文がそれこそあらゆる学問領域にわたっていると同時に、最新の研究成果とリアルタイムの情報にもとづいているため、困惑を感じる場面も少なくはなかった。訳文の不備、必要な情報の不足に関しては、読者諸氏の御指摘とアドヴァイスをあおぐ次第である。

最後に、訳文の完成を辛抱強く見守ってくださった店主・藤原良雄氏をはじめ、藤原書店のスタッフ一同に感謝の意を表して、あとがきの締めくくりとしたい。

二〇〇二年一〇月

監訳者のひとり　志賀亮一

*なお本書の刊行には、京都橘女子大学より出版助成を受けた。記して謝意とする。

ヤ　行

ヤング，アイリス＝マリオン
Iris Marion Young　122

ユエ，マリーズ
Maryse Huet　363

ラ　行

ライヒ，ヴィルヘルム（1897–1957）
Wilhelm Reich　192–193
ライプニツ，ゴットフリート＝ヴィルヘルム・フォン（1646–1716）
Gottfried Wilhelm von Leibniz　314
ラカー，トマス＝ウォルター（1945–　）
Thomas Walter Laqueur　39–40, 190
ラカン，ジャック＝マリー（1901–81）
Jacques Marie Lacan　199, 204
ラッソ，アン
Ann Russo　67
ラトゥール，ブリュノー
Bruno Latour　75
ラブルース，エルネスト（1895–1984）
Ernest Labrousse　379
ランジュヴァン，アネット
Annette Langevin　55
ラント，ポール
Paul Lunt　353

リオ＝サルセ，ミシェル
Michèle Riot-Sarcey　382
リオタール，ジャン＝フランソワ（1924–98）
Jean-François Lyotard　205
リクール，ポール（1913–　）
Paul Ricœur　378
リシェール，レオン（1824–1911）
Léon Richer　231

ルイ，マリー＝ヴィクトワール
Marie-Victoire Louis　231, 299
ルイス，ジェイン
Jane Lewis　138
ル＝ガル，アンヌ
Anne Le Gall　181
ルソー，ジャン＝ジャック（1712–78）
Jean-Jacques Rousseau　90, 97–98, 120, 198–199, 344
ル＝ドゥフ，ミシェル
Michèle Le Dœuff　262, 378
ルフォシュール，ナディーヌ
Nadine Lefaucheur　136, 347–348
ル＝プレ，フレデリック（1806–82）
Frédéric Le Play　380
ルーベンステイン，マイケル
Michael Rubenstein　232

レイラ，アルヌラウグ
Arnlaug Leira　138
レヴィ＝ストロース，クロード（1908–　）
Claude Lévi-Strauss　211, 248

ロー，ジョン
John Law　75
ロザード＝ヌネス，マリア＝ホセ＝F
Maria José F. Rosado Nunes　161–162
ロモン，ブリジット
Brigitte Lhomond　195, 252
ロルカー，ナンシー・ライマン
Nancy Lyman Roelker　157
ロワゾー，ドミニック
Dominique Loiseau　144
ロンジーノ，ヘレン
Helen Longino　32

ベヴァリッジ，ウィリアム＝ヘンリー（1879-1963）
Sir William Henry Beveridge　104
ヘーゲル，ゲオルク＝ヴィルヘルム＝フリードリヒ（1770-1831）
Georg Wilhelm Friedrich Hegel　87, 90, 98
ベーベル，アウグスト（1840-1913）
August Bebel　62
ペルシュロン，アニック
Annick Percheron　239, 241
ペルティエ，マドレーヌ（1874-1939）
Madeleine Pelletier　81
ベルティヨン，アルフォンス（1853-1914）
Alphonse Bertillon　173
ベルトー，ダニエル
Daniel Bertaux　240-241
ベルトー＝ヴィアム，イザベル
Isabelle Bertaux-Wiame　240-241
ペロー，ミシェル（1928-　）
Michelle Perrot　73, 87, 91, 93, 136, 186, 198, 267, 322, 341, 343, 345, 381, 383, 385
ベロッティ，エレナ＝ジャニーニ
Elena Gianini Belotti　82

ボーヴォワール，シモーヌ・ド（1908-86）
Simone de Beauvoir　63, 81-82, 93, 199-200, 202-203, 207, 248-250, 348
ボセルップ，エステル
Esther Boserup　27
ホッブズ，トマス（1588-1679）
Thomas Hobbes　198
ホーナイ，カレン（1885-1952）
Karen Horney　199
ポマータ，ジアンナ
Gianna Pomata　382-383
ポラック，マイケル
Michael Pollak　194
ボルドー，ミシェル
Michèle Bordeaux　336
ホワイト，ウィリアム＝フート
William Foote White　174

マ　行

マカダム，ダグラス
Douglas McAdam　133
マーシャル，トマス＝ハンフリー（1893-1981）
Thomas Humphrey Marshall　123
マスターズ，ウィリアム＝ハウエル（1915-　）
William Howell Masters　193
マッキノン，キャサリン
Catherine MacKinnon　137, 231-232
マッケンジー，ロデリック＝ダンカン（1885-1940）
Roderick Duncan McKenzie　174
マーティン，エミリー
Emily Martin　39-40
マドンナ
Madonna　252
マルアーニ，マーガレット
Margaret Maruani　131, 373
マルクス，カール＝ハインリヒ（1818-83）
Karl Heinrich Marx　127-128, 146-147, 387
マンソン，スヴェン＝アクセル
Sven Axel Mansson　298

ミシェル，アンドレ
Andrée Michel　53-54, 175
ミシュレ，ジュール（1798-1874）
Jules Michelet　87, 379-380
ミード，マーガレット（1901-78）
Margaret Mead　248-249
ミル，ジョン＝ステュアート（1806-73）
John Stuart Mill　199
ミレット，ケイト（1934-　）
Katherine Murray Millet, dite Kate　63

ムフ，シャンタル
Chantal Mouffe　122-123
ムリオー，ルネ（1936-　）
René Mouriaux　129
ムルデール，ダニエル
Danièle Meulders　372-373

メイナード，メアリー
Mary Maynard　357
メンミ，アルベール（1920-　）
Albert Memmi　113

モーガン，ルイス＝ヘンリー（1818-81）
Lewis Henry Morgan　62, 379-380
モスコーニ，ニコル
Nicole Mosconi　259
モハンティ，チャドラ＝タルペイド
Chandra Talpade Mohanty　67
モロクヴァジック，ミルジャナ
Mirjana Morokvasic　176
モンテスキュー（1689-1755）
Charles de Secondat, baron de la Brède et de Montesquieu　120

ハ　行

パイアー，マイケル
Michael Piore　371
ハイデガー，マルティン（1889–1976）
Martin Heidegger　205
バウアー，オットー（1881-1938）
Otto Bauer　354
バヴァン＝ルグロ，ベルナデット
Bernadette Bawin-Legros　55
パーク，ロバート＝エズラ（1864–1944）
Robert Ezra Park　174
バージェス，アーネスト＝ワトスン（1886–1966）
Ernest Watson Burgess　174
パースンズ，トールカット（1902–79）
Talcott Parsons　53, 55
バタグリオラ，フランソワーズ
Françoise Battagliola　55
バダンテール，エリザベート
Élisabeth Badinter　202, 343–344
ハーディング，サンドラ
Sandra Harding　32, 34
ハーデン＝チェナット，ヘレン
Helen Harden Chenut　71
ハートマン，ハイディ
Heidi Hartmann　66
バトラー，ジョゼフィン＝エリザベス（1828–1906）
Josephine Elizabeth Butler　295, 304–305
バーナー，ボエル
Boel Berner　74
バハオーフェン，ヨハン＝ヤーコプ（1815–87）
Johann Jacob Bachofen　62, 379
ハーバーマス，ユルゲン（1929–　）
Jürgen Habermas　392–393
ハラウェイ，ドナ
Donna Haraway　32, 34
バレール＝モリソン，マリー＝アニェス
Marie-Agnès Barrère-Maurisson　55
ハンドマン，マリー＝エリザベス
Marie-Elizabeth Handman　340

ビィカー，ウィーブ
Wiebe Bijker　75
ヒューム，デイヴィッド（1711–76）
David Hume　98
ヒラータ，ヘレナ
Helena Hirata　71, 144, 376, 394
ヒルシュフェルト，マグヌス（1868–1935）
Magnus Hirschfeld　192
ピンチ，トレヴァー
Trevor Pinch　75

ファイアストン，シュラミス（1945–　）
Shulamith Firestone　282–283
ファノン，フランツ（1925–1961）
Franz Fanon　113
ファルジュ，アルレット
Arlette Farge　340–341
フィヒテ，ヨハン＝ゴットリープ（1762–1814）
Johan Godlieb Fichte　198
フィリップス，アンヌ
Anne Phillips　122–123
フェーヴル，リュシアン（1878–1956）
Lucien Febvre　379
フォックス＝ケラー，イヴリン
Evelyn Fox Keller　32, 43
フォルテ，ミシェル
Michèle Forté　262
フォレ，クリスティーヌ
Christine Fauré　382
フーケ，カトリーヌ
Catherine Fouquet　343
フーコー，ミシェル（1926–84）
Michel Foucault　87–88, 92, 113, 137, 191, 378
フジェロラ＝シュヴェーベル，ドミニック
Dominique Fougeyrollas-Schwebel　46, 51, 144, 326
ブライアー，ルース
Ruth Bleier　32
プラトン（B.C.427 ころ-347 ころ）
Platon　198, 329
ブリッタン，アーサー
Arthur Brittan　357
ブルデュー，ピエール（1930–2002）
Pierre Bourdieu　82–83, 115–116, 240, 362–363, 383
プルードン，ピエール＝ジョゼフ（1809–65）
Pierre Joseph Proudhon　89, 98
ブルベイカー，ロジャーズ（1956–　）
Rogers Brubaker　355
フレス，ジュヌヴィエーヴ（1948–　）
Geneviève Fraisse　185, 378
フロイト，シグムント（1956–1939）
Sigmund Freud　192, 199
ブロック，マルク（1886–1944）
Marc Bloch　379
ブローデル，フェルナン（1902–85）
Fernand Braudel　379

ペイトマン，キャロル（1940–　）
Carole Pateman　97, 121, 313, 317

セイヤッド，アブデルマレク（?-1998）
Abdelmalek Sayad 172
セヴラック，ナデージュ
Nadège Séverac 339
セゼール，エーメ（1913- ）
Aimé Césaire 113
ゼドマン，クロード
Claude Zaidman 85, 258-259
セルヴァン＝シュレーベル，クロード（1937- ）
Claude Servan-Schreiber 181

ソーン，アンヌ＝マリー
Anne-Marie Sohn 346, 382
ソントナクス，フランソワーズ
Françoise Sonthonnax 46

タ 行

タークル，シェリー
Sherry Turkle 74
ダドワ，ミレイユ
Mireille Dadoy 269
タベ，パオラ
Paola Tabet 73
タロウ，シドニー
Sidney Tarrow 133

ディエッツ，メアリー
Mary Dietz 121
ティリー，チャールズ
Charles Tilly 128, 133
デイリー，メアリー
Mary Daly 160
テヴノ，ローラン
Laurent Thévenot 143
デマール，クレール（?-1833）
Claire Démar 93
デュテイユ，カトリーヌ
Catherine Dutheil 144
デュパン，エリック
Eric Dupin 366
デュビィ，ジョルジュ（1919-96）
Georges Duby 91, 93, 136, 198, 322, 341, 343, 345, 379, 381, 383
デュリュ＝ベラ，マリー
Marie Duru-Bellat 144
デュルケム，エミール（1858-1917）
Émile Durkheim 28, 78-79, 158-159, 173, 271, 380
デリダ，ジャック（1930- ）
Jacques Derrida 205
デルフィー，クリティーヌ（1941- ）
Christine Delphy 45-46, 54, 69, 143, 219, 348-349
デル＝レー，アリサ
Alisa Del Re 123, 293
デロズィエール，アラン
Alain Desrosières 143

ドイッチュ，ヘレーネ（1884-1982）
Helene Deutsch 199
トゥアナ，ナンシー
Nancy Tuana 39
ドゥルーズ，ジル（1925-95）
Gilles Deleuze 205
トゥレーヌ，アラン（1929- ）
Alain Touraine 128-129
ドゥロワン，ジャンヌ（1810?-94）
Jeanne Deroin 89
トマス，ウィリアム＝アイザック（1863-1947）
William Isaac Thomas 174
トリスタン，フローラ（1803-44）
Flora Célestine Tristan-Moscoso, dite Flora Tristan 146, 332
ドルト，フランソワーズ（1908- ）
Françoise Dolto 199
トルーマン，ヘンリー＝S（1884-1972）
Henry S Truman 22
トーレス，ローズ
Rourdes Torres 67
ドロガス，キャロル＝アン
Carol Ann Drogus 160
トーンズ，テレサ
Teresa Torns 109

ナ 行

ナウム＝グラップ，ヴェロニック
Véronique Nahoum-Grappe 337

ニコル（＝ドランクール），シャンタル
Chantal Nicole (-Drancourt) 276, 373
ニーチェ，フリードリヒ＝ヴィルヘルム（1844-1900）
Friedrich Wilhelm Nietzsche 98

ヌヴー，エリック
Érik Neveu 129

Robert Castel　150
ガスパール，フランソワーズ（1945-　）
Françoise Gaspard　181
カント，イマヌエル（1724-1804）
Immauel Kant　90, 98

キャロン，ミシェル
Michel Callon　75
ギヨマン，コレット
Colette Guillaumin　82, 219
ギルバート，スコット
Scott Gilbert　39
キンジー，アルフレッド＝チャールズ（1894-1956）
Alfred Charles Kinsey　194

クニビレール，イヴォンヌ
Yvonne Knibielher　343, 347-348
クライン，メラニー（1882-1960）
Melanie Klein　199
クラフト＝エビンク，リヒャルト・フォン（1840-1902）
Richard von Kraft-Ebing　192
クリステヴァ，ジュリア（1941-　）
Julia Kristeva　199-200, 348
クレソン，エディット（1934-　）
Edith Cresson　181

ゲーテ，ヨハン＝ヴォルフガンク・フォン（1749-1832）
Johann Wolfgang von Goethe　241
ケルゴア，ダニエル
Danièle Kergoat　127, 132, 144, 222, 260, 373, 390

コヴァ，アンヌ
Anne Cova　346
コックバーン，シンシア
Cynthia Cockburn　74, 400
コットゥロー，アラン
Alain Cottereau　406
ゴドリエ，モーリス（1934-　）
Maurice Godelier　115-116, 164, 216
ゴードン，リンダ
Linda Gordon　340
コラン，フランソワーズ
Françoise Collin　19, 209, 351, 378
コロンタイ，アレクサンドラ（1872-1952）
Alexandra Kollontai　89
コンドルセ（1743-94）
Marie Jean Antoine Nicolas de Caritat, marquis de Condorcet　118-119

サ　行

ザンカリーニ＝フルネル，ミシェル
Michelle Zancarini-Fournel　407
サンジェ，ジャンヌ
Jeanne Singer　176

シィム，ビルテ
Birte Siim　123, 138
ジェンスン，ジェイン
Jane Jenson　123, 136, 373
シノー，マリエット
Mariette Sineau　136
ジャスパール，マリーズ
Maryse Jaspard　144
シャゼル，フランソワ
François Chazel　127-128
シャボー＝リクテール，ダニエル
Danielle Chabaud-Rychter　46, 77
シュスラー＝フィオレンザ，エリザベス
Elisabeth Schüssler Fiorenza　160
シュタイン，ローレンツ・フォン（1815-90）
Lorenz von Stein　127-128
ジュペ，アラン（1945-　）
Alain Juppé　183
ジョスパン，リオネル（1937-　）
Lionel Jospin　184
ジョーダノヴァ，ルドミラ
Ludmilla Jordanova　32, 35
ショーペンハウアー，アルトゥール（1788-1860）
Arthur Schopenhauer　98
ジョンスン，ヴァージニア＝エシェルマン（1925-　）
Virginia Eshelman Johnson　193
シルヴラ，ラシェル
Rachel Silvera　373
シルツ，マリー＝アンジュ
Marie-Ange Schiltz　194

スカボーネ，ルシラ
Lucila Scavone　409
ストゥッツェル，ジャン（1910-87）
Jean Stoetzel　361
ズナニエツキ，フロリアン（1882-1958）
Florian Znaniecki　174
スピノザ，バルーフ・デ（1632-77）
Baruch de Spinoza　86-87, 198

セイベル，チャールズ
Charles Sabel　371

人名索引

この人名索引は、序、および各項目解説に登場する人名を網羅している。ただし、文中カッコでくくられた参考文献の著者名（原綴りのまま）は含まれていない。なお、判明したかぎり生歿年を付している。

ア　行

アイゼンスタイン，ジーラ（1948-　）
Zillah Eisenstein　65
アガサンスキー，シルヴィアーヌ
Silviane Agacinski　186
アクリック，マドレーヌ
Madeleine Akrich　75
アリストテレス（B.C.384-22）
Aristote (les)　39, 96, 142, 198, 246, 314-315, 329
アルバーツ，ブルース（1940-　）
Bruce Alberts　40-41
アレティーノ，ピエトロ（1492-1556）
Pietro Aretino　303
アレント，ハンナ（1906-75）
Hannah Arendt　99, 391-392

イリガライ，リュス（1939-　）
Luce Irigaray　187, 199, 204

ヴァレリー，ポール（1871-1945）
Paul Valéry　91
ウィッティッグ，モニック（1935-　）
Monique Wittig　250
ウィーラー，アンナ（1785-1848）
Anna Wheeler　93
ウェイクマン，ジュディ
Judy Wajcman　74
ヴェイユ，シモーヌ（1927-　）
Simone Veil　181
ヴェーバー，マックス（1864-1920）
Max Weber　112, 142, 158-159, 271-272
ヴェルツァー＝ラング，ダニエル
Daniel Welzer-Lang　164, 170, 337, 339
ヴェレ，ミシェル
Michel Verret　144
ヴォジェル，ローラン
Laurent Vogel　149, 406
ウォーナー，ウィリアム＝ロイド（1898-1970）
William Lloyd Warner　353
ウォールビー，シルヴィア
Sylvia Walby　373
ウルストンクラフト，メアリー（1759-97）
Mary Wollstonecraft　89, 119, 121-122, 313-314, 330
ウルフ，アデライン＝ヴァージニア＝スティーヴン（1882-1941）
Adeline Virginia Stephen Woolf　248-249

エコー，モニック
Monique Haicault　47
エスピング＝アンデルセン，ゴェスタ
Gøsta Esping-Andersen　135
エナン，ジャクリーヌ
Jacqueline Heinen　123, 140
エリス，ヘンリー＝ハヴロック（1859-1939）
Henry Havelock Ellis　192
エリティエ，フランソワーズ（1933-　）
Françoise Héritier　246
エルシュタイン，ジーン＝ビスキー
Jean Bithke Elshtain　121
エンゲルス，フリードリヒ（1820-95）
Friedrich Engels　62-63, 248-249

オークレール，ユベルティーヌ（1849-1914）
Hubertine Auclert　89, 344
オーバーシャル，アンソニー
Anthony Oberschall　128
オランプ・ド・グージュ（1748-93）
Marie Olympe Gouze, dite Olympe de Gouges　119, 330-331
オルスン，マンカー＝ロイド（1932-98）
Mancur Lloyd Olson　128

カ　行

カウツキー，カール（1854-1938）
Karl Kautsky　354
カステル，ロベール（1933-　）

訳者紹介

（五十音順）

宇野木めぐみ（うのき・めぐみ）

1957年生まれ。神戸大学ほか非常勤講師。十八世紀フランス文学専攻。

川口陽子（かわぐち・ようこ）

1966年生まれ。神戸大学（大学教育研究センター）非常勤講師。フランス中世文学専攻。

志賀亮一［監訳者紹介参照］

鄭　久信（てい・ひさのぶ）

1959年生まれ。関西大学、甲南大学ほか非常勤講師。十九世紀フランス写実主義文学、フロベール専攻。

内藤義博（ないとう・よしひろ）

1955年生まれ。関西大学非常勤講師。フランス近現代文学専攻。

監訳者紹介

志賀亮一（しが・りょういち）

1947年生まれ。東京都立大学大学院人文研究科仏文専攻博士課程中退。京都橘女子大学教授。フランス現代文学・女性史専攻。主要訳書、G・デュビィ＋M・ペロー監修『女の歴史』全5巻10分冊、M・ペロー編『女性史は可能か』（以上、監訳、藤原書店）、G・デュビィ編『女のイマージュ』（共訳、藤原書店）、H・カレール＝ダンコース『ソ連邦の歴史Ⅱ』（新評論）など。

杉村和子（すぎむら・かずこ）

1928年生まれ。京都大学（旧制）文学部史学科卒業（旧制大学院廃止まで在席）。1994年3月まで、京都橘女子大学教授を務める。19世紀フランス史専攻。主要訳書、G・デュビィ＋M・ペロー監修『女の歴史』全5巻10分冊、A・コルバン『娼婦』、M・ペロー編『女性史は可能か』（以上、監訳、藤原書店）、G・デュビィ編『女のイマージュ』（共訳、藤原書店）など。

読む事典・女性学

2002年10月30日　初版第1刷発行©

監訳者　志賀亮一
　　　　杉村和子

発行者　藤原良雄

発行所　株式会社 藤原書店

〒162-0041　東京都新宿区早稲田鶴巻町523

TEL　03（5272）0301
FAX　03（5272）0450
info@fujiwara-shoten.co.jp
振替　00160-4-17013

印刷・製本　図書印刷

落丁本・乱丁本はお取り替えします
定価はカバーに表示してあります

Printed in Japan
ISBN4-89434-293-6